Charlotte Lauser

Die Bindung der Verfassungsorgane an den Grundsatz der Europarechtsfreundlichkeit

Herbert Utz Verlag · München

Rechtswissenschaftliche Forschung und Entwicklung

Herausgegeben von

Prof. Dr. jur. Michael Lehmann, Dipl.-Kfm.
Universität München

Band 830

MIX
Papier aus verantwortungsvollen Quellen
FSC® C083411
FSC
www.fsc.org

Zugl.: Diss., München, Univ., 2018

Bibliografische Information der Deutschen Nationalbibliothek: Die Deutsche Nationalbibliothek verzeichnet diese Publikation in der Deutschen Nationalbibliografie; detaillierte bibliografische Daten sind im Internet über http://dnb.d-nb.de abrufbar.

ISBN 978-3-8316-4739-2

Printed in EU
Herbert Utz Verlag GmbH, München
089-277791-00 · www.utzverlag.de

Vorwort

Die vorliegende Arbeit wurde von der Juristischen Fakultät der Ludwig-Maximilians-Universität München im März 2018 als Dissertation angenommen. Während der Promotion habe ich viel Unterstützung erfahren. Ohne dass an dieser Stelle alle genannt werden können, möchte ich mich ausdrücklich bei Herrn Professor Dr. Peter M. Huber für die jederzeit verfügbare Unterstützung und anregenden Diskussionen und bei Herrn Professor Dr. Rudolf Streinz für die zügige Erstellung des Zweitgutachtens bedanken. Vielen Dank an Anna von Bohnhorst, dass Sie die Mühe auf sich genommen hat, mich beim Korrekturlesen auf Rechtschreibung und Interpunktion zu unterstützen. Ganz besonders möchte ich mich bei meinen Eltern und meiner Schwester Marianne dafür bedanken, dass sie mich immer unterstützt und dafür gesorgt haben, dass mir das nötige Durchhaltevermögen nicht verloren geht.

Dachau, Juli 2018

Inhaltsverzeichnis

Einleitung und Gang der Untersuchung

A. Anlass der Untersuchung

Die vorliegende Arbeit beschäftigt sich mit der Frage, welchen Inhalt und welche Funktion dem ungeschriebenen Verfassungsgrundsatz der Europarechtsfreundlichkeit des Grundgesetzes zugemessen werden kann.

Das Grundgesetz, die Verfassung der Bundesrepublik Deutschland, setzt den Rahmen für die in der Bundesrepublik Deutschland geltende Rechtsordnung. Daneben beanspruchen jedoch sowohl innerstaatlich die Länderverfassungen, als auch im Übrigen das Völkerrecht und das Europarecht Geltung in der Bundesrepublik Deutschland.

Das Grundgesetz war von Beginn an eine „offene" Verfassung,[1] die Einflüsse von Außen, sei es durch allgemeines Völkerrecht, durch völkerrechtliche Verträge, aber auch durch die Beteiligung an internationalen Organisationen zuließ.[2] Diese Offenheit wurde im Rahmen der Europäischen Integration noch vertieft.

Die Verflechtung der nationalen Rechtsordnung mit internationalen Regelungswerken führt mit steigender Intensität jedoch zu einer verstärkten Gefahr von Konflikten zwischen den einzelnen Regelungssystemen, die jeweils innerstaatliche Geltung beanspruchen. Entsprechendes gilt auch für die im Bundesstaat unvermeidbaren innerstaatlichen Konflikte mit den Länderverfassungen. Die Lösung dieser Konflikte ist im innerstaatlichen Recht zu treffen[3] und wurde von der ver-

1 Vgl. *Hillgruber*, in: Isensee/Kirchhoff, HStR Bd. II, 3. Aufl. 2004, § 32 Rn. 113ff. *Cramer*, Art. 146 Grundgesetz zwischen offener Staatlichkeit und Identitätsbewahrung, 2014, 35ff.; *Rensmann*, in: Giegerich, Der offene Verfassungsstaat des Grundgesetzes nach 60 Jahren, 2010, Die Genese des „offenen Verfassungsstaats" 1948/1949, 37ff. Kritisch zum Begriff *Haratsch*, Das Integrationsprinzip des Grundgesetzes, in: Breuer/Epiney/Haratsch/Schmahl/Weiß, Festschrift für Eckart Klein, 2013, 79ff., der die Ansicht vertritt, dass beim mittlerweile erreichten Grad der supranationalen Zusammenarbeit der Begriff „offene Staatlichkeit" unzureichend ist.

2 Vgl. *Jestaedt*, in: Isensee/Kirchhoff, HStR Bd. XI, 3. Aufl. 2013, § 264 Rn. 71ff.; *Tomuschat*, in: Isensee/Kirchhoff, HStR Bd. XI, 3. Aufl. 2013, § 226 Rn. 1ff.; ausdrücklich auch BVerfGE 123, 267 (344f.).

3 *Hillgruber*, in: Isensee/Kirchhoff, HStR Bd. II, 3. Aufl. 2004, § 32 Rn. 98.

fassungsgerichtlichen Rechtsprechung durch die Entwicklung verschiedener Mechanismen, wie beispielsweise dem sog. bundesfreundliche Verhalten[4] oder dem Grundsatz der Völkerrechtsfreundlichkeit[5] verwirklicht.

Das BVerfG hat nun im sog. Lissabon-Urteil[6] erstmals den sog. Grundsatz der Europarechtsfreundlichkeit des Grundgesetzes erwähnt. Auch im Verhältnis zwischen Unionsrecht und nationalem Recht können Konflikte entstehen, die zu einem Auseinanderfallen der Rechtsordnungen führen können, z.B. wenn Verfassungsorgane bei der Umsetzung von Unionsrecht gegen dieses Verstoßen, oder aber wenn Unionsorgane bzw. Verfassungsorgane bei der Rechtsetzung die der Union übertragenen Kompetenzen überschreiten und so den Grundsatz der Volkssouveränität verletzen, den unabdingbaren Grundrechtsschutz nicht wahren oder die Verfassungsidentität verletzen.[7] In diesen Fällen greift der Anwendungsvorrang des Unionsrechts wegen des fehlenden Legitimationszusammenhanges nicht. Nunmehr wurde allerdings klargestellt, dass diese verfassungsrechtlichen Kontrollvorbehalte wiederum unter dem Vorbehalt der Europarechtsfreundlichkeit des Grundgesetzes[8] stehen und zum Schutze der Funktionsfähigkeit der Unionsrechtsordnung in europarechtsfreundlicher Weise anzuwenden sind.

Welches weitergehende (Steuerungs)Potential dem Grundsatz der Europarechtsfreundlichkeit im Rahmen der Fortentwicklung der Europäischen Union unter dem Grundgesetz durch die Verfassungsorgane in Zukunft zukommen wird, insbesondere im Zusammenhang mit dem Schutz der Funktionsfähigkeit der Unionsrechtsordnung, soll in dieser Arbeit untersucht werden.

4 Vgl. BVerfGE 1, 299 (315); 8, 122 (138ff.); 12, 205 (254); 21, 312 (326); 31, 314 (354ff.); 34, 9 (20f.); 39, 96 (109; 119); 81, 310 (337); 92, 203 (230ff.); 104, 238 (247f.); 133, 241 (262 Rn. 58).

5 BVerfGE 6, 309 (362f.); 18, 112 (121); 31, 58 (75f.); 41, 88 (120ff.); 75, 1 (17ff.); 111, 307 (317); 112, 1 (26); 123, 267 (344). Der Grundsatz ist in der Literatur anerkannt, vgl. nur *Sommermann*, in: v. Bogdandy/Cruz Villalón/Huber, IPE Bd. II, 29. Vgl. auch zum Zusammenhang der Begriffe *Tomuschat*, in: HStR Bd. XI, 3. Aufl. 2013, § 226 Rn. 9.

6 BVerfGE 123, 267ff.

7 Vgl. nur BVerfGE 123, 267ff.

8 BVerfGE 123, 267 (354).

B. Gang der Untersuchung

Zur Klärung dieser Frage wird in vier Schritten vorgegangen. Zunächst wird in einem ersten Teil eine Bestandsaufnahme der bisherigen aus der Rechtsprechung bzw. aus der Herleitung des Grundsatzes gewonnenen Erkenntnisse über Inhalt und Funktion des Grundsatzes der Europarechtsfreundlichkeit vorgenommen (Kapitel I.). In diesem Rahmen wird neben der Herleitung des ungeschriebenen Verfassungsgrundsatzes (A.) die bisher zum Grundsatz und seinem Anwendungsbereich bzw. seiner Funktion ergangene Rechtsprechung des Bundesverfassungsgerichts (B.) untersucht. Abschließend wird das Verhältnis des Grundsatzes der Europarechtsfreundlichkeit zu der nach ständiger Rechtsprechung des Bundesverfassungsgerichts gewährleisteten verfassungsrechtlichen Absicherung der unionsrechtlichen Vorlagepflicht aus Art. 267 AEUV über Art. 101 Abs. 1 S. 2 GG bestimmt (C.).

In einem zweiten Kapitel wird sodann im Rahmen eines Vergleichs der Regelungsgrundlagen, Inhalte und Funktionen der ungeschriebenen Verfassungsgrundsätze der Völkerrechtsfreundlichkeit (A.), der Bundestreue und der Verfassungsorgantreue (B.) sowie des Grundsatzes der loyalen Zusammenarbeit aus Art. 4 Abs. 3 EUV (C.) mit denen des Grundsatzes der Europarechtsfreundlichkeit untersucht, ob der Grundsatz der Europarechtsfreundlichkeit einen diesen Grundsätzen entsprechenden ggf. weitergehenden Anwendungsbereich bzw. Inhalt besitzen kann.

In einem dritten Kapitel wird die wesentliche Zwecksetzung des Grundsatzes der Europarechtsfreundlichkeit, die Gewährleistung der Funktionsfähigkeit der Unionsrechtsordnung in den Grenzen des Grundgesetzes unter Berücksichtigung der allgemeinen Bedeutung des Loyalitätsprinzips (A.) und der konkreten Gefahr eines Auseinanderfallens der Rechtsordnungen (B.) beleuchtet, um in einem vierten Kapitel vor dem Hintergrund der bisherigen Erkenntnisse und unter Berücksichtigung der Prüfungskompetenz des BVerfG (A.), den konkreten Umfang der Rügefähigkeit der Verletzung der Pflicht zur Einhaltung des Unionsrechts durch die Verfassungsorgane festzustellen (B.).

Schließlich wird in einem fünften und letzten Kapitel beleuchtet, welche Zukunft der Grundsatz der Europarechtsfreundlichkeit im europäischen Verfassungsverbund haben kann.

Kapitel 1: Bestandsaufnahme

Der Grundsatz der Europarechtsfreundlichkeit wurde als ungeschriebener Verfassungsgrundsatz aus der Präambel und Art. 23 Abs. 1 GG vom Bundesverfassungsgericht in seinem Urteil zu den Zustimmungsgesetzen zum Vertrag von Lissabon hergeleitet[9] und in seiner weiteren Rechtsprechung konkretisiert.

Zunächst sollen über eine Bestandsaufnahme zu den Rechtsgrundlagen des Grundsatzes (A.), zu der bisher zum Grundsatz ergangenen Rechtsprechung (B.) und zum Verhältnis der verfassungsrechtlichen Absicherung der Vorlagepflicht aus Art. 267 AEUV (C.) Erkenntnisse über seinen Regelungsgehalt und seinen Anwendungsbereich gewonnen werden.

A. Die Herleitung des ungeschriebenen Verfassungsgrundsatzes

Der Grundsatz wird aus dem in Art. 23 Abs. 1 GG i.V.m. dem in der Präambel niedergelegten Verfassungsauftrag zur Verwirklichung eines vereinten Europas hergeleitet.[10]

Diese normativen Grundlagen des Grundsatzes der Europarechtsfreundlichkeit des Grundgesetzes bestimmen den Rahmen seiner inhaltlichen und funktionellen Reichweite. Dementsprechend soll ihr Gewährleistungsgehalt im Folgenden zunächst jeweils isoliert betrachtet werden (I. und II.), um dann aus der Zusammenschau die äußeren inhaltlichen Grenzen des Grundsatzes herzuleiten (III.).

9 BVerfGE 123, 267 (346f.)

10 Diese induktive Herleitung lässt eine Bestimmung von Inhalt und Grenzen des Grundsatzes zu, vgl. BVerfGE 2, 380 (403ff.) zur Herleitung des Rechtsstaatsprinzips aus einer Gesamtschau von einzelnen Grundgesetzbestimmungen, konkret Art. 20 Abs. 3 GG, Art. 1 Abs. 3 GG, Art. 19 Abs. 4 GG, Art. 28 Abs. 1 S. 1 GG sowie der Gesamtkonzeption des Grundgesetzes.

I. Die Präambel als Ausdruck der Integrationsoffenheit des Grundgesetzes

Der Präambel des Grundgesetzes ist ein politischer Gehalt dahingehend zu entnehmen, dass sie ein

„feierlicher Aufruf des Volkes zu einem Programm der Gesamtpolitik“[11]

ist und die in ihr niedergelegten Grundentscheidungen der Verfassung bei der Auslegung der konkreten Verfassungsnormen durch die Staatsorgane berücksichtigt werden müssen.[12]

Die Präambel des Grundgesetzes ist allerdings nicht als bloßer moralischer, politischer Vorspruch,[13] sondern als normativer Teil der Verfassung zu verstehen,[14] auch wenn ihr nach herrschender Auffassung keine subjektiven Rechte zu entnehmen sind.[15] Die Präambel beschränkt sich also gerade nicht

„auf gewisse rechtlich erhebliche Feststellungen und Rechtsverwahrungen, die bei der Auslegung des GG beachtet werden müssen.[16]

Stattdessen stellt sie Rechtsverpflichtungen für die Verfassungsorgane in Form von Handlungsmaximen auf,[17] so dass die Verfassungsorgane nicht nur bei der Ausle-

11 BVerfGE 5, 85 (127) zum Wiedervereinigungsgebot.

12 *Herdegen*, in: Maunz/Dürig, GG, 77. EL 2016, Präambel Rn. 12.

13 *Huber*, in: Sachs, GG, 7. Aufl. 2014, Präambel Rn. 8 unter Bezugnahme auf den Wortlaut von S. 1 und S. 3 der Präambel, wo nicht von „diesem“ und nicht von „folgendem“ Grundgesetz die Rede ist, sowie unter Verweis auf die Entstehungsgeschichte; *Starck* in: v. Mangoldt/Klein/Starck, GG, Bd. I, 6. Aufl. 2010, Präambel Rn. 30 sowie *Hahn*, Staatszielbestimmungen im integrierten Bundesstaat, 2010, 116 m.w.N.

14 *Dreier*, in: Dreier, GG, Bd. I, 3. Aufl. 2013, Präambel Rn. 24.

15 *Huber*, in: Sachs, GG, 7. Aufl. 2014, Präambel Rn. 14; *Herdegen*, in: Maunz/Dürig, GG, 77. EL 2016, Präambel Rn. 15; *Starck* in: v. Mangoldt/Klein/Starck, GG, Bd. I, 6. Aufl. 2010, Präambel Rn. 30; *Dreier*, in: Dreier, GG, Bd. I, 3. Aufl. 2013, Präambel Rn. 27; BVerfGE 5, 85 (127f.).

16 BVerfGE 5, 85 (127).

17 BVerfGE 5, 85 (127); *Starck* in: v. Mangoldt/Klein/Starck, GG, Bd. I, 6. Aufl. 2010, Präambel Rn. 30.

gung der Verfassung gebunden sind, sondern die Vorgaben der Präambel auch bei der Anwendung der Verfassung berücksichtigen müssen.[18]

Zwar lassen sich aus diesen Handlungsgeboten keine positiven Pflichten auf konkrete Handlungen der einzelnen Verfassungsorgane ableiten, da es in deren politischem Ermessen stehen muss, wie sie die Grundentscheidungen der Präambel am besten verwirklichen.[19] In negativer Hinsicht jedoch ist es verfassungsgerichtlich überprüfbar, ob die Verfassungsorgane gegen eines der in der Präambel enthaltenen Gebote dadurch verstoßen haben, dass sie Handlungen vorgenommen haben, die den Grundentscheidungen der Präambel zuwiderlaufen.[20] Unter Berücksichtigung des Gewaltenteilungsgrundsatzes muss sich diese Kontrolle auf eine reine Evidenz- und Willkürkontrolle beschränken.[21]

Die verschiedenen in der Präambel enthaltenen Grundentscheidungen besitzen nicht alle denselben Rechtscharakter.[22] Neben Staatszielbestimmungen und Verfassungsgrundsätzen[23] finden sich rein deklaratorische Bekundungen zu historischen, politischen und verfassungsrechtlichen Gegebenheiten.[24]

In der Präambel werden allerdings auch drei grundlegende programmatische Wertentscheidungen getroffen, die in der Verfassung selbst konkretisiert werden und aufeinander aufbauen,[25] nämlich, dass Deutschland

18 *Herdegen*, in: Maunz/Dürig, GG, 77. EL 2016, Präambel Rn. 12ff.

19 BVerfGE 5, 85 (128).

20 BVerfGE 5, 85 (128).

21 BVerfGE 5, 85 (128).

22 *Huber*, in: Sachs, GG, 7. Aufl. 2014, Präambel Rn. 11.

23 Im Unterschied zu Staatszielbestimmungen sind Verfassungsgrundsätze allgemeine Rechtssätze, die Ausdrucksformen des vorverfassungsmäßigen Gesamtbildes, von dem der Verfassungsgeber zwar ausgegangen, das er aber nicht in jedem Falle in einem besonderen Rechtssatz konkretisiert hat, vgl. *Bayer*, Die Bundestreue, 1961, 34. Sie liegen der Gesamtheit der geschriebenen Normen zu Grunde und haben die Funktion, erstere zu einem geschlossenen System zu verbinden. Wenn auch nicht zwingend, so doch häufig haben sie im System einen schriftlichen Niederschlag gefunden, vgl. *Bayer*, Die Bundestreue, 1961, 34.

24 *Huber*, in: Sachs, GG, 7. Aufl. 2014, Präambel Rn. 11; *Starck* in: v. Mangoldt/Klein/Starck, GG, Bd. 1, 6. Aufl. 2010, Präambel Rn. 31; *Dreier*, in: Dreier, GG, Bd. I, 3. Aufl. 2013, Präambel Rn. 28.

25 *Hillgruber*, in: Epping/Hillgruber, GG, 2. Aufl. 2013, Präambel Rn. 13.

„als gleichberechtigtes Glied in einem vereinten Europa dem Frieden der Welt [...] dienen[26]

soll.

Zusammen bilden diese Wertentscheidungen eine verfassungsrechtliche Gesamtkonzeption der deutschen Staatlichkeit,[27] die als normativer Bestandteil des Grundgesetzes nur innerhalb der Voraussetzungen des Art. 79 GG abänderbar ist.[28] Soweit die Grundentscheidungen der Präambel dementsprechend die änderungsfesten Grundsätze der Art. 1 und Art. 20 GG konkretisieren und an der Wesensgehaltsgarantie des Art. 79 Abs. 3 GG teilnehmen,[29] steht es dem verfassungsändernden Gesetzgeber nicht frei, diese zu ändern bzw. über die Änderung der Präambel diese geschützten Grundsätze zu unterlaufen.[30]

Im ursprünglichen Entwurf des Verfassungskonvents von Herrenchiemsee[31] war der Bezug auf Europa in der Präambel nicht enthalten. Der Entwurf des Verfas-

---

26 Vgl. Präambel GG. Damit geht die Präambel bereits über das Ziel des sog. „negativen Friedens", das in Art. 26 GG niedergelegt ist und sich darin ausdrückt, dass eine Verfassung die Nichtanwendung militärischer Gewalt zum Programmsatz macht, hinaus, vgl. *Sommermann*, Staatsziele und Staatszielbestimmungen, 1997, 238ff.

27 *Hillgruber*, in: Epping/Hillgruber, GG, 2. Aufl. 2013, Präambel Rn. 13; ähnlich auch *Cramer*, Art. 146 Grundgesetz zwischen offener Staatlichkeit und Identitätsbewahrung, 2014, 47.

28 *Herdegen*, in: Maunz/Dürig, GG, 77. EL 2016, Präambel Rn. 7; *Starck* in: v. Mangoldt/Klein/Starck, GG, Bd. I, 6. Aufl. 2010, Präambel Rn. 32; *Dreier*, in: Dreier, GG, Bd. I, 3. Aufl. 2013, Präambel Rn. 29.

29 Zum Teil wird vertreten, dass dies insbesondere für die in Art. 20 GG getroffene Entscheidung zur Einheit der Nation, der Konzeption der Bundesrepublik als Nationalstaat und darauf aufbauend die Zuweisung der verfassungsgebenden Gewalt an den Souverän in Form des deutschen Volkes gelte, vgl. *Huber*, in: Sachs, GG, 7. Aufl. 2014, Präambel Rn. 9, jedenfalls aber für das Prinzip der Volkssouveränität vgl. *Dreier*, in: Dreier, GG, Bd. I, 3. Aufl. 2013, Präambel Rn. 30. AA allerdings *Herdegen*, in: Maunz/Dürig, GG, 77. EL. 2016, Präambel Rn. 85, der davon ausgeht, dass die Präambel nicht zum änderungsfesten Kern des Grundgesetzes gehört.

30 *Huber*, in: Sachs, GG, 7. Aufl. 2014, Präambel Rn. 9; *Starck* in: v. Mangoldt/Klein/Starck, GG, Bd. I, 6. Aufl. 2010, Präambel Rn. 32.

31 Der Verfassungskonvent bestand aus Sachverständigen, die einen rechtlich nicht bindenden Vorentwurf für eine Verfassung im Hinblick auf das bereits feststehende Zusammentreten des Parlamentarischen Rates erarbeiten sollte, vgl. ausführlich hierzu *Mußgnug*, in: Isensee/Kirchhoff, HStR Bd. I, 3. Aufl. 2003, § 8 Rn. 39ff. Der Verfassungskonvent tagte vom 10. bis zum 23. August 1948.

sungskonvents war allerdings ungeachtet seines Namens nicht rechtlich bindend[32] und wurde vom Parlamentarischen Rat[33], der durch mittelbare Wahl der wahlberechtigten Einwohner über die volksgewählten Parlamente der Länder der drei westlichen Besatzungszonen gebildet wurde, nur teilweise verwertet.[34]

Der vom Parlamentarischen Rat in die Präambel aufgenommene Verfassungsauftrag des „vereinten Europas" hat das Wesen eines Staatsziels.[35] Dieses gibt die Offenheit des Grundgesetzes[36] hinsichtlich einer Europäischen Union und ihrer Rechtsordnung unter dem Vorbehalt der fortbestehenden souveränen Staatlichkeit vor.[37] Hieraus leitet sich ab, dass das Grundgesetz fordert, fremde Rechtsordnungen und -anschauungen grundsätzlich ungeachtet ihrer Vereinbarkeit mit der Verfassung zu achten.[38] Darüber hinaus zeigt es die vom Grundgesetz vorgesehene und sogar, falls zielführend, gewünschte Möglichkeit, die äußere Souveränität durch völkerrechtliche Verträge freiwillig zu beschränken.[39] Dieses Staatsziel legt die Verfassungsorgane jedoch nicht auf die Europäische Union als einzige Form der europäischen Integration fest, sondern überlässt die Ausgestaltung und das Ausmaß der europäischen Integration dem Ermessen der Verfassungsorgane.[40] Dabei ist Grundbedingung, dass die Souveränität der Bundesrepublik Deutschland und die unabänderbaren Grundsätze aus Art. 79 Abs. 3 GG im Rahmen der Integration gewahrt bleiben.[41]

32 Der Verfassungskonvent verstand sich nicht als Vorparlament, vgl. *Mußgnug*, in: Isensee/Kirchhoff, HStR Bd. I, 3. Aufl. 2003, § 8 Rn. 40.

33 Vgl. ausführlich zum Zustandekommen dieses Gremiums *Mußgnug*, in: Isensee/Kirchhoff, HStR Bd. I, 3. Aufl. 2003, § 8 Rn. 27ff.

34 Vgl. *Mußgnug*, in: Isensee/Kirchhoff, HStR Bd. I, 3. Aufl. 2003, § 8 Rn. 44.

35 *Huber*, in: Sachs, GG, 7. Aufl. 2014, Präambel Rn. 43; *Dreier*, in: Dreier, GG, Bd. I, 3. Aufl. 2013, Präambel Rn. 43.

36 Vgl. allgemein zu Frieden als Staatsziel *Sommermann*, Staatsziele und Staatszielbestimmungen, 1997, 239.

37 *Hillgruber*, in: Epping/Hillgruber, GG, 2. Aufl. 2013, Präambel Rn. 15; *Hillgruber*, in: Isensee/Kirchhoff, HStR, Bd. II, 3. Aufl. 2004, § 32 Rn. 41, Rn. 75ff.

38 *Hillgruber*, in: Epping/Hillgruber, GG, 2. Aufl. 2013, Präambel Rn. 16f.

39 *Herdegen*, in: Maunz/Dürig, GG, 77. EL 2016, Präambel Rn. 69ff.

40 *Huber*, in: Sachs, GG, 7. Aufl. 2014, Präambel Rn. 44; *Jarass*, in Jarass/Pieroth, GG, 14. Aufl. 2016, Präambel Rn. 4; ausführlich *Hillgruber*, in: Isensee/Kirchhoff, HStR Bd. II, 3. Aufl. 2004, § 32 Rn. 76ff.

41 *Herdegen*, in: Maunz/Dürig, GG, 77. EL 2016, Präambel Rn. 69ff.; das BVerfG hat in seiner Herleitung des Grundsatzes diese Souveränität stark betont vgl. BVerfGE 123, 267 (345ff.). Das

II. Art. 23 Abs. 1 GG – die sogenannte Struktursicherheitsklausel

Das in der Präambel von Anbeginn enthaltene Ziel des vereinten Europas wird seit 1992 durch Art. 23 GG konkretisiert.[42] Art. 23 GG wurde im Zuge der Verfassungsreform anlässlich des Vertrages von Maastricht im Jahr 1992 in das GG an prominenter Stelle, nämlich der des ehemaligen Artikels der deutschen Einheit,[43] aufgenommen. Diese Verortung ist auch gesetzessystematisch passend.[44] Seinem Inhalt liegt der Vorschlag der Gemeinsamen Verfassungskommission zu Grunde[45], die diese Verfassungsreform vorbereitet hat.[46]

Die Notwendigkeit, Art. 23 GG einzuführen, ergab sich unter anderem aus der Unsicherheit[47] hinsichtlich des Umstandes, ob die Europäische Union in der Form, die sie durch den Vertrag von Maastricht erhalten würde, noch eine zwischenstaatliche Einrichtung i.S.v. Art. 24 GG sei. Art. 24 GG bildete bis dahin die rechtliche

BVerfG wurde zum Teil dafür kritisiert, da diese Betonung der im Grundgesetz enthaltenen Verpflichtung bzw. Grenze, die Bundesrepublik als souveränen Staat zu sichern der weiteren Integration auf Europäischer Ebene Hindernisse bereiten würde, vgl. nur *von Bogdandy*, Prinzipien der Rechtsfortbildung im europäischen Rechtsraum, Überlegungen zum Lissabon-Urteil des BVerfG, NJW 2010, 1ff.; *Schöneberger*, Die Europäische Union zwischen „Demokratiedefizit" und Bundesstaatsverbot, Der Staat Vol. 48 (2009), 535 (555ff.)

42 *Huber*, in: Sachs, GG, 7. Aufl. 2014, Präambel Rn. 44; *Bauer*, in: Isensee/Kirchhoff, HStR Bd. I, 3. Aufl. 2003, § 14 Rn. 75.

43 *Bauer*, in: Isensee/Kirchhoff, HStR Bd. I, 3. Aufl. 2003, § 14 Rn. 76; *Classen*, in: v. Mangoldt/Klein/Starck, GG, Bd. II, 6. Aufl. 2010, Art. 23 Rn. 1; *Cramer*, Art. 146 Grundgesetz zwischen offener Staatlichkeit und Identitätsbewahrung, 2014, 55.

44 *Bauer*, in: Isensee/Kirchhoff, HStR Bd. I, 3. Aufl. 2003, § 14 Rn. 76; *Wollenschläger*, in: Dreier, GG, Bd. II, 3. Aufl. 2015, Art. 23 Rn. 3.

45 Bericht der Gemeinsamen Verfassungskommission, BT-Drs. 12/6000.

46 *Scholz*, Europäische Union und Verfassungsreform, NJW 1993, 1690ff.

47 Vgl. nur die Ausführungen der Debatten während der Erarbeitung der Verfassungsreform BT-Drs. 12/3338, 4.

Grundlage für die Integration.[48] Daneben bestand das Bedürfnis, die weitere Integration auf europäischer Ebene einer gewissen Steuerung zu unterwerfen.[49]

Das seither ausdrücklich in der Verfassung verankerte Ziel der Europäischen Integration[50] ist nunmehr durch die Mitgliedschaft in der Europäischen Union zu verwirklichen.[51] Die Verfassungsorgane sind durch diese Norm daran gebunden, die Europäische Union als konkrete Form der von der Präambel allgemein geforderten europäischen Integration zu verwirklichen.[52] Diese Bindung begrenzt jedoch nicht die Entwicklungsoffenheit der Europäischen Union[53] und enthält auch keine Erfolgsverpflichtung.[54] In der Staatszielbestimmung[55] liegt gleichzeitig

48 *Bauer*, in: Isensee/Kirchhoff, HStR, Bd. I, 3. Aufl. 2003, § 14 Rn. 75; *Wollenschläger*, in: Dreier, GG, Bd. II, 3. Aufl. 2015, Art. 23 Rn. 3; *Streinz*, in: Sachs, GG 7. Aufl. 2014, Art. 23 Rn. 2; *Classen*, in: v. Mangoldt/Klein/Starck, GG, Bd. II, 6. Aufl. 2010, Art. 23 Rn. 1.

49 *Sommermann*, Staatsziel „Europäische Union“ – zur normativen Reichweite des Art. 23 Abs. 1 S. 1 GG n.F.-, DÖV 1994, 596 (597); *Sommermann*, in: v. Bogdandy/Cruz Villalón/Huber, IPE, Bd. II, 2008, 24 unter Hinweis darauf, dass diese so bewirkte indirekte Steuerung der Verfassungsentwicklung auf europäischer Ebene insbesondere der Vermeidung von Konflikten, für die die absolute Grenze des Art. 79 Abs. 3 GG relevant wäre, dient.

50 Vgl. ausdrücklich BT-Drs. 12/3896, 17. Wenn das BVerfG zum Teil sogar von einem Verfassungsauftrag gesprochen hat, so ist dies generell als Charakterisierung von Art. 23 Abs. 1 GG abzulehnen, zumal das BVerfG in derselben Entscheidung auch davon spricht, dass Art. 23 Abs. 1 GG ein Staatsziel enthält. Einem Verfassungsauftrag ist eine Normativität zu Eigen, die Art. 23 Abs. 1 GG nicht entnommen werden kann, vgl. hierzu *Scholz*, in: Maunz/Dürig, GG, 77. EL 2016, Art. 23 Rn. 50 und 51.

51 *Classen*, in: von Mangoldt/Klein/Starck, GG, Bd. II, 6. Aufl. 2010, Art. 23 Rn. 1; *Huber*, in: Sachs, GG, 7. Aufl. 2014, Präambel Rn. 44, der insbesondere darauf hinweist, dass die verfassungsgerichtliche Kontrolle der Europapolitik der jeweiligen Regierung seither einer stärkeren Kontrolle unterworfen sei. Eine integrationsfeindliche Politik verstieße gegen Art. 23 GG, den Grundsatz der Europarechtsfreundlichkeit und die Staatszielbestimmung der Präambel. Vgl. auch *Sommermann*, Staatsziel „Europäische Union“ – zur normativen Reichweite des Art. 23 Abs. 1 S. 1 GG n.F.-, DÖV 1994, 596 (599); sowie *Scholz*, Europäische Union und Verfassungsreform, NJW 1993, 1690 (1691).

52 *Huber*, in Sachs, GG, 7. Aufl. 2014, Präambel Rn. 44; *Hillgruber*, in: Isensee/Kirchhoff, HStR Bd. II, 3. Aufl. 2004, § 32 Rn. 76.

53 *Bauer*, in: Isensee/Kirchhoff, HStR Bd. I, 3. Aufl. 2003, § 14 Rn. 76.

54 *Hahn*, Staatszielbestimmungen im integrierten Bundesstaat, 2010, 118.

55 Art. 23 GG ist eine sogenannte qualifizierte Staatszielbestimmung, vgl. *Sommermann*, Staatsziele und Staatszielbestimmungen, 1997, 382, die Norm enthält inhaltliche und prozedurale Qualifizierungen.

„Ermächtigung, Auftrag und Grenzbestimmung für die deutsche Mitwirkung an der Europäischen Union“.[56]

Art. 23 Abs. 1 GG bekräftigt und konkretisiert so als Rechtsgrundlage für die Verzahnung der europäischen und der nationalen Rechtsordnung[57] die bis dahin schon im Grundgesetz vor allem in der Präambel enthaltene Entscheidung für eine integrationsoffene Staatlichkeit.[58] Der Präambel selbst kommt im Zusammenhang mit Art. 23 GG und auf Grund ihrer Unbestimmtheit eine bloß unterstützende Auffangfunktion zu. Sie dient v.a. als Auslegungshilfe, ohne einen nennenswerten, Art. 23 GG modifizierenden, Regelungsgehalt zu besitzen.[59] Insbesondere kann nicht durch Rückgriff auf die Präambel der Regelungsgehalt der speziellen Verfassungsvorgaben für die Europäische Integration, wie sie in Art. 23, 1, 20 und 79 Abs. 3 GG niedergelegt sind, modifiziert werden.[60] Im Gegenteil, über den Inhalt der Präambel hinausgehend soll Art. 23 Abs. 1 GG zusätzlich den

„Standort der Bundesrepublik Deutschland als Teil und Mitgestalter der Integrationsgemeinschaft europäischer Demokratien definier[en], wie sie sich seit Gründung der Bundesrepublik Deutschland mit der Montan-Union, später der Europäischen Wirtschaftsgemeinschaft und jetzt der Europäischen Union entwickelt hat.“[61]

Den Verfassungsorganen wird in Art. 23 GG ein weiter Ermessensspielraum hinsichtlich ihrer Ermächtigung die Europäische Union voranzutreiben, bis hin zu der Möglichkeit Hoheitsrechte zu übertragen, eingeräumt.[62] Insoweit ermöglicht und fordert Art. 23 Abs. 1 S. 1 GG eine Vertiefung der Integration im Vergleich zur vorherigen Rechtslage.[63]

---

56 BT-Drs. 12/3896, 17.

57 *Bauer*, in: Isensee/Kirchhoff, HStR, Bd. I, 3. Aufl. 2003, § 14 Rn. 128.

58 BT-Drs. 12/3338, 4; *Bauer*, in: Isensee/Kirchhoff, HStR Bd. I, 3. Aufl. 2003, § 14 Rn. 76; *Classen*, in: v. Mangoldt/Klein/Starck, GG, Bd. II, 6. Aufl. 2010, Art. 23 Rn. 1.

59 *Huber*, in: Sachs, GG, 7. Aufl. 2014, Präambel Rn. 45; *Dreier*, in: Dreier, GG, Bd. I, 3. Aufl. 2013, Präambel Rn. 49.

60 *Huber*, in: Sachs, GG, 7. Aufl. 2014, Präambel Rn. 45.

61 BT-Drs. 12/3338, 4.

62 *Bauer*, in: Isensee/Kirchhoff, HStR Bd. I, 3. Aufl. 2003, § 14 Rn. 76; *Classen*, in: v. Mangoldt/Klein/Starck, GG, Bd. II, 6. Aufl. 2010, Art. 23 Rn. 7.

63 *Sommermann*, Staatsziel „Europäische Union“ – zur normativen Reichweite des Art. 23 Abs. 1 S. 1 GG n.F.-, DÖV 1994, 596 (603).

Allerdings ist der Verfassungsauftrag[64] nicht unbeschränkt.[65] Die Verfassungsorgane werden zwar im Vergleich zur Rechtslage bis 1992 zur Mitwirkung an der Europäischen Union durch den verfassungsrechtlichen Auftrag verpflichtet.[66] Eine Veränderung der vertraglichen Grundlagen der Europäischen Union erfordert nunmehr jedoch ein Gesetz, das mit einer qualifizierten Mehrheit von zwei Dritteln der Mitglieder von Bundestag und Bundesrat verabschiedet wird.[67] Dieses Gesetz ist inhaltlich an Art. 79 Abs. 3 GG zu messen.[68] Als weitere Einschränkung im Vergleich zur vorherigen Rechtslage verbietet die sogenannte „Struktursicherheitsklausel" aus Art. 23 Abs. 1 S. 1 GG den Verfassungsorganen, die europäische Integration über gewisse Grenzen hinaus zu betreiben.[69] Die Vorgaben der Struktursicherheitsklausel[70] dürfen nicht ausschließlich aus dem nationalen Begriffs-

64 BVerfGE 123, 267 (346); Zum Teil wird Verfassungsauftrag als Oberbegriff für Staatszielbestimmungen, Erziehungsziele und Gesetzgebungsaufträge verwendet, vgl. *Hahn*, Staatszielbestimmungen im integrierten Bundesstaat, 2010, 82.

65 *Kaiser/Schübel-Pfister*, Der ungeschriebene Verfassungsgrundsatz der Europarechtsfreundlichkeit: Trick or Treat? in: Emmenegger/Wiedmann, Linien der Rechtsprechung des Bundesverfassungsgerichts, Erörtert von den wissenschaftlichen Mitarbeitern, Bd. 2, 2011, 547 (550); *Classen*, in: v. Mangoldt/Klein/Starck, GG, Bd. II, 6. Aufl. 2010, Art. 23 Rn. 7.

66 *Bauer*, in: Isensee/Kirchhoff, HStR Bd. I, 3. Aufl. 2003, § 14 Rn. 76; vgl. auch den ausdrücklichen Hinweis des BVerfG in BVerfGE 123, 267 (346f.). Diese Verpflichtung wird vom BVerfG in seinem Urteil zum Vertrag von Maastricht noch nicht gesehen, dort wird nur von der Zulässigkeit der Mitwirkung unter dem Grundgesetz gesprochen, vgl. hierzu *von Bogdandy*, Prinzipien der Rechtsfortbildung im europäischen Rechtsraum, Überlegungen zum Lissabon-Urteil des BVerfG, NJW 2010, 1 (2).

67 Solange Art. 24 GG Grundlage der Übertragung von Hoheitsrechten auf die Europäische Union war, genügte im Unterschied ein einfaches Gesetz ohne qualifizierte Mehrheiten. Vgl. zur vorigen Rechtslage auch *Sommermann*, Staatsziel „Europäische Union" – zur normativen Reichweite des Art. 23 Abs. 1 S. 1 GG n.F.-, DÖV 1994, 596 (601).

68 *Wollenschläger*, in: Dreier, GG, Bd. II, 3. Aufl. 2015, Art. 23 Rn. 87ff.; *Classen*, in: v. Mangoldt/Klein/Starck, GG, Bd. II, 6. Aufl. 2010, Art. 23 Rn. 16ff.; *Streinz*, in: Sachs, GG, 7. Aufl. 2014, Art. 23 Rn. 92ff.

69 *Bauer*, in: Isensee/Kirchhoff, HStR Bd. I, 3. Aufl. 2003, § 14 Rn. 76; *Classen*, in: v. Mangoldt/Klein/Starck, GG, Bd. II, 6. Aufl. 2010, Art. 23 Rn. 16ff., z.T. wird vertreten, dass diese Vorgaben aus Art. 23 GG ein Integrationsprinzip darstellen, vgl. *Haratsch*, Das Integrationsprinzip des Grundgesetzes, in: Breuer/Epiney/Haratsch/Schmahl/Weiß, Festschrift für Eckart Klein, 2013, 79 (81).

70 Die Mitwirkung ist nur an einer Union, die „*demokratischen, rechtsstaatlichen, sozialen und föderativen Grundsätzen verpflichtet ist und einem [dem] Grundgesetz im wesentlichen vergleichbaren Grundrechtsschutz gewährleistet*" erlaubt, vgl. Art. 23 Abs. 1 S. 1 GG.

verständnis heraus betrachtet werden.[71] Die Strukturprinzipien sind vielmehr in einem gemeineuropäischen Sinn zu verstehen.[72] Nur für den Grundrechtsschutz wird durch Art. 23 Abs. 1 S. 1 GG ein Bezug zum nationalen Recht hergestellt.[73] Schließlich verbleibt die Grundbedingung des Grundgesetzes, dass Integration nicht zur Aufgabe der Souveränität führen darf.[74] Mit diesen inhaltlichen Vorgaben und ihrer verfahrensrechtlichen Absicherung nimmt das Grundgesetz zum ersten Mal Einfluss auf die Art der weiteren Fortentwicklung der Europäischen Union.[75] Dieses durch die Begrenztheit des Staatsziels des Vereinten Europas hervorgerufene Spannungsfeld wird durch die sogenannte Integrationsverantwortung, die jedem Verfassungsorgan innerhalb seiner Aufgaben bei der Integration zukommt, ausgeglichen.[76]

Im Ergebnis stellt Art. 23 Abs. 1 GG damit eine Vorschrift dar, die das Staatsziel der europäischen Integration rechtlich konkretisiert[77] und die Rechtsgrundlage für die Mitwirkung an der Europäischen Union, der Übertragung von Hoheitsrechten, schafft. In diesem Zusammenhang legt sie die zu beachtenden Verfahren fest und stellt inhaltliche Anforderungen und Grenzen für eine zulässige und zugleich gebotene Integration auf. Die Mitwirkung am Vereinten Europa durch Vollzug des ein-

71 *Classen*, in: v. Mangoldt/Klein/Starck, GG, Bd. II, 6. Aufl. 2010, Art. 23 Rn. 16; *Wollenschläger*, in: Dreier, GG, Bd. II, 3. Aufl. 2015, Art. 23 Rn. 63; *Streinz*, in: Sachs, GG, 7. Aufl. 2014, Art. 23 Rn. 21.

72 *Classen*, in: v. Mangoldt/Klein/Starck, GG, Bd. II, 6. Aufl. 2010, Art. 23 Rn. 16; *Wollenschläger*, in: Dreier, GG, Bd. II, 3. Aufl. 2015, Art. 23 Rn. 63; *Streinz*, in: Sachs, GG, 7. Aufl. 2014, Art. 23 Rn. 21; *Haratsch*, Das Integrationsprinzip des Grundgesetzes, in: Breuer/Epiney/Haratsch/Schmahl/Weiß, Festschrift für Eckart Klein, 2013, 79 (88).

73 *Classen*, in: v. Mangoldt/Klein/Starck, GG, Bd. II, 6. Aufl. 2010, Art. 23 Rn. 16.

74 BVerfGE 123, 267 (347); eingehend zu diesem Problem *Cramer*, Art. 146 Grundgesetz zwischen offener Staatlichkeit und Identitätsbewahrung, 2014, 128 ff.

75 *Sommermann*, Staatsziel „Europäische Union" – zur normativen Reichweite des Art. 23 Abs. 1 S. 1 GG n.F.-, DÖV 1994, 596 (603).

76 *Kaiser/Schübel-Pfister*, Der ungeschriebene Verfassungsgrundsatz der Europarechtsfreundlichkeit: Trick or Treat?, in Emmenegger/Wiedmann, Linien der Rechtsprechung des Bundesverfassungsgerichts, Erörtert von den wissenschaftlichen Mitarbeitern, Bd. 2, 2011, 547 (550 ff.). Das BVerfG nimmt seine Integrationsverantwortung beispielsweise durch die Kontrollvorbehalte der Ultra-vires-Kontrolle sowie der Identitätskontrolle wahr vgl. diesbezüglich ausführlich im Folgenden unter Teil I 2. ff.; im Zusammenhang mit den möglichen Vertragsänderungen ohne Ratifikation *Wollenschläger*, in: Dreier, GG, Bd. II, 3. Aufl. 2015, Art. 23 Rn. 47 ff.

77 *Sommermann*, Staatsziel „Europäische Union" – zur normativen Reichweite des Art. 23 Abs. 1 S. 1 GG n.F.-, DÖV 1994, 596 (601).

mal geschaffenen Unionsrechts wird daneben indirekt über die durch diese Norm gewährleistete Anerkennung des Anwendungsvorranges ebenfalls gesichert,[78] da über die durch Art. 23 Abs. 1 S. 2 GG ermöglichte Übertragung von Hoheitsrechten und den im Zustimmungsgesetz enthaltenen Rechtsanwendungsbefehl die unmittelbare Anwendbarkeit des Unionsrechts ermöglicht wird. Damit werden die deutschen Staatsorgane verpflichtet, Unionsrecht entweder unmittelbar anzuwenden und zu vollziehen oder aber umzusetzen bzw. nationales Recht unionsrechtskonform auszulegen, sollte sonst gegen den Anwendungsvorrang des Unionsrechts verstoßen werden.[79] Der Verfassungsauftrag umfasst dementsprechend auch die Ebene der Durchsetzung des Unionsrechts.[80]

III. Die verfassungsrechtliche Herleitung des Grundsatzes der Europarechtsfreundlichkeit – resultierende Möglichkeiten und Grenzen

Der Grundsatz der Europarechtsfreundlichkeit wurde im Ergebnis aus zwei inhaltlich zusammenhängenden Staatszielen hergeleitet. Dem möglichen Inhalt und den möglichen Wirkungsweisen des Grundsatzes der Europarechtsfreundlichkeit werden sowohl durch den Normtypus der Staatszielbestimmung (2.), als auch durch den Inhalt des konkreten Staatsziels der europäischen Integration (3.) Grenzen gesetzt, da er nicht über den Inhalt und die Wirkungsweise der Normen, aus denen er abgeleitet wurde, hinausgehen kann (1.).

78 *Classen*, in: v. Mangoldt/Klein/Starck, GG, Bd. II, 6. Aufl. 2010, Art. 23 Rn. 49.

79 *Kaiser/Schübel-Pfister*, Der ungeschriebene Verfassungsgrundsatz der Europarechtsfreundlichkeit: Trick or Treat?, in: Emmenegger/Wiedmann, Linien der Rechtsprechung des Bundesverfassungsgerichts, Erörtert von den wissenschaftlichen Mitarbeitern, Bd. 2, 2011, 547 (549ff.).

80 *Kaiser/Schübel-Pfister*, Der ungeschriebene Verfassungsgrundsatz der Europarechtsfreundlichkeit: Trick or Treat?, in: Emmenegger/Wiedmann, Linien der Rechtsprechung des Bundesverfassungsgerichts, Erörtert von den wissenschaftlichen Mitarbeitern, Bd. 2, 2011, 547 (549).

1. Das Verhältnis von ungeschriebenem Verfassungsrecht zu geschriebenem Verfassungsrecht

Ungeschriebenes Verfassungsrecht[81] hat im Gefüge des Grundgesetzes eine besondere Rechtsstellung. Nur soweit es die Konkretisierung von geschriebenem Verfassungsrecht darstellt[82], nimmt es am Vorrang der Verfassung i.S.v. Art. 20 Abs. 3 GG teil.[83]. Zwar hat sich das BVerfG nie eindeutig zur Herleitung von solchem ungeschriebenem Verfassungsrecht geäußert.[84] Allerdings hat es in ständiger Rechtsprechung festgestellt, dass

„das Verfassungsrecht nicht nur aus den einzelnen Sätzen der geschriebenen Verfassung besteht, sondern auch aus gewissen sie verbindenden, innerlich zusammenhaltenden allgemeinen Grundsätzen und Leitideen, die der Verfassungsgesetzgeber, weil sie das vorverfassungsmäßige Gesamtbild geprägt haben, von dem er ausgegangen ist, nicht in einem besonderen Rechtssatz konkretisiert hat“[85].

Hiernach ist ungeschriebenes Verfassungsrecht, soweit es am Vorrang der Verfassung teilhat, in seinem Bestand und auch seinem Inhalt abhängig und begrenzt vom geschriebenen Verfassungsrecht.[86] Dieses soll es in ergänzender Funktion ver-

---

81 Zur Entwicklung der Rechtsprechung zum ungeschriebenen Verfassungsrecht vgl. *Wolff*, Ungeschriebenes Verfassungsrecht unter dem Grundgesetz, 2000, 180ff.

82 Wolff versteht unter Verfassungskonkretisierung den Vorgang, dass die Verfassung auf ein Problem hin ausgelegt wird, ohne dass es sich um Rechtssätze handle vgl. *Wolff*, Ungeschriebenes Verfassungsrecht unter dem Grundgesetz, 2000, 420ff.

83 *Schulze-Fielitz*, in: Dreier, GG, Bd. II, 3. Aufl. 2015, Art. 20 (Rechtsstaat) Rn. 83; *Sommermann*, in: v. Mangoldt/Klein/Starck, GG, Bd. 2, 6. Aufl. 2010, Art. 20 Rn. 251. Ob ungeschriebenes Verfassungsrecht eine eigene Rechtsquelle sein kann, ist strittig, vgl. zum Meinungsstand *Wolff*, Ungeschriebenes Verfassungsrecht unter dem Grundgesetz, 2000, 402ff. Zum Teil wird daher zwischen ungeschriebenem Verfassungsrecht, das vom Verfassungsgesetzgeber als selbstverständlich erachtet und deswegen nicht in die Verfassungsurkunde aufgenommen wurde (vgl. *Wolff*, a.a.O., 408ff.) oder mitgedacht wurde (vgl. *Wolff*, a.a.O., 404ff.) und ungeschriebenes Verfassungsrecht, das Verfassungskonkretisierung darstellt, unterschieden vgl. *Wolff*, a.a.O. 420ff.)

84 *Wolff*, Ungeschriebenes Verfassungsrecht unter dem Grundgesetz, 2000, 182.

85 BVerfGE 2, 380 (403).

86 Vgl. *Wolff*, Ungeschriebenes Verfassungsrecht unter dem Grundgesetz, 2000, 373ff., der betont, dass das ungeschriebene Verfassungsrecht seinen inhaltlichen und strukturellen Rahmen vom geschriebenen Recht erhält sowie *Kaiser/Schübel-Pfister*, Der ungeschriebene Verfassungsgrundsatz der Europarechtsfreundlichkeit: Trick or Treat?, in: Emmenegger/Wiedmann, Linien der Rechtsprechung des Bundesverfassungsgerichts, Erörtert von den wissenschaftlichen Mitar-

vollständigen[87] und muss mit ihm in Ausgleich gebracht werden.[88] Geht man von Strukturgleichheit des ungeschriebenen Verfassungsrechts zu dem geschriebenen Verfassungsrecht, von dem es sich ableitet, aus,[89] kann ungeschriebenes Verfassungsrecht keinen normativen Gehalt, der über das ihm zu Grunde liegende geschriebene Verfassungsrechts hinausgeht, beinhalten und hat im Verhältnis zu dem es begründenden geschriebenen Verfassungsrecht bloße Auffangfunktion.[90]

2. Rechtliche Möglichkeiten und Grenzen von Staatszielen

Staatszielbestimmungen[91] sind Verfassungsnormen, die die Staatsgewalt[92] auf die Verfolgung eines Ziels rechtlich verpflichten,[93] ohne damit dem Bürger entspre-

beitern, Bd. 2, 2011, 547 (549, 566).

87 Zu der Tatsache, dass ungeschriebenes Verfassungsrecht seine Existenz häufig dem Umstand verdankt, dass bewusste oder unbewusste Lücken in der Verfassungs bestehen vgl. *Wolff*, Ungeschriebenes Verfassungsrecht unter dem Grundgesetz, 2000, 375ff.

88 *Kaiser/Schübel-Pfister*, Der ungeschriebene Verfassungsgrundsatz der Europarechtsfreundlichkeit: Trick or Treat?, in: Emmenegger/Wiedmann, Linien der Rechtsprechung des Bundesverfassungsgerichts, Erörtert von den wissenschaftlichen Mitarbeitern, Bd. 2, 2011, 547 (549).

89 Vgl. *Wolff*, Ungeschriebenes Verfassungsrecht unter dem Grundgesetz, 2000, 395ff.

90 Zum grundsätzlichen Vorrang des geschriebenen Rechts vgl. *Schulze-Fielitz*, in: Dreier, GG, Bd. II, 3. Aufl. 2015, Art. 20 (Rechtsstaat) Rn. 83; *Sommermann*, in: v. Mangoldt/Klein/Starck, GG, Bd. II, 6. Aufl. 2010, Art. 20 Rn. 251 sowie *Wolff*, Ungeschriebenes Verfassungsrecht unter dem Grundgesetz, 2000, 359ff. m.w.N., insbesondere unter Betonung des strengen Kodifikationsgedankens des Grundgesetzes, der dazu führe, dass das Grundgesetz ungeschriebenem Verfassungsrecht konzeptionell nur eingeschränkt offen gegenüber stehe, vgl. 360, dieses gleichzeitig jedoch nicht ausgeschlossen ist, 375ff. Der Vorrang des geschriebenen Verfassungsrechts vor dem ungeschriebenen ist unabhängig vom inhaltlichen Bezug des ungeschriebenen Verfassungsrechts auf das geschriebene zu betrachten, vgl. *Wolff*, a.a.O., 373. Der Vorrang ist auch hier eine Form von Kollisionsregel. Vgl. ebenso *Kaiser/Schübel-Pfister*, Der ungeschriebene Verfassungsgrundsatz der Europarechtsfreundlichkeit: Trick or Treat?, in: Emmenegger/Wiedmann, Linien der Rechtsprechung des Bundesverfassungsgerichts, Erörtert von den wissenschaftlichen Mitarbeitern, Bd. 2, 2011, 547 (548).

91 Der Begriff wurde wohl zuerst von Hans Peter Ipsen im Jahr 1949 verwendet, vgl. *Hahn*, Staatszielbestimmungen im integrierten Bundesstaat, 2010, 63; sowie *Scheuner*, in: Festschrift für Ernst Forsthoff, Staatszielbestimmungen, 1972, 325 (328).

92 Die gesamte Staatsgewalt, nicht nur den Gesetzgeber, obschon dieser am offensichtlichsten gebunden ist, vgl. *Sommermann*, Staatsziele und Staatszielbestimmungen, 1997, 349. Vgl. zum Adressatenkreis der Staatszielbestimmungen auch *Hahn*, Staatsziele im integrierten Bundesstaat, 2010, 83ff.

93 *Murswiek*, in: Sachs, GG, 7. Aufl. 2014, Art. 20 a Rn. 13; *Vitzthum*, Staatszielbestimmungen

chende subjektive Rechte zu gewähren.[94] Sie sind damit von den Grundrechten, institutionellen Gewährleistungen und Gesetzgebungsaufträgen abzugrenzen.[95] Sie stellen einen Unterfall objektiver Verfassungsprinzipien dar, die eine dynamische zukunftsorientierte[96] Wirkung haben.[97] Ihre Aufgabe ist es nicht, der staatlichen Aktivität Grenzen zu ziehen, sondern vielmehr, sie in bestimmte Bahnen zu lenken.[98] Sie sind damit als materielle Prinzipien zu qualifizieren.[99]

und Grundgesetzreform, in: Randelzhofer/Scholz/Wilke, Gedächtnisschrift für Eberhard Grabitz, 1995, 819 (828).

94 Vgl. *Hahn*, Staatszielbestimmungen im integrierten Bundesstaat, 2010, 63ff.; sowie *Sommermann*, Staatsziele und Staatszielbestimmungen, 1997, 326. Neben der fehlenden subjektivrechtlichen Komponente weist Sommermann darauf hin, dass Staatszielbestimmungen darüber hinaus auch eine spezielle teleologische Normstruktur aufweisen, welche eine Dynamisierung des Verfassungsrechts bewirken. Nach dem Bericht der Sachverständigenkommission „Staatszielbestimmungen/Geltungsaufträge", die durch den Bundesinnenminister und den Bundesjustizminister 1983 eingesetzt wurde, sind Staatszielbestimmungen „Verfassungsnormen mit rechtlich bindender Wirkung, die der Staatstätigkeit die fortdauernde Beachtung oder Erfüllung bestimmter Aufgaben – sachlich umschriebener Ziele – vorschreiben. Sie umreißen ein bestimmtes Programm der Staatstätigkeit und sind dadurch eine Richtlinie oder Direktive für das staatliche Handeln, auch für die Auslegung von Gesetzen und sonstigen Rechtsvorschriften." Vgl. Bericht der Sachverständigenkommission „Staatszielbestimmungen/Gesetzgebungsaufträge, 1983, 21.

95 *Sommermann*, Staatsziele und Staatszielbestimmungen, 1997, 349 und 351. Vgl. zu einer ausführlichen Abgrenzung von weiteren Verfassungsnormkategorien wie Gesetzgebungsaufträge, Programmsätze, Grundrechte, Einrichtungsgarantien etc., *Sommermann*, Staatsziele und Staatszielbestimmungen, 1997, 362ff.; sowie *Hahn*, Staatszielbestimmungen im integrierten Bundesstaat, 2010, 66ff.; ausführlich auch *Scheuner*, in: Festschrift für Ernst Forsthoff, Staatszielbestimmungen, 1972, 325 (330ff.).

96 *Hahn*, Staatszielbestimmungen im integrierten Bundesstaat, 2010, 64; vgl. auch Scheuner, der die Staatszielbestimmungen so als Untergruppe der Verfassungsgrundsätze herausarbeitet, die im Unterschied zu anderen Verfassungsgrundsätzen wie beispielsweise dem Rechtsstaatsprinzip, das der Erhaltung einer grundlegende Wertentscheidung der Verfassung sicherstellen soll: *Scheuner*, in: Festschrift für Ernst Forsthoff, Staatszielbestimmungen, 1972, 325 (336),.

97 *Sommermann*, Staatsziele und Staatszielbestimmungen, 1997, 374ff.

98 *Scheuner*, in: Festschrift für Ernst Forsthoff, Staatszielbestimmungen, 1972, 325 (336); *Sommermann*, Staatsziele und Staatszielbestimmungen, 1997, 349. Die damit verbundene dynamisierende Wirkung wird dort unter 374ff. behandelt.

99 *Sommermann*, Staatsziele und Staatszielbestimmungen, 1997, 373, der sie mit diesem Merkmal von den Staatsstrukturprinzipien, die dem formellen Verfassungsrecht in Form des Staatsorganisationsrechts zuzuordnen sind, abgrenzt. Diese seien Zielverwirklichungsmodus des Staatshandelns. Allerdings können Staatsziele und Staatsstrukturprinzipien im Verhältnis der Komplementarität zueinander stehen.

Die Bindungswirkung von Staatszielen gegenüber der Staatsgewalt ist mittlerweile weitgehend unbestritten.[100] Der Umfang der materiellen Bindungswirkung ist allerdings abhängig von mehreren Faktoren. Neben der formellen Bindungswirkung, die durch den Rang des Staatsziels in der Normenhierarchie bestimmt wird, sind die materielle Bindungswirkung und die Durchsetzungsmechanismen entscheidend.[101] Darüber hinaus gilt, dass, soweit der Verfassungsgesetzgeber keine Vorrangregel zwischen den einzelnen Staatszielen festgelegt hat, bei Zielkonflikten eine Lösung zu suchen ist, die eine weitestgehende Verwirklichung jedes Ziels ermöglicht.[102]

a) Formelle und materielle Bindungswirkung

Staatszielbestimmungen haben Verfassungsrang, da sie im Grundgesetz normiert sind.[103] Da nach nationalem Recht der Vorrang der Verfassung gilt,[104] ist einfachgesetzliches Recht, das einem Staatsziel entgegensteht, verfassungswidrig.[105]

Unabhängig von ihrem Verfassungsrang wird die materielle Bindungswirkung von Staatszielbestimmungen ganz maßgeblich durch ihren Abstraktionsgrad beeinflusst.[106] Staatsziele haben generell einen hauptsächlich politischen Charakter mit hohem Abstraktionsgrad.[107] Eine klassische Normenstruktur mit Tatbestand und Rechtsfolge liegt nicht vor.[108] Staatsziele verpflichten die Staatsgewalt nach ihrer

100 *Sommermann*, Staatsziele und Staatszielbestimmungen, 1997, 351, sowie ausführlich zur normativen Dimension von Staatszielbestimmungen im Allgemeinen, 377ff. Zustimmend auch *Hahn*, Staatszielbestimmungen im integrierten Bundesstaat, 2010, 65, der darauf hinweist, dass die allgemeine bzw. offene Fassung zwar in der Regel der Begründung konkreter Handlungsaufträge bzw. – pflichten der Staatsgewalt entgegensteht, dies jedoch keine Auswirkungen auf die rechtliche Verbindlichkeit der Staatszielbestimmungen habe.

101 *Sommermann*, Staatsziele und Staatszielbestimmungen, 1997, 396ff.

102 *Sommermann*, Staatsziel „Europäische Union" – zur normativen Reichweite des Art. 23 Abs. 1 S. 1 GG n.F.-, DÖV 1994, 596 (600).

103 *Sommermann*, Staatsziele und Staatszielbestimmungen, 1997, 396.

104 *Grzeszick*, in: Maunz/Dürig, GG, 77. EL 2016, Art. 20 VI. Rn. 19.

105 *Dederer*, in: Maunz/Dürig, GG, 77. EL 2016, Art. 100 Rn. 215.

106 *Sommermann*, Staatsziele und Staatszielbestimmungen, 1997, 397.

107 Vgl. *Brugger*, Staatszwecke im Verfassungsstaat, NJW 1989, 2425 (2427).

108 *Sommermann*, Staatsziele und Staatszielbestimmungen, 1997, 355.

Definition gerade nicht auf bestimmte Maßnahmen[109] zur Erreichung eines Zieles, sondern auf ein Ziel an sich.[110] Daher lassen sich grundsätzlich auch keine unmittelbaren konkreten Rechtspflichten i.S.v. Handlungspflichten aus dem Staatsziel ableiten.[111]

Wegen ihres Zwecks, staatliches Handeln auch in Entscheidungssituationen zu steuern, die wegen der aus den betroffenen Interessen und Belangen resultierenden Komplexität nicht im Einzelnen normierbar sind,[112] weisen Staatszielbestimmung Komponenten verschiedener verfassungsrechtlicher Normkategorien auf.[113] Unter anderem weisen Staatsziele häufig den Charakter eines Finalprogramms[114] auf und beinhalten damit vor allem ein steuerndes Element in Form einer Richtungsvorgabe.[115] Sie formulieren bestimmte „Grundsätze und Richtlinien für das staatliche

---

109 Vgl. zum Ermessen der Verfassungsorgane auch *Brugger*, Staatszwecke im Verfassungsstaat, NJW 1989, 2425 (2428). Es wird hier noch die Unterscheidung zwischen dem „wie", das unstrittig im Ermessen der Verfassungsorgane steht, dem „ob" und dem „wann" gemacht, vgl. *Sommermann*, Staatsziele und Staatszielbestimmungen, 1997, 379. Hinsichtlich des „wann" und des „ob" wird zum Teil ebenfalls ein weiter Ermessenspielraum befürwortet. Dem ist entgegenzuhalten, dass Staatziele sehr wohl eine zwingende Befassung mit der politischen Problematik anordnen. Dem Gesetzgeber steht nur unter bestimmten Umständen in der konkreten Situation die Befugnis zu, auf Grund fehlender Mittel etc. von einer weiteren Zielverwirklichung durch konkrete Maßnahmen abzusehen. Dieser Einschätzungsprärogative sind allerdings Grenzen gesetzt. Vgl. hierzu auch ausführlich *Hahn*, Staatszielbestimmungen im integrierten Bundesstaat, 2010, 85ff.

110 *Sommermann*, Staatszeile und Staatszielbestimmungen, 1997, 377.

111 Vgl. auch *Vitzthum*, Staatszielbestimmungen und Grundgesetzreform, in: Randelzhofer/Scholz/Wilke, Gedächtnisschrift für Eberhard Grabitz, 1995, 819 (829). Einzig vorstellbar wäre, dass ein Staatsziel die Staatsgewalt auf eine konkrete Handlung verpflichtet, wenn das Staatsziel nur durch diese Handlung verwirklicht werden kann, vgl. *Sommermann*, Staatsziele und Staatszielbestimmungen, 1997, 378.

112 *Sommermann*, Staatsziele und Staatszielbestimmungen, 1997, 355.

113 *Sommermann*, Staatsziele und Staatszielbestimmungen, 1997, 356; vgl. ausführlich zum Rechtsstaatsprinzip *Schulze-Fielitz*, in: Dreier, GG, Bd. II, 3. Aufl. 2015, Art. 20 (Rechtsstaat) Rn. 41ff.

114 *Sommermann*, Staatsziele und Staatszielbestimmungen, 1997, 356ff., der auch ausführlich auf die Unterscheidung zwischen Zweck- und Konditionalprogrammen bei Luhmann eingeht; sowie zu der entsprechenden Unterscheidung bei Ota Weinberger zwischen „Verhaltensnormen" und „Aufgabennormen".

115 Es ist zu beachten, dass reine Zielnormen nie alleinige Grundlage staatlichen Handelns sein können, vgl. *Sommermann*, Staatsziele und Staatszielbestimmungen, 1997, 359.

Handeln", womit sie dem Staat „in bestimmten Richtungen durch Gebote und Weisungen Orientierungen und sachliche Aufgaben" geben.[116]

Daneben stellen Staatszielbestimmungen Prinzipien und keine Regeln dar.[117] Als Prinzipien beanspruchen Staatszielbestimmungen im Gegensatz zur klassischen Regel[118] nicht die alleinige Gültigkeit hinsichtlich der Regelung einer bestimmten Situation, vielmehr liefern sie nur zu berücksichtigende Gründe für eine bestimmte Entscheidung in einer gegebenen Situation.[119] Prinzipien können nicht auf Kosten der anderen, in der Verfassung niederlegten Prinzipien und Ziele verwirklicht werden, dagegen spricht auch das Argument der Einheit der Verfassung.[120] Anknüpfend an dieses Prinzipienverständnis wird zum Teil auch deren Funktion als „Optimierungsgebot" herausgestellt.[121] Prinzipien sollen dementsprechend sicherstellen, dass ein Ziel in einem möglichst hohen Maße in Relation zu den gegebenen tatsächlichen und rechtlichen Möglichkeiten verwirklicht wird. Eine vollständige „Erfüllung", wie sie bei Regeln gegeben und geboten ist, kann bei Prinzipien daher nie stattfinden, da sie immer noch eine weitere Optimierung gebieten.[122]

Entsprechend ihrer Steuerungswirkung und dem in ihnen enthaltenen Optimierungsgebot kommen Staatsziele vor allem bei Zielkonflikten im Rahmen der klas-

---

116 *Scholz*, in Maunz/Dürig, GG, 77. EL 2016, Art. 23 Rn. 51.

117 Vgl. ausführlich hierzu *Sommermann*, Staatsziele und Staatszielbestimmungen, 1997, 359.

118 Nach der Unterscheidung von Dworkin zwischen Regeln und Prinzipien entfalten Regeln ihre Wirkung nach dem Alles-oder-Nichts-Prinzip, vgl. *Hahn*, Staatszielbestimmungen im integrierten Bundesstaat, 2010, 388.

119 *Sommermann*, Staatsziele und Staatszielbestimmungen, 1997, 360 zu dieser Unterscheidung Dworkins, der jedoch auch die Kategorie der „policies" kennt, die einen Standard darstellen, der ein bestimmtes zu erreichendes politische, wirtschaftliche oder soziale Verbesserungen bewirkendes Ziel festlegt. Staatszielbestimmungen sind eine Verquickung von Prinzipien und Policies.

120 *Hahn*, Staatszielbestimmungen im integrierten Bundesstaat, 2010, 390.

121 Vgl. *Sommermann*, Staatsziele und Staatszielbestimmungen, 1997, 360 zu dieser These Alexys in Bezug auf Grundrechte.

122 Dies gilt nur, soweit sog. permanente Ziele vorliegen. Sog. perfektible Ziele können zu einem bestimmten Zeitpunkt als erreicht angesehen werden, beispielsweise, das ursprünglich in der Präambel niedergelegte Staatsziel der Wiedervereinigung, vgl. ausführlich *Sommermann*, Staatsziele und Staatszielbestimmungen, 1997, 380ff. Zum Teil werden auch die Begrifflichkeiten Staatszielbestimmungen mit offener und mit geschlossener Zielfunktion verwendet. Perfektible Staatszielbestimmungen wandeln sich in der Regel nach ihrer Realisierung in eine Garantie um. Perfektible Staatsziele sind Ausnahmefälle.

sischen Prinzipienkollision, die über eine Abwägung gelöst wird, im Rahmen der Einschätzungsprärogative des Gesetzgebers zur Geltung.[123]

Jedoch kann Staatszielen nicht von vornherein jeder Regelungsgehalt abgesprochen werden.[124] Jede der aufgezeigten Unterscheidungen ist idealtypisch und darf nicht isoliert auf Staatsziele angewendet werden, da diese den dargestellten Normtyp eben nur zum Teil in sich tragen. Neben ihrer zum Teil zusätzlichen konkreten normativen Ausgestaltung in der Verfassung kann dem Kern der Zielbestimmung in Ausnahmefällen auch eine „operationalisierbare“[125] Regelung entnommen werden. Zwingende Voraussetzung hierfür ist, dass der Kerngehalt des Verfassungsziels nur durch eine bestimmte Maßnahme zu verwirklichen ist und sonstige Verfassungsnormen nicht entgegenstehen.[126] Teilweise wurde auch eine zeitliche Komponente angenommen, gegen die bei Nichtrealisierung des Staatsziels innerhalb einer bestimmten Frist verstoßen werden kann, was zur Folge habe, dass das Prinzip unmittelbare Geltung unabhängig von einer gesetzlichen Konkretisierung entfalten könne.[127]

123 *Sommermann*, Staatsziele und Staatszielbestimmungen, 1997, 361.

124 *Sommermann*, Staatsziele und Staatszielbestimmungen, 1997, 361; vgl. zustimmend *Hahn*, Staatszielbestimmungen im integrierten Bundesstaat, 2010, 64ff., der auch die andere Ansicht aufführt.

125 *Sommermann*, Staatsziele und Staatszielbestimmungen, 1997, 362 mit Verweis auf die Rechtsprechung des BVerfG, wonach aus dem abstrakten Ziel des Sozialstaatsgebots die „selbstverständliche“ Pflicht des Staates für Hilfsbedürftige zu sorgen hergeleitet wurde, BVerfGE 40, 121 (133). In dem Urteil entschied das BVerfG, dass die Verfassungskonformität einer gesetzlichen Regelung zur zeitlichen Begrenzung für Renten an gebrechliche Waisen auch im Hinblick auf das Sozialstaatsprinzip trotzdem gegeben sei, da *„vielfältige Möglichkeiten [bestehen], den gebotenen Schutz zu verwirklichen. Es liegt grundsätzlich in der Gestaltungsfreiheit des Gesetzgebers, den ihm geeignet erscheinenden Weg zu bestimmen, besonders zwischen den verschiedenen Formen finanzieller Hilfe für den Unterhalt und die Betreuung gebrechlicher Menschen zu wählen und entsprechend die Anspruchsberechtigung festzulegen. Ebenso hat er, soweit es sich nicht um die bezeichneten Mindestvoraussetzungen handelt, zu entscheiden, in welchem Umfang soziale Hilfe unter Berücksichtigung der vorhandenen Mittel und anderer gleichrangiger Staatsausgaben gewährt werden kann und soll. Ein Verstoß gegen die Verfassungsgrundsätze des Art. 3 I und Art. 20 I GG liegt erst vor, wenn die gewährte Hilfe für Gebrechliche nicht den Anforderungen sozialer Gerechtigkeit entspricht, sei es daß der Kreis der Empfänger einer bestimmten staatlichen Leistung sachwidrig abgegrenzt ist oder daß bei einer Gesamtbetrachtung der soziale Schutz einer ins Gewicht fallenden Gruppe vernachlässigt wird.“* BVerfGE 40, 121 (133f.).

126 *Sommermann*, Staatsziele und Staatszielbestimmungen, 1997, 362.

127 BVerfGE 25, 167 (180).

In der Regel jedoch begründen Staatszielbestimmungen wegen ihres hohen Abstraktionsgrads, selbst wenn sie in ihrem Kernbereich betroffen sind, normative Wirkung gegenüber den Handlungen von Verfassungsorganen nur insoweit, als sie gleich einem Untermaßverbot die Verfassungswidrigkeit willkürlicher Handlungen, die eindeutig der ratio legis des Staatsziels zuwiderlaufen, begründen können.[128]

b) Die effektive Durchsetzbarkeit von Staatszielen

Die Normativität einer Vorschrift iS ihrer effektiven Geltung wird neben ihrer Stellung innerhalb der Normenhierarchie und ihrer materiellen Bindungswirkung[129] auch maßgeblich durch ihre gerichtliche Durchsetzbarkeit bestimmt.[130]

Hinsichtlich der gerichtlichen Durchsetzbarkeit der Staatziele gegenüber dem Gesetzgeber kommt neben einer negativen Kontrolle über die Elemente der (konkreten oder abstrakten) Normenkontrolle[131] auch die Möglichkeit in Betracht, Staatszielbestimmungen ausnahmsweise im Rahmen eines Verfassungsbeschwerdeverfahrens als Maßstab einer Verfassungswidrigkeit durch Unterlassen anzusehen.[132] Staatszielbestimmungen stellen objektives Recht dar[133] und sind daher

128 BVerfGE 5, 85 (128); BVerfGE 40, 121 (134).

129 Vgl. *Sommermann*, Staatsziele und Staatszielbestimmungen, 1997, 397.

130 *Sommermann*, Staatsziele und Staatszielbestimmungen, 1997, 435.

131 Vgl. zu Art. 100 GG *Dederer*, in: Maunz/Dürig, GG, 77. EL. 2016, Art. 100 Rn. 213ff.

132 *Sommermann*, Staatsziele und Staatszielbestimmungen, 1997, 439ff.; *Hahn*, Staatszielbestimmungen im integrierten Bundesstaat, 2010, 103. Da Staatsziele keine subjektiven Rechte enthalten, können sie nicht mittels einer Verfassungsbeschwerde geltend gemacht werden, außer die Staatsziele finden mittelbar über die Grundrechte Eingang in den Prozess vgl. *Bethge*, in: Maunz/Schmidt-Bleibtreu/Klein/Bethge, BVerfGG, 48. EL 2016, § 90 Rn. 109. Es ist zu beachten, dass dies nicht unbeschränkt möglich ist, insbesondere kann nicht in jeder Hinsicht Art. 3 Abs. 1 GG als Anknüpfungspunkt dienen, vgl. diesbzgl. ebenfalls kritisch, *Sommermann*, Staatsziele und Staatszielbestimmungen, 1997, 445. Vgl. zur Normenerlassklage wegen der Verletzung der Wahrnehmung des Schutzauftrages des Gesetzgebers *Bethge*, in: Maunz/Schmidt-Bleibtreu/Klein/Bethge, BVerfGG, 48. EL 2016, § 31 Rn. 137 sowie § 90 Rn. 191. Eine Geltendmachung im Organstreitverfahren scheidet aus, da im Organstreitverfahren die Einhaltung von Verfassungsvorschriften, die das Rechtsverhältnis von Antragsteller und Antragsgegner betreffen, in Frage steht. Eine Verletzung des Antragstellers in seinen verfassungsrechtlichen Rechten und Pflichten durch Staatszielbestimmungen ist nicht möglich, vgl. diesbzgl. *Hahn*, Staatszielbestimmungen im integrierten Bundesstaat, 2010, 102 m.w.N.

133 *Sommermann*, Staatsziele und Staatszielbestimmungen, 1997, 349.

grundsätzlich nur im Einzelfall über Grundrechte durchsetzbar[134], eine Verfassungsbeschwerde kann nicht unmittelbar auf die Verletzung eines Staatsziels gestützt werden.[135] Darüber hinaus stellt sich in diesem Rahmen vor dem Hintergrund des Verfassungsgrundsatzes der Gewaltenteilung gem. Art. 20 Abs. 2 S. 2 GG vordringlich die Frage, welche Kontrolldichte hinsichtlich des Unterlassens der Staatsgewalt angewendet wird, namentlich, ob eine bloße Evidenz- oder eine Untermaßkontrolle durchgeführt wird.[136] Es kann allerdings im Ergebnis festgestellt werden, dass Staatszielbestimmungen grundsätzlich justiziabel sind, wenn auch nur in einem engen Rahmen.[137]

c) Zwischenergebnis

Der Grundsatz der Europarechtsfreundlichkeit ist als ungeschriebenes Verfassungsrecht in seinem Bestand und Inhalt von dem ihn begründenden geschriebenen Verfassungsrecht abhängig und gegenüber dem geschriebenen Verfassungsrecht subsidiär. Die dem Grundsatz zu Grunde liegenden Staatsziele weisen zwar einen hohen Abstraktionsgrad auf und sind vordringlich politische Leitlinien, die eine steuernde Funktion ohne konkreten Regelungsgehalt wahrnehmen.[138] Trotzdem kann ihnen eine gewisse regelartige Normativität, v.a. was ihren Kerngehalt betrifft, nicht abgesprochen werden.

Darüber hinaus müssen sie im Rahmen der durch die Verfassung konstituierten Werteordnung bei der Anwendung des übrigen Verfassungsrechts zumindest berücksichtigt werden und können so mittelbare Wirkungen entfalten. Der normative Gehalt des Grundsatzes der Europarechtsfreundlichkeit wird durch diese Charakteristika der Staatsziele aus der Präambel und Art. 23 GG beschränkt.

---

134 Insbesondere über Art. 2 Abs. 1 GG und die Schranke der verfassungsmäßigen Ordnung, mit der nach der Rechtsprechung des BVerfG (BVerfGE 6, 32ff.), auch die Verletzung objektiven Verfassungsrechts gerügt werden kann.

135 *Bethge*, in: Maunz/Schmidt-Bleibtreu/Klein/Bethge, BVerfGG, 48. EL 2016, § 90 Rn. 109.

136 *Sommermann*, Staatsziele und Staatszielbestimmungen, 1997, 439ff.

137 Vgl *Hahn*, Staatszielbestimmungen im integrierten Bundesstaat, 2010, 105.

138 *Scheuner*, in: Festschrift für Ernst Forsthoff, Staatszielbestimmungen, 1972, 325 (340) der darauf hinweist, dass die Bindungswirkung von Staatszielbestimmungen nicht überschätzt werden darf.

3. Das geschriebene Staatsziel der Europäischen Integration und sein Verhältnis zum ungeschriebenen Grundsatz der Europarechtsfreundlichkeit

Wesentlicher Kern des konkreten Staatsziels der Europäischen Integration aus Art. 23 Abs. 1 GG und der Präambel ist nach dem Wortlaut von Art. 23 Abs. 1 GG die von Verfassungs wegen gebotene und damit verpflichtende Mitwirkung an der Europäischen Union als solcher,[139] ohne dass der Wortlaut der Normen darauf hindeutet, dass dem Einzelnen so eine Rechtsposition eingeräumt werden soll.[140] Neben diesem, in der Art einer Anstrebens- oder Hinwirkensklausel formulierten,[141] politischen Programmsatz bildet Art. 23 Abs. 1 S. 1 GG die Rechtsgrundlage für die Übertragung von Hoheitsrechten[142] weswegen dem Staatsziel trotz des Umstandes, dass die Zielverwirklichung nur im Zusammenwirken mit den anderen Mitgliedstaaten möglich ist, eine relativ hohe normative Steuerungskraft zukommt.[143] Da das Staatsziel sowohl in der Präambel, als auch in Art. 23 GG im Grundgesetz verankert ist, hat es auch eine herausragende Stellung im Vergleich zu Staatszielen, die nur in der Präambel oder nicht in der Präambel verankert sind.[144]

139 *Streinz*, in: Sachs, GG, 7. Aufl. 2014, Art. 23 Rn. 10; *Wollenschläger*, in: Dreier, GG, Bd. II, 3. Aufl. 2015, Art. 23 Rn. 37; *Scholz*, in: Maunz/Dürig, GG, 77. EL 2016, Art. 23 Rn. 50. Das Staatsziel ist somit inhaltlich und prozedural qualifiziert, vgl. *Sommermann*, Staatsziele und Staatszielbestimmungen, 1997, 381ff., da eine Festlegung auf die Europäische Union stattfindet, an der durch die Übertragung von Hoheitsrechten per zustimmungspflichtigem Gesetz mitgewirkt wird, vgl. *Sommermann*, Staatsziele und Staatszielbestimmungen, 1997, 382.

140 Vgl. allgemein hierzu *Hahn*, Staatszielbestimmungen im integrierten Bundesstaat, 2010, 400.

141 Vgl. *Hahn*, Staatszielbestimmungen im integrierten Bundesstaat, 2010, 399ff., der darauf hinweist, dass dies nicht zu einer hervorgehobenen Stellung des Staatsziels insb. bei der Auflösung von Zielkonflikten führt.

142 *Scholz*, in: Maunz/Dürig, GG, 77. EL 2016, Art. 23 Rn. 51; *Wollenschläger*, in: Dreier, GG, Bd. II, 3. Aufl. 2015, Art. 23 Rn. 39; Art. 23 GG ist ein qualifiziertes Staatsziel vgl. *Sommermann*, Staatsziele und Staatszielbestimmungen, 1997, 382.

143 *Hahn*, Staatszielbestimmungen im integrierten Bundesstaat, 2010, 447ff.

144 Vgl. *Sommermann*, Staatsziel „Europäische Union" – zur normativen Reichweite des Art. 23 Abs. 1 S. 1 GG n.F.-, DÖV 1994, 596 (603); vgl. ebenso *Hahn*, Staatszielbestimmungen im integrierten Bundesstaat, 2010, 404ff. Die Präambel hat daher wegen der „Spezialität" von Art. 23 Abs. 1 GG eine untergeordnete Rolle, was den Inhalt des Staatszieles betrifft, vgl. *Hahn*, Staatszielbestimmungen im integrierten Bundesstaat, 2010, 409, gleichzeitig wirkt jedoch die doppelte Absicherung des Staatszieles insoweit verstärkend.

Grundsätzlich gilt auch für dieses Staatsziel, dass der Gesetzgeber bei der Wahl der Mittel zur Zielerreichung weitgehend frei ist.[145] Die in Art. 23 Abs. 1 GG enthaltenen inhaltlichen und prozeduralen Qualifizierungen[146] verdichten den normativen Gehalt der Norm allerdings dahingehend, dass der Ermessenspielraum der Staatsgewalt bei der Umsetzung des Staatsziels bestimmten Einschränkungen und Anforderungen unterworfen ist.[147]

Trotz dieser, im Vergleich zum allgemeinen, in der Präambel verankerten Staatsziel eines „vereinten Europas" konkreteren Fassung von Art. 23 Abs. 1 S. 2 GG,[148] verbleibt der normative Gehalt auch des konkreten Staatsziels der Europäischen Union wegen des unverändert hohen Abstraktionsgrades[149] konkretisierungsbedürftig.[150] Im Vordergrund des Staatsziels steht die bloße politische Zielsetzung, die Mitwirkung an der Europäischen Union als eine Form des vereinten Europas, wie es bereits in der Präambel angestrebt wird, positiv mit zu verwirklichen. Dabei steht den Verfassungsorganen ein weiter Ermessensspielraum zu, dessen äußerste Grenze unter anderem die souveräne Staatlichkeit der Bundesrepublik Deutschland ist.[151] Diese Begrenztheit des Staatziels ergibt sich bereits aus Art. 23 Abs. 1 S. 1 GG selbst und nicht erst durch das Zusammenspiel mit den weiteren, in der Verfassung verankerten Zielen und Prinzipien. Die rechtliche Konkretisierung dieses Ziels wird mit Art. 23 Abs. 1 GG bereits zum Teil durch die hierdurch geschaffene an bestimmte Voraussetzungen geknüpfte Handlungsermächtigung zur Übertragung von Hoheitsrechten vorgenommen.[152] Die Übertragung von Hoheitsrechten

145 *Sommermann*, Staatsziel „Europäische Union" – zur normativen Reichweite des Art. 23 Abs. 1 S. 1 GG n.F.-, DÖV 1994, 596 (601).

146 Vgl. die Ausführungen unter Kapitel 1 A. II.

147 *Sommermann*, Staatsziel „Europäische Union" – zur normativen Reichweite des Art. 23 Abs. 1 S. 1 GG n.F.-, DÖV 1994, 596 (601); *Hahn*, Staatszielbestimmungen im integrierten Bundesstaat, 2010, 408; Die Qualifizierungen räumen dem Staatsziel jedoch keine bedeutendere Stellung gegenüber anderen Staatszielen ein, vgl. *Hahn*, Staatszielbestimmungen im integrierten Bundesstaat, 2010, 407

148 *Sommermann*, Staatsziel „Europäische Union" – zur normativen Reichweite des Art. 23 Abs. 1 S. 1 GG n.F.-, DÖV 1994, 596 (602).

149 *Sommermann*, Staatsziel „Europäische Union" – zur normativen Reichweite des Art. 23 Abs. 1 S. 1 GG n.F.-, DÖV 1994, 596 (601).

150 *Hahn*, Staatszielbestimmungen im integrierten Bundesstaat, 2010, 417.

151 Darüber hinaus werden als Grenzen die Verfassungsidentität und der unabdingbare Grundrechtsschutz nach Art. 1 und 20 GG anerkannt.

152 *Sommermann*, Staatsziel „Europäische Union" – zur normativen Reichweite des Art. 23

ist nur in den Grenzen von Art. 79 Abs. 3 GG und unter Wahrung bestimmter, das Demokratieprinzip und die sich aus Art. 38 und Art. 20 GG verwirklichenden Verfahrensvorschriften möglich. Die Verwirklichung des Staatsziels kann also, auch soweit Handlungen betroffen sind, die keine Übertragung von Hoheitsrechten darstellen, nur innerhalb dieser Grenzen erfolgen.[153]

Als ungeschriebener Verfassungsgrundsatz kann der aus diesen Staatszielen abgeleitete Grundsatz der Europarechtsfreundlichkeit keine, über diesen beschränkt normativen Charakter hinausgehende, konkrete positive Verpflichtung begründen.[154] Er soll das geschriebene Verfassungsrecht in ergänzender Funktion vervollständigen,[155] muss mit ihm in Ausgleich gebracht werden[156] und hat darüber hinaus Auffangfunktion.[157] Dementsprechend braucht der Grundsatz einen Anknüpfungspunkt in der Verfassung, an dem er seine steuernde Wirkung z.B.

Abs. 1 S. 1 GG n.F.-, DÖV 1994, 596 (602); *Wollenschläger*, in: Dreier, GG, Bd. II, 3. Aufl. 2015, Art. 23 Rn. 39.

153 *Wollenschläger*, in: Dreier, GG, Bd. II, 3. Aufl. 2015, Art. 23 Rn. 39.

154 Vgl. *Wolff*, Ungeschriebenes Verfassungsrecht unter dem Grundgesetz, 2000, 373, der betont, dass das ungeschriebene Verfassungsrecht seinen inhaltlichen und strukturellen Rahmen vom geschriebenen Recht erhält; vgl. *Kaiser/Schübel-Pfister*, Der ungeschriebene Verfassungsgrundsatz der Europarechtsfreundlichkeit: Trick or Treat?, in: Emmenegger/Wiedmann, Linien der Rechtsprechung des Bundesverfassungsgerichts, Erörtert von den wissenschaftlichen Mitarbeitern, Bd. 2, 2011, 547 (549; 566).

155 Zu der Tatsache, dass ungeschriebenes Verfassungsrecht seine Existenz häufig dem Umstand verdankt, dass bewusste oder unbewusste Lücken in der Verfassung bestehen, vgl. *Wolff*, Ungeschriebenes Verfassungsrecht unter dem Grundgesetz, 2000, 375ff.

156 *Kaiser/Schübel-Pfister*, Der ungeschriebene Verfassungsgrundsatz der Europarechtsfreundlichkeit: Trick or Treat?, in: Emmenegger/Wiedmann, Linien der Rechtsprechung des Bundesverfassungsgerichts, Erörtert von den wissenschaftlichen Mitarbeitern, Bd. 2, 2011, 547 (549).

157 Zum grundsätzlichen Vorrang des geschriebenen Rechts vgl. *Wolff*, Ungeschriebenes Verfassungsrecht unter dem Grundgesetz, 2000, 359ff. m.w.N., insbesondere unter Betonung des strengen Kodifikationsgedankens des Grundgesetzes, der dazu führe, dass das Grundgesetz ungeschriebenem Verfassungsrecht konzeptionell nur eingeschränkt offen gegenüber stehe, vgl. *Wolff*, a.a.O., 360, dieses gleichzeitig jedoch nicht ausgeschlossen ist, *Wolff*, a.a.O., 375ff. Der Vorrang des geschriebenen Verfassungsrechts vor dem ungeschriebenen ist unabhängig vom inhaltlichen Bezug des ungeschriebenen Verfassungsrechts auf das geschriebene zu betrachten, vgl. *Wolff*, a.a.O., 373. Der Vorrang ist auch hier eine Form von Kollisionsregel. Vgl. ebenso *Kaiser/Schübel-Pfister*, Der ungeschriebene Verfassungsgrundsatz der Europarechtsfreundlichkeit: Trick or Treat?, in: Emmenegger/Wiedmann, Linien der Rechtsprechung des Bundesverfassungsgerichts, Erörtert von den wissenschaftlichen Mitarbeitern, Bd. 2, 2011, 547 (548); Vgl. eine entsprechende Argumentation zum Grundsatz der Verfassungsorgantreue, *Schenke*, Die Verfassungsorgantreue, 1977, 38.

im Rahmen von Ermessensentscheidungen der Verfassungsorgane entfalten kann. Für die Übertragung von Hoheitsrechten selbst besteht wegen der Subsidiarität ungeschriebenen Verfassungsrechts kein unmittelbarer Anwendungsbereich des Grundsatzes der Europarechtsfreundlichkeit, da dies bereits konkret von Art. 23 GG verfassungsrechtlich geregelt ist. Der Grundsatz der Europarechtsfreundlichkeit setzt dementsprechend bereits eine Verschränkung der Rechtsordnungen über die Übertragung von Hoheitsrechten voraus, er ist insoweit akzessorisch.

Daneben muss der Grundsatz im Rahmen der Weiterentwicklung des Acquis communautaire beachtet werden, da das Staatsziel der Europäischen Union eine dynamische Entwicklung vorgibt, die von den Verfassungsorganen auch bei jeder anderen Mitwirkung an der Europäischen Union, unabhängig von der Übertragung von Hoheitsrechten, beachtet werden muss. Eine offensichtlich integrationsfeindliche Politik wäre somit weder mit Art. 23 GG, noch der Präambel noch dem Grundsatz der Europarechtsfreundlichkeit vereinbar.[158]

Einen eigenständigen Regelungsgehalt gegenüber den Staatszielen der Präambel und aus Art. 23 Abs. 1 GG kann der Grundsatz vor dem Hintergrund der bisherigen Ausführungen daher nur im Zusammenhang mit den diesem Verfassungsauftrag (derzeitig gezogenen) immanenten Grenzen entfalten.[159] Denn die dem Verfassungsauftrag immanenten Grenzen können zu einem Auseinanderfallen der unionsrechtlichen und der verfassungsrechtlichen Bindungen führen, was der ratio eines Vereinten Europas zuwiderlaufen würde.[160] Da das Staatsziel jedoch zum einen auf Grund seines Prinzipiencharakters keine absolute Geltung gegenüber anderem Verfassungsrecht beanspruchen kann und zum anderen die Grenzen im Staatsziel selbst angelegt sind, ist diese Situation von der Verfassung vorgesehen und akzeptiert. Der Grundsatz der Europarechtsfreundlichkeit kann innerhalb dieses, von der Verfassung vorgesehenen, Spannungsfeldes der begrenzten Integrationsoffenheit und des übrigen Verfassungsrechts dahingehend wirken, dass er eine größtmögliche Realisierung des Staatsziels bewirkt.

158 *Huber*, in: Sachs, GG, 7. Aufl. 2014, Präambel Rn. 44.

159 *Kaiser/Schübel-Pfister*, Der ungeschriebene Verfassungsgrundsatz der Europarechtsfreundlichkeit: Trick or Treat?, in: Emmenegger/Wiedmann, Linien der Rechtsprechung des Bundesverfassungsgerichts, Erörtert von den wissenschaftlichen Mitarbeitern, Bd. 2, 2011, 547 (552).

160 *Kaiser/Schübel-Pfister*, Der ungeschriebene Verfassungsgrundsatz der Europarechtsfreundlichkeit: Trick or Treat?, in: Emmenegger/Wiedmann, Linien der Rechtsprechung des Bundesverfassungsgerichts, Erörtert von den wissenschaftlichen Mitarbeitern, Bd. 2, 2011, 547 (555).

4. Ergebnis

Der Grundsatz der Europarechtsfreundlichkeit wurde aus dem in der Präambel und Art. 23 Abs. 1 S. 1 GG niedergelegten Staatsziel des vereinten Europas in Form der Europäischen Union hergeleitet. Als ungeschriebenes Verfassungsrecht ist der Grundsatz in seinem Bestand und seinem Inhalt abhängig von dem ihn begründenden geschriebenen Verfassungsrecht. Da das Staatsziel des vereinten Europas trotz seiner inhaltlichen und prozeduralen Qualifizierung einen hohen Abstraktionsgrad behält, ist sein normativer Gehalt beschränkt. Folglich ist auch der normativen Gehalt des Grundsatzes eingeschränkt.

Der Grundsatz der Europarechtsfreundlichkeit hat dementsprechend als ungeschriebenes Verfassungsrecht Auffangfunktion und kann vor allem dann mit einem eigenständigen Gehalt zum Tragen kommen, wenn die dem Staatsziel immanenten Grenzen der Verfassungsidentität und der Souveränität der Bundesrepublik Deutschland zu einem Auseinanderfallen der Unionsrechtsordnung und der nationalen Rechtsordnung zu führen drohen, daneben kann er jedoch auch Bedeutung bei der Weiterentwicklung der Europäischen Union erlangen.

B. Analyse der bisherigen Verwendung durch die Rechtsprechung

I. Die relevanten Entscheidungen

Der Grundsatz der Europarechtsfreundlichkeit wurde erstmalig im sogenannten Lissabon Urteil vom 30.06.2009.[161] Im Rahmen der Ausführung des Bundesverfassungsgerichtes zu den unter dem Grundgesetz vorgesehenen Möglichkeiten und Grenzen der Integration erwähnt. In der Folgezeit ergingen im Zusammenhang mit Fragen der europäischen Integration bis heute noch 13 Entscheidungen,[162] in denen der Grundsatz der Europarechtsfreundlichkeit Anwendung fand. Her-

161 BVerfGE 123, 267.

162 BVerfGE 127, 293; BVerfGE 132, 287; BVerfGE 136, 69; BVerfGE 142, 123; BVerfG NJW 2014, 375ff.; BVerfG NJW 2016, 1436ff.; BVerfG NJW 2016, 1149ff..

vorzuheben sind hier insbesondere die sogenannte Honeywell Entscheidung,[163] das Urteil zur Griechenlandhilfe,[164] die Entscheidung im Verfahren der einstweiligen Anordnung im Rahmen der Beurteilung des ESM und des Fiskalpakts vom 12.09.2012[165] sowie die Hauptsacheverfahren zur Beurteilung des ESM und der OMT-Vorlagebeschluss,[166] die Entscheidung des BVerfG zur Gewährleistung Einzelfall, bzw. Grundrechtsschutzes im Rahmen der Identitätskontrolle vom 15.12.2015[167] sowie das Hauptsacheverfahren zur verfassungsrechtlichen Zulässigkeit des OMT-Programmes der EZB vom 21.06.2016.[168] Streitgegenstände in den vorgenannten Verfahren waren neben Vertragsgesetzen, die verfassungsrechtliche Zulässigkeit des Handelns von Unionsorganen, aber auch das Handeln von Verfassungsorganen.

Welche Funktion der Grundsatz der Europarechtsfreundlichkeit im Rahmen dieser Urteile erfüllt, soll im Folgenden dargelegt werden.

II. Funktionen des Grundsatzes der Europarechtsfreundlichkeit

Eingebettet in Ausführungen zur Offenheit des Grundgesetzes[169] stellt das BVerfG in seiner Lissabon-Entscheidung fest, dass das Grundgesetz

„eine europäische Integration eine internationale Friedensordnung [will]: Es gilt deshalb nicht nur der Grundsatz der Völkerrechtsfreundlichkeit, sondern auch der Grundsatz der Europarechtsfreundlichkeit“[170].

163 BVerfGE 126, 286.

164 BVerfGE 129, 124.

165 BVerfGE 132, 195.

166 BVerfGE 135, 317.

167 BVerfG NJW 2016, 1149ff.

168 BVerfGE 142, 123.

169 BVerfGE 123, 267 (340ff.).

170 BVerfGE 123, 267 (347).

Der Grundsatz stellt eine Ausprägung der Offenheit des Grundgesetzes dar und steht in engem Zusammenhang mit dem aus Art. 23 Abs. 1 GG und der Präambel folgenden Verfassungsauftrag der Verwirklichung eines vereinten Europas.[171]

Neben dieser „Programmfunktion", die vornehmlich Rückschlüsse auf den dogmatischen Ursprung des Grundsatzes zulässt, erfüllte der Grundsatz der Europarechtsfreundlichkeit in der weiteren Rechtsprechung auch noch verschiedene weitere, ganz konkrete Funktionen, um den Verfassungsauftrag des vereinten Europas sicher zu stellen.

1. Die europarechtsfreundliche Ausübung der Kontrollvorbehalte des BVerfG

Eine der Hauptfunktionen des Grundsatzes in der Rechtsprechung des BVerfG ist die, dass die verfassungsrechtlich gemäß Art. 79 Abs. 3 GG geforderten Kontrollvorbehalte der Identitätskontrolle und der Ultra-vires-Kontrolle, zum Schutz der Funktionsfähigkeit der Unionrechtsordnung[172]

„zurückhaltend und europarechtsfreundlich auszuüben[173]*"*

sind.

Der Grundsatz der Europarechtsfreundlichkeit

„verlangt [...] zum Schutz der Funktionsfähigkeit der Unionsrechtsordnung und bei Beachtung des in Artikel 100 Abs. 1 GG zum Ausdruck kommenden Rechtsgedankens, dass die Feststellung einer Verletzung der Verfassungsidentität und des Vorliegens eines Ultra-vires-Akts dem BVerfG vorbehalten bleibt".[174]

Neben dieser Monopolisierung der Prüfungsvorbehalte beim Bundesverfassungsgericht ist Voraussetzung einer zurückhaltenden, europarechtsfreundlichen Anwendung der Ultra-vires- und der Identitätskontrolle darüber hinaus, dass, soweit erforderlich, der EuGH

171 BVerfGE 123, 267 (346).

172 BVerfGE 123, 267 (354); BVerfGE 142,123 (204 Rn. 155); BVerfGE 129, 124 (172).

173 BVerfGE 126, 286 (303); BVerfGE 134, 366 (383 Rn. 24); BVerfGE 123, 267 (354); BVerfGE 126, 286 (303); BVerfG NJW 2016, 1149 (1151); BVerfGE 142, 123 (203f. Rn. 154).

174 BVerfGE 142, 123 (204 Rn. 155); BVerfGE 123, 267 (354); BVerfG NJW 2016, 1149 (1151).

„im Rahmen eines vorab Entscheidungsverfahrens nach Artikel 267 Abs. 3 AEUV mit der Sache befasst wird und das BVerfG seiner Prüfung die Maßgabe in der Auslegung zugrunde liegt, die er in dem Vorabentscheidungsverfahren durch den Gerichtshof gegeben wird“.[175]

Entsprechend dieser Ankündigung legte das BVerfG im Folgenden auch erstmalig in seiner Geschichte eine Frage im Wege des Vorabentscheidungsverfahrens nach Art. 267 AEUV dem EuGH vor.[176]

An die in einem solchen Vorabentscheidungsverfahren ergehenden Entscheidungen des EuGH, dem hier ein Anspruch auf Fehlertoleranz einzuräumen ist, ist das BVerfG grundsätzlich gebunden.[177]

Der Grundsatz beschränkte sich jedoch nicht auf verfahrensrechtlichen Funktionen des Grundsatzes im Rahmen der Ultra-vires- und Identitätskontrolle. Das BVerfG hat, unter Berufung auf den Grundsatz der Europarechtsfreundlichkeit, klargestellt, dass die Annahme eines Ultra-vires-Aktes voraussetzt, dass

„eine Maßnahme von Organen, Einrichtungen und sonstigen Stellen der europäischen Union offensichtlich außerhalb der übertragenen Kompetenz liegt“.[178]

Offensichtlichkeit verlangt in diesem Zusammenhang, dass sich

„bei Anwendung allgemeiner methodischer Standards [...] – unter keinem rechtlichen Gesichtspunkt“[179]

eine Kompetenz der Europäischen Union begründen lässt.[180] Nachdem BVerfG folgt dieses Verständnis von Offensichtlichkeit dem Gebot, die Ultra-vires-Kontrolle zurückhalten auszuüben.[181] Darüber hinaus muss der Kompetenzverstoß nicht

175 BVerfGE 126, 286 (304); BVerfGE 142, 123 (204 Rn. 156).

176 BVerfGE 134, 366ff.

177 BVerfGE 126, 286 (307).

178 BVerfGE 123, 267 (353, 400); 126, 286 (304); 134, 366 (392 Rn. 37); BVerfGE 142, 123 (200 Rn. 148).

179 BVerfGE 126, 286 (308); BVerfGE 142, 123 (200f. Rn. 149).

180 BVerfGE 126, 286 (308); BVerfGE 142, 123 (200f. Rn. 149).

181 BVerfGE 126, 286 (308); BVerfGE 142, 123 (200f. Rn. 149).

nur offensichtlich sein, sondern gleichzeitig auch noch zu einer strukturell bedeutsamen Verschiebung zu Lasten mitgliedstaatlicher Kompetenzen führen.[182]

Während das BVerfG so aus dem Grundsatz der Europarechtsfreundlichkeit positive Anforderungen an die Ultra-vires-Kontrolle ableitet, stellt es für die Identitätskontrolle im Zusammenhang mit dem Grundsatz lediglich fest, dass es

„keinen Widerspruch zur Europarechtsfreundlichkeit des Grundgesetzes“[183]

bedeutet, wenn das BVerfG unter eng begrenzten Voraussetzungen die Maßnahme eines Organs oder einer Stelle der europäischen Union für in Deutschland ausnahmsweise nicht anwendbar erklärt[184].

2. Die Bindung der Verfassungsorgane an die Einhaltung des Unionrechts

Darüber hinaus hat das BVerfG klargestellt, dass

„der Grundsatz der Europarechtsfreundlichkeit des GG [...] und die verfassungsrechtlich geschützte Funktionsfähigkeit der Unionrechtsordnung [...] deutsche Stellen dort [binden], wo sie im institutionellen Gefüge der europäischen Union funktional für diese tätig werden und [...] sie dabei auch verfassungsrechtlich zur Einhaltung des Unionrechts [verpflichten]“.[185]

In diesem Zusammenhang zitiert das BVerfG seine gesamte Rechtsprechung im Anschluss an die sogenannte Solange I-Entscheidung.

Die Verbindung des Grundsatzes der Europarechtsfreundlichkeit mit der Funktionsfähigkeit der Unionsrechtsordnung wurde vom Bundesverfassungsgericht bereits im Lissabon-Urteil hervorgehoben, um die Monopolisierung der Prüfungskompetenz der Ultra-vires und der Identitätskontrolle beim BVerfG zu begründen.[186]

182 BVerfGE 126, 286 (309); BVerfGE, Urteil BVerfGE 126, 286 (308); BVerfGE 142, 123 (201 Rn. 151).

183 BVerfG NJW 2016, 1149 (1151).

184 BVerfGE 123, 267 (354, 401); BVerfG NJW 2016, 1149 (1151).

185 BVerfGE 129, 124 (172).

186 Vgl. BVerfGE 123, 267 (354), vgl auch Kapitel 1 B. II. 1.

Das BVerfG stellt in diesem Zusammenhang auch klar, dass diese objektive Verfassungspflicht der Verfassungsorgane aus dem Grundsatz der Europarechtsfreundlichkeit diese vollumfänglich an das gesamte Unionsrecht bindet. Der Umfang dieser Pflicht ist unabhängig von der Möglichkeit des Einzelnen, die Verletzung dieser Pflicht zu rügen, zu bemessen.[187]

3. Weitere Funktionen des Grundsatzes

Weiter hat das BVerfG in mehreren Urteilen die Funktion des Grundsatzes als Auslegungsrichtlinie, entsprechend der Funktion des Grundsatzes der Völkerrechtsfreundlichkeit, hervorgehoben.[188] Die Europarechtsfreundlichkeit des Grundgesetzes gebiete es, soweit es methodisch vertretbar sei, das nationale Recht so auszulegen, dass zum einen das nationale Recht unionskonform ist,[189] zum anderen die übrigen Staatsorgane mit der Anwendung von nationalem Recht kein Verstoß gegen Unionsrecht begehen.[190]

Ferner stellt das BVerfG fest, dass der Prüfungsmaßstab des BVerfG weiterhin auf spezifisches Verfassungsrecht beschränkt ist und nicht

„durch Artikel 23 Abs. 1 GG und die darin zum Ausdruck gebrachte Europarechtsfreundlichkeit des GG“[191]

erweitert werden kann.

Der Grundsatz der Europarechtsfreundlichkeit kann darüber hinaus auch nicht das Verfahren der abstrakten Normkontrolle dahingehend modifizieren,

187 BVerfGE 132, 195 (241); hier stellt das BVerfG fest, dass eine „schlichte“ Unvereinbarkeit eines europäischen Stabilitätsmechanismus oder des Art. 136 Abs. 3 AEUV mit dem Unionsrechts ungeachtet des Grundsatzes der Europarechtsfreundlichkeit des GG (BVerfGE 123, 267, 354); 126, 286 (303); 129, 124 (172) nicht gleich bedeutend von einer Verletzung von Art. 20 Abs. 1 und Abs. 2 i.V.m. Art. 79 Abs. 3 GG (vgl. BVerfGE 126, 286 (304) ist und dementsprechend eine Rüge über Art. 38 Abs. 1 GG nicht zulässig ist.

188 Vgl. BVerfG NVwZ 2013, 1540 (1542); BVerfGE 127, 293 (326ff.).

189 Also kein Verstoß des Gesetzgebers gegen Unionsrechts vorliegt.

190 BVerfGE 127, 293 (326ff. sowie 334).

191 BVerfGE 136, 69 (91 Rn. 43).

„dass das BVerfG in diesem Verfahren ohne Zusammenhang mit einem Verfahren vor den Fachgerichten entscheidet, indem eine Vorlage ebenfalls erfolgen könnte und müsste (vgl. BVerfGE 114, 196 [220])“.[192]

Schließlich betone das BVerfG im Rahmen der Festlegung des Kontrollmaßstabes einer einstweiligen Anordnung gegen Maßnahmen eines Unionsorganes, dass der strenge Prüfungsmaßstab des § 32 BVerfGG hinsichtlich Maßnahmen mit völkerrechtlichem oder außenpolitischem Bezug,[193] bei der Überprüfung von Rechtsakten von Unionsorganen u.a. wegen des Grundsatzes der Europarechtsfreundlichkeit

„erst Recht“[194]

gelten müsse.

4. Zwischenergebnis

Das BVerfG hat dem Grundsatz der Europarechtsfreundlichkeit sowohl verfahrensrechtliche, als auch materiell rechtliche Inhalte entnommen. Dementsprechend fand der Grundsatz der Europarechtsfreundlichkeit im Rahmen der Kontrolle des Unionsrechts und der Sicherstellung seiner einheitlichen Anwendung in verschiedenen Funktionen Anwendungen.

Im Folgenden soll untersucht werden, welche Erkenntnisse aus der bisherigen Verwendung des Grundsatzes durch die Rechtsprechung für seinen Inhalt und seine Bindungswirkung gezogen werden können.

III. Analyse der Funktionalität des Grundsatzes der Europarechtsfreundlichkeit

Der Grundsatz der Europarechtsfreundlichkeit stellt keine bloße Leerformel dar.[195] Der Grundsatz beinhaltet vielmehr neben der Begründung verfahrensrechtlicher Anforderungen auch materielle Pflichten der Verfassungsorgane, nämlich die

192 BVerfGE 136, 69 (91f.)

193 BVerfG NJW 2014, 375 (376).

194 BVerfG NJW 2014, 375 (376).

195 *Mayer/Walter*, die Europarechtsfreundlichkeit des BVerfG nach dem Honeywell Beschluss,

Bindung an die Einhaltung des Unionsrechts. Im Rahmen einer genaueren Analyse der bisherigen Verwendung des Grundsatzes der Europarechtsfreundlichkeit durch die Rechtsprechung, sollen im Folgenden die Erkenntnisse, die sich aus dieser Verwendung für den Inhalt des Grundsatzes der Europarechtsfreundlichkeit (insbesondere auch für seine Grenzen) ziehen lassen, dargelegt werden.

1. Die Grenzen der Offenheit des Grundgesetzes

Aus der bisherigen Anwendung und den Aussagen zum Grundsatz der Europarechtsfreundlichkeit lässt sich schließen, dass dieser keine Erweiterung der Möglichkeiten der Integration unter dem Grundgesetz bewirkt. Der Grundsatz der Europarechtsfreundlichkeit stellt eine Ausprägung der Offenheit des Grundgesetzes dar, wie sie innerhalb der Verfassungsidentität[196] vorgesehen ist und in deren Grenzen die Verfassungsorgane zur Teilnahme an der Integration verpflichtet sind.

Entsprechend ergibt sich die Pflicht der Verfassungsorgane zur Mitwirkung an der europäischen Union nicht unmittelbar aus dem Grundsatz der Europarechtsfreundlichkeit. Das BVerfG begründet diese Mitwirkungspflicht direkt aus dem in der Präambel i.V.m. Art. 23 Abs. 1 GG verankerten Staatsziel.[197] Diese Mitwirkungspflicht ist folglich bereits im Inhalt des Integrationsprogrammes des GG enthalten, ohne dass es zu ihrer Begründung eines Rückgriffs auf den Grundsatz der Europarechtsfreundlichkeit bedarf. Der Grundsatz der Europarechtsfreundlichkeit kann in diesem Zusammenhang möglicherweise allerdings dahingehend Einfluss nehmen, dass bei der Beantwortung der Frage, welche zukünftigen Integrationsschritte verfassungsrechtlich zulässig sind, eine Abwägung zwischen dem Grundsatz der Europarechtsfreundlichkeit in Art. 23 Abs. 1 i.V.m. Art. 79 Abs. 3 GG vorzunehmen ist.[198]

JURA 2011, 352 (539); im Zusammenhang mit der Rechtsprechung des BVerfG zur Ultra-vires-Kontrolle.

196 Vgl. allgemein *Walter*, Integrationsgrenze Verfassungsidentität – Konzept und Kontrolle aus europäischer, deutscher und französischer Perspektive, ZaöRV 2012, 177ff.

197 *Abels*, Das Bundesverfassungsgericht und die Integration Europas-Verfassungsrechtliche Möglichkeiten und Grenzen untersucht am Karlsruher Lissabon Urteil, 2011, 11.

198 *Abels*, Das Bundesverfassungsgericht und die Integration Europas-Verfassungsrechtliche Möglichkeiten und Grenzen untersucht am Karlsruher Lissabon Urteil, 2011, 41ff.

Insbesondere kann die Offenheit des Grundgesetzes auch nichts daran ändern, dass die Ermächtigung des Gesetzgebers durch das Grundgesetz Hoheitsrechte zu übertragen, sich innerhalb des von der Verfassung vorgegebenen Integrationsprogramms, d. h. der Verfassungsidentität und dem durch das Demokratieprinzip bedingten Prinzip der begrenzten Einzelermächtigung, bewegen muss.[199] Zwar legt Art. 23 GG nicht fest, dass Integration nur in den Formen vorgenommen werden kann, welche über Art. 28 Abs. 1 GG für Bund und Länder vorgesehen sind. Allerdings bedeutet Integration auch keinesfalls, dass über eine Akzeptanz der autonomen gemeinschaftlichen Willensbildung hinaus eine

„der verfassungsrechtlichen Begrenzung und Kontrolle entzogene Unterwerfung",[200]

bzw. der

„Verzicht auf die eigene Identität"[201]

verlangt wird.

Der Grundsatz der Europarechtsfreundlichkeit ändert dementsprechend nichts an der grundlegenden Systematik des GG, wonach Integration zwar möglich und sogar auch gewünscht ist (vgl. den Verfassungsauftrag aus der Präambel i. V. m. Art. 23 GG), die Grenze der Verfassungsidentität aus Art. 79 Abs. 3 GG[202] jedoch immer gewahrt bleiben muss.[203]

Der Rückgriff auf Art. 79 Abs. 3 GG zur Entwicklung von Integrationsgrenzen wurde zum Teil kritisiert, da die Vorschrift historisch gesehen den Schutz vor einem Rückfall in eine Diktatur garantieren soll und im Urteil als Schutz gegen die europäische Integration angewendet wird.[204] Diese Kritik geht jedoch fehl. Art. 79 Abs. 3 GG dient dem Zweck wesentliche Kernelemente der Verfassung der Dispo-

199 BVerfGE 123, 267 (347).

200 BVerfGE 123, 267 (347).

201 BVerfGE 123, 267 (347).

202 Zum Teil wird die Vorschrift als „Kern der Verfassungsidentität" bezeichnet, vgl. *Dreier*, in: Dreier, GG, Bd. II, 3. Aufl. 2015, Art. 79 Abs. 3 Rn. 16 m.w.N. Vgl. zur Verfassungsidentität auch *Hain*, in: v. Mangoldt/Klein/Starck, GG, Bd. III, 6. Aufl. 2010, Art. 79 Rn. 43ff.

203 Vgl. BVerfGE 123, 267 (347); BVerfG NJW 2016, 1149 (1159f.); *Abels*, Das Bundesverfassungsgericht und die Integration Europas-verfassungsrechtliche Möglichkeiten und Grenzen untersucht am Karlsruher Lissabon-Urteil, 2011, 11; BVerfG NJW 1149, 1150f.

204 Vgl. *Abels*, Das Bundesverfassungsgericht und die Integration Europas-verfassungsrechtliche Möglichkeiten und Grenzen untersucht am Karlsruher Lissabon-Urteil, 2011, 11 m.w.N.

sition des Verfassungsändernden Gesetzgebers zu entziehen und so einer Revolution die Maske der Legalität zu nehmen.[205] Dieser Zweck greift ein, ganz gleich ob die „revolutionäre Maßnahme“ im Rahmen der europäischen Integration ergeht oder in rein nationalem Rahmen.

Neben dem unantastbaren Kern der Verfassungsidentität wird die Europarechtsfreundlichkeit des GG auch über die Grenzen des im Zustimmungsgesetz niedergelegten Integrationsprogrammes in seiner konkreten Ausgestaltung beschränkt,[206] wobei diese Einschränkung nicht zwingend eine dauerhafte ist.[207]

Zu den Schutzgütern[208] der in Art. 79 Abs. 3 GG niedergelegten Verfassungsidentität,

„die auch vor Eingriffen durch die supranational ausgeübte öffentliche Gewalt geschützt sind“[209],

gehören die Grundsätze des Art. 1 GG, also die Verpflichtung aller staatlichen Gewalt, die Würde des Menschen zu achten und zu schützen (Art. 1 Abs. 1 Satz 2 GG), aber auch der in der Menschenwürdegarantie des Art. 1 Abs. 1 GG verankerte Grundsatz, dass jede Strafe Schuld voraussetzt.[210] Darüber hinaus werden von der Verfassungsidentität die Grundsätze, die das Demokratie-, Rechts-, Sozial- und Bundesstaatsprinzip im Sinne des Artikels 20 GG prägen, umfasst.[211]

---

205 *Dreier*, in Dreier, GG, Bd. II, 3. Aufl. 2015, Art. 79 Abs. 3 Rn. 5 und Rn. 15; *Sachs*, in: Sachs, GG, 7. Aufl. 2015, Art. 79 Rn. 35; *Hain*, in: v. Mangoldt/Klein/Starck, GG, Bd. II, 6. Aufl. 2010, Art. 79 Rn. 30.

206 BVerfG NJW 2016, 1149 (1150).

207 Soweit die Grenzen der Verfassungsidentität gewahrt sind, besteht die Möglichkeit, dass das Integrationsprogramm erweitert wird und etwaige Ultra-vires-Verstöße so nachträglich legitimiert werden, vgl. hierzu BVerfGE 123, 267 (365); 134, 366 (395 Rn. 49); BVerfGE 142, 123 (211 Rn. 170).

208 Vgl. ausführlich *Dreier*, in Dreier, GG, Bd. II, 3. Aufl. 2015, Art. 79 Abs. 3 Rn. 21ff.; *Sachs*, in: Sachs, GG, 7. Aufl. 2015, Art. 79 Rn. 38ff.; *Hain*, in: v. Mangoldt/Klein/Starck, GG, Bd. II, 6. Aufl. 2010, Art. 79 Rn. 59ff.

209 BVerfG NJW 2016, 1149 (1152).

210 BVerfG NJW 2016, 1149 (1152).

211 BVerfGE 142, 123 (195 Rn. 138).

Die Grenze der Verfassungsidentität und damit auch die Grenze der Europarechtsfreundlichkeit des GG stellt keinen Widerspruch zu Art. 4 Abs. 3 EUV dar,[212] da sich aus dieser Grenze keine Gefahr für die einheitliche Anwendung des Unionrechts ergibt. Art. 4 Abs. 2 EUV selbst nimmt auf die Verfassungsidentitäten der Mitgliedsstaaten Bezug und begründet die

„europarechtliche Pflicht zur Identitätsachtung“.[213]

Die Achtung der Verfassungsidentitäten der Mitgliedsstaaten prägt daher auch das in Art. 4 Abs. 2 EUV niedergelegte Gebot der loyalen Zusammenarbeit.[214]

Da sich der Grundsatz als Ausprägung der Offenheit des GG in den Grenzen dieser Offenheit bewegen muss, kann er keine Rechtswirkungen entfalten, die ein Überschreiten der Grenzen der durch die gemäß Art. 79 Abs. 3 GG geschützten Verfassungsidentität begründen.

2. Keine Veränderung des Verhältnisses der Rechtsordnungen

Darüber hinaus kann aus der bisherigen Funktionalität des Grundsatzes der Europarechtsfreundlichkeit geschlossen werden, dass sich das Verhältnis zwischen der Unionsrechtsordnung und der nationalen Rechtsordnung nicht ändert.

212 BVerfG NJW 2016, 1149 (1151).

213 BVerfGE 123, 267 (350).

214 So schon BVerfGE 89, 155 (202); vgl. auch *Kahl*, in: Calliess/Ruffert, EUV/AEUV, 5. Aufl. 2016, Art. 4 EUV Rn. 40, der darauf hinweist, dass sich das in Art. 4 Abs. 3 EUV enthaltene Subprinzip der Rücksichtnahme auch unter anderem aus Art. 4 Abs. 2 EUV ergibt sowie Puttler, die in Art. 4 Abs. 2 EUV eine Ausprägung des Grundsatzes der loyalen Zusammenarbeit sieht, vgl. *Puttler*, in: Calliess/Ruffert, EUV/AEUV, 5. Aufl. 2016, Art. 4 EUV Rn. 10.

a) Die Zulässigkeit eines Auseinanderfallens der Rechtsordnungen

aa) Die Mitgliedstaaten als Herren der Verträge

Die Unionsrechtsordnung wird unter dem Grundgesetz zwar als autonome Rechtsordnung anerkannt,[215] sie bleibt dennoch eine abgeleitete Rechtsordnung,[216] die über den Rechtsanwendungsbefehl im Zustimmungsgesetz mit dem nationalen Recht verknüpft wird und deshalb innerstaatliche Geltung beanspruchen kann.[217] Unionsrecht wird über den aus dem Rechtsanwendungsbefehl abgeleiteten Anwendungsvorrang[218] hingegen nicht Teil des Verfassungsrechts.[219] Das BVerfG hat auch mehrfach klargestellt, dass Unionsrechte weder Grundrechte noch grundrechtsgleiche Rechte darstellen.[220]

215 *Wollenschläger*, in: Dreier, GG, Bd. II. 3. Aufl. 2015, Art. 23 Rn. 12.

216 BVerfGE 123, 267 (348f.); BVerfGE 126, 286 (303); BVerfGE 134, 366 (382f.). Die Autonomie der Unionsrechtsordnung wird häufig auch als Dogma bezeichnet, vgl. *Huber*, Recht der Europäischen Integration, 2002, § 7 Rn. 7f. und ist zwar in gewissem Umfang gegeben, letztlich verbleibt es jedoch dabei, dass eine staatenvermittelte Rechtsordnung vorliegt; die Europäische Union verfügt mithin nicht über eine eigene Verfassungsautonomie vgl. *Hillgruber*, in: Isensee/Kirchhoff, HStR Bd. II, 3. Aufl. 2004, § 32 Rn. 93ff.

217 *Nettesheim*, in: Grabitz/Hilf/Nettesheim, Das Recht der Europäischen Union, 58. EL 2016, Art. 288 AEUV Rn. 34ff.

218 *Huber*, Europäisches und nationales Verfassungsrecht, VDDStRL 2001, Bd. 60, 194 (216).

219 Zwar wird zum Teil vertreten, dass zwischen europäischem und nationalem Verfassungsrecht eine materielle Einheit bestünde, vgl. *Pernice*, Europäisches und nationales Verfassungsrecht, VVDStRL 2001, Bd. 60, 148 (172). Die europäische und die nationale Verfassungen wären „Teilordnungen eines einheitlichen Systems", vgl. *Pernice*, a.a.O., 148 (172), da der Grundsatz der unmittelbaren Anwendbarkeit des Unionsrechts dafür Sorge trage, dass der Souveränitätspanzer der Mitgliedstaaten durchbrochen werde, vgl. *Pernice*, a.a.O., 148 (169). Schon die These, dass Unionsrecht Verfassungsrecht sein kann ist jedoch hochumstritten, vgl. *Pernice*, a.a.O., 148 (156) der unter Zugrundelegung eines postnationalen, vom Staat unabhängigen Verfassungsbegriff davon ausgeht, dass auch Unionsrecht funktionales Verfassungsrecht sei; ähnlich auch *Huber*, Europäisches und nationales Verfassungsrecht, VVDStRL 2001, Bd. 60, 194 (199). In jedem Fall jedoch sieht das Grundgesetz bislang immer noch ausdrücklich das Erfordernis eines Transformationsaktes vor gem. Art. 59 Abs. 2 GG, Art. 23 Abs. 1 GG, womit erst die Verknüpfung der Rechtsordnungen ermöglicht wird. Vergleiche auch ausführlich zum Verfassungsbegriff im Zusammenhang mit der Europäischen Union *Ruffert*, Aufgaben europarechtlicher Theorienbildung nach Lissabon, EuR-Bei 2010, 83 (86ff.).

220 BVerfGE 115. 276 (299f.), wobei insbesondere betont wird, dass mangels Prüfungskompe-

Die völker- und staatsrechtliche Souveränität, die den Mitgliedsstaaten im Verhältnis zur Union verbleibt, erfordert, dass die Mitgliedsstaaten Herren der Verträge bleiben.[221] Aus diesem Grund können unter dem Grundgesetz Hoheitsrechte nicht dergestalt übertragen werden, dass die Europäische Union daraus eigene Kompetenzen weiterentwickeln könnte. In einem solchen Fall wäre der direkte Ableitungszusammenhang nicht mehr gewährleistet.[222] Auch vor diesem Hintergrund hat die Einführung von Vertragsbestimmungen, die zwar keine Kompetenzübertragung für die Union bedeuteten, aber das bestehende materielle Verfassungsrecht modifizieren bzw. ergänzen bislang immer zur Folge gehabt, dass der Verfassungstext angepasst wurde,[223] auch wenn Art. 23 GG keinen Verweis auf das Textänderungsgebot enthält.[224] Diese materiellen Verfassungsänderungen waren auch erforderlich,[225] soweit sie den Kernbereich der durch Art. 79 Abs. 3 GG geschützten Verfassungsidentität berührt haben.[226] Ohne eine textliche Verfassungs-

tenz des BVerfG hinsichtlich der Vereinbarkeit der Norm des innerstaatlichen Rechts mit dem Unionsrecht auch der Einwand, für einen Grundrechtseingriff durch die nationalen Organe fehle es aufgrund des Anwendungsvorranges an einem den Gesetzesvorbehalt ausfüllenden Gesetz, einen möglichen Verstoß gegen Unionsrecht nicht rügefähig mache.

221 BVerfGE 89, 155 (188); BVerfGE 123, 267 (349); *Pache*, Das Ende der europäischen Integration?, EuGRZ 2009, 285 (289).*Classen*, in: v. Mangoldt/Klein/Stark, GG, Bd. II, 6. Aufl. 2010, Art. 23 Rn. 3. Kritisch zu dieser Forderung allerdings *Pernice*, in: Dreier, GG, Bd. II, 2. Aufl. 2006, Art. 23 Rn. 22, der vor dem Hintergrund der graduellen Entwicklung eines europäischen Verfassungsverbundes diese Stellung der Mitgliedsstaaten in Zweifel zieht. Im Ergebnis ist dieser Ansicht jedoch nicht zu folgen, da zum gegenwärtigen Zeitpunkt, gleichwohl eine graduelle Entwicklung hin zu einem europäischen Verfassungsverbund nicht in Zweifel gezogen werden kann, die Verträge immer noch ihrem Grunde nach völkerrechtlicher Natur sind und dementsprechend nicht die letztendliche Souveränität der Mitgliedsstaaten berühren; BVerfGE 89, 155 (190); BVerfGE 134, 366 (384 Rn. 26); BVerfG NJW 2016, 1149, 1151.

222 BVerfGE 123, 267 (349f.).

223 Z.B. was das Asylrecht oder aber das Kommunalwahlrecht für Ausländer betrifft, vgl. *Pernice*, Europäisches und nationales Verfassungsrecht, VVDStL 2001, Bd. 60, 149 (179).

224 *Hufeld*, in: Isensee/Kirchhoff, HStR Bd. XII, 3. Aufl. 2014, § 259 Rn. 17.

225 So auch im *Hain*, Zur Frage der Europäisierung des Grundgesetzes, DVBl. 2002, 148 (150).

226 Dies bestätigt auch die Erforderlichkeit einer Verfassungsänderung bei der Einführung des Kommunalwahlrechts für Unionsausländer in Art. 28 Abs. 1 S. 3 GG, die Ermächtigung zur Übertragung der Aufgaben und Befugnisse der Deutschen Bundesbank auf die EZB gem. Art. 88 S. 2 GG oder aber die Änderung von Art. 12a Abs. 4 S. 2 GG (letztere stellt eine Reaktion des Gesetzgebers auf die Feststellung des EuGH dar, dass Art. 12a Abs. 4 S. 2 GG aF einen Verstoß gegen die RL 76/207/EWG darstelle, vgl. *Huber*, Recht der Europäischen Integration, 2. Aufl. 2002, § 7 Rn. 11. Dieser Konflikt zwischen Verfassung und Unionsrecht wurde bei der Ratifizierung des Vertrages offensichtlich nicht gesehen.); zum Teil wurde im Vorfeld bemerkt, dass die Einführung

änderung wäre sonst auch die Verfassungshoheit der Mitgliedstaaten im Zusammenhang mit der Verfassung der EU und deren Stellung als Herren der Verträge beeinträchtigt.[227]

Diese Bestimmungsgewalt der Mitgliedsstaaten und die ihnen verbleibende Souveränität unter der europäischen Union sind die Verankerung und auch die Grundlage des unionsrechtlichen Prinzips der begrenzten Einzelermächtigung in den mitgliedsstaatlichen Verfassungen.[228] Insoweit besteht auch eine

„europarechtliche[n] Pflicht, die verfassungsgebende Gewalt der Mitgliedsstaaten als Herren der Verträge zu achten“[229].

Neben der materiell rechtlichen Grenze der Verfassungsidentität für eine mögliche Integration, kann diese Stellung der Mitgliedsstaaten als Herren der Verträge und der daraus folgende notwendige Ableitungszusammenhang durch den Grundsatz der Europarechtsfreundlichkeit nicht berührt werden. Dieser ist vielmehr in diese verfassungsrechtlichen Vorgaben eingebettet und wird durch diese begrenzt.

Dementsprechend kann,

„[anders] als ein bundesstaatlicher Geltungsvorrang, wie ihn Artikel 31 GG für die deutsche Rechtsordnung vorsieht, [...] der Anwendungsvorrang des Unionsrechts nicht umfassend sein“[230] (Erg. d. Verf.).

Ein solcher wäre mit der Grenze der unantastbaren Verfassungsidentität und auch der (wenn gleich gegebenenfalls nur temporären[231]) Grenze des im Zustimmungsgesetz niedergelegten Integrationsprogrammes unvereinbar.

---

des Kommunalwahlrechts für Ausländer eine Modifikation des grundgesetzlichen Demokratieprinzips dargestellt hätte, vgl. *Huber*, Bundesverfassungsgericht und Europäischer Gerichtshof als Hüter der Gemeinschaftsrechtlichen Kompetenzordnung, AöR 1991, Bd. 116, 211 (238).

227 Vgl. ähnlich auch die Frage von *Schachtschneider*, in: Europäisches und nationales Verfassungsrecht, VVDStRL 2001, Bd. 60, 393.

228 BVerfGE 123, 267 (350).

229 BVerfGE 123, 267 (350).

230 BVerfGE 126, 286 (302).

231 Soweit die Grenzen der Verfassungsidentität gewahrt sind, besteht die Möglichkeit, dass das Integrationsprogramm erweitert wird und etwaige Ultra-vires-Verstöße so nachträglich legitimiert werden, vgl. hierzu BVerfGE 123, 267 (365); 134, 366 (395 Rn.: 49); BVerfGE 142, 123 (211 Rn. 170).

Dementsprechend widerspricht es auch nicht dem Grundsatz der Europarechtsfreundlichkeit, wenn Unionsrecht wegen einem möglichen Verstoß gegen die Verfassungsidentität bzw. wegen einer Kompetenzüberschreitung in Deutschland unter dem Grundgesetz nicht anwendbar ist.[232] Gleichzeitig ließ das BVerfG allerdings offen, wie nach einer ultra-vires-Feststellung vorgegangen werden soll, um ein Vertragsverletzungsverfahren gegen Deutschland zu vermeiden. Ein offener Konflikt zwischen den Rechtsordnungen kann zwar grundsätzlich nicht im Sinne der Europarechtsfreundlichkeit sein.[233] Gleichwohl bestätigt das Offenlassen des BVerfG, dass der Grundsatz der Europarechtsfreundlichkeit einem Auseinanderfallen der beiden Rechtsordnungen nicht entgegensteht.

bb) Der Prüfungsmaßstab des spezifischen Verfassungsrechts

Da der Grundsatz der Europarechtsfreundlichkeit das Verhältnis der Rechtsordnungen zueinander nicht beeinflussen kann, stellt der Zweite Senat des BVerfG konsequent ausdrücklich fest, dass der Prüfungsmaßstab des BVerfG auf spezifisches Verfassungsrecht beschränkt ist und dieser Prüfungsmaßstab

„durch Artikel 23 Abs. 1 GG und die darin zum Ausdruck gebrachte Europarechtsfreundlichkeit des GG [nicht] erweitert“[234] (Erg. d. Verf.)

werden kann. Auch kann auf diese Weise nicht das Verfahren der abstrakten Normenkontrolle modifiziert werden.[235]

Die Rüge eines Verstoßes gegen Unionsrecht kann dementsprechend nicht mittelbar als Verstoß gegen Art. 23 GG die Rechtsfolge der Verfassungswidrigkeit einer Norm oder einer Handlung eines Verfassungsorgans begründen. Soweit der Verstoß gegen Unionsrecht durch eine Norm begründet wird, stellt das BVerfG klar, dass der Grundsatz der Europarechtsfreundlichkeit nicht dazu führt, dass der Verstoß gegen Unionsrechts die innerstaatliche Gültigkeit einer Norm berührt. Andernfalls würde dem Unionsrecht aus verfassungsrechtlichen Gründen Geltungsvorrang zukommen.

232 BVerfGE 126, 286 (303).

233 Vgl. *Mayer/Walter*, die Europarechtsfreundlichkeit des BVerfG nach dem Honeywell Beschluss, JURA 2011, 532 (540).

234 BVerfGE 136, 69 (91 Rn. 43).

235 BVerfGE 136, 69 (91f. Rn. 43ff.).

Diese Rechtsprechung des Zweiten Senats ergänzt und vervollständigt die Rechtsprechung des Ersten Senats.[236] Der Erste Senat hat in ständiger Rechtsprechung klargestellt, dass unionsrechtlich begründete Rechte nicht zu den Grundrechten bzw. grundrechtsgleichen Rechten gehören.[237] Auch mittelbar konnte ein Verstoß gegen Unionsrechts nicht über die Grundrechte rügefähig gemacht werden. Das BVerfG hat es bislang abgelehnt, der Argumentation zu folgen, aufgrund des Anwendungsvorranges des Unionsrechts fehle es bereits an einem anwendbaren,

„den Gesetzesvorbehalt eines Grundrechts ausfüllenden Gesetz[es]"[238]

und damit an einer Beschränkung der grundrechtlichen Gewährleistung.[239] Weder

„Artikel 2 Abs. 1 GG [...] noch Artikel 23 Abs. 1 Satz 2 GG [...] [eröffnet] dem BVerfG insoweit eine Prüfungskompetenz."[240] (Erg. d. Verf.)

Eingriffe in Art. 2 Abs. 1 GG stehen zwar unter anderem unter dem Vorbehalt der verfassungsmäßigen Ordnung.[241] Das Bundesverfassungsgericht versteht unter diesem Begriff jede formell und materiell mit der Verfassung in Einklang stehende Norm.[242] Im Rahmen dieses Begriffs wird vom Bundesverfassungsgericht die Verfassungsbeschwerdebefugnis dadurch erweitert, dass eine umfassende Überprüfung des Rechts, das als Rechtsgrundlage des Eingriffs in das materielle Grundrecht dient, am Maßstab der gesamten Verfassung, also auch am objektiven

236 Vgl. nur BVerfGE 110, 141 (154f.); BVerfGE 115, 276 (299f.) m.w.N.

237 BVerfGE 115, 276 (299). Vgl. auch *Bethge*, in: Maunz/Schmidt-Bleibtreu/Klein/Bethge, BVerfGG, 48. EL 2016, Vorbemerkung Rn. 354a m.w.N.

238 BVerfGE 115, 276 (299).

239 *Di Fabio*, in: Maunz/Dürig, GG, 77. EL 2016, Art. 2 B Rn. 43; *Starck*, in: v. Mangoldt/Klein/Starck, GG, Bd. I, 6. Aufl. 2010, Art. 2 Rn. 26; AA Hain, Zur Frage der Europäisierung des Grundgesetzes, DVBl 2002, 148 (155f.), sowie *Dreier*, in: Dreier, GG, Bd. I, 3. Aufl. 2013, Art. 2 Abs. 1 Rn. 58. Soweit die aA auf die Rechtsprechung des Bundesverfassungsgerichts zur fehlenden Entscheidungserheblichkeit einer Norm, die gegen Unionsrecht verstößt, rekurriert, ist dies nicht überzeugend, da gem. Art. 20 Abs. 3 GG das Unionsrecht nicht den Gesetzgeber bindet.

240 BVerfGE 110, 141 (155).

241 *Dreier*, in: Dreier, GG, Bd. I, 3. Aufl. 2013, Art. 2 Abs. 1 Rn. 53ff.; *Starck*, in: v. Mangoldt/Klein/Starck, GG, Bd. I, 6. Aufl. 2010, Art. 2 Rn. 25ff.

242 BVerfGE 6, 32 (37); *Dreier*, in: Dreier, Bd. I, GG, 3. Aufl. 2013, Art. 2 Abs. 1 Rn. 53.

Verfassungsrecht vorgenommen wird.[243] Hiervon sind unter anderem auch die allgemeinen Grundsätze des Völkerrechts gem. Art. 25 GG erfasst.[244]

Weder über den Grundsatz der Völkerrechtsfreundlichkeit,[245] noch über den Grundsatz der Europarechtsfreundlichkeit, die beide Teil der verfassungsmäßigen Ordnung i.S.v. Art. 2 Abs. 1 GG sind,[246] können jedoch Verstöße zum einen gegen die EMRK, zum anderen gegen das Unionsrecht, als Verfassungsverstoß gerügt werden.[247] Für den Grundsatz der Völkerrechtsfreundlichkeit ergibt sich dies bereits aus dem verfassungsrechtlich determinierten Rang des Völkervertragsrechts.

Mit der Bestätigung dieser Rechtsprechung durch den Zweiten Senat unter Bezugnahme auf den Grundsatz der Europarechtsfreundlichkeit wird klargestellt, dass der Grundsatz der Europarechtsfreundlichkeit nicht dazu führen kann, dass Unionsrecht über objektives Verfassungsrecht mittelbar Prüfungsmaßstab des BVerfG wird und hierüber ein Geltungsvorrang begründet wird.

cc) Die Vereinbarkeit mit dem Schutz der Funktionsfähigkeit der Unionsrechtsordnung

Diese vom GG vorgesehene, ja in bestimmten Umständen sogar geforderte, Möglichkeit eines Auseinanderfallens der Rechtsordnungen, steht insbesondere auch nicht im Widerspruch zu dem in Art. 4 Abs. 3 EUV normierten Grundsatz der loyalen Zusammenarbeit.[248]

243 *Starck*, in: v. Mangoldt/Klein/Starck, GG, Bd. I, 6. Aufl. 2010, Art. 2 Rn. 26.

244 *Dreier*, in: Dreier, GG, Bd. I, 3. Aufl. 2013, Art. 2 Abs. 1 Rn. 54. Da die EMRK nur den Rang eines einfachen Gesetzes hat und nicht von Art. 25 GG erfasst wird, bildet sie ungeachtet des Umstandes, dass sie an der verfassungsmäßigen Ordnung teilnimmt keinen unmittelbaren Prüfungsmaßstab für Einschränkungen von Freiheitsgrundrechten vgl. *Dreier*, in: Dreier, GG, Bd. I, 3. Aufl. 2013, Art. 2 Abs. 1 Rn. 55.

245 *Dreier*, in: Dreier, GG, Bd. I, 3. Aufl. 2013, Art. 2 Abs. 1 Rn. 55. Zum Teil werden andere Ansichten diesbezüglich mit dem Menschenrechtsbezug der EMRK begründet. Vgl. auch ausführlich zum Inhalt des Grundsatzes der Völkerrechtsfreundlichkeit die Ausführungen unter Kapitel 2 A. II. 2. b) bb) und cc).

246 *Di Fabio*, in: Maunz/Dürig, GG, 77. EL 2016, Art. 2 B Rn. 43.

247 *Di Fabio*, in: Maunz/Dürig, GG, 77. EL 2016, Art. 2 B Rn. 43.

248 BVerfGE 123, 267 (354); BVerfG NJW 2016, 1149 (1151).

Die Grenze der Verfassungsidentität ist vielmehr in Art. 4 Abs. 2 Satz 1 EUV der Sache nach angelegt.[249] Es ergibt sich in diesem Zusammenhang keine

„substantielle Gefahr für die einheitliche Anwendung des Unionsrechts“,[250]

da die Argumentationsfigur der Verfassungsidentität auch dem Recht der europäischen Union nicht fremd ist. In der Rechtssache Kadi[251] stellt der EuGH selbst die Identität der Union über die Vertragspflicht gegenüber den Vereinten Nationen, ohne darin einen Konflikt mit der Völkerrechtsfreundlichkeit zu sehen. In diesem Zusammenhang wird auf den Umstand hingewiesen, dass in nicht strikt hierarchisch gegliederten politischen Ordnungszusammenhängen die eigene Identität die Grenze der vertraglichen Bindung ist. Auch vor diesem Hintergrund erklärt sich, warum es in der Sache keinen Widerspruch zum Ziel der Europarechtsfreundlichkeit[252] darstellt, wenn gegebenenfalls im Einzelfall Europarecht für unanwendbar erklärt wird und dementsprechend die Rechtsordnungen (formell) auseinanderfallen.[253]

b) Die Funktion des Grundsatzes als Auslegungsrichtlinie

Auch wenn der Grundsatz der Europarechtsfreundlichkeit in bestimmten Fällen einem Auseinanderfallen der Rechtsordnungen nicht entgegensteht, so dient er doch als Instrument, innerhalb der Möglichkeiten der Verfassungsordnung ein solches Auseinanderfallen zu vermeiden. Hier wird insbesondere die Funktion des Grundsatzes als Auslegungsrichtlinie, entsprechend der Funktion des Grundsatzes der Völkerrechtsfreundlichkeit, entscheidend.[254] Soweit es methodisch vertretbar ist, ist das nationale Recht so auszulegen, dass es unionsrechtskonform ist, bzw.

249 BVerfG NJW 2016, 1149 (1151).

250 BVerfG NJW 2016, 1149 (1151).

251 BVerfGE 123, 267ff. Vgl. hierzu auch ausführlich *Millet*, L'Union Européenne et l'identité constitutionnelle des états membres, 2013, 83.

252 BVerfGE 123, 267 (354).

253 BVerfGE 123, 267 (354); BVerfGE NJW 2016, 1149 (1151).

254 Vgl. BVerfG NVwZ 2013, 1540 (1542); BVerfGE 127, 293 (326ff.). Vgl. auch *Ehlers*, in: Schulze/Zuleeg/Kadelbach, Europarecht, 3. Aufl. 2015, § 11 Rn. 43, der in einer Zusammenschau mit Art. 4 Abs. 3 EUV darlegt, dass sich aus dem Vorrang des Unionsrechts ein Recht zur unionsrechtskonformen Auslegung ergibt, die Verpflichtung hierzu hingegen erst durch den Grundsatz der Europarechtsfreundlichkeit begründet wird.

seine Anwendung keinen Verstoß gegen Unionsrecht begründet.[255] Das Prinzip der europarechtsfreundlichen Auslegung kann allerdings nicht dazu führen, dass die Anforderungen des Grundgesetztes dergestalt relativiert werden, dass sie in jedem Fall den Vorgaben des Unionsrechts entsprechen.[256] Die Funktion des Grundsatzes der Europarechtsfreundlichkeit als Auslegungsrichtlinie entspricht nicht in vollem Maße der einer sogenannten praktischen Konkordanz.[257] Denn diese würde eine Gleichrangigkeit von zwei Rechtsprinzipien voraussetzen.[258] Da der Grundsatz der Europarechtsfreundlichkeit jedoch, nicht dazu führen kann, dass Unionsrecht und Verfassungsrecht unter dem GG unbedingten Gleichrang haben, kann der Grundsatz der Europarechtsfreundlichkeit auch in seiner Funktion als Auslegungsrichtlinie nicht die Funktion von praktischer Konkordanz erfüllen. Die Grenze der Verfassungsidentität und der durch das Zustimmungsgesetz begründeten Kompetenzordnung besteht weiterhin.

In seiner Funktion als Auslegungsrichtlinie kann der Grundsatz allerdings ein Auseinanderfallen der Rechtsordnungen, zumindest vorläufig, dadurch verhindern, dass er im Hinblick auf die Rechtsfolgen der Feststellung der Verfassungswidrigkeit von Normen Auswirkungen zeitigt. Konkret begründete dies das BVerfG mit der europarechtsfreundlichen Auslegung von §78 BVerfGG, so dass eine Norm mit dem Verfassungsrecht nur für unvereinbar erklärt wurde und keine Nichtigkeitserklärung mit der Folge der sofortigen Ungültigkeit im Verfahren einer abstrakten Normenkontrolle ausgesprochen wurde.[259] In ständiger Rechtsprechung wird für den Fall, dass eine Norm als unvereinbar mit der Verfassung erklärt wird, gleichzeitig die Anordnung der Geltung einer gewissen Übergangsfrist ausgesprochen.[260]

255 BVerfGE 127, 293 (326f. sowie 334).

256 Vgl. *Huber*, BVerfG und Europäischer Gerichtshof als Hüter der gemeinschaftsrechtlichen Kompetenzordnung, AöR 1991, Bd. 116, 210 (224).

257 Vgl. *Huber*, BVerfG und Europäischer Gerichtshof als Hüter der gemeinschaftsrechtlichen Kompetenzordnung, AöR 1991, Bd. 116, 210 (224).

258 Vgl. *Huber*, BVerfG und Europäischer Gerichtshof als Hüter der gemeinschaftsrechtlichen Kompetenzordnung, AöR 1991, Bd. 116, 210 (224).

259 BVerfGE 127, 293 (334). Vgl. zu dieser Problematik auch *Klein*, in: Benda/Klein, Verfassungsprozessrecht, 2012, §39 Rn. 1402.

260 *Korioth*, in: Schlaich/Korioth, Das Bundesverfassungsgericht, 10. Aufl. 2015, D. Rn. 406ff.

Die Rechtsfolge der bloßen Unvereinbarkeit einer Norm mit der Verfassung ist gesetzlich an sich nicht vorgesehen.[261] Nach ganz allgemeinen Verfassungsgrundsätzen wird die Entscheidung der bloßen Unanwendbarkeit einer Norm dann ausgesprochen, wenn mit der Nichtigkeit und der Folge der sofortigen Ungültigkeit einer Norm ein noch weniger verfassungskonformer Zustand geschaffen würde, als wenn die vorübergehende Weitergeltung der Norm toleriert wird. Der Grundsatz der Europarechtsfreundlichkeit bewirkt also, dass zumindest während der Übergangsfrist kein Verstoß der Bundesrepublik Deutschland gegen die Umsetzungsverpflichtung von Unionsrecht begründet wird.[262] Damit bleibt die Wirkung des Grundsatzes der Europarechtsfreundlichkeit jedoch weiterhin innerhalb der Grenzen der Verfassungsidentität und verändert das Verhältnis der Rechtsordnungen zueinander nicht.

3. Die europarechtsfreundliche Ausübung der verfassungsrechtlichen Kontrollvorbehalte

Entsprechend den bisherigen Ausführungen, kann der Grundsatz keinen Einfluss auf das Bestehen der verfassungsrechtlich gemäß Art. 79 Abs. 3 GG radizierten Kontrollvorbehalte nehmen.[263] Die Inanspruchnahme dieser Kontrollkompetenzen durch das Bundesverfassungsgericht folgt aus der Verfassungsidentität und kann daher vom Grundsatz der Europarechtsfreundlichkeit dem Grunde nach nicht beeinflusst werden.[264] Das hieraus resultierende Spannungsverhältnis ist verfassungsrechtlich hinzunehmen, ja gefordert.[265]

261 *Korioth*, in: Schlaich/Korioth, Das Bundesverfassungsgericht, 10. Aufl. 2015, D. Rn. 395ff.

262 Vgl. in diesem Sinne auch die in eine ähnliche Stoßrichtung gehenden Ausführungen von *Alen/Spreutels/Peremans/Verrijdt*, in: Verfassungsgericht der Republik Österreich, die Kooperation der Verfassungsgerichte in Europa, aktuelle Rahmenbedingungen und Perspektiven, Vol. I, Cour Constituionnelle de Belgique, 293 (311). Denn ein solcher Verstoß würde ein Verfassungsverstoß der Staatsorgane darstellen.

263 BVerfGE 142, 123 (188 Rn. 121 und 203 Rn. 153).

264 So auch bereits *Hanf*, Vers une précision de la Europarechtsfreundlichkeit de la Loi fondamentale – L'apport de l'arrêt „rétention" des données et da la décision „Honeywell" du BVerfG, Cahier juridiques No 3/2010, 13ff.

265 BVerfGE 126, 286 (303); BVerfGE 134, 366 (382f. insb. Rn. 26). Insoweit ist es verfehlt, wenn häufig davon gesprochen wird, dass der Vorbehalt der Ultra-vires- und der Identitätskontrolle schwer mit der Europarechtsfreundlichkeit des GG vereinbar sei, vgl. aber für diese Auffassung nur *Mayer/Walter*, Die Europarechtsfreundlichkeit des BVerfG nach dem Honeywell Beschluss, JURA 2011, 532 (539).

Wenngleich der Grundsatz der Europarechtsfreundlichkeit keinen Einfluss auf das Bestehen der Kontrollvorbehalte und damit auf die Möglichkeit eines Auseinanderfallens der Rechtsordnung dem Grunde nach haben kann, so ist sein Anwendungsbereich in dem Moment eröffnet, in dem er modifizierenden Einfluss auf die Ausübung der Kontrollansprüche nehmen, bzw. hierfür bestimmte Voraussetzungen aufstellen kann.[266]

a) Die Funktionen der Kontrollvorbehalte

Aus Art. 79 Abs. 3 GG werden die Kontrollvorbehalte der Ultra-vires-Kontrolle und der Identitätskontrolle abgeleitet.[267]

Die beiden Kontrollvorbehalte verfolgen jedoch jeweils einen

„unterschiedliche[n] Prüfungsansatz“.[268]

Im Rahmen der Ultra-vires-Kontrolle[269] wird überprüft,

„ob das Handeln der Organe, Einrichtungen oder sonstigen Stellen in der europäischen Union von den im Zustimmungsgesetz gemäß Artikel 23 Abs. 1 Satz 2 GG enthaltenen Vorgaben des Integrationsprogrammes gedeckt ist oder die Maßnahme aus dem vom parlamentarischen Gesetzgeber vorgegebenen Rahmen ausbricht.“[270]

In diesem Sinn stellt die Ultra-vires-Kontrolle ein notwendiges Instrument dar, um zu garantieren, dass das verfassungsrechtlich durch das in der Verfassungsidentität niedergelegte Demokratieprinzip geforderte Prinzip der begrenzten Einzeler-

266 Dieses Vorgehen des BVerfG erinnert bereits an die verfassungsrechtliche Behandlung der „political question Doktrin“ oder der Lehre vom Beurteilungsspielraum, vgl. hierzu ausführlich *Dolzer*, Verfassungskonkretisierung durch das Bundesverfassungsgericht und durch politische Verfassungsorgane, 1982, 19ff.

267 BVerfGE 142, 123 (203 Rn. 153).

268 BVerfGE 142, 123 (203 Rn. 153).

269 Den Kontrollvorbehalt für ulta-vires-Akte hat das BVerfG erstmals im Maastrichturteil erwähnt und damit teilweise seine Rechtsprechung hinsichtlich der Möglichkeit, Unionsrechtsakte als zulässige Klagegegenstände zu rügen, geändert vgl. *Meessen*, Maastricht nach Karlsruhe, NJW 1994, 549 (552).

270 BVerfGE 142, 123 (203 Rn. 153); vgl. auch BVerfGE 75, 223 (235, 242); 89, 155 (188); 123, 267 (353); 126, 286 (302ff.); 134, 366 (382ff. Rn. 23ff.). *Streinz/Ohler/Hermann*, in: Streinz/Ohler/Hermann, Der Vertrag von Lissabon zur Reform der EU, 3. Aufl. 2010, § 2 c).

mächtigung auf Ebene der Europäischen Union gewahrt bleibt und auch gerichtlich eingefordert werden kann.[271]

Die ultra-vires-Kontrolle dient neben der Sicherung der hinreichenden demokratischen Legitimation der Maßnahmen von Organen, Einrichtungen oder sonstigen Stellen der Europäischen Union[272] zugleich auch der

„Gewährleistung des Rechtsstaatsprinzips."[273]

Während im innerstaatlichen Recht nach der ständigen Rechtsprechung[274] der Grundsatz der Gesetzmäßigkeit der Verwaltung voraussetzt, dass Eingriffe in den Rechtskreis des Einzelnen neben einer gültigen Aufgabenzuweisung auch eine begrenzte und näher bestimmte gesetzliche Ermächtigung der Exekutive voraussetzen, so fordert Art. 5 Abs. 1 Satz 1 EUV eine entsprechende Aufgabenzuweisung für Maßnahmen von Organen, Einrichtungen oder sonstigen Stellen der Europäischen Union. Im Falle einer Kompetenzüberschreitung fehlt eine solche gültige Aufgabenzuweisung, so dass Maßnahmen auf Ebene der Union unionsrechtswidrig sind und insoweit auch immer das Rechtsstaatsprinzip gemäß Art. 20 Abs. 3 GG verletzen.[275]

Im Unterschied zur ultra-vires-Kontrolle prüft das BVerfG hingegen im Rahmen der Identitätskontrolle,[276] ob die durch Art. 79 Abs. 3 GG für unantastbar erklärten Grundsätze bei der Übertragung von Hoheitsrechten durch den deutschen Gesetzgeber oder durch eine Maßnahme von Organen, Einrichtungen oder sonstigen Stellen der Union berührt werden.[277] Diese Kontrolle gewährleistet darüber hinaus

271 BVerfGE 123, 267 (353); zuletzt BVerfGE 143, 65 (95 Rn. 58).

272 BVerfGE 142, 123 (199 Rn. 145).

273 BVerfGE 142, 123 (202 Rn. 152); BVerfGE 134, 366 (388 Rn. 30).

274 Vgl. nur BVerfGE 107, 59 (102).

275 BVerfGE 142, 123 (202 Rn. 152).

276 Der Begriff der Verfassungsidentität wurde vielfach kritisiert, zu einer Verteidigung vor dem Hintergrund, das der Begriff i.S.d. Integrationslehre Smends zu verstehen sei *Schorkopf*, Nationale Verfassungsidentität und europäische Solidarität, in: Calliess, Europäische Solidarität und nationale Identität, 99 (107f.). Die Argumentationsfigur der Verfassungsidentität war hingegen nicht neu, sie wurde bereits in BVerfGE 113, 273 (296) verwendet, vgl. auch *Streinz*, Der Kontrollvorbehalt des BVerfG gegenüber dem EuGH, in: Sachs/Siekmann, Der grundrechtsgeprägte Verfassungsstaat, Festschrift für Klaus Stern zum 80. Geburtstag, 2012, 963 (967).

277 Vgl. BVerfGE 123, 267 (344, 353f.); 126, 286 (302); 129, 78 (100); 134, 366 (384f. Rn. 27);

„den gem. Art. 23 Abs. 1 S. 3 in Verbindung mit Art. 79 Abs. 3 und Art. 1 Abs. 1 GG unabdingbar gebotenen Grundrechtschutz uneingeschränkt und im Einzelfall“.[278]

Die von Art. 79 Abs. 3 GG für unantastbar erklärten Grundsätze sind insbesondere der Menschenwürdekern der Grundrechte[279], ebenso wie die Grundsätze, die das

„Demokratie, Rechts-, Sozial- und Bundesstaatsprinzip im Sinne des Artikel 20 GG prägen.“[280]

Diese Schutzgüter

„dulden auch keine Relativierung im Einzelfall“.[281]

Damit wurde bei der Grundrechtskontrolle nunmehr über die Identitätskontrolle eine Ausnahme vom Solange-Vorbehalt geschaffen.[282] Das BVerfG prüft immer

---

BVerfGE 142, 123 (195 Rn. 138); BVerfG, NJW 2016, 1149 (1151). Vgl. zur Identitätskontrolle auch *Streinz*, Der Kontrollvorbehalt des BVerfG gegenüber dem EuGH, in: Sachs/Siekmann, Der grundrechtsgeprägte Verfassungsstaat, Festschrift für Klaus Stern zum 80. Geburtstag, 2012, 963 (967ff.).

278 BVerfG NJW 2016, 1149 (1149). Diese Rechtsprechung entspricht der bereits erkennbaren Tendenz, dass im Falle eines Identitätsverstoßes der Solange-II Vorbehalt nicht greift und eine Kontrolle des Unionsrechtsaktes unabhängig von etwaigen Umsetzungsspielräumen des nationalen Gesetzgebers durchgeführt wird, vgl. nur BVerfGE 125, 260ff.; *Bäcker*, Solange II a oder Basta I? Das Vorratsdatenurteil des BverfG aus europarechtlicher Sicht, EuR 2011, 103 (104); *Westphal*, Leitplanken für die Vorratsdatenspeicherung – Abrücken von „Solange“ – Das Urteil des BVerfG vom 2.3.2010, EuZW 2010, 494ff.; *Augsberg*, Von der Solange- zur Soweit-Rechtsprechung, DÖV 2010, 153ff.; *Hanf*, Vers une précision de la Europarechtsfreundlichkeit de la Loi fondamentale – L'apport de l'arrêt „rétention“ des données et da la décision „Honeywell“ du BVerfG, Cahier juridiques No 3/2010, 13. Das BVerfG erklärte in dieser Entscheidung den nationalen Umsetzungsrechtsakt zu einer Richtlinie als verfassungswidrig, da *„die Freiheitswahrnehmung der Bürger nicht total erfasst und registriert werden darf“* was *„zur verfassungsrechtlichen Identität der Bundesrepublik Deutschland [gehört]“* und die konkrete Ausgestaltung der Umsetzungsspielräume daher gegen Grundrechte verstoße vgl BVerfGE 125, 260 (324). Der in diesem Fall entscheidende Erste Senat nimmt hier ausdrücklich Bezug auf die Ausführungen des Zweiten Senats im Lissabon-Urteil vgl. BVerfGE 125, 260 (324).

279 Vgl. für den Menschenwürdekern von Art. 38 GG z.B. BVerfGE 142, 123 (190 Rn. 126).

280 BVerfGE 142, 123 (195 Rn. 138); BVerfG NJW 2016, 1149 (1152).

281 BVerfG NJW 2016, 1149 (1152); vgl. auch BVerfGE 113, 273 (295ff.); 123, 267 (344); 126, 286 (302f.); 129, 78 (100); 129, 124 (177ff.); 132, 195 (239ff. Rn. 106ff.); 134, 366 (384ff. Rn. 26ff.).

282 *Sauer*, „Solange“ geht in Altersteilzeit – Der unbedingte Vorrang der Menschenwürde vor

auch Unionsrecht oder unionsrechtlich determinierte Normen und Rechtsakte unabhängig von einem evtl. bestehenden Umsetzungsspielraum auf die Verletzung ihres Menschenwürdekerngehaltes.[283]

Ganz ausdrücklich können daher nicht nur die Übertragung von Hoheitsrechten, sondern auch Maßnahmen der Union, die in ihrer Umsetzung eine entsprechende Wirkung entfalten, die Verfassungsidentität verletzen.[284]

Gegenstand der beiden Kontrollen können also neben dem Handeln und den Maßnahmen von Unionsorganen, insbesondere im Falle der Identitätskontrolle, auch Handlungen von Verfassungsorganen sein.[285]

b) Die zurückhaltende und europarechtsfreundliche Ausübung der Kontrollvorbehalte

Nach mittlerweile ständiger Rechtsprechung des BVerfG sind die Ultra-vires- und auch die Identitätskontrolle (auch wenn sie jeweils eigenständige Kontrollinstrumente darstellen[286]) zurückhaltend und europarechtsfreundlich auszuüben.[287] Zumindest die Ultra-vires-Kontrolle war zwar bereits vor dem Lissabon Urteil

dem Unionsrecht, NJW 2016, 1134 (1135ff.).

283 Vgl. BVerfG NJW 2016, 1149ff.

284 BVerfGE 142, 123 (195 Rn. 139).

285 BVerfGE 89, 155 (188) zur Überprüfung des Handelns von Verfassungsorganen. Ursprünglich vertrat die Rechtsprechung die Auffassung, dass mangels Rechtaktes der deutschen öffentlichen Gewalt mit Ausnahme des Vorbehalts der Grundrechtskontrolle nach der Solange-II Rechtsprechung (BVerfGE 73, 339 (376ff.) m.w.N.) eine Überprüfung von Rechtsakten von Unionsorganen unmittelbar nicht möglich sei. Seit dem *Maastricht* Urteil wird vom BVerfG allerdings in ständiger Rechtsprechung vertreten, dass auch Rechtsakte der Union auf die Einhaltung des Integrationsprogrammes überprüft werden können, vgl. BVerfGE 89, 155 (188). Diese Rechtsprechung wurde um die Identitätskontrolle erweitert (BVerfGE 123, 267 (353)). Teilweise wird diese Rechtsprechung kritisiert, da kein überzeugendes Bedürfnis für einen Rechtsschutz unmittelbar gegen Unionsrechtsakte erforderlich bestünde, vgl. *Moench/Ruttloff*, in: Renngeling/Middeke/Gellermann, Handbuch des Rechtsschutzes der europäischen Union, 3. Aufl. 2014, § 36 Rn. 15. Der Rechtsschutz, der gegen Umsetzungsrechtsakte sowie gegen Urteile, denen unmittelbar geltende Rechtsakte der Union zugrunde liegen, gewährt wird, reiche aus.

286 BVerfGE 142, 123 (203 Rn. 153).

287 Vgl. BVerfGE 123, 267 (354); 126, 286 (303); 134, 366 (383 Rn. 24); BVerfG NJW 2016, 1149 (1151).

erstmals in der Entscheidung zum Vertrag zum Maastricht[288] vorgesehen. Die Ergänzung dieses Kontrollvorbehalts durch die Identitätskontrolle und die Präzisierung im Hinblick auf die Ausübungsmodalitäten erfolgte jedoch erst mit der Lissabon-Entscheidung.[289] Welche Erkenntnisse für den Inhalt und die Grenzen des Grundsatzes der Europarechtsfreundlichkeit sich aus den nunmehr vom BVerfG konkretisierten Ausübungsmodalitäten der beiden Kontrollvorbehalte ergeben, soll im Folgenden dargestellt werden.

aa) Die Monopolisierung der Kontrollvorbehalte vor dem BVerfG

Das BVerfG bejaht seine

„Pflicht [...], substantiierten Rügen eines Ultra-vires-Handelns der europäischen Organe und Einrichtungen nachzugehen“[290]

weiterhin unabhängig vom Grundsatz der Europarechtsfreundlichkeit.[291]

Gleichzeitig besteht auf Grund der Europarechtsfreundlichkeit des GG die Notwendigkeit, diese verfassungsrechtlichen Kontrollvorbehalte, deren Konsequenz gegebenenfalls ein Auseinanderfallen der Rechtsordnungen ist, europarechtsfreundlich auszuüben und dementsprechend im Interesse des Integrationsauftrages mit den Aufgaben des EuGH zu koordinieren.[292] Das BVerfG nimmt dementspre-

288 BVerfGE 89, 155ff.

289 Vgl. auch *Schwerdtfeger*, Europäisches Unionsrecht in der Rechtsprechung des Bundesverfassungsgerichts – Grundrechts-, ultra-vires, und Identitätskontrolle im gewaltenteiligen Mehrebenensystem, EuR 2015, 290 (292f.); *Grzeszick*, in: Maunz/Dürig, GG, 77. EL 2016, Art. 20 II. Rn. 284.

290 BVerfGE 126, 286 (302).

291 Vgl. *Proelß*, Zur verfassungsgerichtlichen Kontrolle der Kompetenzmäßigkeit von Maßnahmen der europäischen Union: Der „ausbrechende Rechtsakt“ in der Praxis des BVerfG – Anmerkungen zum Honeywell-Beschluss des BVerfG vom 06. Juli 2010 -, EuR 2011, 241 (244).

292 Kritisch in diesem Zusammenhang *Proelß*, Zur verfassungsgerichtlichen Kontrolle der Kompetenzmäßigkeit von Maßnahmen der europäischen Union: Der „ausbrechende Rechtsakt“ in der Praxis des BVerfG – Anmerkungen zum Honeywell-Beschluss des BVerfG vom 06. Juli 2010 -, EuR 2011, 241 (247), der ausführt, dass die Kontrollzuständigkeit hinsichtlich der Kompetenzmäßigkeit des Handelns von Unionsorganen gemäß Art. 19 Abs. 1 Satz 2 EUV i.V.m. Art. 263 Abs. 2 AEUV dem EuGH übertragen wurde, was eine im Zustimmungsgesetz gemäß Art. 23 Abs. 1 Satz 2 GG verkörperte Entscheidung des Gesetzgebers zur Beschränkung der verfassungsgerichtlichen Kontrollkompetenzen beinhalte, die vom BVerfG nicht revidiert werden könne. Hinzu trete, dass wegen des Grundsatzes der Europarechtsfreundlichkeit auch die Kompetenzen

chend im Sinne der Europarechtsfreundlichkeit seine Rolle im in der Maastricht Entscheidung postulierten Kooperationsverhältnis zwischen EuGH und BVerfG[293] wahr.[294]

Der Grundsatz der Europarechtsfreundlichkeit erfordert daher unter Berücksichtigung des Rechtsgedankens aus Art. 100 Abs. 1 GG, dass die Feststellung einer Verletzung der Verfassungsidentität bzw. des Vorliegens eines ultra-vires-Aktes allein dem BVerfG vorbehalten ist.[295] Die Monopolisierung dient ausdrücklich dem Zweck, die Funktionsfähigkeit der Unionrechtsordnung zu schützen.[296] Der Grundsatz der Europarechtsfreundlichkeit wird hier in den Kontext zum einen der Unionsrechtsordnung und zum anderen der Verfassungsrechtsordnung gestellt.

Der Grundsatz wirkt funktional als ergänzendes und modifizierendes Element von bereits bestehendem Verfassungsrecht, nämlich Art. 100 Abs. 1 GG. Der Zweck der Monopolisierung der konkreten Normenkontrolle vor dem BVerfG in

gemäß Art. 23 Abs. 1 i.V.m. Art. 93 Abs. 1 GG so auszulegen seien, dass ihre Anwendung nicht zu einer Verletzung der europarechtlichen Pflicht der Bundesrepublik Deutschland führt, vgl. *Proelß*, a.a.O., 241 (251). Auch Proelß schränkt seine Ansicht aber in den Fällen ein, in denen schwerwiegende, vom EuGH nicht sanktionierte Kompetenzverletzungen vorgegeben seien, da hier die Reichweite der Öffnung des deutschen Verfassungsraumes gemäß Art. 79 Abs. 3 i.V.m. Art. 23 Abs. 1 Satz 3 GG gleichbedeutend mit den materiell rechtlichen Integrationsgrenzen sei, vgl. *Proelß*, a.a.O., 241 (248). Damit wird die Ebene der Rücknahme auf die Inanspruchnahme der Kontrollbefugnis als solche verlagert. AA. ist das BVerfG, das über die Stellung der Mitgliedsstaaten als Herren der Verträge, die nicht die Kompetenz-Kompetenz übertragen könnten ableitet, dass verfassungsgerichtliche Reservekontrollen hinsichtlich der Kompetenzmäßigkeit des Handelns von Unionsorganen zwingend seien. Die aus Gründen der Europarechtsfreundlichkeit gebotene Rücksichtnahme des BVerfG wird hier erst auf Ebene der Ausübung der Kontrollkompetenz realisiert, vgl. *Proelß*, a.a.O., 241 (250).

293 BVerfGE, 89, 155 (175); *Proelß*, Zur verfassungsgerichtlichen Kontrolle der Kompetenzmäßigkeit von Maßnahmen der europäischen Union: Der „ausbrechende Rechtsakt" in der Praxis des BVerfG – Anmerkungen zum Honeywell-Beschluss des BVerfG vom 06. Juli 2010 -, EuR 2011, 241 (245); *Michels*, Die dreidimensionale Reservekompetenz des BVerfG im Europarecht – von der Solange-Rechtsprechung zum Honeywellbeschluss, JA 2012, 515 (518); vgl. auch *Huber*, in: Streinz, EUV/AEUV, 2. Aufl. 2012, Art. 19 EUV Rn. 59.

294 Vgl. auch *Badura*, Staatsrecht – Systematische Erläuterung des Grundgesetzes, 6. Aufl. 2015, D Rn. 145.

295 BVerfGE 142, 123 (204 Rn. 155); BVerfGE 123, 267 (354); BVerfG NJW 2016, 1149 (1151). *Streinz*, Der Kontrollvorbehalt des BVerfG gegenüber dem EuGH, in: Sachs/Siekmann, Der grundrechtsgeprägte Verfassungsstaat, Festschrift für Klaus Stern zum 80. Geburtstag, 2012, 963 (977).

296 BVerfGE 123, 267 (354).

Art. 100 Abs. 1 GG war ursprünglich der, die Einheitlichkeit der Rechtsprechung zu sichern,[297] um damit besondere Gefahren

„der Rechtsunsicherheit und Rechtszersplitterung“[298]

zu verhindern, die sich aus einem allgemeinen richterlichen Prüfungsrecht ergeben würden.[299]

Die Monopolisierung der Kontrollvorbehalte vor dem BVerfG dient in entsprechender Weise[300] dem Zweck, die einheitliche Anwendung des Unionrechts in Deutschland zu gewährleisten. Zweck der europarechtsfreundlichen Auslegung von Art. 100 GG ist es ausdrücklich, den Schutz der Funktionsfähigkeit der Unionsrechtsordnung zu gewährleisten.[301] Dies beinhaltet insbesondere die Sicherung der einheitlichen Anwendung des Unionsrechts in der Europäischen Union. Da es im Fall einer ultra-vires- oder einer Identitätskontrolle nicht zwingend ein nationales Gesetz ist, dessen Verfassungskonformität angezweifelt wird, kann Art. 100 Abs. 1 GG nur mit seinem Rechtsgedanken im Sinne der Europarechtsfreundlichkeit angewandt werden, um die Kontrollvorbehalte vor dem BVerfG zu monopolisieren.[302]

Entsprechend der Problematik der Verwerfungskompetenz der Gerichte bei der Frage, ob nationales Recht mit Unionsrecht vereinbar ist, muss auch hier verfahrensmäßig gesichert sein, dass nicht durch divergierende Instanzrechtsprechung innerhalb Deutschlands eine uneinheitliche Anwendung von Unionsrecht stattfindet.[303]

297 *Dederer*, in: Maunz/Dürig, GG, 77. EL 2016, Art. 100 Rn. 21.

298 BVerfGE 1, 184 (199)

299 BVerfGE 1, 184 (197ff.); 2, 124 (128, 130f.); *Detterbeck*, in Sachs, GG, 7. Aufl. 2014, Art. 100 Rn. 2.

300 Keine ausreichende Grundlage für eine analoge Anwendung von Art. 100 GG sieht allerdings *Dederer*, in: Maunz/Dürig, GG, 77. EL 2016, Art. 100 Rn. 117.

301 Vgl. bereits BVerfGE 37, 271 (285); aber auch BVerfGE 123 267 (354).

302 Die entsprechende Argumentation verwendete das BVerfG bereits in der Solange-I Rechtsprechung um zu begründen, weshalb allein das BVerfG dazu berufen sei, Unionsrecht bei einer Kollision mit den Grundrechten zu verwerfen, vgl. BVerfGE 37, 271 (285).

303 Vgl. bereits BVerfGE 37, 271 (285).

Gestützt wird diese Anwendung von Art. 100 GG auch dadurch, dass Art. 100 Abs. 2 GG bei Zweifeln, ob eine allgemeine Regel des Völkerrechts Rechte und Pflichten für den Einzelnen erzeugt, ebenfalls anordnet, dass allein das BVerfG zu entscheiden hat.[304]

Der Grundsatz der Europarechtsfreundlichkeit begründet in diesem Zusammenhang nicht selbst unmittelbare Rechtsfolgen. Vielmehr diente er funktional dazu, bestehendes Verfassungsrecht in seiner Anwendung dahingehend zu modifizieren, dass dessen Rechtsgedanken auf das Verhältnis zwischen Unionsrechtsordnung und Verfassungsrechtsordnung übertragen werden können. So kann Art. 100 Abs. 1 GG über seinen Wortlaut hinaus Anwendung finden.

bb) Die Verpflichtung zur Vorlage an den EuGH und die Bindung an dessen Entscheidung

1) Vorabbefassung des EuGH

Im Rahmen des gelebten Kooperationsverhältnisses zwischen EuGH und BVerfG[305] ist bei der Ausübung der Kontrollvorbehalte dem Gerichtshof im Rahmen eines Vorabentscheidungsverfahrens

„die Gelegenheit zur Vertragsauslegung sowie zur Entscheidung über die Gültigkeit und die Auslegung der fraglichen Rechtsakte zu geben“.[306]

Mit diesem verfahrensrechtlichen Zwischenschritt wird auf der einen Seite dem Unionsrecht effektive Geltung verschafft, soweit gemäß Art. 19 Abs. 1 UAbs. 1

304 Vgl. insbesondere hierzu bereits BVerfGE 37, 271 (285); BVerfG NJW 2016, 1149 (1151).

305 Vgl. *Huber*, in Streinz: EUV/AEUV, 2. Aufl. 2012, Art. 19 EUV Rn. 52ff. Vgl. *Proelß*, Zur verfassungsgerichtlichen Kontrolle der Kompetenzmäßigkeit von Maßnahmen der Europäischen Union: der „ausbrechende Rechtsakt“ in der Praxis des BVerfG – Anmerkungen zum Honeywell-Beschluss des BVerfG vom 6. Juli 2010 -, EuR 2011, 241 (245).

306 BVerfGE 126, 286 (304); Im Lissabon Urteil war zunächst nur die Rede davon, dass für den Fall, dass „Rechtsschutz auf Unionsebene nicht zu erhalten ist“, das BVerfG seine Kompetenzkontrolle beansprucht, was zwar eine Vorlageverpflichtung deckt, diese jedoch nicht ausdrücklich anspricht, vgl. auch *Proelß*, Zur verfassungsgerichtlichen Kontrolle der Kompetenzmäßigkeit von Maßnahmen der europäischen Union: Der „ausbrechende Rechtsakt“ in der Praxis des BVerfG – Anmerkungen zum Honeywell-Beschluss des BVerfG vom 06. Juli 2010 -, EuR 2011, 241 (244).

EUV allein dem EuGH die Auslegung und Anwendung der Verträge obliegt.[307] Darüber hinaus wird so die Gefahr eines Auseinanderfallens der Rechtsordnung auf ein Minimum reduziert, da dem EuGH in jedem Fall vorab die Möglichkeit gegeben ist, selbst korrigierend auf Ebene des Unionrechts einzuwirken, womit ein Eingreifen der Kontrollvorbehalte vor dem BVerfG nicht mehr virulent wird.[308]

Für die Begründung dieser Vorlagepflicht ist auch ein Rückgriff auf den Grundsatz der Europarechtsfreundlichkeit erforderlich.[309] Sie ergibt sich nicht bereits aus Art. 267 Abs. 3 AEUV.[310] Zwar ist auch das BVerfG über den Anwendungsvorrang an das Unionsrecht gebunden und ein letztinstanzlich entscheidendes Gericht. Allerdings ist die Frage der Entscheidungserheblichkeit nicht nach dem Prüfungsgegenstand zu beurteilen, sondern nach dem Entscheidungsmaßstab.[311] Entscheidungsmaßstab vor dem BVerfG ist allerdings niemals das Unionsrecht, sondern immer nur das Verfassungsrecht.[312] Im Unterschied zu der Frage, ob nationales Recht mit Unionsrecht vereinbar ist, oder Unionsrecht aufgrund des Anwendungsvorranges die Anwendung des nationalen Rechtes verbietet, die sich in der Regel vor den Fachgerichten stellt, stellt sich vor dem BVerfG die Frage, ob Unionsrecht, bzw. Maßnahmen von Unionsorganen, mit der Verfassung vereinbar sind.

Im Ergebnis ist also die Vorabbefassung des EuGH durch das BVerfG vor der Feststellung eines ultra-vires- bzw. eines Identitätsverstoßes Ausdruck der Euro-

---

307 *Huber*, in: Streinz, EUV/AEUV, 2. Aufl. 2012, Art. 19 EUV Rn. 11; *Huber*, Rolle der Verfassungsgerichte in der europäischen Integration – Die Karlsruher Perspektive, in: Breuer/Epiney/Haratsch/Schmahl/Weiß, Festschrift für Eckart Klein, 2013, 111 (122). Zur Problematik des Kontrollvorbehalts im Verhältnis zum EuGH auch *Ziller*, Zur Europarechtsfreundlichkeit des deutschen Bundesverfassungsgerichtes. Eine ausländische Bewertung des Urteils des Bundesverfassungsgerichtes zur Ratifikation des Vertrages von Lissabon, ZöR 2010, 173ff.

308 Eine solche Vorlage erfolgte erstmalig in BVerfGE 134, 366 (369ff.). Vgl. auch die Einschätzung hierzu von *Di Fabio*, Die Weisheit der Richter, FAZ vom 09.02.2014, Nr. 6, 20; Vgl. zur Auslegungsprärogative des EuGH auch schon *Huber*, Bundesverfassungsgericht und Europäischer Gerichtshof als Hüter der Gemeinschaftsrechtlichen Kompetenzordnung, AöR 1991, Bd. 116, 210 (219).

309 *Michels*, Die dreidimensionale Reservekompetenz des BVerfG im Europarecht – von der Solange – Rechtsprechung zum Honeywellbeschluss, JA 2012, 515 (519).

310 AA offensichtlich *Mayer/Walter*, Die Europarechtsfreundlichkeit des BVerfG nach dem Honeywellbeschluss, JURA 2011, 532 (540), die damit erläutern, warum das BVerfG im konkreten Fall keine Vorlage an den EuGH vornahm.

311 BVerfGE 89, 155 (171ff.); 123, 367 (328ff.).

312 Detterbeck, in: Sachs, GG, 7. Aufl. 2014, Art. 93 Rn. 5.

parechtsfreundlichkeit des GG. Soweit eine Klärung des Inhaltes des unionsrechtlich determinierten Streitgegenstandes erforderlich ist, wird dem EuGH im Wege der Vorabentscheidung die Möglichkeit gegeben, diesen zu konkretisieren. Das BVerfG legt in diesem Fall seiner Prüfung die Maßnahme in der Auslegung zugrunde,

„die ihr in dem Vorabentscheidungsverfahren durch den Gerichtshof gegeben wird“.[313]

Der Grundsatz der Europarechtsfreundlichkeit führt dementsprechend dazu, dass der Prüfungsgegenstand des BVerfG im Rahmen der Kontrollvorbehalte auf der Ebene des Unionsrechts bestimmt wird. Der Prüfungsmaßstab bleibt allerdings weiterhin das Verfassungsrecht und seine Vorgaben aus Art. 79 Abs. 3 GG.

2) Die Bindung des BVerfG an die Entscheidung des EuGH

Das BVerfG erkennt in diesem Zusammenhang auch die grundsätzliche Verbindlichkeit der Auslegung des EuGH an.[314] Diese Bindungswirkung der Entscheidung des EuGH auch gegenüber dem BVerfG ergibt sich aus Art. 19 Abs. 1 UAbs. 1 EUV i.V.m. Art. 20 Abs. 2 GG.

Aus der Anerkennung dieser verfahrens- und kompetenzrechtlichen Zuordnung folgt für das BVerfG allerdings keine uneingeschränkte materielle Bindung an diese Entscheidung.[315] Denn auch die Entscheidungen des EuGH selbst können einen ultra-vires-Akt darstellen, an den die Mitgliedstaaten mangels insoweit übertragener Kompetenzen als Herren der Verträge nicht gebunden sind. Soweit die Entscheidung des EuGH, die nunmehr immer auch einen Anknüpfungspunkt für ein ultra-vires Handeln bildet, die Grenzen des Grundsatzes der begrenzten Einzelermächtigung offensichtlich verletzt bzw. gegen die Verfassungsidentität verstößt, kann dieser Unionsrechtsakt gegenüber einem deutschen Verfassungsorgan, damit auch dem BVerfG, inhaltlich keine Bindungswirkung mehr entfalten.[316]

313 BVerfGE 142, 123 (204 Rn. 156); BVerfGE 126, 286 (304).

314 Vgl. nur BVerfGE 126, 286 (304).

315 *Huber*, in: Streinz, EUV/AEUV, 2. Aufl. 2012, Artikel 19 EUV Rn. 57.

316 Dass nunmehr immer auch über eine Entscheidung des EuGH im Rahmen einer ultra-vires-Kontrolle bzw. eine Identitätskontrolle entschieden wird und damit auch diese Entscheidung immer den letzten Verstoß gegen das Verfassungsrecht darstellt, vgl. hierzu auch *Huber*, in: Streinz, EUV/AEUV, 2. Aufl. 2012, Art. 19 EUV Rn. 58; *Pötters/Traut*, Die ultra-vires-Kontrolle des BVerfG nach „Honeywell“-neues zum Kooperationsverhältnis von BVerfG und EuGH?, EuR

Da das BVerfG somit allerdings immer

„auch über eine Rechtsauffassung des Gerichtshofes zu befinden“[317]

hat, muss sich das BVerfG im Sinne der Europarechtsfreundlichkeit bei der Beurteilung dieser Rechtsauffassung zurücknehmen, da sonst das supranationale Integrationsprinzip Schaden nimmt.[318]

Die dem EuGH mittels des Zustimmungsgesetzes übertragene Aufgabe, gemäß Art. 19 Abs. 1 Satz 2 EUV Unionsrecht verbindlich auszulegen, umfasst gleichzeitig auch einen Auslegungsspielraum.[319]

Diesen muss auch das BVerfG akzeptieren. Insoweit konsequent unterwirft das Gericht die Überprüfung eines Urteils des EuGH im Hinblick auf ein ultra-vires-Handeln nicht den eigenen Maßstäben, sondern den Maßstäben des Unionrechts und akzeptiert neben einem Anspruch des EuGH auf Fehlertoleranz auch dessen Kompetenz zur Rechtsfortbildung.[320] Das BVerfG wird also nicht zu einer „Revisionsinstanz des EuGH“, es entscheidet nicht darüber, ob der EuGH die allein „richtige“ Auslegung des Unionsrechts vorgenommen hat.[321] Die Grenzüberschreitung wird hier am Rahmen des Auslegungsauftrages gemessen, nicht an der Auslegung als solcher.[322] Diese Akzeptanz des dem EuGH zustehenden Auslegungsspielraum erfordert allerdings keinen Rückgriff auf den Grundsatz der Europarechtsfreund-

2011, 580 (584). Zur fehlenden Bindungswirkung einer Entscheidung des EuGH, die gegen Kompetenzvorschriften bzw. die Verfassungsidentität verstößt, vgl. *Sauer*, Europas Richter Hand in Hand? – Das Kooperationsverhältnis zwischen BVerfG und EuGH nach Honeywell-, EuZW 2011, 94 (95), der von einer dem EuGH einzuräumenden Entscheidungsprärogative im Rahmen der Kompetenzkontrolle durch nationale Verfassungsgerichte, soweit eine solche durchgeführt wird, spricht.

317 BVerfGE 126, 286 (307).

318 BVerfGE 126, 286 (307).

319 *Huber*, in: Streinz, EUV/AEUV, 2. Aufl. 2012, Art. 19 EUV Rn. 33ff.; vgl. *Huber*, Bundesverfassungsgericht und Europäischer Gerichtshof als Hüter der Gemeinschaftsrechtlichen Kompetenzordnung, AöR 1991, Bd. 116, 210 (219).

320 Vgl auch schon *Huber*, Bundesverfassungsgericht und Europäischer Gerichtshof als Hüter der Gemeinschaftsrechtlichen Kompetenzordnung, AöR 1991, Bd. 116, 210 (219).

321 *Pötters/Traut*, Die ultra-vires-Kontrolle des BVerfG nach „Honeywell“ – neues zum Kooperationsverhältnis von BVerfG und EuGH?, EuR 2011, 580 (581).

322 *Pötters/Traut*, Die ultra-vires-Kontrolle des BVerfG nach „Honeywell“ – neues zum Kooperationsverhältnis von BVerfG und EuGH?, EuR 2011, 580 (581).

lichkeit. Wie bereits festgestellt, ist der Auslegungsspielraum bereits im Auftrag des EuGH aus Art. 19 Abs. 1 Satz 2 EUV, Unionsrecht verbindlich auszulegen, enthalten.

3) *Die Möglichkeit der Verfassungswidrigkeit des Unionrechts in der Auslegung des EuGH*

Der Grundsatz der Europarechtsfreundlichkeit führt insbesondere auch nicht dazu, dass das BVerfG das Unionsrecht, wenn es nach der Auslegung des EuGH keinen Kompetenzverstoß darstellt,[323] nicht trotzdem für verfassungswidrig erklären kann.[324] Dies ist auch mit der dem EuGH vertraglich übertragenen Zuständigkeit zur Überprüfung der Auslegung der Gültigkeit des Unionsrechts vereinbar.[325] Denn dem EuGH wurde mit der Übertragung dieser Kompetenzen zwar ein gewisser Auslegungsspielraum eingeräumt. Hingegen hat er nicht die Befugnis zur Willkür. Soweit dementsprechend eine

„offenkundige Außerachtlassung der im europäischen Rechtsraum überkommenden Auslegungsmethoden oder allgemeiner, den Rechtsordnungen der Mitgliedsstaaten gemeinsamer Rechtsgrundsätze (Artikel 6 Abs. 3 EUV)“[326]

vorliegt, ist eine solche Entscheidung

„vom Mandat des Artikel 19 Abs. 1 Satz 2 EUV nicht umfasst“.[327]

323 Der EuGH kann aufgrund seines eigenen Prüfungsmaßstabes nur darüber entscheiden, ob Unionsrecht ein Kompetenzverstoß darstellt. Für die Identitätskontrolle stellt sich diese Frage nicht, da hier nur das Unionsrecht vom EuGH ausgelegt wird und damit der Prüfungsgegenstand des BVerfG geklärt wird. Entgegen ist dem EuGH verwehrt zu entscheiden, ob das Unionsrecht ein Verstoß gegen die nationale Verfassungsidentität darstellt.

324 BVerfGE 142, 123 (204f. Rn. 157).

325 Zum Teil wird dies kritisch gesehen. Der EuGH nimmt im Rahmen seiner Kompetenzen zwar kein Prüfungs- aber ein Verwerfungsmonopol hinsichtlich des Unionsrechts für sich in Anspruch, vgl. EuGH C-314/85, Slg. 1987, 4199 (4230ff.); vgl. aber *Mayer*, Die drei Dimensionen der Europäischen Kompetenzdebatte, ZaöRV 2001, 577 (601), der darauf hinweist, dass für den Fall, dass eine solche Kompetenzkontrolle im Sinne einer ultima ratio verstanden wird, eine konzeptionelle Einordnung in einer nicht-hierarchisches Verfassungsmodell im Sinne einer gegenseitigen Stabilisierung denkbar wäre.

326 BVerfGE 142, 123 (206 Rn. 160).

327 BVerfGE 142, 123 (206 Rn. 160).

Darüber hinaus kann eine Entscheidung des EuGH, die einen Verstoß gegen die Verfassungsidentität begründet, keine Geltung haben, da in diesem Zusammenhang eine Übertragung von Kompetenzen unzulässig wäre.[328] Die durch diese Kontrollkompetenz erwachsende Spannung zwischen den beiden Rechtsordnungen ist aufgrund des Umstandes, dass die Union aus souveränen Mitgliedsstaaten besteht, hinzunehmen.[329]

cc) Die Rücknahme der Kontrolldichte durch das BVerfG

Darüber hinaus nimmt das BVerfG seine Kontrolldichte sowohl im Rahmen der Identitätskontrolle, als auch im Rahmen einer ultra-vires-Kontrolle zurück unter Berufung auf die europarechtsfreundliche Ausübung dieser Kontrollen.[330]

1) Die Rücknahme der Kontrolldichte bei der ultra-vires-Kontrolle

Im Rahmen einer ultra-vires-Kontrolle hat das BVerfG in der Regel immer auch über eine Rechtsauffassung des EuGH zu entscheiden. Dementsprechend ist der Prüfungsgegenstand des BVerfG die Rechtsauffassung des EuGH bezüglich einer Kompetenzüberschreitung durch ein Unionsorgan. Das BVerfG schränkt seine Prüfungsdichte in diesem Zusammenhang auf zwei Ebenen ein.

328 Unter dieser Voraussetzung akzeptiert auch *Mayer* die Möglichkeit, dass das BVerfG das Unionsrecht in der Auslegung des EuGH, selbst wenn dieses nach dessen Meinung keinen Kompetenzverstoß darstellt, als ultra-vires-Handeln beurteilt, vgl. *Mayer*, Die drei Dimensionen der europäischen Kompetenzdebatte, ZaöRV 2001, 577 (591). Dies bedeutet aber laut *Mayer* gerade nicht, dass nationale Vorbehalte, wie z.B. der der Verfassungsidentität, dem Anwendungsvorrang entgegengehalten werden könnten, sondern eben nur die Möglichkeit ihrer Rückwirkung auf das Unionsrecht über das Gebot der Achtung der nationalen Identität gemäß Art. 4 Abs. 2 EUV, vgl. *Ruffert*, in: Calliess/Ruffert, EUV/AEUV, 5. Aufl. 2016, Art. 1 AEUV Rn. 19. Allerdings ist hier nochmals darauf hinzuweisen, dass das BVerfG seinen Anspruch auf eine Kompetenzkontrolle ausdrücklich nicht nur auf die Fälle der Verletzung der Verfassungsidentität begrenzt, vgl. BVerfGE 126, 286 (307).

329 Vgl. bereits im Honeywellbeschluss, BVerfGE 126, 286 (303). Hierauf nimmt die Entscheidung BVerfGE 134, 366 (382f. Rn. 24) ausdrücklich Bezug.

330 *Streinz*, Der Kontrollvorbehalt des BVerfG gegenüber dem EuGH, in: Sachs/Siekmann, Der grundrechtsgeprägte Verfassungsstaat, Festschrift für Klaus Stern zum 80. Geburtstag, 2012, 963 (972).

(a) Der Anspruch des EuGH auf Fehlertoleranz

Das BVerfG räumt dem EuGH im Rahmen seiner Entscheidungen bezüglich der Auslegung der Maßnahme des Unionsorgans einen Anspruch auf Fehlertoleranz ein.[331]

Der EuGH, dem es gemäß Art. 19 Abs. 1 Satz 2 EUV obliegt, bei der Auslegung und der Anwendung der Verträge das Recht zu wahren, bestimmt die Auslegung der Maßnahme, welche der Prüfung des BVerfG im Hinblick auf ein Kompetenzverstoß unterliegt. Soweit der EuGH hier zu einer Kompetenzmäßigkeit des Unionshandelns kommt, und dabei keine offenkundige Außerachtlassung von im europäischen Recht überkommenen Auslegungsmethoden oder allgemeiner, den Rechtsordnungen der Mitgliedsstaaten gemeinsamer Rechtsgrundsätze gemäß Art. 6 Abs. 3 EUV festzustellen ist,[332] wird die Entscheidung des EuGH nicht als Kompetenzverstoß qualifiziert. In diesem Zusammenhang wird dem EuGH vom BVerfG auch ein gewisser Anspruch auf Fehlertoleranz eingeräumt im Hinblick darauf, ob das Ergebnis der so betroffenen Entscheidung auch das richtige ist.[333] Dementsprechend wird ein Entscheidungsergebnis des EuGH, selbst wenn diesem mit

„gewichtigen Argumenten“[334]

entgegentreten werden könnte, nicht als Kompetenzverstoß qualifiziert. Maßgeblich ist der Weg, mit dem der EuGH zu dieser Entscheidung kommt.

Der Grundsatz der Europarechtsfreundlichkeit führt dementsprechend dazu, dass das BVerfG im Verhältnis zum EuGH seine Kontrolldichte auf eine reine Willkürkontrolle beschränkt.[335]

---

331 BVerfGE 126, 286 (304f.).

332 BVerfGE 142, 123 (206 Rn. 160).

333 BVerfGE 126, 286 (307).; *Huber*, in: Streinz, EUV/AEUV, 2. Aufl. 2012, Art. 19 EUV Rn. 34; vgl. *Huber*, Bundesverfassungsgericht und Europäischer Gerichtshof als Hüter der Gemeinschaftsrechtlichen Kompetenzordnung, AöR 1991, Bd. 116, 210 (219).

334 BVerfGE 142, 123 (207 Rn. 161).

335 *Huber*, in: Streinz, EUV/AEUV, 2. Aufl. 2012, Art. 19 EUV Rn. 59.

(b) Die Anforderungen an den Kompetenzverstoß

Ein ultra-vires-Akt kann nur dann festgestellt werden, wenn ein offenkundiger Kompetenzverstoß vorliegt, der zu einer erheblichen Verschiebung des Kompetenzgefüges führt.[336] In diesem Zusammenhang betont das BVerfG die schwerwiegenden Folgen eines Auseinanderfallens der nationalen und der Unionsrechtsordnung.[337] Hieraus kann geschlossen werden, dass das BVerfG die zwar trotz der Europarechtsfreundlichkeit verfassungskonforme Möglichkeit eines Auseinanderfallens der Rechtsordnungen nur dann in Kauf nehmen will, wenn die Kompetenzüberschreitung zu Folgen führt, die dies auch rechtfertigen.[338]

Das BVerfG nimmt auch Bezug auf die vom EuGH für das europäische Staatshaftungsrecht aufgestellten Kriterien, mit denen eine Harmonisierung der Maßstäbe ermöglicht wird.[339] Außerdem wird auf diese Weise ein Gleichlauf mit der verfassungsgerichtlichen Reservekompetenz bei der Grundrechtskontrolle geschaffen.[340]

---

336 Von diesem Erfordernis distanziert sich allerdings der Richter Landau in einem Sondervotum zum Honeywell-Beschluss, vgl. *Mayer/Walter*, Die Europarechtsfreundlichkeit des BVerfG nach dem Honeywellbeschluss, JURA 2011, 532 (538). Diese Anforderung sei zu weitgehend. Unter Bezugnahme auf die Ausführungen zu den Anforderungen an die demokratische Legitimation der Ausübung von Hoheitsgewalt im Lissabon-Urteil legt er dar, dass ein „ersichtlicher Verstoß" bereits ausreiche, um einen ausreichenden Rechtsakt festzustellen, BVerfGE 126, 286 (322ff.). Insbesondere würde dieses Kriterium nicht beachten, dass spezifische Gefahren in der schleichenden Entwicklung kleinerer Kompetenzüberschreitungen zu sehen seien, die u. U. erst in der Summe schwerwiegende Folgen haben könnten, vgl. *Mayer/Walter*, a.a.O., 532 (538). AA insoweit *Proelß*, Zur verfassungsgerichtlichen Kontrolle der Kompetenzmäßigkeit von Maßnahmen der europäischen Union: Der „ausbrechende Rechtsakt" in der Praxis des BVerfG – Anmerkungen zum Honeywell-Beschluss des BVerfG vom 06. Juli 2010 -, EuR 2011, 241 (254).

337 BVerfGE 126, 286 (303).

338 *Sauer*, Europas Richter Hand in Hand?-das Kooperationsverhältnis zwischen BVerfG und EuGH nach Honeywell-EuZW 2011, 94 (97).

339 *Stein*, Arrivederci Karsruhe, ZRP 265 (266); *Mayer/Walter*, Die Europarechtsfreundlichkeit des BVerfG nach dem Honeywellbeschluss, JURA 2011, 532 (537) (540); *Pötters*, Die ultra-vires-Kontrolle des BVerfG nach „Honeywell" – neues zum Kooperationsverhältnis vom BVerfG und EuGH?, EuR 2011, 580 (584ff.), der allerdings darauf hinweist, dass dieses Kriterium im Unionsrecht Verwendung findet, um zu klären, ob ein festgestellter Verstoß gegen Unionsrecht zu Haftungsfolgen führt. Dies entspricht also einem Kriterium der Haftungsbegrenzung. Bei der ultra-vires-Kontrolle hingegen geht es darum, überhaupt festzustellen, ob ein Verstoß vorliegt. Grundsätzlich sind in diesem Zusammenhang Vorwerfbarkeitskriterien nicht maßgeblich. Ob ein Verstoß vorliegt, ist allein an objektiven Umständen festzumachen.

340 *Mayer/Walter*, Die Europarechtsfreundlichkeit des BVerfG nach dem Honeywellbeschluss, JURA 2011, 532 (539), wobei allerdings im Unterschied dazu, dass zur Reaktivierung der Grund-

Dass ein Verstoß offensichtlich sein muss, ergibt sich zumindest für den EuGH bereits aus seinem Auslegungsauftrag,[341] so dass in Bezug auf den EuGH hier kein Rückgriff auf den Grundsatz der Europarechtsfreundlichkeit erforderlich ist. Aber auch für die übrigen Unionsorgane muss das Offensichtlichkeitskriterium gelten, da gemäß Art. 20 Abs. 1, Abs. 2 GG, der auch den Grundsatz der Gewaltenteilung umfasst, die mittels der ultra-vires-Kontrolle garantierte Volkssouveränität nur dann verletzt sein kann, wenn nicht ein bloß einfacher Rechtsverstoß, sondern ein qualifizierter, offensichtlicher vorliegt.[342]

(aa) Das europarechtsfreundliche Verständnis von Offensichtlichkeit

Während die Europarechtsfreundlichkeit nicht erforderlich ist, um zu begründen, warum nur offensichtliche Kompetenzverstöße ein ultra-vires-Handeln begründen können, wird das Verständnis der Offensichtlichkeit hingegen durch den Grundsatz der Europarechtsfreundlichkeit beeinflusst.[343] Ein offensichtlicher Kompetenzverstoß liegt im Sinne der Europarechtsfreundlichkeit vor

„wenn sich die Kompetenz – bei Anwendung allgemeiner methodischer Standards [...] – unter keinem rechtlichen Gesichtspunkt begründen lässt“.[344]

rechtskontrolle ein struktureller Verfall des Grundrechtsschutzes auf europäischer Ebene erforderlich ist, welcher bei einem Einzelfall kaum vorstellbar ist, es bei der Kompetenzkontrolle durchaus denkbar sein kann, dass ein Kompetenzverstoß im Einzelfall zu einer strukturellen Kompetenzverschiebung führt. Dementsprechend behält das BVerfG in Kompetenzfragen effektiv den Zugriff auf den Einzelfall. Aber auch bei der Grundrechtskontrolle hat das BVerfG nunmehr über die Identitätskontrolle eine Ausnahme vom Solange-Vorbehalt geschaffen und prüft immer auch Unionsrecht oder unionsrechtlich determinierte Normen und Rechtsakte unabhängig von einem evtl. bestehenden Umsetzungsspielraum auf die Verletzung ihres Menschenwürdekerngehaltes, vgl. BVerfG NJW 2016, 1149ff.

341 Siehe oben unter Kapitel 1 B. III b) bb) 1); insbesondere ergibt sich hieraus auch, dass sich das Offensichtlichkeitskriterium auf den Auslegungsauftrag des EuGH bezieht, während das „weitere“ Kriterium der Offensichtlichkeit sich auf die dem EuGH zugestandene Kompetenz zur richterlichen Rechtsfortbildung bezieht, vgl. hierzu vgl. *Huber*, in: Streinz, EUV/AEUV, 2. Aufl. 2012, Art. 19 EUV Rn. 59.

342 Dies entspricht auch der Direktionswirkung des Grundsatzes der Gewaltenteilung im innerstaatlichen Recht, vgl. *Grzeszick*, in: Maunz/Dürig, GG, 77. EL 2016, Art. 20 V. Rn. 90ff.

343 BVerfGE 142, 123 (200f. Rn. 149 und 203f. Rn. 154).

344 BVerfGE 142, 123 (200f. Rn. 149); BVerfGE 126, 286 (308); *Wendel* Kompetenzrechtliche Grenzgänge: Karlsruhes Ultra-vires-Vorlage, an den EuGH, ZaöRV 2014, 615 (631f.); *Pötters/Traut*, Die ultra-vires-Kontrolle des BVerfG nach „Honeywell“ – neues zum Kooperationsverhältnis von BVerfG und EuGH?, EuR 2011, 580 (587).

Dieses Verständnis von Offensichtlichkeit setzt nicht voraus, dass für die Annahme einer offensichtlichen Kompetenzüberschreitung die Situation gegeben ist, dass keinerlei unterschiedliche Rechtsauffassungen zu einer Frage vertreten werden.[345] Auch eine sorgfältige und detailliert begründete Auslegung kann ein ultra-vires-Handeln darstellen, soweit die methodischen Standards nicht eingehalten wurden.[346]

Auch wenn zum Teil in der Literatur gemutmaßt wurde, dass BVerfG habe das Kriterium der Offensichtlichkeit aufgegeben bzw. zumindest sehr relativiert,[347] so ist dies nicht zutreffend. Grundlage dieser Ansichten ist, dass bei einem ultra-vires-Verstoß, der auf einer Verbotsnorm beruht, das BVerfG den Kompetenzverstoß unterstellen würde und darüber hinaus die Offensichtlichkeit nicht mit der gleichen Strenge handhaben würde, die es umgekehrt bei einer Beschränkung auf eine Willkürkontrolle an den Tag legen würde.[348]

Zunächst ist klarzustellen, dass nach ganz allgemeinen Grundsätzen nicht nur klassisch Kompetenznormen, sondern auch Verbotsnormen als sogenannte negative Kompetenznormen maßgeblich für die Beurteilung eines ultra-vires-Handelns sind.[349]

Wenn zum Teil in diesem Zusammenhang kritisiert wurde, dass das BVerfG nicht mehr konkret, sondern nur noch abstrakt prüfen würde, ob ein Kompetenzverstoß vorliegen würde, so ist darauf hinzuweisen, dass bereits seit der Honeywell Rechtsprechung zunächst nicht endgültig entschieden wird, ob ein Kompetenz-

345 BVerfGE 142, 123 (201 Rn. 150).

346 BVerfGE 142, 123 (201 Rn. 150).

347 So unter anderem *Wendel*, Kompetenzrechtliche Grenzgänge: Karlsruhes Ultra-vires-Vorlagen den EuGH, ZaöRV 2014, 615 (631); ebenso *Bast*, Don't act beyond your powers: The perils and pitfalls of the German Constitutional Court's Ultra-vires-Review, GLR 15 (2014), 167 (178ff.); die Offensichtlichkeit ausdrücklich ablehnend, *Thiele*, Friendly or unfriendly act? The „historic" referral of the Constitutional Court to the ECJ regarding the ECB's OMT Program GLR 15 (2014), 241 (244); von einer faktischen Aufgabe des Kriteriums sprechend, *Wendel*, in: *Marsch/Vilain/Wendel*, Französisches und deutsches Verfassungsrecht: ein Rechtsvergleich, 2015, 409.

348 *Wendel*, Kompetenzrechtliche Grenzgänge: Karlsruhes Ultra-vires-Vorlage an den EuGH, ZaöRV 2014, 615 (631ff.).

349 Vgl. allgemein zur Funktion von Verbotsnormen als negative Kompetenznormen *Mayer*, Die drei Dimensionen der europäischen Kompetenzdebatte, ZaöRV 2001, 577 (583ff.); insbesondere 593. Vgl. speziell zu Art. 123 AEUV *Tutsch*, in: Van der Groeben/Schwarze/Hatje, Europäisches Unionsrecht, 7. Aufl. 2015, Art. 123 AEUV Rn. 4.

verstoß tatsächlich vorliegt, sondern diese Entscheidung unter den Vorbehalt der Entscheidung des EuGH gestellt wird. Daher ist es folgerichtig, wenn das BVerfG zunächst den Verstoß gegen Unionsrecht unterstellt, um überhaupt seine Vorlage zum EuGH zu begründen. Es ist also verfehlt, davon zu sprechen, der ursprüngliche konkrete Offensichtlichkeitstest sei von einer abstrakten Prüfung abgelöst worden.[350]

Auch kann aus dem Umstand, dass das BVerfG bei der Prüfung einer negativen Kompetenznorm (Verbotsnorm) für den Fall, dass ein Verstoß gegen die Norm vorliegt, auch gleichzeitig die Offensichtlichkeit bejaht,[351] nicht geschlossen werden, dass das Offensichtlichkeitskriterium aufgegeben worden sei. Ob ein Rechtsverstoß offensichtlich ist, bestimmt sich nach dem materiellen Recht, das streitgegenständlich ist.[352] Dementsprechend ist die Offensichtlichkeit einer Kompetenzüberschreitung für das BVerfG bei einem Verstoß gegen eine Verbotsnorm, auch bei einem europarechtsfreundlichen Verständnis der Offensichtlichkeit im oben genannten Sinne, ohne erhöhten Begründungsaufwand feststellbar. Eine Verbotsnorm beinhaltet anders als eine klassische Kompetenznorm keine Handlungsermächtigung mit einem immanenten Ermessensspielraum, die eine Variation von Handlungsmöglichkeiten zulässt. Vielmehr verbietet sie ein bestimmtes Verhalten.

Somit verbleibt es bei dem Erfordernis der Offensichtlichkeit eines Kompetenzverstoßes auch soweit das BVerfG eine negative Kompetenznorm prüft.[353]

Im Ergebnis spielt der Grundsatz der Europarechtsfreundlichkeit im Rahmen der ultra-vires-Kontrolle für das Verständnis des Offensichtlichkeitskriteriums eine Rolle. Im Hinblick auf die Offensichtlichkeit des Kompetenzverstoßes durch ein Urteil des EuGH, das nicht mehr von seinem Auslegungsauftrag aus Art. 19 Abs. 1 EUV gedeckt ist, wird unter Berücksichtigung der Europarechtsfreundlichkeit des Grundgesetzes diesem ein Anspruch auf Fehlertoleranz eingeräumt. Was Kom-

350 *Bast*, Don't act beyond your powers: The perils and pitfalls of the German Constitutional Court's Ultra-vires-Review, GLR 15 (2014), 167 (178ff.).

351 So in BVerfG 134, 366 (394 Rn. 43).

352 Vgl. *Korioth*, in: Schlaich/Korioth, Das Bundesverfassungsgericht, 10. Aufl. 2015, Rn. 387, nach dem die Kontrolldichte vom materiellen Recht abhängig ist. Ob man nun darauf abstellt, dass ein Verstoß gegen eine Verbotsnorm nun immer offensichtlich ist, oder ob die Kontrolldichte höher sei, ist im Ergebnis unerheblich.

353 Das BVerfG verwies in diesem konkreten Fall insbesondere auch ausdrücklich auf sein Honeywell-Beschluss, vgl. BVerfGE 134, 366 (382 Rn. 24).

petenzverstöße anderer Unionsorgane betrifft, so ist Offensichtlichkeit in europarechtsfreundlicher Weise zu verstehen und liegt nur dann vor, wenn sich das Handeln de facto als willkürlich darstellt.

Der Grundsatz der Europarechtsfreundlichkeit begrenzt die Ausübung der Kontrolle so auf einen Willkürmaßstab.

(bb) Das Erfordernis der strukturellen Verschiebung

Die europarechtsfreundliche Ausübung der ultra-vires-Kontrolle setzt für die Feststellung eines ultra-vires-Handelns außerdem voraus, dass der offensichtliche Kompetenzverstoß zu einer

„strukturell bedeutsame[n] Verschiebung zu Lasten mitgliedsstaatlicher Kompetenzen [...]“[354]

führt. Diese Voraussetzung stellt im Vergleich zur Anforderung der Offensichtlichkeit des Kompetenzverstoßes keine zusätzliche Anforderung und damit eine Rücknahme des Kontrollanspruchs dar.[355] Vielmehr konkretisiert dieser Passus die Anforderungen an einen offensichtlichen Verstoß, wie er durch die richterliche Rechtsfortbildung[356] begangen werden kann.[357]

Eine solche strukturelle bedeutsame Verschiebung ist nur dann gegeben, wenn die Kompetenzüberschreitung

„für das Demokratieprinzip und die Volkssouveränität erhebliches Gewicht besitzt“.[358]

354 BVerfGE 126, 286 (309); BVerfGE 142, 123 (201f. Rn. 151).

355 Vgl. *Huber*, in: Streinz, EUV/AEUV, 2. Aufl. 2012, Art. 19 EUV Rn. 59 m.w.N.; aA allerdings der Großteil der Literatur, vgl. nur Sondervotum des Richters Landau BVerfGE 126, 286 (318ff.); *Stein*, Arrivederci Karlsruhe, ZRP 2010, 265 (266); *Oppermann*, Die EU-Verfassungsbeschwerde, in: Sachs/Siekmann, Der grundrechtsgeprägte Verfassungsstaat, Festschrift für Klaus Stern zum 80. Geburtstag, 2012, 869 (879).

356 Zur Anerkennung dieser Aufgabe des EuGH *Huber*, in: Streinz, EUV/AEUV, 2. Aufl. 2012, Art. 19 EUV Rn. 12.

357 Vgl. *Huber*, in: Streinz, EUV/AEUV, 2. Aufl. 2012, Art. 19 EUV Rn. 59.

358 BVerfGE 142, 123 (201f. Rn. 151).

Von einer solchen Maßnahme ist auszugehen soweit die kompetenzielle Grundlagen der Europäischen Union so verschoben werden, dass im Ergebnis das Prinzip der begrenzten Einzelermächtigung unterlaufen wird.[359]

Dies bedeutet, dass eine strukturell bedeutsame Verschiebung nur dann gegeben sein kann, wenn an sich die Inanspruchnahme der Kompetenz

„eine Vertragsänderung nach Artikel 48 EUV oder die Inanspruchnahme einer Evolutionsklausel erforderte“.[360]

In diesen Fällen wäre in Deutschland ein Tätigwerden des Gesetzgebers gemäß Art. 23 Abs. 1 Satz 2 GG oder nach Maßgabe des Integrationsverantwortungsgesetzes erforderlich.[361]

Das BVerfG beschränkt sich daher auf Grund der Europarechtsfreundlichkeit des GG auch im Rahmen der Kontrolle von richterlicher Rechtsfortbildung auf den Willkürmaßstab.[362]

2) *Die Rücknahme der Kontrolldichte im Rahmen der Identitätskontrolle*

Was die Wirkung des Grundsatzes der Europarechtsfreundlichkeit im Rahmen der Identitätskontrolle betrifft, so kann hier weitestgehend auf die Ausführungen zur ultra-vires-Kontrolle verwiesen werden.

Im Unterschied zur Situation bei der ulta-vires-Kontrolle wird zwar kein Kompetenzverstoß beurteilt, sondern die Frage, ob die Maßnahme eines Unionsorgans einen Verstoß gegen die nationale Verfassungsidentität darstellt. Dementsprechend kann der EuGH, der allerdings auch im Rahmen dieses Kontrollvorbehaltes vorab anzurufen ist, soweit die unionsrechtliche Beurteilung des Unionsrechtsaktes nicht hinreichend klar ist,[363] nicht beurteilen, inwieweit die Maßnahme unionsrechtskonform ist. Trotzdem stellt die für das BVerfG verbindliche Auslegung des EuGH, den für das BVerfG am Ende relevanten Prüfungsgegenstand dar. Die

359 BVerfGE 142, 123 (201f. Rn. 151).

360 Vgl. EuGH; Gutachten 2/94 vom 28.03.1996, EMRK-Beitritt, Slg. 1996, I-1759, Rn. 30; BVerfGE 142, 123 (201f. Rn. 151).

361 BVerfGE 142, 123 (201f. Rn. 151).

362 *Huber*, in: Streinz, EUV/AEUV, 2. Aufl. 2012, Art. 19 EUV Rn. 59.

363 Dies wäre z.B. bei einem acte clair der Fall, vgl. BVerfG NJW 2016, 1149 (1162).

Europarechtsfreundlichkeit wirkt auch hier insoweit modifizierend, als das es zunächst dem EuGH überlassen wird, festzulegen, welchen Inhalt das streitige Unionshandeln hat.[364]

Insbesondere ist hier noch einmal darauf hinzuweisen, dass die so verstandene Identitätskontrolle nicht gegen den Grundsatz der loyalen Zusammenarbeit gemäß Art. 4 Abs. 3 EUV verstößt. Im Gegenteil, in Art. 4 Abs. 2 Satz 1 EUV werden die Unionsorgane verpflichtet, die nationalen Verfassungsidentitäten zu berücksichtigen.[365] Vor dem Hintergrund, dass auch das Unionsrecht akzeptiert, dass die Mitgliedsstaaten weiterhin Herren der Verträge sind, ist auch im Unionsrecht angelegt, dass die Mitgliedsstaaten selbst

„durch nationale Geltungsanordnungen darüber [entscheiden],“[366]

ob und inwieweit das Unionsrecht den jeweiligen Mitgliedsstaat Geltung und Vorrang beanspruchen kann.[367] Dementsprechend stellt es keinen Widerspruch zur Europarechtsfreundlichkeit des Grundgesetzes dar,

„wenn das BVerfG unter eng begrenzten Voraussetzungen die Maßnahme eines Organs oder eine Stelle der Europäischen Union für in Deutschland ausnahmsweise als nicht anwendbar erklärt“.[368]

Gerade in Fällen der Verletzung der Verfassungsidentität ergibt sich aus einer solchen Erklärung der Unanwendbarkeit keine substanzielle Gefahr für die einheitliche Anwendung des Unionsrechts.[369]

Im Hinblick auf die Identitätskontrolle kann festgestellt werden, dass hier erst recht kein Widerspruch zum Grundsatz der Europarechtsfreundlichkeit in dem

364 Vgl. BVerfGE 123, 267 (354); BVerfG NJW 2016, 1149 (1151); vgl. zur vorrangigen Befassung des EuGH auch *Huber*, in: Streinz, EUV/AEUV, 2. Aufl. 2012, Art. 19 EUV Rn. 57f.

365 BVerfG NJW 2016, 1149 (1151).

366 BVerfG NJW 2016, 1149 (1151).

367 Vgl. BVerfGE 75, 223 (242); BVerfGE 89, 155 (190); 123, 267 (348f., 381ff.); 126, 286 (302f.); 134, 366 (384 Rn. 26); BVerfG NJW 2016, 1149 (1151). Vgl. zur Spiegelbildlichkeit der Verpflichtungen auch *Sauer*, „Solange“ geht in Altersteilzeit – Der unbedingte Vorrang der Menschenwürde vor dem Unionsrecht, NJW 2016, 1134 (1136).

368 BVerfGE 37, 271 (280ff.); 73, 339 (374ff.); 75, 223 (235, 242); 89, 155 (174f.); 102, 147 (162ff.); 123, 267 (354, 401); BVerfG NJW 2016, 1149 (1151).

369 BVerfG NJW 2016, 1149 (1151).

Umstand zu sehen ist, dass das Unionsrecht, soweit es die Grenzen der verfassungsrechtlich zulässigen Integration überschreitet, keine Anwendung finden kann. Der Grundsatz stellt insoweit die entsprechende Regelung zu Art. 4 Abs. 3 EUV dar.[370]

c) Die Modifizierung des Prüfungsmaßstabes einer einstweiligen Anordnung

Des Weiteren führt der Grundsatz der Europarechtsfreundlichkeit dazu, dass in Fällen von einstweiligen Anordnungen, in denen über die Durchführung eines Rechtsaktes eines Unionsorganes entschieden wird, erst recht der vom BVerfG schon ganz allgemein in Verfahren mit völkerrechtlichem oder außenpolitischem Bezug[371] angewandte strenge Prüfungsmaßstab des § 32 BVerfGG Anwendung findet.[372] Nach der Solange-Rechtsprechung wäre eine solche Verfassungsbeschwerde in der Hauptsache grundsätzlich unzulässig,[373] außer es würde dargelegt, dass der Grundrechtsschutz auf europäischer Ebene so niedrig sei, dass eine Prüfung an deutschen Grundrechten in Betracht kommt.[374] Voraussetzung für eine ausnahmsweise unmittelbare Überprüfung eines Unionsrechtsaktes wegen Verletzung von Grundrechten ist, dass ein Verstoß gegen die Verfassungsidentität im Raum steht, mithin der Kernbereich der Grundrechte, ihr Menschenwürdegehalt berührt wird.[375]

Soweit eine Zulässigkeit einer Verfassungsbeschwerde in der Hauptsache in Betracht kommt, wird der strenge Prüfungsmaßstab des BVerfG, den dieses normalerweise in Angelegenheiten mit völkerrechtlichem oder außenpolitischem Bezug anwendet, erst recht auf solche Maßnahmen der europäischen Union angewen-

370 *Sauer*, „Solange" geht in Altersteilzeit – Der unbedingte Vorrang der Menschenwürde vor dem Unionsrecht, NJW 2016, 1134 (1136).

371 BVerfG NJW 2014, 375 (376).

372 BVerfG NJW 2014, 375 (376).

373 BVerfGE 73, 339 (378).

374 BVerfGE 73, 339 (378).

375 Vgl. *Huber*, BVerfG und Europäischer Gerichtshof als Hüter der Gemeinschaftsrechtlichen Kompetenzordnung, AöR 1991, Bd. 116, 210 (235); BVerfG NJW 2016, 1149ff.

det.[376] Da das BVerfG in Verfahren der einstweiligen Anordnung[377] keine detaillierte Begründetheitsprüfung vornimmt, wie in einem Hauptsacheverfahren, sondern eine bloße Folgeabwägung vornimmt,[378] und auch die Vornahme einer Vorlage an den EuGH im Verfahren der einstweiligen Anordnung eher nicht in Betracht kommt, muss die Rücknahme des Kontrollanspruchs des BVerfG im Wege der Berücksichtigung der offensichtlichen Begründetheit, bzw. Unbegründetheit der Hauptsache, die auch im Rahmen solcher Verfahren eine Rolle spielt, über den Grundsatz der Europarechtsfreundlichkeit weiterhin Beachtung finden. Dies geschieht hier dadurch, dass der strenge Maßstab der Folgeabwägung angewendet wird.

Auch in einem solchen Verfahren besteht ganz akut die Gefahr, dass die Rechtsordnungen durch die Erklärung der Unanwendbarkeit eines Unionsrechtsaktes auseinanderfallen. Zum Schutze der Funktionsfähigkeit der Unionsrechtsordnung muss deshalb der strenge Prüfungsmaßstab angewandt werden im Sinne der Europarechtsfreundlichkeit des GG, ohne dass dies bedeutet, dass bei einem Identitätsverstoß, bzw. einem ultra-vires-Handeln nicht auch im Wege des Verfahrens einer einstweiligen Anordnung die Maßnahme eines Unionsorgans für unanwendbar erklärt werden könne.

d) Zwischenergebnis

Der Grundsatz der Europarechtsfreundlichkeit soll die Funktionsfähigkeit der Unionsrechtsordnung schützen. Die Funktionsfähigkeit der Unionsrechtsordnung ist insbesondere dann gefährdet, wenn die einheitliche Anwendung des Unionsrechts, sei es innerhalb eines Nationalstaates oder sei es im Verhältnis der Nationalstaaten untereinander, nicht mehr gewährleistet ist.[379] In diesem Sinne wird über den Grundsatz der Europarechtsfreundlichkeit die Prüfungsdichte des BVerfG bei der Wahrnehmung seiner Kontrollkompetenzen auf eine Willkürkontrolle beschränkt. Gleichwohl bedeutet dies nicht, dass die Entscheidung des BVerfG, Uni-

376 Vgl. zuletzt BVerfGE 143, 65 (87 Rn. 34ff.).

377 Das Verfahren nach § 32 BVerfGG ist nach vorherrschender Meinung auf alle Verfahrensarten vor dem BVerfG anwendbar, vgl. *Korioth*, in: Schlaich/Korioth, Das Bundesverfassungsgericht, 10. Aufl. 2015, Rn. 462.

378 *Korioth*, in: Schlaich/Korioth, Das Bundesverfassungsgericht, 10. Aufl. 2015, Rn. 465; *Zuck*, Das Recht der Verfassungsbeschwerde, 4. Aufl. 2013, Rn. 1148ff.

379 BVerfGE 123, 267 (399); 126, 286 (301), BVerfG NJW 2016, 1149 (1151).

onsrecht bzw. die Maßnahme eines Unionsorgans für unanwendbar zu erklären, mit dem Grundsatz der Europarechtsfreundlichkeit im Widerspruch steht. Denn dieser kann die Prüfungsdichte des BVerfG nur in den Grenzen der Verfassungsidentität auf ein Minimum begrenzen.

4. Die Bindung der Verfassungsorgane an das Unionsrecht

Schließlich bindet der Grundsatz der Europarechtsfreundlichkeit zusammen mit der verfassungsrechtlich geschützten Funktionsfähigkeit der Unionsrechtsordnung deutsche Stellen dort,

„*wohl sie im institutionellen Gefüge der Europäischen Union funktional für diese tätig werden und verpflichtet sie dabei auch verfassungsrechtlich zur Einhaltung des Unionsrechts.*“[380]

Diese Verpflichtung hat die Wirkung einer negativen Kompetenzausübungsschranke. In diesem Zusammenhang zitiert das BVerfG seine gesamte Rechtsprechung im Anschluss an die Solange I-Entscheidung. Die Verbindung des Grundsatzes der Europarechtsfreundlichkeit mit der Funktionsfähigkeit der Unionsrechtsordnung wird vom BVerfG bereits im Lissabon Urteil hervorgehoben, um die Monopolisierung der Prüfungskompetenz der ultra-vires- und der Identitätskontrolle beim BVerfG zu begründen.[381]

a) Funktionales Tätigwerden der Verfassungsorgane im institutionellen Gefüge der Union

Der Anwendungsbereich dieser Pflicht ist auf die funktionale Tätigkeit der Verfassungsorgane im institutionellen Gefüge der Union beschränkt.[382]

380 BVerfGE 129, 124 (172).

381 Vgl. BVerfGE 123, 267 (354).

382 BVerfGE 129, 124 (172).

aa) Umsetzung und Vollzug von Unionsrecht

Der Gesetzgeber und die Verfassungsorgane der vollziehenden Gewalt sind dann funktional im institutionellen Gefüge der Union tätig, wenn sie unionsrechtliche Vorgaben in nationales Recht umsetzen oder vollziehen.

Grundsätzlich wird der Vollzug und die Umsetzung des Unionsrechts durch die Verwaltung durch deren Bindung an Recht und Gesetz i.S.v. Art. 20 Abs. 3 GG bereits ausreichend abgesichert, so dass die Verpflichtung aus dem (subsidiären) Grundsatz der Europarechtsfreundlichkeit insoweit keinen Anwendungsbereich hat.[383] Die vollziehende Gewalt und die Rechtsprechung sind nach Art. 20 Abs. 3 GG an Recht und Gesetz gebunden. Die Begriffe „Recht und Gesetz" aus Art. 20 Abs. 3 GG umfassen neben dem deutschen Recht auch das gesamte unmittelbar anwendbare Primär- und Sekundärrecht der Europäischen Union.[384]

383 Vgl. Kapitel 1 A. III. 1.

384 HM vgl. nur *Pernice*, Europäisches und nationales Verfassungsrecht, VVDStRL 2001, Bd. 60, 148 (180). *Jarass*, in: Jarass/Pieroth, GG, 14. Aufl. 2016, Art. 20 Rn. 53; *Sachs*, in: Sachs, GG, 7. Aufl. 2014, Art. 20 Rn. 107; *Sommermann*, in: v. Mangoldt/Klein/Starck, GG, 6. Aufl. 2010, Art. 20 Rn. 265; *Schulze-Fielitz*, in: Dreier, GG, Bd. II, 3. Aufl. 2015, Art. 20 Rn. 93. Zum Teil wird eine Bindung der deutschen Staatsgewalt an die Gemeinschaftsrechtsnormen über Art. 20 Abs. 3 GG unter dem Gesichtspunkt des Demokratieprinzips problematisiert. Der Vorbehalt und der Vorrang des Gesetzes erfordern über das demokratische Prinzip die Rückbindung der Gesetze an das Volk, die demokratische Legitimation müsse also gewahrt bleiben. Europäische Normen sind jedoch nicht zur Gänze durch das deutsche Volk demokratisch legitimiert. Es fehle an der Gewaltausübung des Volkes i.S.v. Art. 20 Abs. 2 GG wenn die Ausübung europäischer Hoheitsgewalt in den Blick genommen wird. Die grundlegende Vorstellung der Identität von Herrscher und Beherrschtem werde durchbrochen, vgl. *Hain*, Zur Frage der Europäisierung des Grundgesetzes, DVBl 2002, 148 (154). Dieser Argumentation liegt jedoch der Gedanke eines geschlossenen nationalstaatlichen Modells zugrunde wie er bis 1945 maßgeblich war, vgl. *Wahl*, Der offene Staat und seine Rechtsgrundlagen, JuS 2003, 1145 (1146). Da jedoch bereits in der Ursprungsfassung des Grundgesetzes mit Art. 24 GG eine Übertragung von Hoheitsrechten ausdrücklich vorgesehen war, die damit auch die Rechtssetzung einer Hoheitsgewalt, die nicht die voll demokratisch legitimierte Staatsgewalt darstellt, umfasst, muss das demokratische Prinzip unter dem Grundgesetz so interpretiert werden, dass die geforderte Rückbindung an das deutsche Volk durch die indirekte Mitwirkung der Exekutive, die demokratisch legitimiert ist, im erforderlichen Mindestmaß gewahrt ist, vgl. *Hain*, a.a.O., 148 (154). Daher können auch unionsrechtliche Normen den Gesetzesvorbehalt der Grundrechte ausfüllen, vgl. *Hain*, a.a.O., 148 (155); *Grzeszick*, in: Maunz/Dürig, GG, 77. EL 2016, Art. 20 VI. Rn. 60. Praktische Relevanz hat dies vor allem auch dann, wenn das Unionsrecht Spielräume aufweist, in deren Rahmen die Grundrechte Anwendung finden können, vgl. *Hain*, a.a.O., 148 (155). Der unionrechtskonforme Vollzug von Unionsrecht soll nicht nur eine formale Vorrangfrage sein, sondern eine Frage der materiellen

Der Gesetzgeber hingegen ist nach Art. 20 Abs. 3 GG „nur" an die verfassungsmäßige Ordnung[385] gebunden.[386] Der Begriff der „verfassungsmäßigen Ordnung" aus Art. 20 Abs. 3 GG könnte vor dem Hintergrund der verfassungsrechtlich abgesicherten Übertragung von Hoheitsrechten gem. Art. 23 Abs. 1 S. 1 Hs. 1 GG ebenfalls so interpretiert werden,[387] dass er das primäre Unionsrecht umfasst, allerdings nur, soweit dieses auch unmittelbare Anwendbarkeit findet.[388] Grundsätzlich stellt verfassungsmäßige Ordnung im Rahmen von Art. 20 Abs. 3 GG ausschließlich die formelle, geschriebene Verfassung des Grundgesetzes dar.[389] Die „Unionsverfassung"[390] steht zwar im Verbund mit der nationalen Verfassung[391] und das Unionsrecht hat auch unstreitig (Anwendungs-)Vorrang vor dem nationalen Recht einschließlich der Verfassung. Dies macht das Unionsrecht aber nicht zu einem formellen Teil des Grundgesetzes.[392]

Darüber hinaus kann die Bindung des Gesetzgebers an das Unionsrecht nur in den Grenzen des Zustimmungsgesetzes bestehen.[393] Dementsprechend kann der Grundsatz der Europarechtsfreundlichkeit keine generelle Bindung an das gesamte Unionsrecht über den Begriff der verfassungsmäßigen Ordnung in Art. 20 Abs. 3 GG begründen, dies würde eine explizite, Art. 20 Abs. 3 GG ergänzende Norm erfordern. Der Vorrang des Unionsrechts vor der Verfassung ist nur in den Gren-

---

Rechtsstaatlichkeit.

385 Der Begriff der verfassungsmäßigen Ordnung wird im Grundgesetz an mehreren Stellen verwendet, ist jedoch kein einheitlicher, vgl. *Dreier*, in: Dreier, GG, Bd. I, 3. Aufl. 2013, Art. 2 Rn. 53.

386 *Sachs*, in: Sachs, GG, 7. Aufl. 2014, Art. 20 Rn. 94ff.; *Sommermann*, in: v. Mangoldt/Klein/Starck, GG, Bd. II, 6. Aufl. 2010, Art. 20 Rn. 249ff.

387 Wie der Begriff „Recht und Gesetz" im Rahmen von Art. 20 Abs. 3 GG.

388 *Streinz*, in: Sachs, GG, 7. Aufl. 2014, Art. 23 Rn. 61.

389 *Grzeszick*, in: Maunz/Dürig, GG, 77. EL 2016, Art. 20 Rn. 30; *Kingreen*, in: Isensee/Kirchhoff, HStR Bd. XII, 3. Aufl. 2014, § 263 Rn. 27

390 Vgl. zum Begriff u.a. *Pernice*, in: Dreier, GG, Bd. II, 2. Aufl. 2006, Art. 23 Rn. 21.

391 *Pernice*, in: Dreier, GG, Bd. II, 2. Aufl. 2006, Art. 23 Rn. 21.

392 Zwar führt die Öffnung des Grundgesetzes über Art. 23 GG dazu, dass Unionsrecht einen Einfluss auf das Verfassungsrecht dahingehend haben kann, dass die Verfassung zwar formell nur Art. 23 GG als Maßstab für die Bindung des Gesetzgebers nennt, hingegen Art. 23 GG als eine Norm mit Öffnungszweck notwendigerweise auch im Lichte des Unionsrechts interpretiert werden muss, vgl. *Kingreen*, in: Isensee/Kirchhoff, HStR Bd. XII, 3. Aufl. 2014, § 263 Rn. 29 und 38ff.

393 Vgl. *Classen*, in: v. Mangoldt/Klein/Starck, GG, Bd. II, 6. Aufl. 2010, Art. 20 Rn. 48f.

zen von Art. 79 Abs. 3 GG anerkannt,[394] entsprechendes muss für die Bindung des Gesetzgebers aus Art. 20 Abs. 3 GG gelten. Überdies kann aus dem (Anwendungs-) Vorrang des Unionsrechts kein Rückschluß auf die Teilhabe des Unionsrechts an der verfassungsmäßigen Ordnung i.S.v. Art. 20 Abs. 3 GG geschlossen werden. Vielmehr ist es ja genau die Bindung des Gesetzgebers, die den Vorrang der Verfassung erst zu begründen mag.[395]

Eine Bindung des Gesetzgebers an das Unionsrecht über Art. 20 Abs. 3 GG würde überdies das Verhältnis zwischen Unionsrecht und nationalem Recht dahingehend unzulässigerweise tangieren, dass dem Gesetzgeber die ihm an sich verbleibende Souveränität zum Erlass von Gesetzen unabhängig von ihrer Konformität zum Unionsrecht genommen würde und Unionsrecht über den Eingang in den Vorrang der Verfassung faktisch Geltungsvorrang erhalten würde. Eine Bindung des Gesetzgebers über Art. 20 Abs. 3 GG an das Unionsrecht ist daher abzulehnen.[396]

Der Anwendungsbereich der Verpflichtung zur Einhaltung des Unionsrechts ist dementsprechend eröffnet, soweit der Gesetzgeber unionsrechtliche Vorgaben in das nationale Recht umsetzt, da insoweit die Bindung aus Art. 20 Abs. 3 GG nicht vorrangig eingreift.[397]

bb) Mitwirkungsakte an der Union

Von den Umsetzungsakten sind die sog. Mitwirkungsakte der Verfassungsorgane an der Europäischen Union zu unterscheiden. Auch bei der Mitwirkung am Vollzug oder der Begründung von Unionsrecht besteht die Bindung der Verfassungsorgane an das Grundgesetz i.S.v. Art. 1 Abs. 3 und Art. 20 Abs. 3 GG.[398] Diese

394 *Sommermann*, in: v. Mangoldt/Klein/Starck, GG, Bd. II, 6. Aufl. 2010, Art. 20 Rn. 255ff.; vgl. die Ausführungen unter Kapitel 1 B. III 1. und 2.

395 *Sommermann*, in: v. Mangoldt/Klein/Starck, GG, Bd. II, 6. Aufl. 2010, Art. 20 Rn. 253.

396 Ebenso *Betz*, Die verfassungsrechtliche Absicherung der Vorlagepflicht, 2013, 226.

397 Insoweit stärkt der Grundsatz der Europarechtsfreundlichkeit das verfassungsrechtliche Instrumentarium zur Durchsetzung des Unionsrechts ähnlich wie Art. 117 Abs. 1 der italienischen Verfassung, vgl. Kapitel 2. C. IV.

398 Vgl. zur hM *Streinz*, in: Isensee/Kirchhoff, HStR, Bd. X, 3. Aufl. 2012, § 218 Rn. 41ff. m.w.N.; *Heun*, in: Dreier, GG, Bd. II, 3. Aufl. 2015, Art. 59 Rn. 51; *Jarass*, in: Jarass/Pieroth, GG, 14. Aufl. 2016, Art. 23 Rn. 45.

Bindung verwehrt es den Verfassungsorganen insbesondere auch, am Zustandekommen von ultra-vires-Akten mitzuwirken.[399]

Verfassungsorgane werden unzweifelhaft dann funktional im institutionellen Gefüge der Union tätig, wenn sie Handlungen vornehmen, die wie Mitwirkungsakte der Verfassungsorgane an der europäischen Union i.S.v. Art. 23 GG wirken und damit entsprechend einem Zustimmungsgesetz der verfassungsrechtlichen Kontrolle unterliegen.[400] Im Hinblick auf diese Rechtsakte bzw. -handlungen ist der Anwendungsbereich des Anwendungsvorranges mangels Vorliegen einer Kollision zwischen nationalem Recht und Unionsrecht nicht eröffnet.

Die von Art. 23 GG umfassten Mitwirkungsakte sind solche, die in den Angelegenheiten der Europäischen Union ergehen. Dementsprechend werden unmittelbar von Art. 23 GG solche Handlungen erfasst, die

„Vertragsänderungen und entsprechende Änderungen auf der Ebene des Primärrechts [...] sowie Rechtssetzungsakte der Europäischen Union [...]“[401]

darstellen. Dementsprechend sind Zustimmungsgesetze i.S.v. Art. 23 Abs. 1 S. 2 und 3 i.V.m. Art. 59 Abs. 2 GG Mitwirkungshandlungen an der Europäischen Union, die auch insbesondere am Maßstab von Art. 23 GG gemessen werden können.[402] Aber auch die Mitwirkung der deutschen Verfassungsorgane an europäischen Organakten stellen solche Mitwirkungshandlungen dar.[403]

Darüber hinaus sind Angelegenheiten der Europäischen Union im Sinne von Art. 23 GG auch gegeben, soweit Mitwirkungshandlungen der Verfassungsorgane in Zusammenhang mit völkerrechtlichen Verträge betroffen sind,

399 BVerfGE 142, 123 (208f. Rn. 165).

400 Vgl. hierzu auch BVerfGE 129, 124 (172f.).

401 BVerfGE 131, 152 (199).

402 *Streinz*, in: Sachs, GG, 7. Auf. 2014, Art. 59 Rn. 71.

403 *Bethge*, in: Maunz/Schmidt-Bleibtreu/Klein/Bethge, BVerfGG, 48. EL 2016, Vorbemerkung Rn. 347. Allerdings weist das BVerfG in der Regel Verfassungsbeschwerden, die sich gegen die Mitwirkungshandlungen des nationalen Vertreters im Rat richten, bereits als unzulässig zurück mit der Begründung, es fehle an einer unmittelbaren Beschwer, vgl. ausführlich *Cremer*, Grundgesetzliche Bindungen des deutschen Vertreters bei Abstimmungen im Rat der Europäischen Union und ihre prozessuale Durchsetzbarkeit, EuR 2014, 195 (210ff.).

„unabhängig davon, ob sie auf eine förmliche Änderung der vertraglichen Grundlagen der Europäischen Union [...] gerichtet sind, [...], wenn sie in einem Ergänzungs- oder sonstigen besonderen Näheverhältnis zum Recht der Europäischen Union stehen.“[404]

Dieses Verständnis von Art. 23 Abs. 1 GG wird durch systematische Gesichtspunkte bestätigt. Art. 23 Abs. 1 Satz 1 GG spricht von der Mitwirkung an der Europäischen Union zum Zwecke der Verwirklichung eines „vereinbarten Europas“. Der so festgesetzten Zielrichtung von Art. 23 Abs. 1 GG würde es widersprechen, wenn

„weite Teile des dynamischen und vielgestalteten Prozesses der Integration im Rahmen der Europäischen Union von vorne herein aus dem parlamentarischen Mitwirkungsrecht“[405]

ausgeklammert würden.

Gerade im Bereich der Fortentwicklung der Europäischen Union werden häufig Maßnahmen nach der sogenannten „Unionsmethode“[406], oft wird auch von *„intergouvernementaler Methode“* im Gegensatz zur *„supranationalen Methode“* gesprochen,[407] vorgenommen.[408]. Diese Unionsmethode zeichnet sich dadurch aus, dass außerhalb der vertraglich vorgesehenen Institution und Verfahren die Mitgliedsstaaten durch den Abschluss bilateraler völkerrechtlicher Vereinbarungen, die Bereiche abdecken bzw. berühren, die der ausschließlichen Kompetenz des Unionsrechts unterliegen, ergänzende bzw. vom Primärrecht abweichende Regelungen treffen, ohne der Kontrolle des EuGH zu unterliegen. Häufig wird in diesem Zusammenhang die geplante völkerrechtliche Koordination im Primärrecht der Europäischen Union verankert oder die Umsetzung des durch den völkerrecht-

404 BVerfGE 131, 152 (199). In der Entscheidung zur Griechenlandhilfe ließ das BVerfG diese Frage noch, zumindest was die Rügefähigkeit über Art. 38 GG betrifft, offen, vgl. BVerfGE 123, 124 (372). Vgl. aber auch bereits eine ähnliche Argumentation bei *Ruffert*, Die europäische Schuldenkrise vor dem Bundesverfassungsgericht – Anmerkung zum Urteil vom 7. September 2011, EuR 2011, 842 (844).

405 BVerfGE 131, 152 (200).

406 Vgl. zur Terminologie *Ruffert*, Die europäischen Schuldenkrise vor dem BVerfG-Anmerkungen zum Urteil vom 17. September 2011-, EuR 2011, 842 (853).

407 Vgl. *Uerpmann-Wittzack*, Völkerrecht als Ausweichordnung-am Beispiel der Euro-Rettung, EuR-Bei 2013, 49 (49).

408 *Schröder*, Die Griechenlandhilfen im Falle ihrer Unionrechtswidrigkeit – ein Beitrag zur Kollision von Unions- und Völkerrechts-, DÖV 2011, 61 (64), diese Verträge stellten zum Teil sogar kleinere Vertragsänderungen dar, ohne Art. 48 EUV, bzw. seine Vorgängerregelung Art. 236 EWG einzuhalten.

lichen Vertrag geplanten Vorhabens wird durch Vorschriften des Sekundär- oder Tertiärrechts begleitet.[409] Zum Teil werden die in solchen Verträgen geplanten Vorhaben auch von Organen der Europäischen Union vorangetrieben bzw. die Verwirklichung des Vorhabens bedient sich der Unionsorgane, auch im Wege der Organleihe.[410]

Aus der isolierten Sicht des Unionsrechtes ist eine solche Vertragsänderung ohne Einhaltung der unionsrechtlich vorgesehenen Verfahren gem. Art. 48 EUV unzulässig, völkerrechtlich ist sie hingegen möglich.[411] Es ist abzulehnen hieraus den Schluss zu ziehen, dass das Unionsrecht Abweichungen von Art. 48 EUV durch Gewohnheitsrecht anerkennt.[412] Dadurch, dass die Verfassungsorgane, die an sich gegebene Kompetenz der Union ignorieren und völkerrechtlich gültige Handlungen und Vertragsschlüsse auch gerade mit dem Ziel der Überformung des Unions-

409 BVerfGE 131, 152 (199). Dies war z.B. beim Europäischen Fiskalpakt der Fall (Vertrag über Stabilität, Koordinierung und Steuerung in der Wirtschafts- und Währungsunion v. 2.3.2012, BGBl. 2012 II 1008; der Vertrag wurde am 2.3.2012 von den Staats- und Regierungschefs der 17 Mitgliedstaaten des Euro-Währungsgebietes und 8 weiteren Mitgliedstaaten der EU unterzeichnet). Hier wurden mittels völkerrechtlichem Vertrag zwischen den Mitgliedstaaten die nationalen Haushaltspolitiken unter eine stärkere Kontrolle der Kommission gestellt, vgl. auch *Hölscheidt/Rohleder*, Vom Anfang und Ende des Fiskalvertrags, DVBl. 2012, 806 (806). Dabei wurde zum Teil ausdrücklich auf den unionalen Stabilitäts- und Wachstumspakt Bezug genommen. Der SWP besteht aus einer präventiven und einer repressiven Komponente. Die VO 1176//2011 v. 16.11.2011 über die Vermeidung und Korrektur makroökonomischer Ungleichgewichte (ABl. L 306/25), sowie die VO 1174/2011 über Durchsetzungsmaßnahmen zur Korrektur übermäßiger makroökonomischer Ungleichgewichte (ABl. L 306/8), die VO 1175/2011 über den Ausbau der haushaltspolitischen Überwachung und der Überwachung und Koordinierung der Wirtschaftspolitiken v. 16.11.2011 zur Änderung der VO 1466/97 (ABl. L 306/12) flankiert von der RL 2011/85/EU v. 8.11.2011 (ABl. L 306/41) bilden die präventive Komponente. Die VO 1177/2011 stellt die repressive Komponente dar.

410 BVerfGE 131, 152 (200). So z.B. beim sogenannten EFSF, einer privaten Zweckgesellschaft, die Kapital aufnimmt und die Kredite an finanziell bedrohte Länder weiterreicht. Für die Erledigung von Aufgaben im Rahmen vom EFSF kann die Europäische Kommission in Anspruch genommen werden, Beschluss der Vertreter der Regierungen der 27 EU-Mitgliedstaaten v. 9.5.2010, Ratsdok. 9614/10.

411 *Cremer*, in: Calliess/Ruffert, EUV/AEUV, 5. Aufl. 2016, Art. 48 EUV Rn. 21.

412 Eine Vertragsänderung durch gewohnheitsrechtliche Praxis kann höchstens bei vertretbaren Konkretisierungen bereits bestehender Vertragsbestimmungen ohne nennenswerte Verschiebungen, mithin bei bloßer Rechtsfortbildung, anerkannt werden, vgl. *Schröder*, Die Griechenlandhilfen im Falle ihrer Unionsrechtswidrigkeit – ein Beitrag zur Kollision von Unions- und Völkerrecht-DÖV 2011, 61 (64); vgl. entsprechend *Cremer*, in: Calliess/Ruffert, EUV/AEUV, 5. Aufl. 2016, Art. 48 EUV Rn. 19.

rechts vornehmen, nehmen sie faktisch Maßnahmen im institutionellen Gefüge Union vor. Dass diese Maßnahmen nicht in den vom Unionsrecht vorgesehenen Formen erfolgen, ändert hieran im Ergebnis nichts.[413] Das BVerfG stellt klar, dass ein

„qualifizierter inhaltlicher Zusammenhang mit einem der primärrechtlichen normierten Politikbereich der Europäischen Union [...], der ein Ergänzungs- oder sonstiges besonderes Näheverhältnis zum Unionsrecht begründet, [...] insbesondere dann vorliegen [wird], wenn der Sinn eines Vertragsvorhabens gerade im wechselseitigen Zusammenspiel mit einem dieser Politikbereiche liegt, und erst recht dann, wenn der Weg der völkerrechtlichen Koordination gewählt wird, weil gleichgerichtete Bemühungen um eine Verankerung im Primärrecht der Union nicht in die notwendigen Mehrheiten gefunden haben.“[414]

Soweit die Verfassungsorgane daher im institutionellen Gefüge funktional für die Union tätig werden, d.h. Mitwirkungshandlungen in Angelegenheiten der Europäischen Union i.S.v. Art. 23 GG vorgenehmen, lässt sich aus dem Grundsatz der Europarechtsfreundlichkeit entsprechend seiner Grundlage (Art. 23 Abs. 1 Satz 1 GG i.V.m. der Präambel) eine objektive Verfassungspflicht der Verfassungsorgane entnehmen, Unionsrecht einzuhalten.[415]

b) Verfassungsrechtliche Grenzen der Pflicht

Dem Grunde nach muss sich diese aus dem Grundsatz der Europarechtsfreundlichkeit abgeleitete Verpflichtung auf Art. 23 Abs. 1 GG zurückführen lassen. Dort ist der Verfassungsauftrag zur Mitwirkung und Verwirklichung eines vereinten Europas im Rahmen der Europäischen Union niedergelegt.[416] Im Rahmen ihrer Mitwirkung an der Europäischen Union sind die Verfassungsorgane aus dem Verfassungsauftrag heraus und über den Grundsatz der Europarechtsfreundlichkeit verfassungsrechtlich zur Einhaltung des Umgangsrechts verpflichtet. Gleichzeitig wird diese Pflicht durch die allgemeinen verfassungsrechtlichen Grenzen für die Integration beschränkt.

413 Vgl. im Ergebnis so auch BVerfGE 131, 152 (199ff.).

414 BVerfGE 131, 152 (200).

415 Vgl. allgemein zu dieser Auslegung auch *Moench/Ruttloff*, in: Rengeling/Middeke/Gellermann, Handbuch des Rechtschutzes in der Europäischen Union, 3. Aufl. 2014, § 36 Rn. 32.

416 BVerfGE 123, 267 (346f.).

aa) Die verfassungsrechtlichen Grenzen im Hinblick auf das „Rangverhältnis" von nationalem Recht und Unionsrecht

Die aus dem Grundsatz der Europarechtsfreundlichkeit abgeleitete Pflicht kann nicht zu einer Veränderung des Verhältnisses von Unionsrecht und nationalem Recht führen, da dieser sich aus Art. 23 GG i.V.m. der Präambel ableitet und deswegen nicht über den Inhalt dieses Verfassungsrechts hinausgehen kann.[417] Dem Unionsrecht kommt über den Rechtsanwendungsbefehl im Zustimmungsgesetz insbesondere auch nur ein Anwendungsvorrang zu und kein Geltungsvorrang.[418]

Enthielte der Grundsatz der Europarechtsfreundlichkeit eine unbeschränkte originäre verfassungsrechtliche Pflicht zur Einhaltung des Unionsrechtes, würde im Ergebnis über die Verfassung ein Geltungsvorrang des Unionsrechts gegenüber nationalen Gesetzen eingeführt, da bei einem Verstoß gegen das Grundgesetz eine Norm nichtig ist. Dies würde das Verhältnis von nationalem Verfassungsrecht und Unionsrecht in einer Weise verändern, die so dem nationalen Verfassungsrecht, insbesondere Art. 20 Abs. 3, Art. 23 GG und Art. 79 Abs. 3 GG, widersprechen würde. Denn gem. Art. 23 GG i.V.m. dem Zustimmungsgesetz kann nur ordnungsgemäß integriertes Unionsrecht gem. Art. 23 GG i.V.m. dem Zustimmungsgesetz von Verfassungs wegen im nationalen Bereich Geltung beanspruchen und von einem bloßen Anwendungsvorrang erfasst sein.[419] Die Verfassungssouveränität der Mitgliedstaaten wäre sonst über die Maßen eingeschränkt, da dem nationalen Gesetzgeber faktisch die Möglichkeit genommen würde, Normen zu erlassen, obwohl dies vom Unionsrecht und Art. 20 Abs. 3 GG so nicht gefordert ist. Art. 79 Abs. 3 GG garantiert jedoch die souveräne Staatlichkeit von Bund und Ländern, die auch nicht durch die europäische Integration beeinträchtigt werden darf.[420] Zur souveränen Staatlichkeit gehört im Hinblick auf die sogenannte innere Souveränität auch ein Mindestgehalt an verbleibender Autonomie des nationalen Gesetzgebers,[421] da sonst das Recht auf Selbstregierung faktisch nicht mehr gegeben wäre.

417 Vgl. die Ausführungen unter Kapitel 1 A. III. 1.

418 Vgl. nur *Ruffert*, in: Calliess/Ruffert, EUV/AEUV, 5. Aufl. 2016, Art. 1 AEUV Rn. 18 m.w.N.

419 *Huber*, Recht der Europäischen Integration, 2002, § 9 Rn. 15f.

420 *Hain*, in: von Mangoldt/Klein/Starck, GG, 6. Aufl. 2010, Art. 79 Rn. 135.

421 *Hillgruber*, in: Isensee/Kirchhoff, HStR Bd. II, 3. Aufl. 2004, § 32 Rn. 55.

Darüber hinaus kann der Grundsatz der Europarechtsfreundlichkeit nicht die in Art. 23 GG niedergelegten Anforderungen an die Europäische Union, die die Grenzen der Integrationsfreundlichkeit des Grundgesetzes per Verfassungsänderung festgelegen,[422] durch die Sicherstellung der Anwendung von Unionsrecht, unabhängig davon ob es wirksam integriert wurde, umgehen helfen.[423] Ein solcher verfassungsrechtlicher Automatismus würde gegen Art. 23 GG und Art. 79 Abs. 3 GG verstoßen. Sobald eine wirksame Übertragung von Hoheitsrechten stattgefunden hat, besteht zwar auch die verfassungsrechtliche Pflicht zur Einhaltung dieser Normen gem. Art. 20 Abs. 3 GG.[424] Notwendige Vorstufe ist jedoch immer die Prüfung, ob eine wirksame Integration stattgefunden hat. In vergleichbarer Hinsicht äußert sich der österreichische VfGH in Bezug auf den EGMR. Nach dem VfGH stellt eine Konventionswidrigkeit der nationalen Rechtsordnung, die auf offener Rechtsfortbildung durch ein Konventionsorgan, dem diese Aufgabe der Rechtsfortbildung übertragen wurde, beruht, wegen der Ausschaltung des Verfassungsgesetzgebers eine Gesamtänderung der Bundesverfassung dar und würde damit eines Volksentscheides bedürfen.[425]

Die Pflicht der Verfassungsorgane zur Einhaltung des Unionsrechts ist daher auf Unionsrecht beschränkt, das die Grenzen der zulässigen Integration aus Art. 23 GG i.V.m. Art. 79 Abs. 3 GG einhält. Unionsrecht, das einen ultra-vires-Akt darstellt oder die Verfassungsidentität verletzt, muss dementsprechend nicht aufgrund des

422 Vgl. die Ausführungen zu Art. 23 GG unter Kapitel 1 A. II.

423 So auch *Huber*, Bundesverfassungsgericht und Europäischer Gerichtshof als Hüter der Gemeinschaftsrechtlichen Kompetenzordnung, AöR 1991, Bd. 116, 210 (224f.); der die fortbestehende Stellung der Mitgliedstaaten als Herren der Verträge betont. Zustimmend auch *Hillgruber*, in: Isensee/Kirchhoff, HStR Bd. II, 3. Aufl. 2004, § 32 Rn. 79ff. Kritisch hierzu *Pernice*, in: Dreier, GG, Bd. II, 2 Aufl. 2006, Art. 23 Rn. 22.

424 Ein Vergleich ist mit der Beurteilung der Anwendung von Bundesrecht durch Landesorgane durch die Landesverfassungsgerichte möglich. Diese legen einen Willkürmaßstab an, soweit in Landesverfassung und GG entsprechende Verfahrensrechte existieren, vgl. *Wilke*, Landesverfassungsgerichtsbarkeit und Einheit des Bundesrechts – Bemerkungen aus Anlass des Honecker-Beschlusses des Berliner Verfassungsgerichtshofs, NJW 1993, 887 (889). Entsprechend wird vertreten, dass die Kontrolle der Anwendung des Unionsrechts durch nationale Organe sich auf eine Willkürkontrolle beschränken muss soweit kein Rechtsweg zum EuGH besteht vgl. *Classen*, in: v. Mangoldt/Klein/Starck, GG, Bd. II, 6. Aufl. 2010, Art. 23 Rn. 52.

425 *Holoubek*, in: Verfassungsgerichtshof der Republik Österreich, Die Kooperation der Verfassungsgerichte in Europa, Aktuelle Rahmendbedingungen und Perspektiven, Vol. I, The Constitutional Court of the Republic of Austria, 256 (264f.).

Grundsatzes der Europarechtsfreundlichkeit von den Verfassungsorganen eingehalten werden.

bb) Die verfassungsrechtlichen Grenzen der Pflicht im Hinblick auf die Rechtsgrundlagen des Grundsatzes

Die unbeschränkte Verfassungspflicht der Einhaltung des Unionsrechts würde überdies die rechtlichen Grundlagen des Grundsatzes der Europarechtsfreundlichkeit überschreiten.

Der Grundsatz der Europarechtsfreundlichkeit leitet sich aus dem Verfassungsauftrag bzw. Staatsziel der Verwirklichung eines Vereinten Europas gem. Art. 23 GG i.V.m. der Präambel ab,[426] die Ausdruck der Offenheit des Grundgesetzes sind.[427] Als Staatsziel beinhaltet der Verfassungsauftrag selbst keine tatbestandlichen Voraussetzungen bzw. Rechtsfolgen. Er hat vielmehr richtungweisende Funktion.[428] Nur in Einzelfällen kann dem Staatsziel eine regelartige Normativität nicht abgesprochen werden, nämlich wenn der Kernbereich betroffen ist.[429]

Der Umfang der sich aus dem Grundsatz der Europarechtsfreundlichkeit ergebenden Verpflichtung zur Einhaltung des Unionsrechts muss sich daher auf den Wesenskern des Staatsziels eines vereinten Europas beschränken. Der Wesenskern dieses Staatsziels umfasst insbesondere auch ein Durchsetzungsversprechen an das (sich im Rahmen der verfassungsrechtlichen Grenzen haltende) Unionsrecht.[430] Dieses Versprechen wird grundsätzlich über den Anwendungsvorrang[431] gewährleistet. Aber auch wenn der Anwendungsbereich des Anwendungsvorrangs nicht eröffnet ist, enthält Art. 23 GG ein Durchsetzungsversprechen für das Unionsrecht, wenn die Mitgliedstaaten (und damit die Verfassungsorgane) Unionsrecht anwenden bzw. in Verfahren auf Unionsebene eingebunden sind. Wegen der Subsidiarität des Grundsatzes der Europarechtsfreundlichkeit ist die Verpflichtung zur Beachtung des Unionsrechts also auf die Konstellationen beschränkt, in denen der

426 Vgl. die Ausführungen unter Kapitel 1 A.ff.

427 Vgl. die Ausführungen unter Kapitel 1 A. I. und II.

428 Vgl. die Ausführungen unter Kapitel 1 A. III 2.

429 Vgl. Kapitel 1 A III 2. a).

430 Vgl. BVerfGE 126, 286 (302); BVerfG NJW 2016, 1149 (1150).

431 Vgl. nur *Ruffert*, in: Calliess/Ruffert, EUV/AEUV, 5. Aufl. 2016, Art. 1 AEUV Rn. 18 m.w.N.

Anwendungsvorrang nicht greift und Verfassungsorgane gleichwohl zur Anwendung des Unionsrechts verpflichtet sind, mithin wenn Verfassungsorgane funktional im institutionellen Gefüge der Union Unionsrecht anwenden.

c) Zwischenergebnis

Ein Verstoß gegen Unionsrecht durch die Verfassungsorgane, soweit diese funktional im institutionellen Gefüge der Union tätig werden und Mitwirkungshandlungen im Rahmen der europäischen Union vornehmen, stellt einen Verstoß gegen den Grundsatz der Europarechtsfreundlichkeit dar soweit nicht die Grenzen der Verfassungsidentität einen solchen Verstoß rechtfertigen oder das betreffende Unionsrecht einen ultra-vires-akt darstellt.

d) Verhältnis der Bindung der Verfassungsorgane an das Unionsrecht zur Integrationsverantwortung

Die sich aus dem Grundsatz der Europarechtsfreundlichkeit ergebenden Pflicht zur Einhaltung des Unionsrechts, soweit die Verfassungsorgane funktional im institutionellen Gefüge der Europäischen Union Mitwirkungsakte vornehmen, steht in engem Zusammenhang mit der Integrationsverantwortung[432] der Verfassungsorgane. Die Integrationsverantwortung dient der Sicherung der Demokratie und Volkssouveränität.[433]

Die Integrationsveranwortung verpflichtet die Verfassungsorgane insbesondere dazu, dass die gesetzgebende Körperschaften bei der Übertragung von Kompetenzen und bei der Ausgestaltung der europäischen Entscheidungsverfahren

„dafür Sorge tragen, dass in einer Gesamtbetrachtung sowohl das politische System der Bundesrepublik Deutschland als auch das der Europäischen Union demokratischen Grundsätzen im Sinne des Artikel 20 Abs. 1 und Abs. 2 i.V.m. Artikel 79 Abs. 3 GG entspricht“.[434]

432 Vgl. allgemein *Nettesheim*, Die Integrationsverantwortung – Vorgaben des BVerfG und gesetzgeberische Umsetzung, NJW 2010, 177ff.

433 BVerfGE 123, 267 (351); BVerfGE 142, 123 (207f. Rn. 163 und 211, Rn. 170).

434 Vgl. BVerfGE 123, 267 (356).

Daneben unterliegen die Verfassungsorgane der Integrationsverantwortung auch nach der Übertragung von Hoheitsrechten dauerhaft, soweit das Unionsrecht so ausgestaltet ist, dass unter

„grundsätzlicher Fortgeltung des Prinzips der begrenzten Einzelermächtigung eine Veränderung des Vertragsrechts bereits ohne Ratifikationsverfahren allein oder maßgeblich durch die Organe der Union – wenn gleich unter dem Einstimmigkeitserfordernis – herbeigeführt werden kann.“[435]

In diesen Grenzfällen des noch verfassungsrechtlich Zulässigen muss der Gesetzgeber

„gegebenenfalls mit seinen die Zustimmung begleitenden Gesetzen wirksame Vorkehrungen dafür treffen, dass sich seine Integrationsverantwortung hinreichend entfalten kann“.[436]

Dementsprechend muss die Integrationsverantwortung im Zusammenhang mit Art. 38 Abs. 1 Satz 1 GG gesehen werden, der das Recht des Einzelnen auf Teilhabe am demokratischen Prozess beinhaltet.[437] Die Integrationsverantwortung ist die Pflicht der Verfassungsorgane in ihrer jeweiligen Funktion im Integrationsprozess, der die unmittelbare demokratische Teilhabe des Bürgers lockert, sicherzustellen, dass der notwendige demokratische Legitimationszusammenhang gewahrt bleibt.[438] Da die Integrationsverantwortung in ihrem Kern die Sicherstellung de-

435 BVerfGE 123, 267 (351).

436 BVerfGE 123, 267 (353); 132, 195 (239 Rn. 105); 135, 317 (399 Rn. 160); BVerfGE 142, 123 (191f. Rn. 130). Dies kann bei der Mitwirkung beim Abschluss von Völkerrechtlichen Verträgen dazu führen, dass die Verfassungsorgane zur Erklärung von Vorbehalten verpflichtet sind, vgl. *Hillgruber*, Verfassungsprozessuale Besonderheiten bei der Entscheidung über die Anträge auf Erlass einer einstweiligen Anordnung zur Verhinderung der Ratifikation des ESM-Vertrags, JA 2013, 76 (79). Zuletzt spielten solche Vorbehalte in BVerfGE 143, 65 eine Rolle. Dies wird häufig als Ausdruck der Völker- bzw. Europarechtsfreundlichkeit oder aber als grundgesetzfreundliche Auslegung des Völkerrechts, wie es *Lepsius*, ESM-Vertrag, Fiskalpakt und das BVerfG, EuZW 2012, 761 (762), formuliert, gesehen.

437 BVerfGE 89, 155 (171); 129, 124 (168); 134, 366 (396 Rn. 51); BVerfGE 142, 123 (173 Rn. 81).

438 BVerfGE 123, 267 (351ff.); BVerfGE 142, 123 (207f. Rn. 163); BVerfGE 143, 65 (96 Rn. 62); *Streinz*, in: ders., Europarecht, 10. Aufl. 2016, Rn. 382; *Classen*, in: v. Mangoldt/Klein/Starck, GG, Bd. II, 6. Aufl. 2010, Art. 23 Rn. 15; *Dreier*, in: Dreier, GG, Bd. II, 3. Aufl. 2015, Art. 20 Rn. 45. Das BVerfG geht von der Prämisse aus, dass der Anspruch auf freie und gleiche Teilhabe an der öffentlichen Gewalt nur im nationalen „Primärraum“ gewährleistet werden kann, vgl.

mokratischer Legitimationszusammenhänge schützen soll, ist sie über das Wahlrecht aus Art. 38 Abs. 1 Satz 1 GG, das den Kerngehalt des Demokratieprinzips umfasst,[439] rügefähig.

Die Integrationsverantwortung stellt damit, spiegelbildlich zur objektiven Verfassungspflicht der Verfassungsorgane selbst das Unionsrecht einzuhalten, die Pflicht dar, die Einhaltung des Unionsrechts durch die Unionsorgane sicher zu stellen und gegebenenfalls auf eine Abstellung eines möglichen Kompetenzverstoßes oder einer Identitätsverletzung hinzuwirken.[440] Ihr Gewährleistungsgehalt entspricht insoweit dem einer Schutzpflicht.[441]

Die entsprechende Rüge in einem Verfassungsbeschwerdeverfahren ist dementsprechend auf Strukturveränderungen im staatsorganisationsrechtlichen Gefüge beschränkt (wie sie z. B., d. h. nicht nur, bei der Übertragung von Hoheitsrechten eintreten können). Das Wahlrecht umfasst im Hinblick auf das Demokratieprinzip nur die Garantie, dass sich der Bürger gegen eine mit Art. 79 Abs. 3 GG unvereinbare Entäußerung von Kompetenzen durch das Parlament verfassungsgerichtlich zur Wehr setzen kann.[442]

Vor diesem Hintergrund wurde eine Verletzung der Integrationsverantwortung bislang nur angenommen, soweit eine Handlung eines Unionsorgans oder eines Verfassungsorgans einer Übertragung von Hoheitsrechten gleichkommt, ohne dass der Bundestag seine Rechte in diesem Zusammenhang ausreichend wahrnehmen konnte oder wahrgenommen hat. Auf diese Weise wurde dafür Sorge getragen, dass die Verfahren auf Unionsebene so ausgestaltet sein müssen, dass gerade keine Rechtslage besteht, die nicht den Ansprüchen des Demokratieprinzips entspricht. Über die so sichergestellte demokratische Legitimierung der Entscheidungen auf Unionsebene sollte gleichzeitig die Wahrung des Unionsrechts in Übereinstimmung mit dem nationalen Recht gewährleistet werden.

Lehner, Die „Integrationsverfassungsbeschwerde" nach Art. 38 Abs. 1 S. 1 GG: Prozessuale und materiell-rechtliche Folgefragen zu einer objektiven Verfassungsbeschwerde, Der Staat Vol. 53 (2013), 535 (552), was auch folgerichtig ist, soweit man der Ansicht zustimmt, dass unter dem Grundgesetz ein Europäischer Bundesstaat nicht möglich ist, sondern eine Entscheidung des pouvoir constituant erfordert.

439 *Mageira*, in: Sachs, GG, 7. Aufl. 2014, Art. 38 Rn. 104.

440 BVerfGE 142, 123 (207f. Rn. 163f.).

441 BVerfGE 142, 123 (209 Rn. 166).

442 BVerfGE 129, 124 (170).

Die aus dem Grundsatz der Europarechtsfreundlichkeit resultierende Pflicht zur Einhaltung des Unionsrechts und die aus der Integrationsverantwortung resultierende Pflicht, die Einhaltung des Prinzips der begrenzten Einzelermächtigung durch die Unionsorgane zu garantieren, ergänzen sich dementsprechend dahingehend, dass beide Verpflichtungen darauf hinwirken, dass die europäische Integration nur durch Maßnahmen (von Verfassungsorganen und von Unionsorganen) vorangetrieben wird, die ihre rechtliche Grundlage in Normen findet, die entsprechend dem Grundsatz der Volkssouveränität demokratisch legitimiert sind.

IV. Ergebnis

Der umgeschriebene Verfassungsgrundsatz der Europarechtsfreundlichkeit kann nach der bisher ergangenen Rechtsprechung seine Wirkungen nur innerhalb der Grenzen der Offenheit des GG entfalten. Innerhalb dieser Grenzen konnte der Grundsatz bislang vornehmlich im Rahmen der Kontrollvorbehalte des GG, der ultra-vires- und der Identitätskontrolle seine Wirkung in verfahrensrechtlicher und in materiell-rechtlicher Hinsicht dahingehend entfalten, dass er zum einen die Begründung für die Monopolisierung der Ausübung der Kontrollvorbehalte vor dem BVerfG bildet, und zum anderen den Umfang der Prüfungsdichte auf eine reine Willkürkontrolle beschränkt.

Daneben begründet der Grundsatz der Europarechtsfreundlichkeit des GG zusammen mit der verfassungsrechtlich geschützten Funktionsfähigkeit der Unionsrechtsordnung, die Verpflichtung der Verfassungsorgane, soweit diese funktional im institutionellen Gefüge der Union für diese tätig werden, Unionsrecht einzuhalten. Diese objektive Verfassungspflicht der Verfassungsorgane steht in engem Zusammenhang mit der Integrationsverantwortung der Verfassungsorgane. Während die Integrationsverantwortung die Pflicht der Verfassungsorgane darstellt, gegenüber den Unionsorganen auf ein unionsrechtmäßiges Handeln bezogen auf die Einhaltung von Verfahren und anderen Vorschriften, die die demokratische Legitimation der abgeleiteten Unionsrechtsordnung sicherstellen, hinzuwirken, stellt die aus dem Grundsatz der Europarechtsfreundlichkeit abgeleitete Pflicht quasi spiegelbildlich die eigene Pflicht der Verfassungsorgane dar, die unionsrechtlich vorgesehenen Verfahren, die demokratische Legitimation vermitteln sollen, soweit die Verfassungsorgane in diesem Verfahren eingebunden sind, zu beachten.

Die aus dem Grundsatz der Europarechtsfreundlichkeit abgeleitete Pflicht zur Einhaltung von Unionsrecht greift damit vornehmlich in Situationen ein, in denen ein Auseinanderfallen der Rechtsordnungen auf unions- bzw. völkerrechtlicher Ebene und auf nationaler Ebene deswegen droht, weil die Anforderungen des GG an demokratische Legitimation nicht gewahrt sind. Diese Anforderungen, die Teil der unantastbaren Grenze der Verfassungsidentität aus Art. 79 Abs. 3 GG sind, können auch durch Maßnahmen der europäischen Integration nicht angetastet werden.

C. Die verfassungsrechtliche Absicherung der Vorlagepflicht aus Art. 267 AEUV und die verfassungsrechtliche Effektuierung des Vorabentscheidungsverfahrens im Verhältnis zum Grundsatz der Europarechtsfreundlichkeit

Vor diesem Hintergrund ist das Verhältnis des Grundsatzes der Europarechtsfreundlichkeit zur verfassungsrechtlichen Absicherung der Vorlagepflicht aus Art. 267 AEUV über Art. 101 Abs. 1 S. 2 GG bzw. die Effektuierung des Vorabentscheidungsverfahrens über Art. 19 Abs. 4 GG und die Grundrechte, wie sie bislang durch die Rechtsprechung des BVerfG entwickelt wurde, einzuordnen. Für die Union als eine Rechtsgemeinschaft[443] ist eine rechtlich abgesicherte Durchsetzung und Anwendung des Unionsrechts sowie ein effektiver Individualrechtsschutz wesentlich. Im Bereich des Rechtsschutzes liegt eine starke funktionelle Verschränkung der nationalen Gerichte mit der Unionsrechtsordnung vor, da die nationalen Gerichte als funktionale Unionsgerichte grundsätzlich für die effektive Durchsetzung des Unionsrechts und des Anwendungsvorranges verantwortlich sind.[444] In diesem System stehen sie mit dem für die Auslegung und Entscheidung über die Gültigkeit von Unionsrecht gem. Art. 19 EUV ausschließlich zuständigen EuGH in einem Kooperationsverhältnis, das seinen Ausdruck insbesondere im sog. Vorabentscheidungsverfahren findet.[445]

443 Vgl. grundlegend EuGH Slg. 1986, 1339 (1365f.); sowie Ausführlich *Zuleeg*, Die Europäische Union als Rechtsgemeinschaft, NJW 1994, 545 (545ff.).

444 *Huber*, in: Streinz, EUV/AEUV, 2. Aufl. 2012, Art. 19 EUV Rn. 36ff.

445 *Huber*, in: Streinz, EUV/AEUV, 2. Aufl. 2012, Art. 19 EUV Rn. 40ff.

Das BVerfG hat in ständiger Rechtsprechung in Ergänzung zum Rechtschutzsystem der Union die Verpflichtung der Gerichte zur Vorlage an den EuGH verfassungsrechtlich abgesichert.[446] Damit wird zum einen Rechtschutzgesichtspunkten genüge getan, zum anderen aber auch die einheitliche Anwendung und Auslegung des Unionsrechts (mithin die Funktionsfähigkeit der Unionsrechtsordnung) gesichert und ein Auseinanderfallen der Rechtsordnungen verhindert. Insbesondere werden im Rechtschutzgefüge der Union nationale (Verfassungs-)Organe funktionell als Unionsorgane tätig. Darüber hinaus hat das BVerfG über die unionsrechtlichen Verpflichtungen hinaus eine verfassungsrechtliche Effektuierung des Vorabentscheidungsverfahrens vorgenommen.

Nachfolgend soll die Rechtsprechung des BVerfG zur verfassungsrechtlichen Absicherung der Vorlagepflicht und zur Effektuierung des Vorabentscheidungsverfahrens dargestellt und daraufhin untersucht werden, inwieweit der Grundsatz der Europarechtsfreundlichkeit im Bereich des Rechtsschutzes des Einzelnen Wirkungen entfaltet und ob ihm ein unmittelbarer Anwendungsbereich verbleibt.

I. Die verfassungsrechtliche Absicherung der Vorlagepflicht aus Art 267 AEUV durch Art. 101 Abs. 1 S. 2 GG

Art. 101 Abs. 1 S. 2 GG enthält ein Verbot des Entzuges des gesetzlichen Richters, mithin soll die Einhaltung von Zuständigkeitsnormen abgesichert werden.[447] Dieses verfassungsrechtliche Verbot wird vom BVerfG dahingehend ausgelegt, dass der EuGH im Rahmen seiner Kompetenzen als gesetzlicher Richter anzusehen ist.[448] Ein Rückgriff auf den Grundsatz der Europarechtsfreundlichkeit zur Begründung dieser verfassungsrechtlichen Absicherung war bislang im Hinblick auf die Verpflichtung der Fachgerichte nicht erforderlich.

Nach der Rechtsprechung des BVerfG begründet Art. 101 Abs. 1 S. 2 GG die verfassungsrechtliche Verpflichtung der Fachgerichte, die unionsrechtliche Vorlagepflicht aus Art. 267 Abs. 3 AEUV einzuhalten. Wenn ein Vorlageverfahren von

446 BVerfGE 73, 339 (366f.); 82, 159 (192); 126, 286 (315); 128, 157 (186f.); 129, 78 (105).

447 *Britz*, Verfassungsrechtliche Effektuierung des Vorabentscheidungsverfahrens, NJW 2012, 1313 (1313); vgl. auch *Betz*, Die verfassungsrechtliche Absicherung der Vorlagepflicht – Zum Bedürfnis einer nationalen Nichtvorlagerüge, 2013, 61.

448 BVerfGE 73, 339.

einem Fachgericht unter Verstoß gegen Art. 267 Abs. 3 AEUV nicht durchgeführt wird, kann in der Folge neben dem Verstoß gegen das Unionsrecht auch ein Verstoß gegen die Verfassung vorliegen und mittels einer Verfassungsbeschwerde gegen die Entscheidung des Gerichts gerügt werden.[449] Es steht damit nicht in Frage, dass an sich bereits der Anwendungsvorrang die Instanzgerichte an Art. 267 Abs. 3 AEUV bindet. Jedoch wird die Durchsetzung dieser unionsrechtlichen Verpflichtung durch die Missachtung dieser Pflicht durch die Instanzgerichte gefährdet.[450] Mithin besteht auf Ebene der Anwendung bzw. Durchsetzung des Unionsrechts das Defizit.[451]

1. Erforderlichkeit zur Schließung von Rechtschutzlücken im Unionsrecht

Dieses Durchsetzungsdefizit wiegt auch vor allem deshalb schwer, da die Fachgerichte als funktionale Unionsgerichte Garant für die Durchsetzung des Prüfungsmonopols des EuGH bzgl. der Auslegung bzw. der Gültigkeit von Unionsrecht sind und auch eine individualschützende Rechtsschutzfunktion erfüllen.[452] Der einzelne Bürger hat aus dem Unionsrecht heraus kaum Möglichkeiten, die Unionsrechtsverletzungen vor dem EuGH direkt geltend zu machen.[453] Um Rechtsschutzlücken zu vermeiden, besteht eine Erforderlichkeit der Rügemöglichkeit auch vor dem BVerfG, gerade um die Kompetenzen des EuGH zur vollen Geltung zu bringen.

449 *Britz*, Verfassungsrechtliche Effektuierung des Vorabentscheidungsverfahrens, NJW 2012, 1313 (1313).

450 Vgl. einen Überblick über die Neigung der Verfassungsgerichte der Mitgliedstaaten, dem EuGH eine Vorlage zu machen bei *Betz*, Die verfassungsrechtliche Absicherung der Vorlagepflicht – Zum Bedürfnis einer nationalen Nichtvorlagerüge, 2013, 14ff.

451 Vgl. bzgl. einer statistischen Erhebung der Neigung der Fachgerichte der einzelnen Mitgliedstaaten, dem EuGH eine Vorlage zu machen *Betz*, Die verfassungsrechtliche Absicherung der Vorlagepflicht – Zum Bedürfnis einer nationalen Nichtvorlagerüge, 2013, 14ff.

452 EuGH C-106/77, Slg. 1978, 629 (643); EuGH C-213/89, Slg. 1990, I-2433 (2473); EuGH C-6/90;C-9/90, Slg.1991, I-5357 (5414); EuGH C-429/09, Slg. 2010, I-12 167 (12 193).Vgl. insoweit auch *Huber*, in: Streinz, EUV/AEUV, 2. Aufl. 2012, Art. 19 Rn. 38, der auch auf das entsprechende unionsrechtliche Gebot hinweist.

453 *Britz*, Verfassungsrechtliche Effektuierung des Vorabentscheidungsverfahrens, NJW 2012, 1313 (1315) zu den Individualrechtsschutzmöglichkeiten vor dem EuGH gem. Art. 263 Abs. 4 AEUV, gegenüber nationalen Maßnahmen, die auf Unionsrecht beruhen; vgl. *Schröder*, Die Vorlagepflicht zum EuGH aus europarechtlicher und nationaler Perspektive, EuR 2011, 808 (810).

Zwar kann eine Verletzung der Vorlagepflicht im Vertragsverletzungsverfahren der Art. 258/259 AEUV gerügt werden, die Kommission hat allerdings bislang von diesem Mittel aus Opportunitätsgründen, vor allem auch wegen der Unabhängigkeit der Gerichte, abgesehen.[454] In jedem Fall müsste sich die Kontrolle auf Fälle systematischer, evidenter oder grundsätzlich bedeutsamer Vorlagepflichten beschränken.[455] Da dem Einzelnen jedoch nach ständiger Rechtsprechung des EuGH kein Anspruch auf Einleitung eines Vertragsverletzungsverfahrens zusteht, ist dieses Instrument in jedem Fall ungeeignet, die Rechtsschutzfunktion des Vorabentscheidungsverfahrens vollumfänglich zu gewährleisten.[456]

Entsprechendes gilt für das Argument der Staatshaftung. Zwar sieht auch das Unionsrecht das Instrument der Staatshaftung vor, insbesondere auch für Judikativunrecht.[457] Der unionale Staatshaftungsanspruch setzt jedoch unter anderem einen hinreichend qualifizierten Verstoß, bei Judikativunrecht sogar einen offenkundigen, gegen eine individualberechtigende Norm des Unionsrechts voraus. Dementsprechend kann der Verstoß der Instanzgerichte gegen Art. 267 Abs. 3 AEUV nicht unmittelbar gerügt werden[458], sondern nur der aus der Nichtvorlage folgende Fehler bei der Anwendung materieller gemeinschaftsrechtlicher Normen,

454 *Wegener*, in: Calliess/Ruffert, EUV/AEUV, 5. Aufl. 2016, Art. 267 AEUV Rn. 35; vgl. ausführlich *Betz*, Die verfassungsrechtliche Absicherung der Vorlagepflicht – Zum Bedürfnis einer nationalen Nichtvorlagerüge, 2013, 15ff., 36ff., der zwar zutreffend auf die Vorstöße der Kommission gegen Deutschland, Italien und Schweden hinweist, jedoch unter Betonung des Umstandes, dass das im Ergebnis nur gegen Italien und Schweden tatsächlich angestrengte Vertragsverletzungsverfahren nicht ausschließlich auf den Verstoß gegen die Vorlagepflicht gestützt wurde. Auch das Argument einer möglichen Untätigkeitsklage gegen die Kommission, der in Art. 258 AEUV hinsichtlich der Durchführung eines Vertragsverletzungsverfahrens ein weites Ermessen zusteht, greift im Ergebnis nicht durch. Zwar wird zum Teil vertreten, das Ermessen der Kommission auf Null zu reduzieren, sobald die durch den Mitgliedstaat verletzte Norm dem Schutz der Grundrechte des Einzelnen dient. Bislang jedoch hat der EuGH Untätigkeitsklagen gegen die Kommission immer als unzulässig abgelehnt, da die Kommission nach völlig freiem Ermessen handeln könne und in jedem Fall der Kläger eine Rechtshandlung fordere, die nicht ihn unmittelbar und direkt, sondern den Mitgliedstaat treffen würde, vgl. *Betz*, a.a.O., 38.

455 AA *Ehricke*, in Streinz: EUV/AEUV, 2. Aufl. 2012, Art. 267 Rn.

456 *Schröder*, Die Vorlagepflicht zum EuGH aus europarechtlicher und nationaler Perspektive, EuR 2011, 808 (811).

457 Vgl. grundlegend zur Staatshaftung im Unionsrecht EuGH C-6/90, Slg. 1991, I-5357; zur Staatshaftung für Judikativunrecht EuGH C- 224/01, Slg. 2003, I-10239.

458 Schon der drittschützende Charakter von Art. 267 Abs. 3 AEUV ist strittig, vgl. *Betz*, Die verfassungsrechtliche Absicherung der Vorlagepflicht – Zum Bedürfnis einer nationalen Nichtvorlagerüge, 2013, 43.

die individualberechtigend sind.[459] Die Verletzung der Vorlagepflicht ist hier also nur ein Kriterium für die Beurteilung der Frage, ob das letztinstanzliche Gericht die materiell-rechtlich verletzte Unionsnorm offenkundig verletzt hat.[460] Darüber hinaus verhindert dieser sekundärrechtliche Anspruch die Rechtsverletzung nicht, sondern gleicht sie nur (teilweise) aus.[461]

Aufgrund der eingeschränkten Durchsetzbarkeit der Vorlageverpflichtung der Gerichte im Rechtsschutzsystem der Europäischen Union und der funktionalen Verschränkung der Rechtsordnungen ist eine verfassungsrechtliche Absicherung der Vorlagepflicht daher (auch wegen des unionsrechtlichen Gebot des effektiven Rechtsschutzes)[462] soweit sie möglich ist verfassungsrechtlich geboten.

2. Prüfungsmaßstab des BVerfG im Rahmen von Art. 101 Abs. 1 S. 2 GG

Im Rahmen seiner verfassungsrechtlichen Möglichkeiten prüft das BVerfG die Verletzung von Art. 101 Abs. 1 S. 2 GG durch das Unterlassen der Einleitung eines Vorabentscheidungsverfahrens durch die Fachgerichte und sichert damit verfassungsrechtlich die effektive Durchsetzung der Vorlageverpflichtung der Fachgerichte. Das BVerfG wahrt auf diese Weise die Einhaltung des unionsrechtlichen Gebotes effektiven Rechtsschutzes[463] und stellt sicher, dass der EuGH innerhalb seiner Kompetenzen, die ihm über das Prinzip der begrenzten Einzelermächtigung übertragen wurden, effektiv handeln kann. Dies wird auch von Art. 19 Abs. 1 S. 2 EUV gefordert.[464]

459 *Karpenstein*, in Grabitz/Hilf/Nettesheim, Das Recht der Europäischen Union, 58. EL 2016, Art. 267 AEUV Rn. 71.

460 *Karpenstein*, in Grabitz/Hilf/Nettesheim, Das Recht der Europäischen Union, 58. EL 2016, Art. 267 AEUV Rn. 71.

461 *Schröder*, Die Vorlagepflicht zum EuGH aus europarechtlicher und nationaler Perspektive, EuR 2011, 808 (811); dasselbe Problem weist auch die zum Teil angedachte Lückenschließung im Hinblick auf den Individualrechtsschutz durch die Möglichkeit der Rücknahme bestandskräftiger Verwaltungsakte auf, insbesondere da diese Möglichkeit nicht für strafgerichtliche und zivilgerichtliche Urteile gilt, vgl *Betz*, Die verfassungsrechtliche Absicherung der Vorlagepflicht – Zum Bedürfnis einer nationalen Nichtvorlagerüge, 2013, 45ff.

462 *Huber*, in: Streinz, EUV/AEUV, 2. Aufl. 2012, Art. 19 Rn. 38.

463 *Huber*, in: Streinz, EUV/AEUV, 2. Aufl. 2012, Art. 19 Rn. 38.

464 Die Norm ist insoweit lex specialis der allgemein in Art. 4 Abs. 3 EUV verankerten Loyali-

Zu beachten ist jedoch, dass ein Verstoß gegen Art. 101 Abs. 1 S. 2 GG nicht in jedem Fall bei einem Verstoß gegen Art. 267 Abs. 3 AEUV angenommen wird. Das BVerfG beschränkt seine Kontrolle auf Willkür.[465] Da die Norm des Art. 101 Abs. 1 S. 2 GG geprüft wird und diese Norm nicht zur Aufgabe hat, Art. 267 Abs. 3 AEUV zu inkorporieren, ist dies überzeugend. Als nationale Norm verkörpert Art. 101 Abs. 1 S. 2 GG das nationale verfassungsrechtliche Verständnis vom Recht auf den gesetzlichen Richter und stellt ein nationales Verfahrensgrundrecht dar.[466] Der gesetzliche Richter, ohne dass die Definition des Begriffes einen neuen Gehalt erhalten hätte, hat über die Verschränkung der Rechtsschutzmöglichkeiten was das Unionsrecht und das nationale Recht betrifft, faktisch eine neue Dimension erhalten.[467] Das Unionsrecht hat daher die Tatsachenlage modifiziert. Rein rechtlich hat sich an der verfassungsrechtlichen Pflicht, die bereits vorher ausdrücklich bestand, nichts geändert. Art. 101 Abs. 1 S. 2 GG begründet daher nicht im eigentlichen Sinne eine Verpflichtung zu Einhaltung der Pflicht aus Art. 267 Abs. 3 AEUV. Der Gehalt der Norm beschränkt sich weiterhin darauf, dem Einzelnen im nunmehr verschränkten System des unionalen und des nationalen Rechtsschutzes[468] seinen gesetzlichen Richter zu garantieren.

Verfahrensgrundrechte werden vom BVerfG nach ständiger Rechtsprechung immer nur auf Willkür hin kontrolliert, auch wenn ein Verstoß gegen Art. 267 AEUV die Verletzung des Rechts auf den gesetzlichen Richter begründet.[469] Auf diese Weise wahrt das BVerfG seine Abgrenzung zu den Fachgerichten.[470] Anknüp-

tätspflicht der Mitgliedstaaten, vgl. *Huber*, in: v. Mangoldt/Klein/Starck, GG, Bd. I, 6. Aufl. 2010, Art. 19 Rn. 442.

465 *Britz*, Verfassungsrechtliche Effektuierung des Vorabentscheidungsverfahrens, NJW 2012, 1313 (1314).

466 *Bethge*, in: Maunz/Schmidt-Bleibtreu/Klein/Bethge, BVerfGG, 48. EL 2016, § 90 Rn. 255f. Vgl. ausführlich zum Grundrechtsschutz durch Verfahrensrechte *Grupp*, Grundrechtsschutz durch rechtsstaatliche Verfahrensprinzipien, in: Sachs/Siekmann, Der grundrechtsgeprägte Verfassungsstaat, Festschrift für Klaus Stern zum 80. Geburtstag, 2012, 313ff.

467 Vgl. hierzu auch *Huber*, in: Streinz, EUV/AEUV, 2. Aufl. 2012, Art. 19 EUV Rn. 47ff.

468 *Schröder*, Die Vorlagepflicht zum EuGH aus europarechtlicher und nationaler Perspektive, EuR 2011, 808 (810).

469 *Huber*, in: Streinz, EUV/AEUV, 2. Aufl. 2012, Art. 19 EUV Rn. 48.

470 *Bethge*, in: Maunz/Schmidt-Bleibtreu/Klein/Bethge, BVerfGG, 48. EL 2016, § 90 Rn. 256, 277, 316.

fungspunkt für die Vertretbarkeitsprüfung ist, ob die Handhabung von Art. 267 Abs. 3 AEUV vertretbar war, d. h. nicht willkürlich.[471]

II. Die verfassungsrechtliche Effektuierung des Vorabentscheidungsverfahrens im Rahmen von Art. 19 Abs. 4 GG

Dass die verfassungsrechtliche Absicherung der Vorlageverpflichtung der Gerichte insbesondere der Schließung von Rechtsschutzlücken für den Einzelnen dient, zeigt auch, dass in der jüngeren Rechtsprechung zum Teil zur Effektuierung des Vorlageverfahrens ein Verstoß gegen Art. 19 Abs. 4 GG, dem Gebot des effektiven Rechtsschutzes, angenommen wurde, um eine Verpflichtung der Fachgerichte zur

471 Lange wurde vom BVerfG nicht an der vertretbaren Handhabung von Art. 267 Abs. 3 AEUV zur Beurteilung der Vertretbarkeit angeknüpft, sondern daran, ob die Auslegung des materiellen Unionsrechts durch die Fachgerichte vertretbar zum Ergebnis geführt hat, dass eine Vorlage nicht erforderlich sei. Zunächst glich der Erste Senat des BVerfG seine Rechtsprechung in diesem Bereich an den EuGH insoweit an, als bei der Fallgruppe der Vorlagepflicht für den Fall, dass noch keine gefestigte Rechtsprechung des EuGH zu diesem Thema vorliegt nunmehr auch danach gefragt wird, ob das Fachgericht zulässigerweise von einem acte éclairé bzw. von einem acte clair ausgegangen ist, vgl. *Finck/Wagner*, Eine schrittweise Annäherung des BVerfG an den unionsrechtlichen Maßstab der Vorlagepflicht nach Art. 267 Abs. 3 AEUV beim gesetzlichen Richter?, NVwZ 2014, 1286 (1287). Nach anfänglichen Unklarheiten (insbesondere die Ausführungen im Honeywell-Beschluss schienen eine Rückkehr zum ursprünglichen Prüfungsmaßstab darzustellen, vgl. nur *Pötters/Traut*, Die ultra-vires-Kontrolle des BVerfG nach „Honeywell" – Neues zum Kooperationsverhältnis von BVerfG und EuGH?, EuR 2011, 580 (590) sowie *Huber*, Rolle der Verfassungsgerichte in der europäischen Integration – Die Karlsruher Perspektive, in: Breuer/Epiney/Haratsch/Schmahl/Weiß, Festschrift für Eckart Klein, 2013, 111 (125)) scheint der Zweite Senat des BVerfG diesen Maßstab nun übernommen zu haben, vgl. *Finck/Wagner*, a.a.O., 1286 (1288). Der Unterschied in diesem Anknüpfungspunkt liegt darin, dass es Fälle geben kann, in denen eine Auslegung der materiellen Unionsnorm sehr wohl in vertretbarer Weise vorgenommen wurde, hingegen auf der Ebene der Rechtsprechung des EuGH noch keine Position zu in der Lehre und Literatur verschiedentlich vertretenden Positionen bezogen wurde, vgl. *Finck/Wagner*, a.a.O., 1286 (1288). Trotzdem geht das BVerfG weder von einer verfassungsrechtlichen noch von einer unionsrechtlichen Pflicht zur vollumfänglichen Kontrolle von Verletzungen der unionsrechtlichen Vorlagepflicht aus, vgl. *Britz*, Verfassungsrechtliche Effektuierung des Vorabentscheidungsverfahrens, NJW 2012, 1313, (1314); ebenso *Pötters/Traut*, a.a.O., 580 (591). Daher kann das Vorliegen einer eindeutig vorzugswürdigen Gegenauffassung nur ein, allerdings gewichtiges, Indiz für eine Verletzung von Art. 101 Abs. 1 S. 2 GG darstellen, der Berücksichtigung des Offenkundigkeitsmerkmals des EuGH sei damit im Sinne der Europarechtsfreundlichkeit genüge getan, vgl. *Britz*, a.a.O., 1313 (1315).

Vorlage zu begründen,[472] ohne dass dies jedoch zu einem „Gesetzesvollziehungsanspruch“ führen kann.[473] Art. 19 Abs. 4 GG konkretisiert mit der Rechtschutzgarantie einen wesentlichen Teil des Rechtsstaatsprinzips,[474] und wird häufig als „Eck- bzw. Schlussstein der rechtsstaatlichen Ordnung“[475] bezeichnet.[476]

1. Verhältnis von Art. 19 Abs. 4 GG zu Art. 101 Abs. 1 S. 2 GG und Schutzbereich

Art. 19 Abs. 4 GG stellt im Unterschied zu Art. 101 Abs. 1 S. 2 GG ein echtes Grundrecht dar.[477] Dabei ist Art. 101 Abs. 1 S. 2 GG lex specialis. Dementsprechend ist, soweit Art. 267 AEUV einschlägig und damit ein Prozess eröffnet ist, Art. 19 Abs. 4 GG nicht anwendbar.[478] Für die Anwendbarkeit von Art. 19 Abs. 4 GG ist gerade Voraussetzung, dass eine Vorlageverpflichtung aus Art. 267 Abs. 3 AEUV für die betroffenen Gerichte nicht besteht.

Für den Fall, das mangels Vorlageverpflichtung aus Art. 267 Abs. 3 AEUV Art. 101 Abs. 1 S. 2 GG nicht greift, kann Art. 19 Abs. 4 GG jedoch als Prüfungsmaßstab herangezogen werden, soweit sein Schutzbereich eröffnet ist.[479]

---

472 BVerfGE 118, 79ff.

473 In diesem Sinn insbesondere auch BVerfGE 135, 317 (388 Rn. 130).

474 *Huber*, in v. Mangoldt/Klein/Starck, GG, 6. Aufl. 2010, Art. 19 Rn. 353.

475 *Huber*, in v. Mangoldt/Klein/Starck, GG, 6. Aufl. 2010, Art. 19 Rn. 332.

476 Zum Teil wird sogar die Bezeichung „Krönung des Rechtsstaates“ verwendet, vgl. *Sommermann*, Staatsziele und Staatszielbestimmungen, 1997, 222.

477 Art. 101 Abs. 1 S. 2 GG ist hingegen nur ein grundrechtsgleiches Recht, das zugleich objektives Verfassungsrecht enthält vgl. BVerfGE 20, 336 (334); 40, 356 (361); 61, 82 (104). Art. 101 Abs. 1 S. 2 GG beinhaltet daher keine Garantie des Rechtsschutzes als solche, vielmehr setzt die Norm die Möglichkeit von Rechtsschutz voraus und garantiert nur innerhalb dieser bestehenden, einfachgesetzlichen Möglichkeit, dass diese Verfahrensregeln auch eingehalten werden, vgl. *Betz*, Die verfassungsrechtliche Absicherung der Vorlagepflicht – Zum Bedürfnis einer nationalen Nichtvorlagerüge, 2013, 67.

478 *Betz*, Die verfassungsrechtliche Absicherung der Vorlagepflicht – Zum Bedürfnis einer nationalen Nichtvorlagerüge, 2013, 67. Sobald nämlich ein Prozess eröffnet ist greift die Garantie des gesetzlichen Richters.

479 *Betz*, Die verfassungsrechtliche Absicherung der Vorlagepflicht – Zum Bedürfnis einer nationalen Nichtvorlagerüge, 2013, 134.

Die Rechtschutzgarantie des GG ist umfassend angelegt und nicht auf Akte der öffentlichen Gewalt gem. Art. 19 Abs. 4 GG beschränkt.[480] Allerdings stellt die Rechtsweggarantie aus Art. 19 Abs. 4 GG eine Spezialregelung zum allgemeinen Justizgewährungsanspruch dar.[481] Art. 19 Abs. 4 GG erfasst daher grundsätzlich nur die Sicherung des Rechtsschutzes gegenüber Akten der öffentlichen Gewalt.[482] Für privatrechtliche Streitigkeiten, abgesehen von den Fällen, die unter Beteiligung der öffentlichen Hand stattfinden, ist hingegen das allgemeine Rechtsstaatsprinzip gem. Art. 20 Abs. 3 GG in Form der allgemeinen Justizgewährungspflicht, der ein Justizgewährungsanspruch i.d.R. aus Art. 2 Abs. 1 GG bzw. aus spezielleren Grundrechten korrespondiert, einschlägig.[483]

Art. 19 Abs. 4 GG vermittelt zwar grundsätzlich nur das Recht auf einen Richter, nicht aber das Recht gegen einen Richter.[484] Mittlerweile wurde jedoch von der Rechtsprechung anerkannt[485], dass auch gegen den Richter die Notwendigkeit einer Rechtschutzgarantie besteht, wenn er Verfahrensgrundrechte verletzt.[486] Denn

---

480 BVerfGE 107, 395 (401).

481 BVerfGE 107, 395 (403).

482 Hier kann unter öffentlicher Gewalt nicht nur die Exekutive gesehen werden, sondern das Handeln jeder nicht zur Exekutive gehörenden, aber auch nicht in richterlicher Unabhängigkeit handelnden Instanz. Dies können auch Gerichte sein, vgl. BVerfGE 107, 395 (406).

483 *Jarass*, in: Pieroth, GG, 14. Aufl. 2016, Art. 19 Rn. 34. *Huber*, in v. Mangoldt/Klein/Starck, GG, Bd. I, 6. Aufl. 2010, Art. 19 Rn. 352. Allerdings geht die h. M. davon aus, dass der allgemeine Justizgewährungsanspruch und die Rechtsschutzgarantie eine weitgehende inhaltliche Parallelität aufweisen da sie beide auf effektiven Rechtschutz zielen, vgl. *Huber*, in: v. Mangoldt/Klein/Starck, GG, Bd. I, 6. Aufl. 2010, Art. 19 Rn. 354. Ablehnend diesbezüglich allerdings *Huber*, in: v. Mangoldt/Klein/Starck, GG, Bd. I, 6. Aufl. 2010, Art. 19 Rn. 355, der darauf hinweist, dass der allgemeine Justizgewährungsanspruch als Ausfluss des objektiven Rechtsstaatsprinzips nur mittels der Grundrechte wie z.B. Art. 2 Abs. 1 GG subjektivierbar sei. Ein subjektiver Anspruch ist daher aber nur in dem Umfang Art. 2 Abs. 1 zu entnehmen, wie diese Norm einen Anspruch auf staatliches Handeln überhaupt enthält. Dementsprechend beschränkt sich der sich unmittelbar aus der Verfassung ergebende Justizgewährungsanspruch auf das Untermaßverbot.

484 Vgl. *Schmidt-Assmann*, in: Maunz/Dürig, GG, 77. EL 2016, Art. 19 Abs. 4 Rn. 96. Diese Ansicht wird auf eine teleologische Reduktion des Begriffes der öffentlichen Gewalt gestützt. Der Richter, der unabhängig, rechtsförmlich und neutral entscheidet, stellt keine Gefahr für den Bürger dar. Außerdem sollte auf diese Weise ein Rechtsschutz ad infinitum vermieden werden. Vgl. insgesamt hierzu ausführlich *Huber*, in v. Mangoldt/Klein/Starck, GG, Bd. I, 6. Aufl. 2010, Art. 19 Rn. 439, sowie *Voßkuhle*, Rechtschutz gegen den Richter, 1993, 159ff.

485 BVerfGE 107, 395ff.; 108, 341ff.

486 *Betz*, Die verfassungsrechtliche Absicherung der Vorlagepflicht – Zum Bedürfnis einer nationalen Nichtvorlagerüge, 2013, 137.

dann und wenn der Richter die nur an ihn adressierten Befugnisse der Sitzungspolizei wahrnimmt, ist gerade das Handeln des Richters der Akt der öffentlichen Gewalt, der eine „Bedrohung“ für den Einzelnen darstellt.[487] Das BVerfG entnahm diesen Anspruch auf Rechtschutz allerdings nicht Art. 19 Abs. 4 GG, sondern dem allgemeinen Justizgewährungsanspruch aus Art. 20 Abs. 3 GG unter Verweis auf den oben beschriebenen beschränkten Schutzbereich von Art. 19 Abs. 4 GG. Dieser Ansatz des BVerfG wird viel kritisiert[488] und dies auch mit überzeugenden Argumenten, die nicht nur die Verletzung des allgemeinen Justizgewährungsanspruches begründen, sondern auch die von Art. 19 Abs. 4 GG.[489]

Dies muss gerade auch vor dem Hintergrund, dass die Verletzung von Unionsrecht durch den Richter schon wegen der Kooperations- und Loyalitätspflichten aus Art. 4 Abs. 3 EUV sowie deren Konkretisierung in Art. 19 UAbs. 1 EUV rechtlich relevant ist, gelten.[490] Darüber hinaus ist eine Bindung auch des Richters dann anerkannt, wenn eine richterliche Entscheidung wegen des Entstehens irreparabler Schäden die Garantie des effektiven Rechtsschutzes verletzen kann, dies kann insbesondere in Fällen des einstweiligen Rechtschutzes der Fall sein.[491]

Allerdings schafft Art. 19 Abs. 4 GG selbst keine materiellen Rechte, sondern setzt für seine Anwendbarkeit die Verletzung eines subjektiven öffentlichen Recht voraus.[492] Rein prozessuale Berechtigungen wie Art. 267 Abs. 3 GG sind daher vom sachlichen Schutzbereich ausgeschlossen, da die drittschützende Wirkung der Norm bislang vom EuGH noch nicht bestätigt wurde. Der Schutzbereich von Art. 19 Abs. 4 GG kann dann im Zusammenhang mit einem möglichen Vorabentscheidungsverfahren eröffnet sein, wenn ein Unterlassen einer Vorlage zum

487 Vgl. *Huber*, in: v. Mangoldt/Klein/Starck, GG, Bd. I, 6. Aufl. 2010, Art. 19 Rn. 440.

488 Vgl. nur *Huber*, in v. Mangoldt/Klein/Starck, GG, Bd. I, 6. Aufl. 2010, Art. 19 Rn. 442 m.w.N.

489 *Huber*, in: v. Mangoldt/Klein/Starck, GG, Bd. I, 6. Aufl. 2010, Art. 19 Rn. 442; *Voßkuhle*, Rechtschutz gegen den Richter, 1993, 255.

490 *Huber*, in: v. Mangoldt/Klein/Starck, GG, Bd. I, 6. Aufl. 2010, Art. 19 Rn. 442.

491 *Betz*, Die verfassungsrechtliche Absicherung der Vorlagepflicht – Zum Bedürfnis einer nationalen Nichtvorlagerüge, 2013, 137f.

492 *Betz*, Die verfassungsrechtliche Absicherung der Vorlagepflicht – Zum Bedürfnis einer nationalen Nichtvorlagerüge, 2013, 136.

EuGH gleichzeitig die Verletzung einer subjektiven öffentlich-rechtlichen Norm darstellt, die sich auch aus dem Unionsrecht ergeben kann.[493]

2. Die Rechtsprechung des BVerfG zur Effektuierung des Vorabentscheidungsverfahrens über Art. 19 Abs. 4 GG

Das BVerfG hat vor diesem Hintergrund über Art. 19 Abs. 4 GG in Fällen, in denen Art. 101 Abs. 1 S. 2 GG mangels Bestehen einer Vorlageverpflichtung aus Art. 267 AEUV nicht einschlägig war, zum Teil eine Effektuierung des Vorabentscheidungsverfahrens aus verfassungsrechtlichen Gründen vorgenommen.

Im Fall zwingender europarechtlicher Vorgaben, die den Mitgliedstaaten keinen Umsetzungsspielraum lassen und nur am Maßstab der Unionsgrundrechte und nicht am Maßstab der Grundrechte überprüfbar sind, kann Art. 19 Abs. 4 GG ein Fachgericht unabhängig vom Bestehen der Verpflichtung aus Art. 267 AEUV auf unionsrechtlicher Ebene verfassungsrechtlich zu einer Vorlage an den EuGH verpflichten.[494] Konkret kann sich für die Fachgerichte aus Art. 19 Abs. 4 GG die Verpflichtung ergeben, dieses Unionsrecht an den Unionsgrundrechten zu messen und gegebenenfalls ein Vorabentscheidungsverfahren durchzuführen.[495] Die Erforderlichkeit dieser verfassungsrechtlichen Ergänzung der unionsrechtlichen Vorlagepflicht beruht auf dem Umstand, dass auf Grund der Solange II Rechtsprechung des BVerfG[496] der direkte nationale Grundrechtsschutz nicht gegenüber zwingenden Vorschriften des Unionsrechts greift. Individualrechtsschutz auf unionaler Ebene ist jedoch nur unter engen Voraussetzungen zu erlangen.[497] Die verfassungsrechtliche Verpflichtung der Fachgerichte zur Vorlage an den EuGH mildert diese Lücke im unionsrechtlichen Rechtsschutz, soweit dies nach den Anforderungen des Art. 19 Abs. 4 GG erforderlich ist, ab. Art. 19 Abs. 4 GG stellt insoweit die nationale Verfassungsnorm, die das auch im Unionsrecht verankerte Gebot des ef-

493 *Huber*, in: v. Mangoldt/Klein/Starck, GG, Bd. I, 6. Aufl. 2010, Art. 19 Rn. 410ff.

494 BVerfGE 118, 79 (97).

495 *Britz*, Verfassungsrechtliche Effektuierung des Vorabentscheidungsverfahrens, NJW 2012, 1313 (1315).

496 BVerfGE 73, 339 (387); BVerfGE 102, 147 (161).

497 *Britz*, Verfassungsrechtliche Effektuierung des Vorabentscheidungsverfahrens, NJW 2012, 1313 (1315).

fektiven Rechtschutzes umsetzt dar. Das Gebot effektiven Rechtschutzes umfasst auch auf Unionsebene die Verpflichtung der nationalen Gerichte,[498]

„die nationalen Verfahrensvorschriften über die Einlegung von Rechtsbehelfen möglichst so auszulegen und anzuwenden, dass natürliche und juristische Personen die Rechtmäßigkeit jeder nationalen Entscheidung oder anderen Maßnahme, mit der eine [Unions-] Handlung allgemeiner Geltung auf sie angewandt wird, gerichtlich anfechten und sich dabei auf die Ungültigkeit dieser Handlung berufen können“.[499] (Erg. d. Verf.)

Art. 19 Abs. 4 GG wird vom BVerfG damit ohne ausdrücklichen Rückgriff auf den Grundsatz der Europarechtsfreundlichkeit aus Rechtsschutzgesichtspunkten zur ergänzenden Begründung einer Vorlagepflicht aktiviert und sichert so den effektiven Rechtschutz im Rahmen des unter dem GG möglichen, entsprechend der Vorgaben des Unionsrechts.

Daneben wurde vom BVerfG ein Kammerbeschluss im Bereich des einstweiligen Rechtsschutzes erlassen, um die dort auch nach der Rechtsprechung des EuGH nur eingeschränkte Vorlageverpflichtung der Fachgerichte aus Art. 267 AEUV dann verfassungsrechtlich zu ergänzen, wenn im Hauptsacheverfahren ein über Art. 101 Abs. 1 S. 2 GG rügefähiger Verstoß gegen die Vorlagepflicht gegeben wäre und durch die Entscheidung im einstweiligen Rechtsschutz ein irreparabler Schaden drohen würde.[500]

III. Der mögliche Verstoß gegen materielle Grundrechte als Effektuierung des Vorabentscheidungsverfahrens

Entsprechende Erkenntnisse ergeben sich für die neuere Rechtsprechung des BVerfG, wonach ein Verstoß gegen das jeweilige materielle Grundrecht durch eine Nichtvorlage vorliegt, wenn ein Fachgericht zu Unrecht eine strikte Bindung an das Unionsrecht annimmt und damit konsequenterweise die Anwendbarkeit nationaler Grundrechte ausschließt.[501] Grund hierfür ist, dass die Umsetzungsspiel-

498 Vgl. auch *Huber*, in Streinz: EUV/AEUV, 2. Aufl. 2012, Art. 19 EUV Rn. 38.

499 EuGH C-50/00P, Slg. 2002, I-6667 Rn. 42.

500 BVerfGK 5, 196ff.; vgl. ausführlich hierzu *Betz*, Die verfassungsrechtliche Absicherung der Vorlagepflicht – Zum Bedürfnis einer nationalen Nichtvorlagerüge, 2013, 138ff.

501 BVerfGE 113, 273ff.

räume, die den Mitgliedstaaten verbleiben, grundgesetzkonform auszufüllen sind. Daher sind die Fachgerichte verpflichtet, den Einfluss der Grundrechte bei nationalem Recht, das nicht vollständig unionsrechtlich determiniert ist, zur Geltung zu bringen. In Fortführung dieses Gedankens stellt das BVerfG fest, dass das Verkennen von Möglichkeiten der Geltendmachung des Einflusses eines Grundrechts und damit auch der Rügefähigkeit von Verstößen gegen letzteres, eine Verletzung dieses Grundrechtes darstellt. Ein Verkennen in diesem Sinn liegt schon dann vor, wenn das Fachgericht bei Zweifeln hinsichtlich des Bestehens eines Spielraums eine Vorlage unterlässt und gleichzeitig eine strikte Bindung an das Unionsrecht annimmt.

Da damit die Prüfung eines materiellen Verstoßes im Raum steht, ist im Unterschied zur Prüfung eines verfassungsrechtlich relevanten Verfahrensfehlers im Rahmen der Prüfung von Art. 101 Abs. 1 S. 2 bzw. Art. 19 Abs. 4 GG nicht nur eine bloße Willkürkontrolle hinsichtlich der Frage, ob das Fachgericht den Umsetzungsspielraum verkannt hat, durchzuführen.[502] Trotzdem dient auch hier die verfassungsrechtliche Effektuierung des Vorabentscheidungsverfahrens der Verhinderung von Rechtsschutzlücken für den Einzelnen in Ergänzung der Vorlagepflicht aus Art. 267 AEUV.

IV. Vorlageverpflichtung der Fachgerichte iRv. Art. 100 Abs. 1 GG

Schließlich besteht eine verfassungsrechtliche Verpflichtung der Fachgerichte zur Vorlage gem. Art. 267 AEUV dann, wenn dem BVerfG ein Gesetz im Wege der konkreten Normenkontrolle nach Art. 100 Abs. 1 GG vorgelegt werden soll und im Vorfeld zu klären ist, ob das Gesetz, das der Umsetzung unionsrechtlicher Vorgaben dient, überhaupt am Maßstab des GG gemessen werden kann.[503]

502 *Britz*, Verfassungsrechtliche Effektuierung des Vorabentscheidungsverfahrens, NJW 2012, 1313 (1316).

503 BVerfGE 129, 186 (198ff.); *Britz*, Verfassungsrechtliche Effektuierung des Vorabentscheidungsverfahrens, NJW 2012, 1313 (1316). Anders könnte allerdings der Fall bewertet werden, in dem die verfassungsrechtlichen Fragen unabhängig von der Klärung der Vereinbarkeit des Gesetzes mit Unionsrecht zu beantworten sind vgl. *Detterbeck*, in: Sachs, GG, 7. Aufl. 2014, Art. 100 Rn. 6.

Die Verpflichtung zur Vorlage ergibt sich ausdrücklich aus dem Erfordernis der Entscheidungserheblichkeit[504] gem. Art. 100 Abs. 1 GG. Grund hierfür ist, dass die Prüfungskompetenz des BVerfG nach ständiger Rechtsprechung bei nationalen Umsetzungsrechtsakten nur eröffnet ist, soweit dem nationalen Gesetzgeber ein Umsetzungsspielraum verblieben ist.[505] Diese Pflicht geht über die Verpflichtung aus Art. 267 AEUV hinaus,[506] der grundsätzlich[507] nur letztinstanzliche Gerichte zur Vorlage verpflichtet.[508] Sie ist allerdings aus verfassungsrechtlichen Gesichtspunkten erforderlich, da nur so die Aufgabenverteilung zwischen den Fachgerichten, die zur Auslegung und Anwendung des Unionsrechts berufen sind, und dem BVerfG, das ausschließlich zur Prüfung des Verfassungsrechtes befugt ist, gewahrt werden kann.[509]

„Es entspräche [...] nicht der im Grundgesetz angelegten Kompetenzverteilung zwischen dem Bundesverfassungsgericht und den Fachgerichten, wenn sie im Verhältnis zum Unionsrecht ungeklärtes nationales Umsetzungsrecht nach Art. 100 Abs. 1 Satz 1 GG dem Bundesverfassungsgericht vorlegen dürften und so das Bundesverfassungsgericht seinerseits zur Einleitung eines Vorabentscheidungsverfahrens nach Art. 267 Abs. 3 AEUV veranlassen könnten, sofern es nur auf diese Weise seinen verfassungsgerichtlichen Prüfungsumfang bestimmen könnte.“[510] (Erg. d. Verf.)

Dementsprechend ist aus verfassungsrechtlichen Gesichtspunkten eine Vorlageverpflichtung des BVerfG wegen der Entscheidungserheblichkeit des Unionsrechts gem. Art. 267 AEUV unzulässig, weil in diesem Fall die im Grundgesetz angeleg-

504 BVerfGE 129, 186 (198ff.).

505 BVerfGE 73, 339 (376ff.); *Wendel*, Neue Akzente im europäischen Grundrechtsverbund, EuZW 2012, 213 (214); *Detterbeck*, in: Sachs, GG, 7. Aufl. 2014, Art. 100 Rn. 6. Ein weiterer Fall, in dem eine Entscheidungserheblichkeit von Gesetzen, die sekundäres Unionsrecht umsetzen, i.S.v. Art. 100 GG gegeben wäre, liegt vor, wenn das umzusetzende Unionsrecht die integrationsfesten Grenzen des Grundgesetzes, mithin die Verfassungsidentität, den unabdingbaren Grundrechtsstandard und den ultra-vires-Vorbehalt, verletzt und diese Feststellung von BVerfG nach der von ihm selbst geforderten vorherigen Befassung des EuGH mit dieser Frage auch getroffen werden kann, vgl. *Detterbeck*, in: Sachs, GG, 7. Aufl. 2014, Art. 100 Rn. 6.

506 *Wendel*, Neue Akzente im europäischen Grundrechtsverbund, EuZW 2012, 213 (213).

507 Eine Ausnahme besteht in Fällen des einstweiligen Rechtschutzes, vgl. *Karpenstein*, in: Grabitz/Hilf/Nettesheim, Das Recht der Europäischen Union, 58. EL 2016, Art. 267 Rn. 59ff.

508 BVerfGE 129, 186 (198ff.).

509 BVerfGE 129, 186 (198ff.).

510 BVerfGE 129, 186 (198ff.).

te Kompetenzverteilung zwischen dem BVerfG und den Instanzgerichte verletzt würde. Das BVerfG beschränkt sich ausschließlich auf die verfassungsrechtliche Absicherung der Verpflichtung der Fachgerichte aus Art. 267 AEUV. Damit wird über die Anforderungen des Unionsrechts hinaus die Vorlageverpflichtung der Fachgerichte verfassungsprozessrechtlich effektuiert.[511]

V. Bedeutung des Grundsatzes der Europarechtsfreundlichkeit für die verfassungsrechtlichen Absicherungen der Vorlagepflicht

Es stellt sich die Frage, ob und wenn ja welche Rolle der Grundsatz der Europarechtsfreundlichkeit im vorstehend skizzierten System der verfassungsrechtlichen Absicherung eines effektiven Rechtsschutzes auf Unionsebene einnehmen kann.

1. Modifizierung der Kontrolldichte?

Was die verfassungsrechtliche Absicherung der Vorlagepflicht der Fachgerichte betrifft, bewirkt der Grundsatz der Europarechtsfreundlichkeit keine Änderung der Prüfungsdichte. Verfahrensgrundrechte werden nach der Rechtsprechung des BVerfG grundsätzlich nur am Willkürmaßstab gemessen.[512] Auch im Rahmen der Prüfung einer verfassungsrechtlich relevanten Verletzung der Vorlagepflicht weicht dieser Willkürmaßstab nicht zu Gunsten einer Vertretbarkeitsprüfung, die unmittelbar an Art. 267 AEUV anknüpft.[513]

Eine solche Anknüpfung der Vertretbarkeitsprüfung an Art. 267 AEUV und nicht an die Vertretbarkeit der Auslegung des Unionsrechts durch das Fachgericht wurde in der Literatur zum Teil unter dem Gesichtspunkt der Europarechtsfreundlichkeit gefordert,[514] da sie eine weitest mögliche Entsprechung der Maßstäbe des BVerfG

511 *Wendel*, Neue Akzente im europäischen Grundrechtsverbund, EuZW 2012, 213 (213).

512 BVerfGE 135, 155 (231 Rn. 179); BVerfG NJW 2014, 2489 (2490).

513 BVerfGE 135, 155 (231 Rn. 180ff.); BVerfG NJW 2014, 2489 (2490).

514 Vgl. auch *Betz*, Die verfassungsrechtliche Absicherung der Vorlagepflicht – Zum Bedürfnis einer nationalen Nichtvorlagerüge, 2013, 121.

und des EuGH erlaube, ohne das BVerfG zu einem „obersten Vorlagekontrollgericht" zu machen.[515]

Hingegen verkennen diese Ansichten, dass sich das BVerfG mit einer so weit gehenden Überprüfung der Fachgerichte in Widerspruch zur grundgesetzlich vorgesehenen Kompetenzverteilung setzen würde.[516] Gerade um zu vermeiden, zu einem „obersten Vorlagekontrollgericht" zu werden, muss das BVerfG ungeachtet der Europarechtsfreundlichkeit des Grundgesetzes seine Kontrolle auf den Willkürmaßstab beschränken.[517]

2. Funktion im Verhältnis zur verfassungsrechtlichen Effektuierung des Vorabentscheidungsverfahrens

Zur Begründung der über Art. 101 Abs. 1 S. 2, 19 Abs. 4, 100 Abs. 1 GG und die Grundrechte vorgenommenen verfassungsrechtlichen Effektuierung des Vorabentscheidungsverfahrens, z.T. über die Verpflichtung aus Art. 267 AEUV hinaus, ist ein ausdrücklicher Rückgriff auf den Grundsatz der Europarechtsfreundlichkeit wegen der grundgesetzlichen Spezialnormen nicht erforderlich.

Diese verfassungsrechtlichen Mechanismen stellen allerdings in ihrer konkreten Auslegung den Ausdruck der Europarechtsfreundlichkeit des Grundgesetzes dar. Der Grundgedanke des Grundsatzes der Europarechtsfreundlichkeit liegt entsprechend Art. 4 Abs. 3 EUV der Auslegung der Normen zu Grunde. Auf diese Weise wird das unionsrechtliche Gebot des effektiven Rechtschutzes mit den entsprechend den Vorgaben des GG realisiert und damit ein Gleichlauf der Rechtsordnungen gewährleistet.[518]

515 Vgl. *Schröder*, Die Vorlagepflicht zum EuGH aus europarechtlicher und nationaler Perspektive, EuR 2011, 808 (822). Ebenso agiert auch der Tschechische Verfassungsgerichtshof vgl. *Betz*, Die verfassungsrechtliche Absicherung der Vorlagepflicht – Zum Bedürfnis einer nationalen Nichtvorlagerüge, 2013, 196.

516 BVerfGE 135, 155 (232 Rn. 180); ähnlich auch in einem anderen Zusammenhang BVerfGE 129, 186 (198ff.).

517 BVerfGE 135, 155 (232 Rn. 180).

518 *Huber*, in Streinz: EUV/AEUV, 2. Aufl. 2012, Art. 19 Rn. 37.

VI. Vorlageverpflichtung des BVerfG auf Grund der Europarechtsfreundlichkeit des Grundgesetzes?

Die verfassungsrechtliche Absicherung der Vorlagepflicht der Instanzgerichte dient dementsprechend der Durchsetzung des Rechtsschutzanspruchs des Einzelnen bzw. des Gebots effektiven Rechtsschutzes und der Sicherstellung der grundgesetzlichen Kompetenzverteilung zwischen dem BVerfG und den Fachgerichten.

Zu klären bleibt, welche Bedeutung der Grundsatz der Europarechtsfreundlichkeit für eine eventuelle Vorlageverpflichtung des BVerfG haben kann. Dass eine solche Verpflichtung grundsätzlich auch für das BVerfG besteht, wurde zwar nie ausdrücklich verneint,[519] jedoch wurde bislang nur ein einziges Mal vom BVerfG eine Vorlage vorgenommen.[520]

1. Fehlende Möglichkeit einer gerichtliche Kontrolle der Entscheidungen des BVerfG

Vorab stellt sich bereits die Frage, ob eine verfassungsrechtliche Absicherung einer möglichen Vorlagepflicht des BVerfG über Art. 101 Abs. 1 S. 2 GG zu einem erhöhten Rechtsschutz des Einzelnen führen kann. Zu Recht wird zwar von einer überwiegenden Mehrheit der Literatur darauf hingewiesen,[521] und vom BVerfG teilweise auch selbst ausgesprochen,[522] dass das BVerfG letztinstanzliches Gericht i.S.v. Art. 267 Abs. 3 AEUV und als Verfassungsorgan auch über Art. 101 Abs. 1 S. 2 GG verfassungsrechtlich zur Vorlage verpflichtet sein kann.[523]

519 *Kaiser/Schübel-Pfister*, Der ungeschriebene Verfassungsgrundsatz der Europarechtsfreundlichkeit: Trick or Treat? in: Emmenegger/Wiedmann, Linien der Rechtsprechung des Bundesverfassungsgerichts, Erörtert von den wissenschaftlichen Mitarbeitern, Bd. 2, 2011, 547 (567).

520 BVerfGE 134, 366ff. *Gött*, Die ultra vires-Rüge nach dem OMT-Vorlagebeschluss des Bundesverfassungsgerichts, EuR 2014, 514 (514).

521 *Huber*, in: Streinz, EUV/AEUV, 2. Aufl. 2012, Art. 19 EUV Rn. 40.

522 BVerfGE 37, 271 (282); BVerfGE 52, 187 (200ff.); zuletzt Vorlagebeschluss BVerfGE 134, 366 (383 Rn. 24).

523 Vgl. ausführlich hierzu auch *Mayer*, Das Bundesverfassungsgericht und die Verpflichtung zur Vorlage an den Europäischen Gerichtshof – zugleich Anmerkung zum Beschluss vom 22. November 2001 - 2 BvB 1-3/01 (NPD-Verbot) -, EuR 2002, 239 (250ff.).

Gleichzeitig ist das BVerfG allerdings auch Adressat der Norm des Art. 101 Abs. 1 S. 2 GG.[524] Das BVerfG ist zum Schutz der Grundrechte und grundrechtsgleichen Rechte berufen. Sich selbst in dieser Hinsicht zu kontrollieren ist zwar denkbar.[525] Da jedoch ein nationaler Rechtsbehelf gegen Entscheidungen des BVerfG für den Einzelnen fehlt,[526] kann ein Verstoß des BVerfG gegen Art. 267 Abs. 3 AEUV, selbst wenn er offenkundig gegeben ist, derzeit nur auf unionsrechtlicher Ebene, d. h. mittels der Vertragsverletzungsklage gem. Art. 258, 259 AEUV bzw. über die Staatshaftung für judikatives Unrecht gerügt werden.[527] Dass dieser Rechtsschutz für den Einzelnen unzureichend ist, wurde bereits dargelegt.[528] Die Aufnahme einer Bestimmung im BVerfGG könnte es dem BVerfG verbieten, selbst europäisches Sekundärrecht für unanwendbar zu erklären, und stattdessen die Verpflichtung begründen, dem EuGH vorzulegen und dessen Entscheidung als bindend zu berücksichtigen.[529]

Unabhängig davon kann auch eine nicht-justiziable Verpflichtung zu einer Verstärkung von Rechtschutz führen. Art. 101 Abs. 1 S. 2 GG stellt eine objektive Verfassungsentscheidung dar, wonach der Einzelne Zugang zu seinem gesetzlichen Richter haben muss. Eine fehlende Justitiabilität als solche ändert nichts an der grundsätzlichen Bindung auch des BVerfG an die Norm.

524 Zwar ist das BVerfG kein Organ das über der Verfassung steht. Es ist wie alle Verfassungsorgane auch an die Verfassungs selbst gebunden, so dass es nicht nur der Adressat der Norm ist, sondern, im Fall seiner Verpflichtung durch Art. 267 Abs. 3 AEUV, gegen diese Norm verstoßen kann vgl. auch *Bethge*, in: Maunz/Schmidt-Bleibtreu/Klein/Bethge, BVerfGG, 48. EL 2016, § 90 Rn. 260.

525 Z.B. durch eine gegenseitige Kontrolle der beiden Senate.

526 Theoretisch könnte zwar ein Organstreitverfahren gem. Art. 93 Abs. 1 Nr. 1 GG durchgeführt werden, die Antragsbefugnis in diesem Verfahren steht jedoch nur Verfassungsorganen zu und gerade nicht dem Einzelnen. Vgl. zur fehlenden Möglichkeit der Kontrolle des BVerfG auch *Bethge*, in: Maunz/Schmidt-Bleibtreu/Klein/Bethge, BVerfGG, 48. EL 2016, § 90 Rn. 260.

527 Vgl. auch den Gedanken des Grenzorgans bei *Mayer*, in: v. Bogdandy/Bast, Europäisches Verfassungsrecht – Theoretische und dogmatische Grundzüge, 2. Aufl. 2009, 559 (591); dieser Gedanke beinhaltet, dass EuGH und BVerfG zwar an Recht und Gesetz gebunden sind, jedoch selbst keiner rechtlichen Kontrolle mehr unterworfen sind, womit die Frage der Letzentscheidungskompetenz eine politisch bzw. soziologisch bestimmte Frage und kein Frage des Rechts sei, womit es zu befürworten sei, die Frage der Letzentscheidungskompetenz in der Schwebe zu halten.

528 Vgl. die Ausführungen unter Kapitel 1 C. I. 1.

529 Vgl. zu diesem Gedanken *Abels*, Das Bundesverfassungsgericht und die Integration Europas – Verfassungsrechtliche Möglichkeiten und Grenzen untersucht am Karlsruher Lissabon-Urteil, 2011, 78ff.

2. Voraussetzungen einer Verpflichtung des BVerfG aus Art. 267 AEUV

Voraussetzung für eine Vorlagepflicht nach Art. 267 AEUV ist auch die Entscheidungserheblichkeit des Unionsrechts für das BVerfG. Ob Unionsrecht für das BVerfG entscheidungserheblich ist, wird maßgeblich durch die nationalen prozessualen Rahmenbedingungen beeinflusst. Das BVerfG misst den ihm vorgelegten Prüfungsgegenstand immer nur am Maßstab der Verfassung selbst, es legt die angegriffene europarechtliche Norm als Prüfungsmaßstab also nicht selbst aus bzw. wendet sie an. Die europarechtliche Norm ist in der Regel bloßer Gegenstand und nicht Maßstab der verfassungsgerichtlichen Prüfung.[530] Unionsrecht ist für das BVerfG damit nur dann i.S.v. Art. 267 Abs. 3 AEUV indirekt entscheidungserheblich, wenn die Prüfungsmaßstäbe von EuGH und BVerfG identisch sind, wie bei der ultra-vires-Kontrolle, bzw. wenn die verfassungsrechtliche Prüfung die Beantwortung europarechtlicher Vorfragen zwingend voraussetzt, wie z.B. bei der Klärung inwieweit dem deutschen Gesetzgeber Spielräume bei der Umsetzung von Richtlinien zustanden.[531] Eine Verpflichtung aus Art. 267 AEUV zur Vorlage besteht grundsätzlich damit nicht.

3. Funktion im Verhältnis zur Vorlagepflicht des BVerfG

Trotzdem geht das BVerfG davon aus, dass es unter bestimmten Voraussetzungen wegen der Europarechtsfreundlichkeit des Grundgesetzes zur Vorlage an den EuGH verpflichtet ist.[532]

Die Frage der Vorlageverpflichtung des BVerfG stellt sich vornehmlich dann, wenn im Rahmen der Abgrenzung der Kompetenzsphären das Spannungsverhältnis zwischen EuGH und BVerfG hinsichtlich der Letztentscheidungsbefugnis bzgl. der

530 *Kaiser/Schübel-Pfister*, Der ungeschriebene Verfassungsgrundsatz der Europarechtsfreundlichkeit: Trick or Treat? in: Emmenegger/Wiedmann, Linien der Rechtsprechung des Bundesverfassungsgerichts, Erörtert von den wissenschaftlichen Mitarbeitern, Bd. 2, 2011, 547 (568).

531 *Kaiser/Schübel-Pfister*, Der ungeschriebene Verfassungsgrundsatz der Europarechtsfreundlichkeit: Trick or Treat? in: Emmenegger/Wiedmann, Linien der Rechtsprechung des Bundesverfassungsgerichts, Erörtert von den wissenschaftlichen Mitarbeitern, Bd. 2, 2011, 547 (568).

532 Vgl. nur BVerfGE 126, 286 (304).

Einhaltung des Integrationsprogrammes zum Tragen kommt.[533] Entscheidungsmaßstab bleibt in diesen Fällen aber die Verfassung und nicht das Unionsrecht. Dieses wird höchstens als Vorfrage (bei der Bestimmung des Prüfungsgegenstandes) relevant, eine eigentliche „Entscheidungserheblichkeit" i.S.v. Art. 267 AEUV, die die Vorlagepflicht des BVerfG begründen würde, besteht hingegen nicht.

Es ist Ausdruck der Europarechtsfreundlichkeit des Grundgesetzes, wenn dem EuGH in solchen Fällen entsprechend seiner Kompetenz vorab die Möglichkeit der Kontrolle und Korrektur gegeben wird, ihm gebührt der Vortritt, was die Konfliktlösung zwischen nationalem Recht und Unionsrecht betrifft.[534]

Der Grundsatz der Europarechtsfreundlichkeit kann allerdings auch bei einer bestehenden Vorlagepflicht des BVerfG auf Grund der Europarechtsfreundlichkeit des Grundgesetzes nicht dazu führen, dass dem EuGH in jedem Fall ein Letztentscheidungsrecht zukommt.[535] Nach der bisherigen Rechtsprechung des BVerfG darf den Mitgliedstaaten nicht das Recht zur Kontrolle der Einhaltung der Grenzen des Integrationsprogrammes entzogen werden.[536] Das Grundgesetz verpflichtet im Gegenteil mit der Integrationsverantwortung trotz seiner grundsätzlichen Europarechtsfreundlichkeit das BVerfG, im Hinblick auf die Verfassungsidentität und tragende Verfassungsgrundsätze das letzte Wort zu beanspruchen.[537] Daher kann die Endgültigkeit von Entscheidungen des EuGH nur grundsätzlich anerkannt werden.[538] Eine einfachgesetzliche Vorlagepflicht, die dazu führt, dass der

533 *Huber*, in: Streinz, EUV/AEUV, 2. Aufl. 2012, Art. 19 EUV Rn. 52ff.

534 *Huber*, in: Streinz, EUV/AEUV, 2. Aufl. 2012, Art. 19 EUV Rn. 58.

535 *Kaiser/Schübel-Pfister*, Der ungeschriebene Verfassungsgrundsatz der Europarechtsfreundlichkeit: Trick or Treat? in: Emmenegger, Siegried/Wiedmann, Ariane, Linien der Rechtsprechung des Bundesverfassungsgerichts, Erörtert von den wissenschaftlichen Mitarbeitern, Bd. 2, 2011, 547 (561); *Abels*, Das Bundesverfassungsgericht und die Integration Europas – Verfassungsrechtliche Möglichkeiten und Grenzen untersucht am Karlsruher Lissabon-Urteil, 2011, 81.

536 *Abels*, Das Bundesverfassungsgericht und die Integration Europas – Verfassungsrechtliche Möglichkeiten und Grenzen untersucht am Karlsruher Lissabon-Urteil, 2011, 81.

537 *Huber*, in: Streinz, EUV/AEUV, 2. Aufl. 2012, Art. 19 EUV Rn. 53; *Abels*, Das Bundesverfassungsgericht und die Integration Europas – Verfassungsrechtliche Möglichkeiten und Grenzen untersucht am Karlsruher Lissabon-Urteil, 2011, 81.

538 *Abels*, Das Bundesverfassungsgericht und die Integration Europas – Verfassungsrechtliche Möglichkeiten und Grenzen untersucht am Karlsruher Lissabon-Urteil, 2011, 81.

EuGH letztverbindlich über die Anwendbarkeit von Sekundärrecht in der Bundesrepublik entscheidet, wäre daher nicht verfassungskonform.[539]

Darüber hinaus kann der Grundsatz der Europarechtsfreundlichkeit den Umfang der vorgezogenen Vertretbarkeitsprüfung des BVerfG modifizieren. Zwar wird grundsätzlich weiterhin der Willkürmaßstab angelegt, in Fällen der Kontrolle der eigenen Einhaltung der Vorlagepflicht ist das BVerfG jedoch gehalten, diesen inhaltlich weniger streng als sonst zu fassen.[540] Vom strengen Willkürmaßstab kann wegen des Grundsatzes der Europarechtsfreundlichkeit zu Gunsten einer Vertretbarkeitsprüfung abgewichen werden. Der Grundsatz der Europarechtsfreundlichkeit kann allerdings den Prüfungsumfang des BVerfG auch im Rahmen seiner Selbstkontrolle nicht dahingehend modifizieren, dass eine vollumfängliche Kontrolle der Anforderungen des Art. 267 AEUV vorgenommen wird. Entsprechend der Ausführungen zur Kontrolle fachgerichtlicher Urteile darf das BVerfG nicht zum „Obersten Vorlagekontrollgericht" werden.[541]

Man könnte zusätzlich in Betracht ziehen, mittels des Grundsatzes der Europarechtsfreundlichkeit eine generelle Vorlagepflicht des BVerfG in Entscheidungen mit unionsrechtlichem Bezug zu begründen. Nach den obigen Erkenntnissen wäre dies eine über die Anforderungen des Unionsrechts hinausgehende Absicherung des Prüfungsmonopols des EuGH bzgl. der Auslegung und der Gültigkeit des Unionsrechts. Angesichts des Umstandes, dass der Grundsatz der Europarechtsfreundlichkeit jedoch aus Art. 23 Abs. 1 GG i.V.m. der Präambel hergeleitet wird, kann er die Entscheidungserheblichkeit einer Vorfrage zur Gültigkeit oder Auslegung des Unionsrechts, bzw. die Vorfrage, ob Europarecht Teil des verfassungsrechtlichen Prüfmaßstabes ist, nicht beeinflussen.[542] Überdies bestehen in diesen Fällen gerade keine Rechtsschutzlücken, wenn für das BVerfG Unionsrecht nicht einmal als Vorfrage gem. Art. 267 AEUV Unionsrecht entscheidungserheblich ist. Das Kooperationsverhältnis zwischen EuGH und BVerfG erfordert in diesen Fällen keine Vorlage.

539 *Abels*, Das Bundesverfassungsgericht und die Integration Europas – Verfassungsrechtliche Möglichkeiten und Grenzen untersucht am Karlsruher Lissabon-Urteil, 2011, 81.

540 *Bethge*, in: Maunz/Schmidt-Bleibtreu/Klein/Bethge, BVerfGG, 48. EL 2016, § 90 Rn. 257.

541 BVerfGE 126, 286 (316); *Bethge*, in: Maunz/Schmidt-Bleibtreu/Klein/Bethge, BVerfGG, 48. EL 2016, § 90 Rn. 257.

542 *Kaiser/Schübel-Pfister*, Der ungeschriebene Verfassungsgrundsatz der Europarechtsfreundlichkeit: Trick or Treat?, in: Emmenegger/Wiedmann, Linien der Rechtsprechung des Bundesverfassungsgerichts, Erörtert von den wissenschaftlichen Mitarbeitern, Bd. 2, 2011, 547 (568).

4. Zwischenergebnis

Der Grundsatz der Europarechtsfreundlichkeit verpflichtet das BVerfG im Rahmen seines Kooperationsverhältnisses mit dem EuGH zur Vorlage, wenn das Unionsrecht für das BVerfG zumindest indirekt als Vorfrage Prüfungsmaßstab wird. Dies ist z.B. vor der Annahme eines ultra-vires Aktes der Fall.[543]

VII. Zwischenergebnis

Der Grundsatz der Europarechtsfreundlichkeit kann im System der verfassungsrechtlichen Ergänzung des Rechtschutzes des Einzelnen, wie es durch die Verfassung und das Unionsrecht ausgestaltet ist, im Hinblick auf die ordnungsgemäße Durchführung des Unionsrechts durch die Fachgerichte zwar selbst keine originären, justitiablen Verpflichtungen begründen. Trotzdem beeinflusst er als Grundgedanke die Auslegung bestehenden Verfassungsrechts dahingehend, dass das Gebot des effektiven Rechtschutzes so weit wie möglich gewahrt wird.

Was das BVerfG betrifft, so ergibt sich die Vorlagepflicht unmittelbar aus dem Grundsatz, da Unionsrecht vor dem BVerfG nie entscheidungserheblich sein kann, sondern immer nur als Vorfrage indirekt relevant wird.

D. Zwischenergebnis

Zusammenfassend lässt sich für die derzeitige Rechtslage feststellten, dass der subsidiäre ungeschriebene Verfassungsgrundsatz der Europarechtsfreundlichkeit zur Verwirklichung des Staatsziels eines einheitlichen Europas bislang die Funktion eines modifizierenden Elementes innerhalb bestehender Verfassungsrechtsverhältnisse, die Auswirkungen auf die Anwendbarkeit und Durchsetzung des Unionsrechts im nationalen Bereich haben, entfalten konnte, insbesondere dann, wenn im Spannungsverhältnis zwischen den Rechtsordnungen ein Auseinanderfallen letzterer drohte. Dabei wirkte er jedoch immer innerhalb der durch Art. 23 i.V.m. Art. 79 GG vorgegebenen Grenzen.

543 BVerfGE 123, 267 (353); 126, 286 (304).

Kapitel 2: Analyse der Funktion und Verwendung der Grundsätze der Völkerrechtsfreundlichkeit, der Bundestreue und der Verfassungsorgantreue – Übertragbarkeit der Erkenntnisse auf den Grundsatzes der Europarechtsfreundlichkeit

Der Grundsatz der Europarechtsfreundlichkeit steht nach den bisherigen Erkenntnissen in engem Zusammenhang mit der Sicherstellung der Funktionsfähigkeit der völkerrechtlich begründeten Unionsrechtsordnung.

Die deutsche Verfassungsordnung kennt ähnliche Instrumente im Zusammenhang mit ihrer Einbettung in andere rechtliche Mehrebenensysteme, namentlich die Völkerrechtsordnung, aber auch bei der Realisierung des von der Verfassung vorgesehenen Bundesstaates. Den Verfassungsgrundsätzen der Völkerrechtsfreundlichkeit, der Bundes- und der Verfassungsorgantreue liegt allen der Gedanke von Treu und Glauben (zumindest auch) zugrunde. In diesem Sinne dienen sie innerhalb ihres jeweiligen Anwendungsbereichs dem Zweck, Konfliktsituationen zu lösen und die Funktionsfähigkeit der Rechtsordnung innerhalb des jeweiligen Mehrebenensystems sicherzustellen. Entsprechendes gilt für den Grundsatz der loyalen Zusammenarbeit aus Art. 4 Abs. 3 EUV.

Um weitere Erkenntnisse hinsichtlich des möglichen Regelungsgehaltes des Grundsatzes der Europarechtsfreundlichkeit zu gewinnen, sollen in der Folge diese verfassungsrechtlichen Instrumente analysiert werden und die Übertragbarkeit der gewonnenen Erkenntnisse geprüft werden.

A. Völkerrechtsfreundlichkeit

Dem Grundgesetz wird in ständiger Rechtsprechung des BVerfG der Grundsatz der Völkerrechtsfreundlichkeit entnommen. Dieser Grundsatz ist in den Kontext der Regelungen des Verhältnisses zwischen innerstaatlichem, nationalem Recht und der Völkerrechtsordnung einzuordnen. Zunächst soll das Verhältnis dieser beiden Rechtsordnungen zueinander dargestellt werden (I.), um in der Folge die bisherige Rechtsprechung des BVerfG zu diesem Grundsatz zu analysieren (II.). Abschließend soll geprüft werden, inwieweit die so gewonnenen Erkenntnisse für die nähere Bestimmung des Regelungsgehaltes und der Funktion des Grundsatzes der Europarechtsfreundlichkeit fruchtbar gemacht werden können (III.).

I. Das Verhältnis von Völkerrecht und nationaler Rechtsordnung

Völkerrecht richtet sich vornehmlich an die Staaten als solche.[1] Es enthält selbst keine Regelungen hinsichtlich der Voraussetzungen seiner Geltung im innerstaatlichen Bereich.[2] Das Grundgesetz regelt das Verhältnis von Völkerrecht und nationalem Recht nur fragmentarisch durch die Art. 24, 25, 26 und 59 GG. Es ist sowohl eine monistische, als auch eine dualistische Deutung der Vorschriften möglich.[3]

Das BVerfG hat im Ergebnis eine dualistische Ausrichtung des Grundgesetzes angenommen.[4] Lange Zeit hat das BVerfG keine ausdrückliche Position bezogen. Eine dualistische Tendenz war jedoch erkennbar, wobei das BVerfG mittlerweile nicht mehr, wie in seinen Anfängen, einer streng dualistischen Auslegung des

1 *Heintschel v. Heinegg*, in: Epping/Hillgruber, GG, 2. Aufl. 2013, Art. 25 Rn. 1; darüber hinaus, sind den Staaten gleichgestellte Organisationsformen z. Teil anerkannt. So auch *Koenig*, in: v. Mangoldt/Klein/Starck, GG, Bd. I, 6. Aufl. 2010, Art. 25 Rn. 1.

2 *Amrhein-Hofmann*, Monismus und Dualismus in den Völkerrechtslehren, 2003, 122ff.

3 Vgl. *Nettesheim*, in: Maunz/Dürig, GG, 77. EL 2016, Art. 59 Rn. 169.; *Streinz*, in: Sachs, GG, 7. Aufl. 2014, Art. 25 Rn. 20; *Wollenschläger*, in: Dreier, GG, Bd. II, 3. Aufl. 2015, Art. 25 Rn. 2. Zum „Theorienstreit" auch ausführlich *Kunig*, Völkerrecht und staatliches Recht, in: Vitzthum/Proelß, Völkerrecht, 7. Aufl. 2016, Rn. 28ff.

4 BVerfGE 111, 307 (318); *Wollenschläger*, in: Dreier, GG, Bd. II, 3. Aufl. 2015, Art. 25 Rn. 2.

Grundgesetzes folgt, sondern sich die sog. Vollzugstheorie zu Eigen gemacht hat.[5] Das Völkerrecht steht demnach als eigene Rechtsordnung neben der nationalen Rechtsordnung.[6] Damit es innerstaatliche Geltung erhält, muss ein innerstaatlicher Rechtsanwendungsbefehl ergehen.[7]

Der Rechtsanwendungsbefehl findet unter dem Grundgesetz für völkerrechtliche Verträge und für die allgemeinen Regeln des Völkerrechts eine unterschiedliche Regelung. Während völkerrechtliche Verträge gem. Art. 59 Abs. 2 GG, wie das Europarecht über Art. 23 GG, durch einfaches Bundesgesetz, das sog. Zustimmungsgesetz, in nationales Recht inkorporiert werden und vom Rang daher über dem Landesrecht bzw. den Rechtsverordnungen, jedoch unterhalb der Verfassung stehen,[8] finden die allgemeinen Regeln des Völkerrechts[9] dagegen gem. Art. 25 GG

5 Eindeutig war dies ursprünglich nur für den Bereich des Unionsrechts festzustellen vgl. hierzu auch *Streinz*, in: Sachs, GG, 7. Aufl. 2014, Art. 59 Rn. 65. In der übrigen Rechtsprechung des BVerfG fanden sich dagegen Urteile, die sowohl der Transformations- als auch der Vollzugslehre zugeordnet werden können vgl. *Amrhein-Hoffmann*, Monismus und Dualismus in den Völkerrechtslehren, 2003, 329ff. In ständiger Rechtsprechung entnahm das BVerfG dem GG allerdings auch im Hinblick auf das Völkerrecht einen dualistischen Ansatz, ausdrücklich betont es diese Ansicht in BVerfGE 111, 307 (318). Zu diesem Ergebnis kommt auch bereits D. Anzilotti, der basierend auf den grundlegenden Überlegungen Tripels einen sogenannten „gemäßigten Dualismus" entwickelt, vgl. hierzu *Amrhein-Hofmann*, a.a.O., 122. Weder die Transformations- noch die Vollzugslehre jedoch treffen eine Regelung für den Rang der Völkerrechtsnorm bzw. der Transformationsnorm im nationalen Recht, vgl. Amrhein-Hoffmann, a.a.O., 303. Insbesondere wird mit der Vollzugslehre keine eindeutige Zuordnung zur monistischen oder dualistischen Konzeption getroffen. Mittlerweile wurde vom BVerfG auch für das Völkerrecht ausdrücklich die Geltung der Vollzugstheorie festgestellt, vgl. BVerfG NJW 2016, 1295 (1296f.); *Heun*, in: Dreier, GG, Bd. II, 3. Aufl. 2015, Art. 59 Rn. 46.

6 BVerfGE 111, 307 (318). Differenzierend allerdings im Hinblick auf die Übernahme der Vollzugstheorie durch das BVerfG *Calliess*, Staatsrecht III, 2014, Teil I B Rn. 47.

7 Zumindest, wenn man wie das BVerfG der sog. Vollzugslehrerfolgt, vgl. *Streinz*, in: Sachs, GG, 7. Aufl. 2014, Art. 59 Rn. 65; *Nettesheim*, in: Maunz/Dürig, GG, 77. EL 2016, Art. 59 Rn. 177ff. Daneben bestehen noch die Ansichten die von der Erforderlichkeit eines Transformationsaktes bzw. von einer Adaption des Völkerrechts ausgehen, vgl. ausführlich hierzu *Nettesheim*, in: Maunz/Dürig, GG, 77. EL 2016, Art. 59 Rn. 174ff.

8 Vgl. BVerfGE 111, 307 (318); BVerfGE 128, 326 (367) mit Verweis auf die ständige Rechtsprechung und jüngst BVerfG NJW 2016, 1295 (1296).

9 Hierzu gehören jedenfalls diejenigen Regeln des Völkerrechts, die unabhängig von vertraglicher Zustimmung für alle oder die meisten Staaten gelten, vgl. *Herdegen*, in: Maunz/Dürig, GG, 77. EL 2016, Art. 25 Rn. 1; *Koenig*, in: v. Mangoldt/Klein/Starck, GG, Bd. II, 6. Aufl. 2010, Art. 25 Rn. 26ff.; *Wollenschläger*, in: Dreier, GG, Bd. II, 3. Aufl. 2015, Art. 25 Rn. 17.

in Deutschland unmittelbar[10] Anwendung und stehen im Rang über den einfachen Bundesgesetzen aber unter dem Verfassungsrecht.[11]

Mit seinem Bekenntnis zu einer dualistischen Grundhaltung des Grundgesetzes mit Primat des innerstaatlichen Rechts stellt das BVerfG klar, dass es weiterhin das innerstaatliche Recht ist, das im Kollisionsfall den Vorrang vor der Völkerrechtsnorm beansprucht.[12]

Von der Frage der Geltung und der Rangfrage ist die Frage zu trennen, unter welchen Voraussetzungen nationale Behörden und Gerichte verpflichtet sind, das innerstaatlich geltende Völkerrecht heranzuziehen. Unter dem Grundgesetz ist Voraussetzung dafür, dass Behörden und Gerichte innerstaatlich geltende Völkerrechtssätze grundsätzlich heranziehen können und auch müssen, deren unmittelbare Anwendbarkeit.[13] Diese ist gegeben, wenn die unmittelbare Anwendbarkeit der Völkerrechtsregel nicht schon auf der Ebene des Völkerrechts ausgeschlossen ist und sie ausreichend bestimmt ist, so dass auf der innerstaatlichen Ebene keine Konkretisierung durch einen innerstaatlichen Rechtsakt erforderlich ist.[14]

Im Ergebnis ist das Völkerrecht aus der Sicht des innerstaatlichen Rechts eine eigenständige Rechtsordnung, die die Voraussetzungen ihrer Geltung und Anwendbarkeit dem innerstaatliche Recht überlässt und grundsätzlich nur die Staaten und ihnen gleichgestellte sog. historische Völkerrechtssubjekte[15] als solche unmittelbar bindet.[16] Die Entscheidung, inwieweit dieser Bindung des Staates nach Außen im Innenverhältnis entsprochen wird, obliegt also dem innerstaatlichen Recht.

---

10 *Herdegen*, in: Maunz/Dürig, GG, 77. EL 2016, Art. 25 Rn. 1; *Koenig*, in: v. Mangoldt/Klein/Starck, GG, Bd. II, 6. Aufl. 2010, Art. 25 Rn. 44ff.

11 *Herdegen*, in: Maunz/Dürig, GG, 77. EL 2016, Art. 25 Rn. 1; *Wollenschläger*, in: Dreier, GG, Bd. II, 3. Aufl. 2015, Art. 25 Rn. 29;

12 Vgl. in diesem Sinne auch BVerfGE 111, 307 (318ff.) sowie BVerfG NJW 2016, 1295 (1297f.).

13 *Sauer*, Die neue Schlagkraft der gemeineuropäischen Grundrechtsjudikatur – Zur Bindung deutscher Gerichte an die Entscheidungen des Europäischen Gerichtshofs für Menschenrechte, ZaöRV 2005, 35 (39).

14 *Sauer*, Die neue Schlagkraft der gemeineuropäischen Grundrechtsjudikatur – Zur Bindung deutscher Gerichte an die Entscheidungen des Europäischen Gerichtshofs für Menschenrechte, ZaöRV 2005, 35 (39).

15 *Heintschel v. Heinegg*, in: Epping/Hillgruber, GG, 2. Aufl. 2013, Art. 25 Rn. 1.

16 Im Bereich der Menschenrechte wird allerdings der Einzelne zumindest partiell zum Völkerrechtsubjekt, vgl. zu dieser Entwicklung ausführlich *Nußberger*, in: Isensee/Kirchhoff, HStR,

II. Der Grundsatz der Völkerrechtsfreundlichkeit in der Rechtsprechung des BVerfG

Mit diesem Verständnis vom Verhältnis der beiden Rechtsordnungen zueinander leitet das BVerfG die Völkerrechtsfreundlichkeit des Grundgesetzes aus einer Zusammenschau insbesondere der Vorschriften der Art. 25, Art. 1 Abs. 2, Art. 24 und Art. 26 GG ab.[17] Es entnimmt ihm auch einen normativen Gehalt,[18] speziell dann, wenn auf Grund des Vorranges der nationalen Rechtsordnung ein Auseinanderfallen der Rechtsordnungen zu befürchten steht.

1. Herleitung des Grundsatzes der Völkerrechtsfreundlichkeit

Das BVerfG leitet die Völkerrechtsfreundlichkeit des Grundgesetzes, die als Leitprinzip der Verfassung verstanden wird,[19] aus einer Zusammenschau insbesondere der Vorschriften der Art. 25, Art. 1 Abs. 2, Art. 24 und Art. 26 GG ab,[20] deren zugrundeliegender gemeinsamer Kern den Inhalt des Grundsatzes der Völkerrechtsfreundlichkeit bestimmt.[21] Diese Vorschriften des Grundgesetzes legen

„die deutsche öffentliche Gewalt programmatisch auf die internationale Zusammenarbeit (Art. 24 GG) und die europäische Integration (Art. 23 GG) fest und binde[n] sie darüber hinaus an das Völkervertrags- (Art. 20 Abs. 3 GG i.V.m. Art. 59 Abs. 2 Satz 1 GG) und Völkergewohnheitsrecht (Art. 20 Abs. 3 GG i.V.m. Art. 25 GG).“[22] (Erg. d. Verf.)

Bd. X, 3. Aufl. 2012, § 209 Rn. 1ff.

17 Vgl. *Sommermann*, in: v. Bogdandy/Cruz Villalón/Huber, IPE, Bd. II, 29. Sehr deutlich auch BVerfGE 111, 307 (317f.).

18 *Payandeh*, Völkerrecht als Verfassungsprinzip, JöR 57 (2009), 464 (464) m.w.N., insbesondere auch zur Kritik in diesem Zusammenhang; *Calliess*, Staatsrecht III, 2014, Teil I B Rn. 58.

19 *Bleckmann*, Die Völkerrechtsfreundlichkeit der deutschen Rechtsordnung, DÖV 1979, 309 (309); *Tomuschat*, in: Isensee/Kirchhoff, HStR, Bd. XI, 3. Aufl. 2013, § 226 Rn. 9.

20 Vgl. *Sommermann*, in: v. Bogdandy/Cruz Villalón/Huber, IPE, Bd. II, 29. Sehr deutlich auch BVerfGE 111, 307 (317f.). Die Materialien zum Grundgesetzt hingegen schweigen sich diesbzgl. aus, vgl. *Bleckmann*, Die Völkerrechtsfreundlichkeit der deutschen Rechtsordnung, DÖV 1979, 309 (310).

21 *Payandeh*, Völkerrecht als Verfassungsprinzip, JöR 57 (2009), 464 (469).

22 BVerfG NJW 2011, 207 (208).

Sie charakterisieren also unter anderem die Offenheit des Grundgesetzes.[23] Die Begrifflichkeiten der Völkerrechtsfreundlichkeit und der Offenheit können allerdings nicht gleichgesetzt werden. Die Offenheit des Grundgesetzes stellt kein Staatsziel bzw. Leitprinzip dar.[24] Vielmehr ist sie ein Charakteristikum des Grundgesetzes, welches sich sowohl in normativen als auch in bloß beschreibenden Elementen der Verfassung zeigt.[25] Der Grundsatz der Völkerrechtsfreundlichkeit stellt eine Ausprägung dieser Offenheit dar.

Die Art. 23, 24, 59 Abs. 2 und 20 Abs. 3 GG regeln konkret die auswärtigen Beziehungen der Bundesrepublik Deutschland.[26] Neben der Ermöglichung der Inkorporation des Völkerrechts verpflichten sie die Staatsorgane auch zur aktiven Beteiligung bei der Bewältigung internationaler Probleme.[27] Insbesondere Art. 24 GG willigt als offene Verweisungsnorm[28] in seinen ersten beiden Absätzen vorweg von Verfassungs wegen in Souveränitätsbeschränkungen ein[29] und verpflichtet den Staat in Abs. 3 darüber hinaus dazu, sich einer internationalen Gerichtsbarkeit zu unterwerfen.[30] Die Norm erfüllt die Funktion einer institutionellen Garantie der Einhaltung des Völkerrechts durch die deutschen Staatsorgane.[31] Daneben hat Art. 25 GG[32] mit seiner Transformationsfunktion[33] die Zielsetzung, ein Ausein-

23 *Tomuschat*, in: Isensee/Kirchhoff, HStR, Bd. XI, 3. Aufl. 2013, § 226 Rn. 3ff. Die Offenheit des Grundgesetzes wird darüber hinaus auch noch in der Präambel, Art. 1 GG sowie Art. 16 GG deutlich.

24 *Tomuschat*, in: Isensee/Kirchhoff, HStR, Bd. XI, 3. Aufl. 2013, § 226 Rn. 6.

25 *Tomuschat*, in: Isensee/Kirchhoff, HStR, Bd. XI, 3. Aufl. 2013, § 226 Rn. 6.

26 *Tomuschat*, in: Isensee/Kirchhoff, HStR, Bd. XI, 3. Aufl. 2013, § 226 Rn. 9.

27 *Tomuschat*, in: Isensee/Kirchhoff, HStR, Bd. XI, 3. Aufl. 2013, § 226 Rn. 5.

28 *Hillgruber*, in: Isensee/Kirchhoff, HStR, Bd. II, 3. Aufl. 2003, § 32 Rn. 135.

29 Allerdings tut die Norm dies nicht unbeschränkt, vgl. *Hillgruber*, in: Isensee/Kirchhoff, HStR, Bd. II, 3. Aufl. 2003, § 32 Rn. 135, da eine hinreichend bestimmte Zustimmung des Gesetzgebers erforderlich ist, die in der Folge auch den (interpretationsoffenen) Rahmen der Integration vorgibt.

30 *Tomuschat*, in: Isensee/Kirchhoff, HStR, Bd. XI, 3. Aufl. 2013, § 226 Rn. 5.

31 *Bleckmann*, Der Grundsatz der Völkerrechtsfreundlichkeit der deutschen Rechtsordnung, DÖV 1996, 137 (140).

32 Zum Teil wird vertreten, dass die Völkerrechtsfreundlichkeit des Grundgesetzes in dieser Norm ihren deutlichsten Ausdruck findet, vgl. *Callies*, Staatsrecht III, 2014, Teil I B Rn. 25.

33 Vgl. *Bleckmann*, Der Grundsatz der Völkerrechtsfreundlichkeit der deutschen Rechtsordnung, DÖV 1996, 137 (141).

anderfallen der nationalen Rechtsordnung und der Völkerrechtsordnung zu vermeiden.[34] Mit der Aufnahme der Prinzipien des Völkerrechts in das Rechtsstaatsprinzip über Art. 25 GG und Art. 59 Abs. 2 GG i.V.m. Art. 20 Abs. 3 GG, beinhaltet das Grundgesetz gleichzeitig die Pflicht der Gerichte, den effektiven Vollzug des Völkerrechts im nationalen Rechtsraum zu gewährleisten.[35] Auch wenn keine dieser Normen aus sich selbst heraus inhaltliche Schranken des zulässigerweise integrierbaren Völkerrechts enthält, so ergeben diese sich aus dem übrigen Verfassungsrecht, insbesondere Art. 79 Abs. 3 GG. Diese Einzelnormen des Grundgesetzes zielen also auf eine weitestgehende interstaatliche Durchsetzung des Völkerrechts und gehen daher weit über das traditionelle Verständnis des Völkerrechts, das nur Staaten verpflichtet, hinaus.[36] Diese Kerngedanken bestimmen auch den Inhalt des Grundsatzes der Völkerrechtsfreundlichkeit.

Im Unterschied zur Herleitung des Grundsatzes der Europarechtsfreundlichkeit zieht das BVerfG zwar die Präambel des Grundgesetztes nicht zur Herleitung des Grundsatzes der Völkerrechtsfreundlichkeit heran. Darüber hinaus wird der Grundsatz der Völkerrechtsfreundlichkeit aus einer Zusammenschau aller Normen mit Bezug zu den auswärtigen Beziehungen der Bundesrepublik Deutschland abgeleitet, denen allen ein Grundgedanke bzw. -konzept gemeinsam ist, nämlich das der Öffnung des Grundgesetzes für die internationale Zusammenarbeit zum Zwecke der Friedenssicherung[37] sowie die Gewährleistung ausreichender institutioneller Garantien zur Sicherstellung der effektiven Durchsetzung des Völkerrechts im nationalen Rechtsraum.[38] Der Grundsatzes der Europarechtsfreundlichkeit hingegen wird aus nur zwei Verfassungsnormen abgeleitet, nämlich der Präambel und Art. 23 Abs. 1 GG, die Staatszielcharakter haben.

Der normative Gehalt der Völkerrechtsfreundlichkeit des Grundgesetzes ist trotzdem nicht geringer als der der Europarechtsfreundlichkeit. Die Präambel besitzt eine eher schwache Direktionswirkung und hat den Gehalt eines politi-

34 *Tomuschat*, in: Isensee/Kirchhoff, HStR, Bd. XI, 3. Aufl. 2013, § 226 Rn. 15.

35 *Bleckmann*, Der Grundsatz der Völkerrechtsfreundlichkeit der deutschen Rechtsordnung, DÖV 1996, 137 (140).

36 *Payandeh*, Völkerrecht als Verfassungsprinzip, JöR 57 (2009), 464 (481).

37 *Tomuschat*, in: Isensee/Kirchhoff, HStR, Bd. XI, 3. Aufl. 2013, § 226 Rn. 4ff.

38 *Bleckmann*, Der Grundsatz der Völkerrechtsfreundlichkeit der deutschen Rechtsordnung, DÖV 1996, 137 (140).

schen Programmsatzes.[39] Die normative Direktionskraft des Grundsatzes der Völkerrechtsfreundlichkeit ist auch nicht deswegen schwächer, weil sie auf die gemeinsame Grundaussage vieler Normen[40] beruht, während der Grundsatz der Europarechtsfreundlichkeit die Grundaussagen von genau zwei Normen ergänzt. Wie bereits dargelegt, haben die dem Grundsatz der Völkerrechtsfreundlichkeit zu Grunde liegenden Normen alle die gleiche Grundaussage, nämlich die Offenheit des Grundgesetzes für die internationale Zusammenarbeit zum Zwecke der Friedenssicherung[41] sowie die Gewährleistung ausreichender institutioneller Garantien zur Sicherstellung der effektiven Durchsetzung des Völkerrechts im nationalen Rechtsraum, mithin der Gewährleistung eines Gleichlaufs zwischen den Rechtsordnungen.[42] Der Kerngehalt des Grundsatzes der Völkerrechtsfreundlichkeit ist damit hinreichend bestimmt.

Als ungeschriebenes Verfassungsrecht muss sich der Grundsatz der Völkerrechtsfreundlichkeit seinem Inhalt nach auf diese Zielsetzung beschränken und kann nur subsidiäre Wirkung entfalten,[43] soweit diese Ziele im konkreten Fall nicht durch Anwendung des geschriebenen Verfassungsrechts erreichbar sind.

2. Die Anwendungsfälle des Grundsatzes in der bisherigen Rechtsprechung

Entsprechend der Erkenntnisse, die sich aus der Herleitung des Grundsatzes durch das BVerfG ergeben, hatte der Grundsatz der Völkerrechtsfreundlichkeit nach der bisherigen Rechtsprechung des BVerfG vornehmlich die Aufgabe, ein Auseinanderfallen der beiden Rechtsordnungen soweit wie möglich zu vermeiden[44] und

39 Vgl. bereits die Ausführungen unter Kapitel 1 A. I.

40 Auch wenn diese Normen nicht nur Staatszielcharakter haben, sondern konkrete Verfassungsnormen darstellen.

41 *Tomuschat*, in: Isensee/Kirchhoff, HStR, Bd. XI, 3. Aufl. 2013, § 226 Rn. 4ff.

42 *Bleckmann*, Der Grundsatz der Völkerrechtsfreundlichkeit der deutschen Rechtsordnung, DÖV 1996, 137 (140); *Payandeh*, Völkerrecht als Verfassungsprinzip, JöR 57 (2009), 464 (481).

43 Vgl. zur subsidiären Wirkung von ungeschriebenem Verfassungsrecht bereits die Ausführungen unter Kapitel 1 A. III. 1. Vgl. auch *Wollenschläger*, in: Dreier, GG, Bd. II, 3. Aufl. 2015, Art. 25 Rn. 52 sowie *Payandeh*, Völkerrecht als Verfassungsprinzip, JöR 57 (2009), 464 (467).

44 So auch *Sauer*, Die neue Schlagkraft der gemeineuropäischen Grundrechtsjudikatur – Zur Bindung deutscher Gerichte an die Entscheidungen des Europäischen Gerichtshofs für Menschenrechte, ZaöRV 2005, 35 (47).

bindet die Verfassungsorgane auch insoweit, Völkerrecht zu respektieren.[45] Diese Bindung hat nach der Rechtsprechung drei Elemente:

„Erstens sind die deutschen Staatsorgane verpflichtet, die die Bundesrepublik Deutschland bindenden Völkerrechtsnormen zu befolgen und Verletzungen nach Möglichkeit zu unterlassen. [...] Zweitens hat der Gesetzgeber für die deutsche Rechtsordnung zu gewährleisten, dass durch eigene Staatsorgane begangene Völkerrechtsverstöße korrigiert werden können. Drittens können die deutschen Staatsorgane – unter hier nicht näher zu bestimmenden Voraussetzungen – auch verpflichtet sein, das Völkerrecht im eigenen Verantwortungsbereich zur Geltung zu bringen, wenn andere Staaten es verletzen.“[46]

a) Die Verpflichtung bindende Völkerrechtsnormen zu befolgen und Verletzungen nach Möglichkeit zu unterlassen

Der Grundsatz der Völkerrechtsfreundlichkeit verpflichtet die Staatsorgane, die die Bundesrepublik Deutschland bindenden Völkerrechtsnormen zu befolgen und Verletzungen nach Möglichkeit zu unterlassen.[47]

aa) Der Anwendungsbereich der Verpflichtung

Die Verpflichtung umfasst das die Bundesrepublik Deutschland bindende Völkerrecht.[48] Rechtsquellen des Völkerrechts sind vornehmlich die allgemeinen Regeln des Völkerrechts und völkerrechtliche Verträge.[49] Es besteht keine darüber hinausgehende Verpflichtung zum „vorauseilenden Gehorsam“ und dem daraus resultierenden Respekt von Regeln, die sich noch nicht in der Völkerrechtsordnung verfestigt haben.[50]

---

45 Vgl. ausdrücklich auch BVerfGE 112, 1 (26).

46 BVerfGE 112, 1 (26).

47 BVerfGE 112, 1 (26).

48 Vgl. BVerfGE 112, 1 (26). Damit ist die Verpflichtung auf das positive Völkerrecht beschränkt, also das Völkervertrags- und das Völkergewohnheitsrecht.

49 Vgl. Art. 38 Abs. 1 IGH-Statut. Die dort aufgelisteten Rechtsquellen sind zwar nicht abschließend, gleichwohl ist die Definition von Art. 38 IGH-Statut auch heute noch nach überwiegender Auffassung maßgeblich, vgl. *Tomuschat*, in: Isensee/Kirchhoff, HStR Bd. XI, 3. Aufl. 2013, § 226 Rn. 14, so dass sich diese Arbeit hierauf beschränkt.

50 *Tomuschat*, in: Isensee/Kirchhoff, HStR, Bd. XI, 3. Aufl. 2013, § 226 Rn. 9; *Kunig*, Völkerrecht und staatliches Recht, in: Vitzthum/Proelß, Völkerrecht, 7. Aufl. 2016, Rn. 20.

Die Bundesrepublik ist grundsätzlich an die allgemeinen Regeln des Völkerrechts gebunden, ohne dass es weiterer Handlungen der Staatsorgane bedarf.[51]. Völkerrechtliche Verträge hingegen werden in der Regel nicht bereits mit der Unterzeichnung des endgültigen Vertragstextes durch einen Bevollmächtigten bindend. Die Bindung erfordert vielmehr in den maßgeblichen Fällen des Art. 59 Abs. 2 S. 1 GG noch eine Ratifikation.[52] Von der weiteren innerstaatlichen Voraussetzung des Erlasses eines Zustimmungsgesetzes ist die Bindung der Bundesrepublik Deutschland nach Außen nicht abhängig.[53]

Die Verpflichtung der Staatsorgane in die nationale Rechtsordnung inkorporiertes Völkerrecht grundsätzlich zu befolgen, resultiert bereits aus Art. 25 GG i. V. m. Art. 20 Abs. 3 GG sowie aus Art. 59 Abs. 2 GG i. V. m. Art. 20 Abs. 3 GG, da die

51 *Cremer*, in: Isensee/Kirchhoff, HStR, Bd. XI, 3. Aufl. 2013, § 235 Rn. 16. Eine Ausnahme gilt nur für den Fall, dass die Bundesrepublik beim Entstehen einer allgemeinen Regel des Völkerrechts von Anfang an und beständig die Zustimmung zu dieser Regelung verweigert. Damit kann sie zwar nicht das Entstehen einer allgemeinen Regel des Völkerrechts verhindern, ihre eigene Bindung daran schon, vgl. *Cremer*, in: Isensee/Kirchhoff, HStR, Bd. XI, 3. Aufl. 2013, § 235 Rn. 16.

52 Vgl. *Nettesheim*, in: Maunz/Dürig, GG, 77. EL 2016, Art. 59 Rn. 76; *Heun*, in: Dreier, GG, Bd. II, 3. Aufl. 2015, Art. 59 Rn. 46f.; *Jarass*, in: Jarass/Pieroth, GG, 14. Aufl. 2016, Art. 59 Rn. 17. Völkerrechtliche Verträge können zwar auch mündlich verbindlich geschlossen werden, in der Regel wird dies jedoch schriftlich Form getan, *Nettesheim*, in: Maunz/Dürig, GG 77. EL 2016, Art. 59 Rn. 70. Es ist insoweit zwischen dem einphasigen und dem mehrphasigen Vertragsschlussverfahren zu unterscheiden, vgl. *Nettesheim*, in: Maunz/Dürig, GG, 77. EL 2016, Art. 59 Rn. 71. Das einphasige Vertragsschlussverfahren ist in den in Art. 59 Abs. 2 S. 2 GG genannten Verwaltungsabkommen zulässig, während für die in Art. 59 Abs. 2 S. 1 GG genannten völkerrechtlichen Verträge auf Grund der verfassungsrechtlichen Anforderung eines Zustimmungsgesetzes völkerrechtliche Verträge nur im mehrphasigen Verfahren für die Bundesrepublik Deutschland bindend abgeschlossen werden können. Im mehrphasigen Verfahren führt die Unterzeichnung des Vertragstextes damit nicht zur Bindung der Bundesrepublik Deutschland, vgl. *Nettesheim*, in: Maunz/Dürig, GG, 77. EL 2016, Art. 59 Rn. 74. Im einphasigen Verfahren hingegen wird die völkerrechtliche Bindung durch die Unterzeichnung bewirkt, da das innerstaatliche Verfahren entfällt, *Nettesheim*, in: Maunz/Dürig, 77. EL 2016, Art. 59 Rn. 74.

53 Vor dieser Ratifikation hat nach innerstaatlichen Recht gem. Art. 59 Abs. 2 S. 1 GG ein sog. Zustimmungsgesetz zu ergehen *Nettesheim*, in: Maunz/Dürig, GG, 77. EL 2016, Art. 59 Rn. 74.; *Heun*, in: Dreier, GG, Bd. II, 3. Aufl. 2015, Art. 59 Rn. 27f.; *Jarass*, in: Jarass/Pieroth, GG, 14. Aufl. 2016, Art. 59 Rn. 15. Sollte ein solches fehlen, bzw. zum Zeitpunkt der Ratifikation noch nicht in Kraft getreten sein, bewirkt die Ratifikation eine völkerrechtliche Bindung ungeachtet der verfassungsrechtlichen Anfechtbarkeit der Ratifikationserklärung, vgl. *Nettesheim*, in: Maunz/Dürig, GG, 77. EL 2016, Art. 59 Rn. 76; *Jarass*, in: Jarass/Pieroth, GG, 14. Aufl. 2016, Art. 59 Rn. 15.

Staatsorgane an Recht und Gesetz gebunden sind.[54] Die weitere, aus dem ungeschriebenen Grundsatz der Völkerrechtsfreundlichkeit abgeleitete, Verpflichtung dient der ergänzenden verfassungsrechtlichen Absicherung der Durchsetzung des Völkerrechts. Auf Grund der Auffangfunktion des ungeschriebenen Verfassungsgrundsatzes kann diese Pflicht nur dort eingreifen, wo die Zielerreichung durch das geschriebene Verfassungsrecht nicht gewährleistet ist,[55] mithin, wenn trotz der verfassungsrechtlichen Absicherung aus Art. 20 Abs. 3 GG Lücken hinsichtlich der Bindung der Staatsorgane an das Völkerrecht bestehen.

Völkerrecht, auch solches, das nach Art. 25 GG inkorporiert wird, hat einen Rang unter der Verfassung,[56] aber über den Gesetzen. Völkervertragsrecht hat gem. Art. 59 Abs. 2 GG sogar nur den Rang eines einfachen Bundesgesetzes. Insbesondere Völkervertragsrecht könnte daher durch ein späteres nationales Gesetz derogiert werden,[57] so dass die Staatsorgane gem. Art. 20 Abs. 3 GG nur mehr an das spätere Gesetz gebunden sind.

Die innerstaatliche Wirksamkeit von allgemeinem Völkerrecht kann auch durch entgegenstehende Verfassungsprinzipien konterkariert werden.

Der Anwendungsbereich der aus dem Grundsatz der Völkerrechtsfreundlichkeit, zusätzlich zur bereits bestehenden Verpflichtung aus Art. 20 Abs. 3 i.V.m. Art. 59 Abs. 2 bzw. Art. 25 GG abgeleiteten Pflicht, innerstaatlich geltendes Völkerrecht zu

54 Vgl. auch *Bleckmann*, Der Grundsatz der Völkerrechtsfreundlichkeit der deutschen Rechtsordnung, DÖV 1996, 137 (140).

55 Vgl. zum Verhältnis von geschriebenem zu ungeschriebenem Verfassungsrecht die Ausführungen unter Kapitel 1 A. III. 1.

56 Vgl. so auch *Tomuschat*, in: Isensee/Kirchhoff, HStR, Bd. XI, 3. Aufl. 2013, § 226 Rn. 13.

57 *Kunig*, Völkerrecht und staatliches Recht, in: Vitzthum/Proelß, Völkerrecht, 7. Aufl. 2016, Rn. 176. Auch unter der Vollzugstheorie, die das Völkerrecht ja gerade nicht in innerstaatliches Recht umwandelt, ist hM, dass wegen des Grundsatzes der parlamentarischen Diskontinuität eine absolute Bindung des Gesetzgebers an völkerrechtliche Verträge ausgeschlossen ist, vgl. ausführlich hierzu *Becker*, Völkerrechtliche Verträge und parlamentarische Gesetzgebungskompetenz, NVwZ 2005, 289 (290); vgl. auch BVerfGE 6, 309 (362f.); *Vöneky*, in: Isensee/Kirchhoff, HStR, Bd. XI, 3. Aufl. 2013, 236 Rn. 26. Es gibt allerdings auch Ansichten, die zumindest einen sog. „Treaty override", also einen bewussten Verstoß des Gesetzgebers gegen das Völkerrecht als verfassungswidrig ansehen, vgl. *Vöneky*, in: Isensee/Kirchhoff, HStR Bd. XI, 3. Aufl. 2013, § 236 Rn. 33. Das BVerfG hat jedoch erst jüngst bestätigt, dass der Gesetzgeber zu einem „Treaty Override" grundsätzlich befugt ist, vgl. BVerfG NJW 2016, 1295 (1299). Vgl. differenzierend zur Bindung des Gesetzgebers *Payandeh*, Völkerrecht als Verfassungsprinzip, JöR 57 (2009), 464 (486ff.).

beachten, beschränkt sich im Ergebnis damit auf die Fälle, in denen diese ausdrückliche verfassungsrechtliche Pflicht ein Auseinanderfallen der beiden Rechtsordnungen nicht verhindern könnte, ohne dass damit eine Öffnung des Grundgesetzes über den in den konkreten Normen des Grundgesetzes vorgesehenen Umfang hinaus bewirkt wird.[58]

bb) Der fortbestehende Verfassungsvorbehalt

Das BVerfG stellt allerdings diese, das Rechtsstaatsprinzip ergänzende, Verpflichtung unter einen Vorbehalt.[59] Nur im Rahmen

„des demokratischen und rechtsstaatlichen Systems des Grundgesetzes“[60]

sind die Verfassungsorgane an das Völkerrecht gebunden und Verletzungen gegen das Völkerrecht verstoßen gegen den Grundsatz der Völkerrechtsfreundlichkeit.[61] Die Öffnung des Grundgesetzes und auch der Grundsatz der Völkerrechtsfreundlichkeit finden ihre Grenze daher am Grundsatz der demokratischen Selbstbestimmung und der gleichheitsgerechten Teilhabe an der öffentlichen Gewalt,[62] die zum änderungsfesten Verfassungskern gem. Art. 79 Abs. 3 GG gehört, der einer Abwägung nicht zugänglich ist.[63] Dies steht nicht im Widerspruch zur grundgesetzlichen Ausgestaltung des Demokratieprinzips, das offen für das Ziel ist, Deutschland in eine internationale und europäische Friedensordnung einzufügen.[64]

58 So auch *Wollenschläger*, in; Dreier, GG, Bd. II, 3. Aufl. 2015, Art. 25 Rn. 52, der ausdrücklich darauf hinweist, dass die Völkerrechtsfreundlichkeit keine ausdrücklichen Entscheidungen der Verfassung revidieren kann.

59 Vgl. auch *Sauer*, Die neue Schlagkraft der gemeineuropäischen Grundrechtsjudikatur – Zur Bindung deutscher Gerichte an die Entscheidungen des Europäischen Gerichtshofs für Menschenrechte, ZaöRV 2005, 35 (45ff.) in Zusammenhang mit der Bindung der Gerichte an Entscheidungen des EGMR. Zwar handelt es sich bei diesen Entscheidungen nicht um Völkerrechtsnormen, allerdings obliegt es allein dem EGMR die EMRK auszulegen und einen Verstoß festzustellen.

60 BVerfG NVwZ-RR 2007, 266 (268).

61 Zu diesem Ergebnis kommt auch bereits *D. Anzilotti*, der basierend auf den grundlegenden Überlegungen *Tripels* einen sogenannten „gemäßigten Dualismus“ entwickelt, vgl. hierzu *Amrhein-Hofmann*, Monismus und Dualismus in den Völkerrechtslehren, 2003, 122 und ausführlich unter Kapitel 2 A. I.

62 BVerfGE 123, 267 (344); *Pieper*, in: Epping/Hillgruber, GG, 2. Aufl. 2013, Art. 59 Rn. 38.1.

63 BVerfGE 142, 123 (188 Rn. 121).

64 BVerfGE 123, 267 (344ff.); *Pieper*, in: Epping/Hillgruber, GG, 2. Aufl. 2013, Art. 59 Rn. 38.1.

Der Grundsatz der Völkerrechtsfreundlichkeit kann als offenes Verfassungsprinzip nicht zu einer strikten Vorrangregel zu Gunsten des Völkervertragsrechts führen[65] und auch nicht den Verfassungsrang des allgemeinen Völkerrechts begründen,[66] da das Grundgesetz gerade keinen Verfassungsrang der in nationales Recht inkorporierten Völkerrechtsregeln vorsieht. Da Völkerrecht kein Prüfungsmaßstab des Verfassungsgerichts ist,[67] so dass die Anwendung und Auslegung den Fachgerichten vorbehalten ist,[68] können Verstöße gegen Völkerrecht auch nicht unmittelbar kontrolliert werden.

65 *Becker*, Völkerrechtliche Verträge und parlamentarische Gesetzgebungskompetenz, NVwZ 2005, 289 (290). Der Vorbehalt der grundsätzlich vorrangigen Geltung des Grundgesetzes wurde vom BVerfG gerade auch im Hinblick auf die Vereinbarkeit von innerstaatlichem Recht, namentlich IPR, mit der Völkerrechtsfreundlichkeit des Grundgesetzes bereits im Jahr 1971 im sog. Spanierbeschluss hervorgehoben, vgl BVerfGE 31, 58 (72ff.). Zum damaligen Zeitpunkt sah die Ordre-public-Klausel des Art. 30 EGBGB die Nichtanwendung des ausländischen Rechts nur für die Fälle vor, in denen diese gegen die guten Sitten oder gegen den Zweck eines deutschen Gesetzes verstoßen würde, vgl. *Schorkopf*, Grundgesetz und Überstaatlichkeit, 2007, 103. Das BVerfG stellte in dieser Entscheidung fest, dass für den Fall, dass über eine verfassungskonforme Verweisungsnorm des IPR ausländisches Recht durch die deutschen Staatsorgane zur Anwendung kommen muss, diese Anwendung des ausländischen Rechts an den Grundrechten zu messen sei und damit ggf. wegen Verstoßes gegen die Verfassung nicht durchgeführt werden kann, ohne dass dies im Widerspruch zur völkerrechtsfreundlichen Tendenz des Grundgesetzes stehe. Zwar ist der Ansicht zuzustimmen, dass in diesem Zusammenhang der Verweis auf den Grundsatz der Völkerrechtsfreundlichkeit deshalb fehlgeht, da das IPR kein überstaatliches Recht zur Anwendung bringt, sondern einen Bezug zu außerstaatlichen Rechtsordnungen herstellt, vgl. *Schorkopf*, a.a.O., 108. Trotzdem zeigt die Argumentation des BVerfG, dass der Grundsatz der Völkerrechtsfreundlichkeit keinen absoluten Geltungsvorrang des Völkerrechts bzw. im konkreten Fall von ausländischem Recht begründen kann, vgl *Friauf*, Die Bindung deutscher Verfassungsorgane an das Grundgesetz bei der Mitwirkung an europarechtlichen Organakten, in: Friauf/Scholz, Europarecht und Grundgesetz, 1990, 11 (18). Auf dieses Urteil reagierte der Gesetzgeber und erließ eine neue Ordre-public-Klausel, die unter anderem vorsieht, dass die Rechtsnorm eines anderen Staates nicht anzuwenden ist, wenn die Anwendung mit den Grundrechten unvereinbar ist, vgl. *Schorkopf*, a.a.O., 2007, 106.

66 *Payandeh*, Völkerrecht als Verfassungsprinzip, JöR 57 (2009), 464 (484).

67 Dies ist zwar eher einer Frage der Rügefähigkeit und damit der gerichtlichen Durchsetzbarkeit der Verpflichtung der Staatsorgane im Hinblick auf das Völkerrecht. Allerdings bestimmt sich die Effektivität und die Normativität einer Rechtsnorm nicht nur aus ihrem materiellen Gehalt, sondern auch aus der ihr inhärenten Möglichkeit, diesen Gehalt ggf. auch zwangsweise vor den Gerichten durchzusetzen.

68 BVerfG NVwZ-RR 2007, 266 (268).

Der Verstoß der Fachgerichte gegen den Grundsatz der Völkerrechtsfreundlichkeit kann vom BVerfG allerdings nur eingeschränkt darauf überprüft werden, ob die Entscheidungen

„willkürlich sind, auf einer grundsätzlich unrichtigen Anschauung von der Bedeutung eines Grundrechts beruhen oder mit anderen verfassungsrechtlichen Vorgaben unvereinbar sind".[69]

Die aus dem Grundsatz der Völkerrechtsfreundlichkeit abgeleitete Pflicht zur Beachtung von innerstaatlich geltendem Völkerrecht findet damit ihre Grenze in den Grundrechten und dem objektiven Verfassungsrecht, das auch durch Art. 79 Abs. 3 GG geschützt wird.

cc) Der Grundsatz der völkerrechtsfreundlichen Auslegung als konkrete Ausprägung der Verpflichtung

Um das Auseinanderfallen der Rechtsordnungen durch die schematische Anwendung innerstaatlicher Rechtsgrundsätze zu vermeiden,[70] wird vom BVerfG in ständiger Rechtsprechung unter Heranziehung des Grundsatzes der Völkerrechtsfreundlichkeit des Grundgesetzes der Wille zum völkerrechtskonformen Handeln des Gesetzgebers abgeleitet.[71] Nach diesem Grundsatz

69 BVerfG NVwZ-RR 2007, 266 (268). Vgl. auch zu dieser ständigen Rechtsprechung BVerfGE 18, 441 (450); 94, 315 (328); 111, 307 (328).

70 Zur Funktion als Konfliktvermeidungsregel auch *Knop*, Völker- und Europarechtsfreundlichkeit als Verfassungsgrundsätze, 2013, 235ff.

71 BVerfGE 74, 385 (370). Zum Teil wird auch gefordert, das spätere, gegen den völkerrechtlichen Vertrag verstoßende, Gesetz wegen Verstoßes gegen den Grundsatz der Völkerrechtswidrigkeit als verfassungswidrig anzusehen, vgl. *Bleckmann*, Die Völkerrechtsfreundlichkeit der deutschen Rechtsordnung, DÖV 1979, 309 (314). Darüber hinaus wird zum Teil vertreten, allgemeines Völkerrecht müsse wegen des Grundsatzes der Völkerrechtsfreundlichkeit zumindest Verfassungsrang genießen, wenn nicht gar Überverfassungsrang, vgl. *Bleckmann*, Der Grundsatz der Völkerrechtsfreundlichkeit der deutschen Rechtsordnung, DÖV 1996, 137 (141). Allerdings beschränkt er diesen Vorrang vor der Verfassung auf die technischen Normen des Grundgesetzes, was die materiellen Normen betrifft, so behält sich auch *Bleckmann* vor, dass in diesem Fall eine Abwägung auf der verfassungsrechtlichen Ebene stattzufinden hat. Das BVerfG lehnt diese Wirkung des Grundsatzes der Völkerrechtsfreundlichkeit ausdrücklich ab, vgl. BVerfG NJW 2016, 1295 (1299).

„sind Gesetze im Rahmen geltender methodischer Standards im Einklang mit den völkerrechtlichen Verpflichtungen der Bundesrepublik Deutschland auszulegen und anzuwenden, selbst wenn sie zeitlich später erlassen worden sind. Denn es ist nicht anzunehmen, dass der Gesetzgeber, sofern er dies nicht klar bekundet hat, von völkerrechtlichen Verpflichtungen der Bundesrepublik Deutschland abweichen oder die Verletzung solcher Verpflichtungen ermöglichen will".[72]

In diesem Sinne werden insbesondere die Gerichte verpflichtet, einschlägige Judikate der für Deutschland zuständigen internationalen Gerichte zur Kenntnis zu nehmen und sich mit ihnen auseinanderzusetzen.[73]

Diese

„verfassungsunmittelbare Pflicht der staatlichen Organe zur Berücksichtigung des Völkerrechts, deren Verletzung vor dem BVerfG in vollem Umfang gerügt werden könnte, ist indes nicht unbesehen für jede beliebige Bestimmung des Völkerrechts anzunehmen, sondern nur, soweit dies dem in den Art. 23 bis Art. 26 GG sowie in den Art. 1 Abs. II GG, Art. 16 Abs. II 2 GG niedergelegten Konzept des Grundgesetzes entspricht"[74].

Daher kann der Grundsatz der Völkerrechtsfreundlichkeit selbst, als ungeschriebener Verfassungsgrundsatz, keine verfassungsunmittelbaren Pflichten über den Regelungsgehalt der Art. 23 bis 26 GG sowie Art. 1 Abs. 2 GG, Art. 16 Abs. 2 S. GG hinaus begründen.[75]

Die Anwendung dieses Auslegungsprinzips hat damit auch nicht zur Konsequenz, dass der Grundsatz lex posterior derogat lege priori im Verhältnis zwischen Völkerrecht und nationalem Recht keine Anwendung findet.[76] Die Gerichte und

72 BVerfG NVwZ-RR 2007, 266 (267); vgl. auch BVerfGE 74, 358 (370).

73 BVerfGE 74, 358 (370); 111, 307 (315); BVerfG NJW 2007, 499 (501).

74 BVerfG NVwZ-RR 2007, 266 (268).; vgl. auch BVerfGE 112, 1 (25).

75 Dies bedeutet zB, dass die nationalen Gerichte deswegen an die Beachtung der Rechtsprechung des IGH gebunden sind, da Art. 16 Abs. 2 S. 2 GG die unmittelbare Wirkung dieser Rechtsprechung beinhaltet, vgl. BVerfG NJW 2007, 499 (501). Entsprechendes gilt für die Rechtsprechung des EGMR und Art. 1 Abs. 2 GG.

76 Vgl. BVerfG NJW 2016, 1295 (1298). Anders ist dies allerdings in anderen Rechtsordnungen, z.B. Italien, vgl. *Panara*, in: von Bogdandy/Cruz Villalón/Huber, IPE Bd. II, 2008, 146. Es wurde beispielsweise eine Begrenzung des grundsätzlich anwendbaren lex- posterior-Grundsatzes in der Praxis am Kriterium der Spezialität ausgerichtet, zum Teil wurde auch über eine völkerrechtskonforme Auslegung versucht, den drohenden Völkerrechtsverstoß zu verhindern. Im Verhältnis

Behörden sind zwar gehalten, das nationale Recht (auch das Verfassungsrecht[77]) völkerrechtskonform auszulegen, um so Kollisionen zwischen den Rechtsordnungen zu vermeiden.[78] Das Demokratieprinzip, insbesondere der hierin enthaltene Grundsatz der Diskontinuität,[79] verbietet aber eine dauerhafte Bindung des Gesetzgebers über die Legislaturperiode hinaus, so dass ein neuer Gesetzgeber ggf. einem durch Zustimmungsgesetz inkorporierten völkerrechtlichen Vertrag widersprechen können muss.[80]

Der Rückgriff auf den Grundsatz der Völkerrechtsfreundlichkeit zur Begründung der Pflicht zur völkerrechtskonformen Auslegung ist deswegen erforderlich, da das Völkerrecht (außer die über Art. 25 GG inkorporierten allgemeinen Regeln des Völkerrechts) im Rang gerade nicht über den einfachen Gesetzen stehen.[81] Sowohl die Institute der verfassungskonformen als auch der richtlinienkonformen Auslegung haben im Unterschied hierzu den Zweck zu vermeiden, dass höherrangiges Recht[82] einfaches Gesetzesrecht derogieren würde, eine Situation, die sich im Verhältnis zwischen Völkerrecht und nationalem Recht nicht stellt. Der Grund-

von Unionsrecht zu nationalem Recht hingegen werden Konflikte dieser Art an sich über den Anwendungsvorrang gelöst. Dieser wurde vom italienischen Verfassungsgerichtshof allerdings nur zögerlich anerkannt, so dass zu Beginn seiner Rechtsprechung der lex posterior-Grundsatz in diesem Verhältnis grundsätzlich Anwendung fand und Unionsrecht wie gewöhnliches Völkerrecht behandelt wurde, vgl. das Urteil des italienischen Verfassungsgerichtshofs Costa/Enel, Nr. 14 v. 7.3.1964. Vgl. ausführlich zur völkerrechtsfreundlichen Auslegung bereits *Bleckmann*, Die Völkerrechtsfreundlichkeit der deutschen Rechtsordnung, DÖV 1979, 309 (312ff.), der die Nichtanwendung des lex posterior-Grundsatzes ebenfalls auf den Grundsatz der Völkerrechtsfreundlichkeit stützen will, was zu Folge hat, dass ein späteres Bundesgesetz einen völkerrechtlichen Vertrag nur dann außer Kraft setzen kann, wenn andere verfassungsrechtlich geschützte Allgemeininteressen die Außerkraftsetzung des Völkerrechts decken würden, *Bleckmann*, a.a.O., 309 (314).

77 *Sommermann*, in: v. Bodgandy/Cruz Villalón/Huber, IPE Bd. II, 2008, 29.

78 Vgl. *Sauer*, Die neue Schlagkraft der gemeineuropäischen Grundrechtsjudikatur – Zur Bindung deutscher Gerichte an die Entscheidungen des Europäischen Gerichtshofs für Menschenrechte, ZaöRV 2005, 35 (48).

79 *Dreier*, in: Dreier, GG, Bd. II, 3. Aufl. 2015, Art. 20 Rn. 73.

80 BVerfG NJW 2016, 1295 (1298); *Nettesheim*, in: Maunz/Dürig, GG, 77. EL 2016, Art. 59 Rn. 184.

81 BVerfG NVwZ-RR 2007, 266 (268); *Knop*, Völker- und Europarechtsfreundlichkeit als Verfassungsgrundsätze, 2013, 209.

82 Zwar kommt dem Unionsrecht keinen Geltungs- sondern einen bloßen Anwendungsvorrang zu, trotzdem würde im Ergebnis das nationale Recht bei Verstoß gegen Unionsrecht grundsätzlich nicht angewendet.

satz der Völkerrechtsfreundlichkeit führt damit im Ergebnis zu einer (zwar nicht rechtlichen aber faktischen) Rangerhöhung des Völkerrechts[83] zum Zwecke der Vermeidung des Auseinanderfallens der Rechtsordnungen.[84]

Die Pflicht zur völkerrechtskonformen Auslegung hat jedoch auch Grenzen.[85] Völkerrecht kann auch vermittelt über den Grundsatz der völkerrechtsfreundlichen Auslegung kein unmittelbarer Prüfungsmaßstab des Verfassungsgerichts sein.[86] Trotz des Ranges unterhalb des Grundgesetzes und den daraus folgenden dargelegten Konsequenzen müssen die Bestimmungen des Völkerrechts wegen der Völkerrechtsfreundlichkeit des Grundgesetzes zwar bei der Auslegung des Grundgesetzes berücksichtigt werden,[87] hingegen darf dies nicht zu einer Senkung des Grundrechtsschutzes führen.[88] Nur soweit also das Völkerrecht im Bereich des Grundrechtsschutzes einen weitergehenden Schutz als das Grundgesetz gewährt, ist die völkerrechtsfreundliche Auslegung[89] die maßgebliche.

83 *Sauer*, Die neue Schlagkraft der gemeineuropäischen Grundrechtsjudikatur – Zur Bindung deutscher Gerichte an die Entscheidungen des Europäischen Gerichtshofs für Menschenrechte, ZaöRV 2005, 35 (48).

84 Ein Beispiel für die völkerrechtsfreundliche Auslegung des Verfassungsrechts wäre die erweiternde Auslegung von Art. 32 GG, nach der, über den Wortlaut der Norm hinaus, neben Staaten auch alle weiteren Völkerrechtssubjekte von Art. 32 Abs. 1 GG erfasst werden, unabhängig davon, ob sie staatsähnlichen Charakter aufweisen oder nicht, vgl. *Nettesheim*, in: Maunz/Dürig, GG 77. EL 2016, Art. 32 Rn. 32 und 33.

85 *Calliess*, Staatsrecht III, 2014, Teil I B Rn. 59.

86 BVerfGE 111, 307 (317).

87 Ohne dass sie dies zu einem unmittelbaren verfassungsrechtlichen Maßstab macht, vgl. *Wagnerova*, in: The Status of international Treaties of Human Rights, Collection Science and technique of democracy, No. 42, 2006, European Commission for Democracy through Law, Council of Europe, The direct applicability of human rights treaties, 117. Im Rahmen einer Verfassungsbeschwerde kann sich der Beschwerdeführer daher auch nicht direkt auf die verletze Völkerrechtsnorm berufen, vgl. BVerfGE 111, 307 (317). Es ist der Vollständigkeit halber anzumerken, dass praktisch alle Entscheidungen des BVerfG die Ausführungen zur verpflichtenden Berücksichtigung des Völkerrechts bei der Auslegung von Grundrechten in Bezug zur EMRK stehen, was sich aus dem Inhalt der EMRK erklärt. Das BVerfG scheint die Verpflichtung zur Berücksichtigung von Völkerrecht bei der Auslegung der Verfassung tendenziell auf Verträge mit Menschenrechtsbezug zu beschränken. Die Klärung der Frage, ob dies tatsächlich der Fall ist und ob dies im Ergebnis auch angesichts von Art. 1 Abs. 3 GG überzeugend ist, kann die vorliegende Arbeit nicht leisten und muss einer gesonderten Untersuchung vorbehalten bleiben.

88 BVerfGE 128, 326 (371). Auch hier erging das Urteil im Zusammenhang mit der EMRK.

89 Während in der deutschen Lehre unter völkerrechtsfreundlicher Auslegung primär eine Auslegung verstanden wird, die die Vereinbarkeit des nationalen Rechts mit der völkerrechtli-

Weiter gebiete die Völkerrechtsfreundlichkeit nicht über den Grundrechtsschutz hinaus, dass eine konventionsfreundliche Auslegung des Grundgesetzes unter allen Umständen durchgeführt werden muss. Diese Pflicht endet vielmehr dort, wo

„sie nach den anerkannten Methoden der Gesetzesauslegung und Verfassungsinterpretation nicht mehr vertretbar erscheint“.[90]

Auch kann die Pflicht der Berücksichtigung der völkerrechtlichen Konvention, soweit sie greift, nicht zur

„schematischen Parallelisierung einzelner verfassungsrechtlicher Begriffe“[91]

führen. Das BVerfG stellt klar, dass

„sich eine unreflektierte Adaption völkerrechtlicher Begriffe verbietet“,[92]

da die das Rangverhältnis des inkorporierten Völkerrechts zum Verfassungsrecht auf gewisse Weise durchbrechende[93] Heranziehung des Völkerrechts als Auslegungshilfe für die Bestimmungen des Grundgesetzes nur eine ergebnisorientierte sein kann[94] und darüber hinaus keine absolute Pflicht darstellt.[95] Sie dient allein

chen Norm ermöglicht, wird z.B. in der italienischen Lehre unter diesem Begriff auch die Verwendung des Grundsatzes lex spezialis gefasst, vgl. *Panara* in: v. Bogdandy/Cruz Villalón/Huber, IPE Bd. II, 2008, 168, mit dem expliziten Ziel, den Umsetzungsnormen in diesem Bereich eine höhere Bestandskraft zu sichern. Dieser Ansatz ist nicht nur in der italienischen Praxis zu beobachten. Vielmehr ist dies eine logische Folge aus dem Umstand, dass dem Völkerrecht nach der nationalen Rechtsordnung der Rang eines einfachen Gesetzes zukommt, vgl. *Wagnerova*, in: The Status of international Treaties of Human Rights, Collection Science and technique of democracy, No. 42, 2006, European Commission for Democracy through Law, Council of Europe, The direct applicability of human rights treaties, 117.

90 BVerfG, ständige Rechtsprechung, vgl. nur BVerfG NJW 2013, 3714 (3715).

91 BVerfGE 128, 326 (370).

92 BVerfGE 128, 326 (371).

93 In diesem Sinn auch *Streinz*, in: Giegerich, Der „offene Verfassungsstaat“ des Grundgesetzes nach 60 Jahren, Die Völker- und Europarechtsfreundlichkeit des Grundgesetzes, 327 (328).

94 BVerfGE 128, 326 (370).

95 Vgl. ausführlich zum Verfassungsvorbehalt unter Kapitel 2 A. II. 2. a) bb). Vgl. auch *Calliess*, Staatsrecht III, 2014, Teil I B Rn. 59.

der Vermeidung[96] von Völkerrechtsverletzungen[97] und ist notwendig, da das Völkerrecht keine Harmonisierung der Rechtsordnungen vorschreibt und auch sonst keine Vorschriften enthält, die sein Verhältnis zur nationalen Rechtsordnung regeln.[98] Eine absolute Pflicht zur völkerrechtsfreundlichen Auslegung unter allen Umständen ergibt sich auch nicht aus dem Grundgesetz. Das Grundgesetz, das völkerrechtsfreundlich ist, verlangt eben nur, dass der Pflicht zur Beachtung von Vertragsvorschriften in den Grenzen des Grundgesetzes[99] genügt wird.[100]

dd) Der Grundsatz der Völkerrechtsfreundlichkeit als Kompetenzausübungsschranke?

Es stellt sich darüber hinaus die Frage, ob der Grundsatz der Völkerrechtsfreundlichkeit auf der Ebene des völkerrechtlichen Vertragsschlusses oder der Gesetzgebung die Funktion einer Kompetenzausübungsschranke einnehmen und so die Verfassungswidrigkeit eines Rechtshandelns deutscher Staatsorgane im völkerrechtlichen Bereich begründen kann. Bereits durch den Abschluss eines völkerrechtlichen Vertrages können sich die Bundesregierung bzw. der Bundespräsident in Widerspruch zu einem die Bundesrepublik Deutschland bereits bindenden Völkerrechtsvertrag bzw. einer die Bundesrepublik Deutschland bindenden allgemeinen Regelung des Völkerrechts setzen, was einen Verstoß gegen die Bundesrepublik Deutschland bindendes Völkerrecht begründet. Dasselbe gilt für den Erlass eines (Zustimmungs-)Gesetzes durch den Gesetzgeber, das gegen einen völkerrechtlichen Vertag verstößt.[101]

96 Bzw. auf der Ebene der Bindungswirkung der Entscheidungen einer völkerrechtlichen Rechtsprechungsinstanz auch der Korrektur, vgl. im Folgenden die Ausführungen unter Kapitel 2 A. II. 2. b) bb).

97 Deutlich auch BVerfG NVwZ-RR 2007, 266 (267).

98 Vgl. *Amrhein-Hofmann*, Monismus und Dualismus in den Völkerrechtslehren, 2003, 112.

99 Neben dem Grundrechtsschutz, wie ihn das GG als „Mindeststandard" garantiert, muss das Völkerrecht möglichst schonend in das vorhandene, dogmatisch ausdifferenzierte nationale Rechtssystem eingepasst werden, vgl. BVerfGE 128, 326 (371).

100 Zu diesem Ergebnis kommt auch bereits *D. Anzilotti*, der basierend auf den grundlegenden Überlegungen *Tripels* einen sogenannten „gemäßigten Dualismus" entwickelt, vgl. hierzu *Amrhein-Hofmann*, Monismus und Dualismus in den Völkerrechtslehren, 2003, 122 und die Ausführungen unter Kapitel 2 A. I.

101 Diese Frage stellt sich nur im Rahmen des Abschlusses völkerrechtlicher Verträge gem. Art. 59 Abs. 2 GG. Sollte der Abschluss eines völkerrechtlichen Vertrages nämlich gegen allge-

Der Umfang der Bindung der Staatsorgane an die Verfassung und Recht und Gesetz wird durch Art. 1 Abs. 3, Art. 20 Abs. 3 GG abschließend vorgegeben.[102] Der Grundsatz der Völkerrechtsfreundlichkeit kann dieses System nur innerhalb seiner Grenzen ergänzen. Es stellt sich daher die Frage, ob bzgl. eines Verstoßes gegen die Bundesrepublik Deutschland bindendes Völkerrecht überhaupt ein Rückgriff auf den Grundsatz der Völkerrechtsfreundlichkeit erforderlich ist, um ein Auseinanderfallen der Rechtsordnungen im Rahmen des Erforderlichen zu vermeiden.

Art. 20 Abs. 3 GG differenziert hinsichtlich des Umfangs der Rechtsbindung zwischen dem Gesetzgeber und den übrigen Gewalten.[103] Im Unterschied zum Gesetzgeber ist die vollziehende Gewalt[104] gem. Art. 20 Abs. 3 GG an Gesetz und Recht und damit an das innerstaatlich bindende Völkerrecht gebunden.[105] Unter der Geltung des Grundgesetzes gibt es keine justizfreien Hoheitsakte.[106] Dementsprechend unterliegen Mitwirkungshandlungen des jeweiligen Verfassungsorgans beim Abschluss völkerrechtlicher Verträge, insbesondere soweit sie nicht nur in Form von (unverbindlichen) Verhandlungen vorliegen, sondern nach Außen eine Rechtsbindung der Bundesrepublik Deutschland bewirken,[107] dem Vorrang des Gesetzes und sind bei Verstößen gegen Völkerrecht gem. Art. 59 Abs. 2 GG i.V.m. Art. 20 Abs. 3 GG bzw. Art. 25 GG i.V.m. Art. 20 Abs. 3 GG verfassungswidrig, unabhängig von ihrer völkerrechtlichen Verbindlichkeit.[108] Da der Einzelne durch

meine Regeln des Völkerrechts gem. Art. 25 GG verstoßen, so wäre zumindest das Zustimmungsgesetz verfassungswidrig.

102 *Nettesheim*, in: Isensee/Kirchhoff, HStR Bd. XI, 3. Aufl. 2013, § 241 Rn. 1ff.

103 Gem. Art. 20 GG ist der Gesetzgeber ausschließlich an die verfassungsmäßige Ordnung, die vollziehende Gewalt und die Rechtsprechung hingegen sind darüber hinaus an Recht und Gesetz gebunden.

104 Vollziehende Gewalt ist jede Staatsgewalt, die nicht formelle Gesetzgebung oder Rechtsprechung i.S.v. Art. 20 Abs. 3 GG darstellt, vgl. *Grzeszick*, in: Maunz/Dürig, GG, 77. EL 2016, Art. 20 VI. Rn. 71.

105 Vgl. *Nettesheim*, in: Isensee/Kirchhoff, HStR Bd. XI, 3. Aufl. 2013, § 241 Rn. 24ff., Rn. 50ff.

106 BVerfGE 4, 157 (161f.); *Nettesheim*, in: Isensee/Kirchhoff, HStR Bd. XI, 3. Aufl. 2013, § 241 Rn. 24ff.

107 *Schulze-Fielitz*, in: Dreier, GG, Bd. II, 3. Aufl. 2015, Art. 20 Rn. 95; *Huster/Rux*, in Epping/Hillgruber, GG, 2. Aufl. 2013, Art. 20 Rn. 170.

108 Aus diesem Grund wird in der Regel, soweit ein Zustimmungsgesetz verfassungsrechtlich überprüft werden soll, im Verfahren der abstrakten Normenkontrolle vom BVerfG eine Ausnahme von dem Grundsatz gemacht, dass eine Norm erst nach ihrer Ausfertigung und Verkündung zulässiger Verfahrensgegenstand sein kann, vgl. *Nettesheim*, in: Isensee/Kirchhoff, HStR Bd. XI, 3.

die Mitwirkungshandlung jedoch nicht unmittelbar beschwert ist, scheidet eine Kontrolle der Mitwirkungshandlung im Rahmen einer Verfassungsbeschwerde in der Regel aus.[109]

Der Gesetzgeber hingegen ist gem. Art. 20 Abs. 3 GG nur an die verfassungsmäßige Ordnung gebunden.[110] Da völkerrechtliche Verträge auf Grund ihres Rangs nicht zur verfassungsmäßigen Ordnung gem. Art. 20 Abs. 3 GG gehören,[111] handelt der Gesetzgeber[112] mit dem Erlass einem späteren Gesetzes, selbst wenn sich dieses bewusst über einen früheren völkerrechtlichen Vertrag und das zugehörige Zustimmungsgesetz hinwegsetzt, nicht verfassungswidrig.[113] Die Möglichkeit eines solchen „treaty override" ist in Art. 59 Abs. 2 GG angelegt, der Grundsatz lex posterior derogat lege priori findet grundsätzlich Anwendung.[114]

Um ein Auseinanderfallen der Rechtsordnungen in diesem System zu vermeiden, wurde aus dem Grundsatz der Völkerrechtsfreundlichkeit bereits die Verpflichtung zur völkerrechtskonformen Auslegung hergeleitet.[115] Der Grundsatz der

---

Aufl. 2013, § 241 Rn. 44. Bei einem Zustimmungsgesetz ist die Kontrolle bereits vorher möglich, damit ggf. die Ratifikation nicht vorgenommen werden kann.

109 So z.B. BVerfG NJW 1990, 974; BVerfG NVwZ 1993, 883; BVerfG NVwZ 2004, 209ff. oder im Hinblick auf Mitwirkungshandlungen der Bundesregierung an intergouvernementalen Beschlüssen BVerfGE 129, 124 (175); vgl. auch *Wollenschläger*, in: Dreier, GG Bd. II, 3. Aufl. 2015, Art. 23 Rn. 164; vgl. ausführlich *Cremer*, Grundgesetzliche Bindungen des deutschen Vertreters bei Abstimmungen im Rat der Europäischen Union und ihre prozessuale Durchsetzbarkeit, EuR 2014, 195 (210ff.).

110 *Grzeszick*, in: Maunz Dürig, GG, 77. EL 2016, Ar. 20 VI. Rn. 24ff.

111 *Nettesheim*, in: Maunz/Dürig, GG, 77. EL 2016, Art. 59 Rn. 184.

112 Gemeint ist der förmliche Gesetzgeber, vgl. *Grzeszick*, in: Maunz/Dürig, GG, 77. EL 2016, Art. 20 VI. Rn. 36.

113 *Vöneky*, in: HStR Bd. XI, 3. Aufl. 2013, § 236 Rn. 33; *Knop*, Völker-und Europarechtsfreundlichkeit als Verfassungsgrundsätze, 2013, 206ff.

114 BVerfG NJW 2016, 1295 (1298); *Nettesheim*, in: Maunz/Dürig, GG, 77. EL 2016, Art. 59 Rn. 186. Vgl. zu den Erfordernissen des Grundsatzes der Diskontinuität *Becker*, Völkerrechtliche Verträge und parlamentarische Gesetzgebungskompetenz, NVwZ 2005, 289 (290); vgl. auch BVerfGE 6, 309 (362f.); *Vöneky*, in: Isensee/Kirchhoff, HStR, Bd. XI, 3. Aufl. 2013, 236 Rn. 26.

115 Vgl. die Ausführungen unter Kapitel 2 A. II. 2. a) cc). Während Auslegung bereits auf der Ebene der Ermittlung des Norminhaltes stattfindet, sind Kompetenzausübungsschranken erst auf der Ebene der Rechtsanwendung anzusiedeln. Dass ein Grundsatz beide Funktionen gleichzeitig erfüllen kann ist nicht überzeugend, vgl. zum parallelen Problem bei der Bundestreue *Bayer*, Die Bundestreue, 1961, 63ff.

Völkerrechtsfreundlichkeit kann darüber hinaus nicht die Funktion einer Kompetenzausübungsschranke des Gesetzgebers bei Erlass eines Zustimmungsgesetzes haben, sonst würde dem völkerrechtlichen Vertrag im Grunde Verfassungsrang eingeräumt.[116] Ferner würde die Rechtsprechung zu den Grenzen des Grundsatzes der völkerrechtsfreundlichen Auslegung umgangen. Der Offenheit des Grundgesetzes wird damit Genüge getan, dass nur dann der Grundsatz lex posterior derogat lege priori anzuwenden ist, wenn der Gesetzgeber den Völkerrechtsverstoß ausdrücklich wollte.[117] Damit kommt gleichzeitig zum Ausdruck, dass trotz des Grundsatzes der Völkerrechtsfreundlichkeit ein solcher Verstoß gegen Völkerrecht durch den Gesetzgeber möglich ist.[118]

ee) Rechtsfolgen eines Verstoßes gegen die Pflicht

Von der Frage des Eingreifens der Pflicht zur Befolgung des Völkerrechts nach Möglichkeit ist die Frage der Rechtsfolgen eines Verstoßes gegen diese Pflicht zu trennen.

„Welche Rechtsfolgen sich aus einem Verstoß gegen diese Pflicht ergeben, hängt von der Art der betroffenen Völkerrechtsnorm ab.“[119]

Das BVerfG führt in der Folge aus, dass das Grundgesetz mehrere Fallgruppen regle, unter anderem Art. 25 GG, wonach die allgemeinen Regeln des Völkerrechts

„jedenfalls“[120]

Vorrang vor den einfachen Gesetzen haben. Daraus lässt sich schließen, dass völkerrechtliche Verträge auch über den Grundsatz der Völkerrechtsfreundlichkeit keinen Vorrang vor den einfachen Gesetzen erhalten können, da diese Rechtsfolge vom Grundgesetz ausdrücklich nicht getroffen wurde. Der Grundsatz der Völker-

116 *Nettesheim*, in: Maunz/Dürig, GG, 77. EL 2016, Art. 59 Rn. 184. Im Ergebnis diesbezüglich zustimmend trotz der Ablehnung der verfassungsrechtlichen Zulässigkeit eines „treaty override“ *Vöneky*, in: Isensee/Kirchhoff, HStR Bd. XI, 3. Aufl. 2013, § 236 Rn. 33. Der Grundsatz der Völkerrechtsfreundlichkeit kann allerdings im Wege der Auslegung versuchen, die Widersprüche zu vermeiden, vgl. *Nettesheim*, in: Maunz/Dürig, GG, 77. EL 2016, Art. 59 Rn. 187.

117 Vgl. hierzu bereits die Ausführungen unter Kapitel 2 A. II 2. a) cc).

118 Vgl. so auch ausdrücklich BVerfG NJW 2016, 1295 (1298).

119 BVerfGE 112, 1 (26).

120 BVerfGE 112, 1 (26).

rechtsfreundlichkeit kann dementsprechend keine Änderung im Rangverhältnis von Völkerrecht und nationalem Recht bewirken. Hingegen kann ein Verstoß gegen diese Pflicht dazu führen, dass über den Grundsatz der Völkerrechtsfreundlichkeit in der Folge eine Pflicht zur Beendigung des Verstoßes bzw. zur Beseitigung seiner Folgen begründet wird.[121]

ff) Zwischenergebnis

Die aus dem Grundsatz der Völkerrechtsfreundlichkeit abgeleitete Pflicht zur Beachtung von innerstaatlich geltendem Völkerrecht kann keine über den in den konkreten Normen der Art. 23 bis 26 GG, Art. 1 Abs. 2 GG, Art. 16 Abs. 2 S. 2 GG niedergelegten Öffnung der innerstaatlichen Rechtsordnung bewirken und beschränkt sich auf eine lückenfüllende Funktion, sollte der in diesen Normen niedergelegte Umfang der Einhaltung des Völkerrechts unter der nationalen Rechtsordnung nicht verwirklicht werden können.[122] Diese Pflicht steht unter dem Vorbehalt der Grundrechte und dem über Art. 79 Abs. 3 GG geschützten änderungsfesten objektiven Verfassungsrecht. Konkrete Ausprägung dieser Pflicht ist namentlich der Grundsatz der völkerrechtsfreundlichen Auslegung. Die Funktion einer Kompetenzausübungschranke für den Gesetzgeber kann dem Grundsatz nicht entnommen werden.

b) Die Verpflichtung des Gesetzgebers Korrekturmöglichkeiten für Völkerrechtsverstöße zu schaffen

Es besteht zwar keine absolute verfassungsrechtliche Pflicht, nicht gegen Völkerrecht zu verstoßen. Verstöße gegen das Völkerrecht sind auf Ebene der Normsetzung und auf der Ebene der Normanwendung denkbar. Aus dem Grundsatz der Völkerrechtsfreundlichkeit folgt jedoch, dass bei Vorliegen eines solchen Verstoßes der Gesetzgeber unter Umständen verpflichtet ist, Korrekturmöglichkeiten zu schaffen, um einen völkerrechtskonformen Zustand wieder herzustellen.[123]

---

121 Vgl. hierzu im Folgenden die Ausführungen unter Kapitel 2 A. II. 2. b).

122 Vgl. zur Funktion des Grundsatzes der Völkerrechtsfreundlichkeit, einen Gleichlauf zwischen den Rechtsordnungen herzustellen auch *Callies*, Staatsrecht III, 2014, Teil I B Rn. 57.

123 BVerfGE 112, 1 (26).

aa) Anwendungsbereich und Umfang der Pflicht

Die Pflicht, Verstöße gegen Völkerrecht zu korrigieren kann nicht über den Umfang der Pflicht, dem Völkerrecht Geltung zu verschaffen, hinausgehen. Diese Plicht beschränkt sich auf den Anordnungsgehalt von Art. 23 bis 26 GG, Art. 1 Abs. 2 GG, Art. 16 Abs. 2 S. 2 GG.[124] Diese Normen dienen dem Zweck,

„den Respekt vor friedens- und freiheitswahrenden internationalen Organisationen und dem Völkerrecht erhöhen, ohne die letzte Verantwortung für die Achtung der Würde des Menschen und die Beachtung der Grundrechte durch die deutsche öffentliche Gewalt aus der Hand zu geben“[125]

Der Umfang der Pflicht bestimmt sich darüber hinaus durch die Möglichkeiten, die die Verfassung zur Korrektur bereithalten, da diese nur in den unter dem Grundgesetz vorgesehenen Möglichkeiten vollzogen werden kann. Ein Automatismus im Sinne einer Verfassungswidrigkeit der jeweiligen gegen Völkerrecht verstoßenden Handlung der Staatsorgane wird durch die aus dem Grundsatz der Völkerrechtsfreundlichkeit hergeleitete Pflicht daher nicht begründet.[126]

bb) Korrekturmöglichkeiten für Völkerrechtsverstöße durch den Gesetzgeber – konkrete Beispiele

Verfassungsrechtliche Relevanz erhält ein Verstoß des Gesetzgebers gegen Völkerrecht[127] nach der derzeitigen Rechtslage höchstens im Rahmen des in Art. 3 Abs. 1 GG verankerten Willkürverbots[128] bzw. für den Fall, dass ein Verstoß gegen eine im Lichte der völkervertraglichen Regel ausgelegten Verfassungsnorm gegeben

124 BVerfGE 112, 1 (25).

125 BVerfGE 112, 1 (25f.).

126 Vgl. so auch *Sommermann*, in: von Bogdandy/Cruz Villalón/Huber, IPE Bd. II, 2008, 29. Dies entspricht auch dem Umfang der Verpflichtung, nicht gegen Völkerrecht zu verstoßen, vgl. die Ausführungen unter Kapitel 2 A. II. 2. a).

127 Wenn also z. B. der Gesetzgeber ausdrücklich ein Völkerrecht derogierendes, späteres Bundesgesetz erlässt, vgl. *Sommermann*, in: von Bogdandy/Cruz Villalón/Huber, IPE Bd. II, 2008, 29.

128 Vgl. für diese Konstellation BVerfG NVwZ-RR 2007, 266ff.

ist.[129] Anders kann die Verfassungswidrigkeit eines Gesetzes mangels Rechtsverletzung durch den Einzelnen nicht geltend gemacht werden.

Auch die Klärung der im Vorfeld zu stellenden Frage, ob eine Norm im Sinne des Art. 25 GG vorliegt, ist nur eingeschränkt einer gerichtlichen Überprüfung zugänglich. Zu dem vom Grundgesetz vorgesehene Verfahren des Art. 100 Abs. 2 GG, mit dem durch Richtervorlage geklärt werden kann, ob allgemeine Normen des Völkerrechts mit unmittelbarer Geltung vorliegen, tritt nämlich kein Verfahren hinzu, dass es dem Einzelnen, aber auch Gesetzgeber und Regierung ermöglicht, diesbezüglich gerichtliche Entscheidungen herbeizuführen.[130] Diese unter der gegenwärtigen Verfassungsordnung bestehende Konfliktsituation zwischen der völkerrechtlichen Verpflichtung und der beschränkten verfassungsrechtlichen Relevanz von Völkerrechtsverstößen durch den Gesetzgeber[131] kann eine Lösung durch die lückenfüllende Anwendung des Grundsatzes der Völkerrechtsfreundlichkeit finden.

Die Herstellung eines völkerrechtskonformen Zustandes durch den Gesetzgeber kann z.B. verfahrenstechnisch dadurch realisiert werden, dass ein Verstoß gegen Völkerrecht rügefähig gemacht wird. In diesem Zusammenhang kann es insbesondere

„geboten sein, Völkerrechtsverstöße als subjektive Rechtsverletzungen geltend machen zu können. Dieser Grundsatz gilt jedenfalls für Konstellationen, in denen völkerrechtliche Regelungen einen engen Bezug zu individuellen hochrangigen Rechtsgütern aufweisen, wie das im völkerrechtlichen Enteignungsrecht der Fall ist.“[132]

Ob eine solche Klagebefugnis vermittelt über den Grundsatz der Völkerrechtsfreundlichkeit auch für völkerrechtliche Regelungen ohne Bezug zu Menschenrechten hergestellt werden kann, muss an dieser Stelle offen bleiben.[133]

129 Vgl. *Sommermann* in: von Bogdandy/Cruz Villalón/Huber, IPE Bd. II, 2008, 29.

130 *Löwer*, in: Isensee/Kirchhoff, HStR, Bd. III, 3. Aufl. 2005, § 70 Rn. 128.

131 Vgl. *Sommermann* in: von Bogdandy/Cruz Villalón/Huber, IPE Bd. II, 2008, 29.

132 BVerfGE 112, 1 (22). Auch an dieser Formulierung zeigt sich, dass Völkerrecht mit Bezug zu Menschenrechten über Art. 1 Abs. 2 GG einen besonderen Stellenwert in der Verfassungsordnung besitzt, vgl. auch *Sommermann*, in: von Bogdandy/Cruz Villalón/Huber, IPE Bd. II, 2008, 30ff., der sogar differenzierend von einer Menschenrechtsfreundlichkeit des Grundgesetzes neben der Völkerrechtsfreundlichkeit spricht. Die Rügefähigkeit ist daher von Fall zu Fall zu beurteilen.

133 Diese Frage steht in engem Zusammenhang mit der Stellung der EMRK in der Normenhierarchie. Zur Sonderstellung der EMRK vgl. auch ausführlich *Czerner*, Das völkerrechtliche

cc) Korrekturmöglichkeiten für Verstöße durch die Rechtsanwendung

Auf Ebene der Rechtsanwendung können Verstöße gegen Völkerrecht in der Anwendung von völkerrechtswidrigem Recht ohne Rückgriff auf die oben bestehenden Korrekturmechanismen oder aber in der fehlerhaften Anwendung nationalen Rechts bzw. Völkerrechts vorliegen, mithin in der Missachtung der Pflicht aus Art. 20 Abs. 3 i.V.m. Art 59 Abs. 2 GG bzw. Art. 25 GG.

Die allgemeinen Regeln des Völkerrechts i.S.v. Art. 25 GG werden unter dem Gesichtspunkt der Völkerrechtsfreundlichkeit des Grundgesetzes zur verfassungsmäßigen Ordnung i.S.v. Art. 2 Abs. 1 GG gerechnet,[134] so dass ein Gesetz, das gegen sie verstößt, keinen Eingriff in die allgemeine Handlungsfreiheit rechtfertigen kann.[135] Der Einzelne kann also die Anwendung von Gesetzen, die gegen Völkerrecht verstoßen, im Rahmen der Verfassungsbeschwerde rügen. Dies führt allerdings nicht zur Verfassungswidrigkeit des Gesetzes.[136]

Zur verfassungsmäßigen Ordnung zählt trotz ihres Menschenrechtsbezuges nicht die EMRK. Diese hat den Rang eines einfachen Gesetzes und kann damit nicht Teil der „verfassungsmäßigen Ordnung" i.S.v. Art. 2 Abs. 1 GG sein.[137] Auch der Grundsatz der Völkerrechtsfreundlichkeit kann nicht den grundgesetzlich festgelegten Rang der EMRK modifizieren.[138] Gleichwohl wird der EMRK we-

Anschlusssystem der Art. 59 Abs. 2 S. 1 GG, Art. 25 GG und Art. 24 I GG und deren Inkorporierungsfunktion zugunsten der innerstaatlichen EMRK-Geltung, EuR 2007, 537ff.

134 Grundlegend der sog. Pakellibeschluss, BVerfG ZaöRV 1986, 289ff. Vgl. so auch ausdrücklich BVerfGE 112, 1 (21f.). Zur Völkerrechtsfreundlichkeit dieser Rechtsprechung *Tomuschat*, in: Isensee/Kirchhoff, HStR Bd. XI, 3. Aufl. 2013, § 226 Rn. 23.

135 *Di Fabio*, in: Maunz/Dürig, GG, 77. EL 2016, Art. 2 Rn. 43.

136 Vgl. die Ausführungen unter Kapitel 2. A. II. 2. b) aa).

137 Dies ist umstritten. Ebenfalls die Zugehörigkeit zur verfassungsmäßigen Ordnung ablehnend *Hoffmann-Riem*, Kohärenz der Anwendung europäischer und nationaler Grundrechte, EuGRZ 2002, 473 (475); *Dreier*, in Dreier, GG, Bd. I, 3. Aufl. 2013, Art. 2 Rn. 55; kritisch auch *Sommermann*, Völkerrechtliche garantierte Menschenrechte als Maßstab der Verfassungskonkretisierung – Die Menschenrechtsfreundlichkeit des Grundgesetzes, AöR 1989, Bd. 114, 391 (408ff.). Zustimmend hingegen *Limbach*, Die Kooperation der Gerichte in der zukünftigen europäischen Grundrechtearchitektur, EuGRZ 2000 417 (418); *Frowein*, Anmerkung zur Pakelli-Entscheidung des Bundesverfassungsgerichts, ZaöRV 1986, 286 (286ff.).

138 Ebenso ablehnend *Hoffmann-Riem*, Kohärenz der Anwendung europäischer und nationaler

gen Art. 1 Abs. 2 i.V.m. Art 59 Abs. 2 GG eine verfassungsrechtliche Bedeutung zugewiesen,[139] da sie

„als Auslegungshilfen für die Bestimmung von Inhalt und Reichweite von Grundrechten und rechtsstaatlichen Grundsätzen des Grundgesetzes, sofern dies nicht zu einer – von der Konvention selbst nicht gewollten (vgl. Art. 53 EMRK) – Einschränkung oder Minderung des Grundrechtsschutzes nach dem Grundgesetz führt“[140]

dient. Wegen Art. 1 Abs. 2 GG wird darüber hinaus Entscheidungen des EGMR eine gewisse Bindungswirkung auch mit verfassungsrechtlicher Relevanz zugestanden.[141] Danach müssen alle staatlichen Organe Entscheidungen des EGMR grundsätzlich

„im Rahmen ihrer Zuständigkeit und ohne Verstoß gegen die Bindung an Gesetz und Recht (Art. 20 III GG) einen fortdauernden Konventionsverstoß [...] beenden und einen konventionsgemäßen Zustand [herstellen]“[142]

„Die Art und Weise der Bindungswirkung hängt von dem Zuständigkeitsbereich der staatlichen Organe ab und von dem Spielraum, den vorrangig anwendbares Recht lässt. Gerichte sind zur Berücksichtigung eines Urteils, das einen von ihnen bereits entschiedenen Fall betrifft, jedenfalls dann verpflichtet, wenn sie in verfahrensrechtlich zulässiger Weise erneut über den Gegenstand entscheiden und dem Urteil ohne materiellen Gesetzesverstoß Rechnung tragen können [...]. Ein Beschwerdeführer kann die Missachtung dieser Berücksichtigungspflicht als Verstoß gegen das in seinem Schutzbereich berührte Grundrecht in Verbindung mit dem Rechtsstaatsprinzip rügen [...].“[143]

Ob diese Rechtsprechung verallgemeinerungsfähig dahingehend ist, dass auch die Entscheidungen anderer internationaler Gerichtsbarkeiten ohne Menschenrechtsbezug diese Bindungswirkung entfalten, ist allerdings fraglich. Die verstärkte

---

Grundrechte, EuGRZ 2002, 473 (475).

139 Ausführlich hierzu *Knop*, Völker-und Europarechtsfreundlichkeit als Verfassungsgrundsätze, 2013, 220ff.

140 BVerfGE 128, 326 (367).

141 BVerfGE 111, 307 (323ff.). Vgl. auch *Kunig*, Völkerrecht und staatliches Recht, in: Vitzthum/Proelß, Völkerrecht, 7. Aufl. 2016, Rn. 186.

142 BVerfGE 111, 307 (316).

143 BVerfGE 111, 307 (316).

Bindung an die EMRK resultiert gerade auch aus dem Grundgedanken des Art. 1 Abs. 2 GG.[144]

c) Die Verpflichtung die Geltung des Völkerrechts zu gewährleisten

Schließlich fordert die Völkerrechtsfreundlichkeit des Grundgesetzes, die Gewährleistung der Geltung des Völkerrechts durch die deutschen Staatsorgane im Geltungsbereich des Grundgesetzes gegenüber Verstößen durch Drittstaaten.[145] Der Umfang dieser Pflicht wurde vom BVerfG allerdings ausdrücklich offen gelassen.[146]

Das BVerfG weist darauf hin, dass

„Ansätze zu einer solchen Verpflichtung [...] der deutschen Rechtsordnung schon bislang nicht unbekannt“[147] (Erg. d. Verf.)

sind. Der Rechtsgedanke liege unter anderem dem Völkerstrafgesetzbuch der Bundesrepublik Deutschland vom 26.6.2002 (BGBl 2002 I 2254) zu Grunde, das wesentliche Normen des allgemeinen Völkerrechts gegenüber Einzelnen durchsetzt, soweit sie als Organe fremder Staaten tätig geworden sind.[148] Auf Grundlage des Seerechtsübereinkommens der Vereinten Nationen vom 10.12.1982 (SRÜ; BGBl 1994 II 1799) könne die Bundesrepublik als Küstenstaat gegenüber Schiffen eigener wie fremder Staatsangehörigkeit vorgehen, die die Umweltschutznormen auf Hoher See verletzt haben, wenn sie einen Hafen des Küstenstaates anlaufen.[149]

Auch im Bereich des Auslieferungsrechts mussten Maßstäbe dafür entwickelt werden, wie mit Völkerrechtsverletzungen einer nicht an das Grundgesetz gebundenen Hoheitsgewalt umzugehen sei. Behörden und Gerichte selbst sind demnach

---

144 *Sommermann*, in: v. Bogdandy/Cruz Villalón/Huber, IPE Bd. II, 2008, 30.

145 BVerfGE 112, 1 (26). Kritisch zu dieser Entscheidung *Schweisfurth*, Die verfassungsgerichtlich eingetrübte Völkerrechtsfreundlichkeit des Grundgesetzes, NVwZ 2005, 1261 ff.

146 BVerfGE 112, 1 (27 f.).

147 BVerfGE 112, 1 (26).

148 BVerfGE 112, 1 (26).

149 BVerfGE 112, 1 (26 f.).

durch Art. 25 GG grundsätzlich daran gehindert, innerstaatliches Recht in einer Weise auszulegen und anzuwenden, die die allgemeinen Regeln des Völkerrechts verletzt. Nach dem verfassungsrechtlichen Maßstab sind die Behörden und Gerichte der Bundesrepublik Deutschland verpflichtet, alles zu unterlassen, was einer unter Verstoß gegen allgemeine Regeln des Völkerrechts vorgenommenen Handlung nichtdeutscher Hoheitsträger im Geltungsbereich des Grundgesetzes Wirksamkeit verschafft und gehindert, an einer gegen die allgemeinen Regeln des Völkerrechts verstoßenden Handlung nichtdeutscher Hoheitsträger bestimmend mitzuwirken.[150]

Neben der Übertragung dieser Grundsätze ist zu beachten, dass die Völkerrechtsfreundlichkeit schon für den rein innerstaatlichen Bereich nicht verlangt, dass dem Völkerrecht in jedem Fall Geltung verschafft wird.[151] Das Grundgesetz hat unter Zugrundelegung eines dualistischen Verständnisses das Völkerrecht gerade nicht mit Verfassungsrang ausgestattet.[152] Daher steht der völkerrechtsfreundliche Charakter des Grundgesetzes unter dem Vorbehalt der Souveränität der deutschen Verfassung.[153] Dies bedeutet, dass aus dem Grundsatz der Völkerrechtsfreundlichkeit keine, dem Grundgesetz

„entzogene Unterwerfung unter nichtdeutschen Hoheitsakte“[154]

abgeleitet werden kann. Die Verpflichtung die Geltung des Völkerrechts gegenüber Verstößen durch Drittstaaten zu gewährleisten, kann nicht über die Verpflichtung der Beachtung des Völkerrechts durch die Staatsorgane hinausgehen.

Dementsprechend müssen deutsche Staatsorgane alles unterlassen, was einer Verletzung allgemeiner Regeln des Völkerrechts durch nichtdeutsche Hoheitsträger im Geltungsbereich des Grundgesetzes Wirksamkeit verschafft, soweit dieser Verstoß, ein Handeln deutscher Staatsorgane unterstellt, verfassungsrechtlich relevant wäre. Auch sind sie gehindert, an einer solchen Verletzung bestimmend mit-

---

150 BVerfGE 112, 1 (27).

151 Vgl. bereits die Ausführungen unter Kapitel 2 A. II. 2. a) aa) und bb).

152 BVerfGE 111, 307 (319).

153 BVerfGE 111, 307 (319). Kritisch zu diesem Wechsel von der verfassungsrechtlichen Argumentation zur Ebene der staatlichen Souveränität *Fastenrath*, in: Giegerich, Der „offene Verfassungsstaat“ des Grundgesetzes nach 60 Jahren, 2010, Souveräne Grundgesetzinterpretation, 295 (303), der eine Argumentation mit dem einfachgesetzlichen Rang des Völkerrechts gem. Art. 59 Abs. 2 S. 1 GG und des daraus folgenden Vorranges der Verfassung favorisiert.

154 BVerfGE 111, 307 (319).

zuwirken.[155] Ist die Beendigung der Verletzung nur in Kooperation mit dem das Völkerrecht verletzenden Staat möglich, müssen die deutschen Staatsorgane sich in diesem Fall allerdings nur bemühen, einen Zustand näher am Völkerrecht herbeizuführen.[156] Dies ist Ausfluss der vom Grundgesetz gewollten internationalen Zusammenarbeit.[157]

d) Zwischenergebnis

Die dem Grundsatz der Völkerrechtsfreundlichkeit entnommenen Verpflichtungen der Staatsorgane sollen in ihrem Kern den Gleichlauf der Rechtsordnungen dann gewährleisten, wenn die Einzelnormierungen des Grundgesetzes dies nicht sicherstellen,[158] wobei diese Verpflichtungen sämtlich unter dem Vorbehalt der Grenzen der Verfassung stehen. Der Grundsatz der Völkerrechtsfreundlichkeit dient als Instrument auf der Ebene der Anwendung sowie der Durchsetzung des Völkerrechts, dessen größtmögliche Wirksamkeit zu gewährleisten, ohne jedoch dabei die grundlegenden Mindestanforderungen der Verfassung (Art. 79 Abs. 3 GG) zu berühren und über die dem Grundsatz zu Grunde liegenden Normen hinauszugehen bzw. das Rangverhältnis von Völkerrecht und nationalem Recht zu verändern.[159]

3. Übertragbarkeit der Erkenntnisse auf den Grundsatz der Europarechtsfreundlichkeit

Fraglich ist, ob und wenn ja inwieweit die hinsichtlich der Funktion und des Inhalts des Grundsatzes der Völkerrechtsfreundlichkeit gewonnenen Erkenntnisse auf den Grundsatz der Europarechtsfreundlichkeit übertragbar sind (b). Maßgeblich hierfür ist zunächst, inwieweit den Grundsätzen Gemeinsamkeiten bzw. Unterschiede zu entnehmen sind (a).

155 BVerfGE 112, 1 (27).

156 BVerfGE 112, 1 (27).

157 Hierzu ausführlich *Knop*, Völker- und Europarechtsfreundlichkeit als Verfassungsgrundsätze, 2013, 110ff., der von internationaler Freundlichkeit spricht.

158 *Payandeh*, Völkerrecht als Verfassungsprinzip, JöR 57 (2009), 464 (482); *Bleckmann*, Der Grundsatz der Völkerrechtsfreundlichkeit der deutschen Rechtsordnung, DÖV 1996, 137 (140f.).

159 *Payandeh*, Völkerrecht als Verfassungsprinzip, JöR 57 (2009), 464 (483).

a) Schnittmengen der beiden Grundsätze

Beide Grundsätze weisen eine gewisse Funktionsähnlichkeit und inhaltliche Vergleichbarkeit auf, wenngleich sie auch strukturell unterschiedlich konzipiert sind.[160] Maßgeblich dafür, inwieweit eine Übertragbarkeit der Rechtsfolgen des Grundsatzes der Völkerrechtsfreundlichkeit auf den der Europarechtsfreundlichkeit möglich ist, sind namentlich die jeweilige Herleitung und das Verhältnis der beiden Rechtsordnungen zueinander.

Die Mitwirkung an der Europäischen Union beruht, entsprechend der Bindung an das Völkerrecht durch völkerrechtliche Verträge (soweit nicht allgemeine Regeln des Völkerrechts gem. Art. 25 GG gegeben sind), auf einer (völker)vertraglichen Bindung[161] der Bundesrepublik Deutschland. Über diese vertragliche Verknüpfung wird jeweils ein rechtliches Mehrebenensystem[162] geschaffen, in dem sich die Rechtsordnungen gegenseitig beeinflussen[163] auch Treuegesichtspunkte[164] eine Rolle spielen.[165]

Wie der Grundsatz der Europarechtsfreundlichkeit konkretisiert[166] bzw. ergänzt der Grundsatz der Völkerrechtsfreundlichkeit als ungeschriebener Verfassungsgrundsatz[167] das geschriebene Verfassungsrecht bzgl. der auswärtigen Beziehungen

160 *Voßkuhle*, Der Europäische Verfassungsgerichtsverbund, NVwZ 2010, 1 (5).

161 Vgl. deutlich zu den vertraglichen Grundlagen der Europäischen Union BVerfGE 123, 267 (248f.); *Kunig*, Völkerrecht und staatliches Recht, in: Vitzthum/Proelß, Völkerrecht, 7. Aufl. 2016, Rn. 120ff. Kritisch zur Betonung dieser völkerrechtlichen Grundlage z.B. *Terhechte*, Europäischer Bundesstaat, supranationale Gemeinschaft oder Vertragsunion souveräner Staaten? – Zum Verhältnis von Staat und Union nach dem Lissabon-Urteil des BVerfG, EuR-Bei 2010, 135ff.

162 Vgl. zum Begriff und Meinungsstand ausführlich *Marauhn*, in: Schulze/Zuleeg/Kadelbach, Europarecht, 3. Aufl. 2015, § 7 Rn. 2ff.

163 Vgl. *Knop*, Völker- und Europarechtsfreundlichkeit als Verfassungsgrundsätze, 2013, 65.

164 Vgl. nur den allgemeinen (völkerrechtlichen) Grundsatz pacta sunt servanda aus Art. 26 WVK II (Wiener Übereinkommen über das Recht der Verträge zwischen Internationalen Organisationen und Staaten und zwischen Internationalen Organisationen von 1986 (BGBl. 1990 II 1414; ILM 25 (1986) 143–150). Vgl. auch zur EMRK *Nußberger*, in: Isensee/Kirchhoff, HStR Bd. X, § 209 Rn. 22.

165 Vgl. *Vöneky*, in: Isensee/Kirchhoff, HStR Bd. XI, § 236 Rn. 33.

166 *Herdegen*, in: Maunz/Dürig, GG, 77. EL 2016, Art. 79 Rn. 30.

167 Ungeschriebenes Verfassungsrecht ist solches, dass relativ textfern ist und dessen Herleitung daher einem erhöhten Begründungsaufwand unterliegt, vgl. *Grzeszick*, in: Maunz/Dürig,

der Bundesrepublik Deutschland (Art. 23 bis 26 GG),[168] besitzt im Verhältnis zu diesem nur Auffangfunktion[169] und weist einen begrenzten Regelungscharakter auf.

Ebenso wie für die supranationale europäische Integration besteht für das Verhältnis zwischen Völkerrecht und nationalem Recht, ohne dass dies im Widerspruch zur Völkerrechtsfreundlichkeit bzw. der Europarechtsfreundlichkeit des Grundgesetzes steht, ein Souveränitätsvorbehalt.[170] Eine absolute, unbedingte Verpflichtung, das Völkerrecht zu berücksichtigen bzw. ein absoluter, unbedingter Anwendungsvorrang des Europarechts bestehen also nicht.[171] Der unabdingbare Verfassungskern, der seine Absicherung in Art. 79 Abs. 3 GG findet, muss unter allen Umständen sowohl gegenüber dem Unionsrecht als auch gegenüber dem Völkerrecht gewahrt bleiben.

Im Unterschied zum Verhältnis von Völkerrecht und nationalem Recht wird im Verhältnis von Unionsrecht und nationalem Recht allerdings der erforderliche Gleichlauf der Rechtsordnungen bereits unabhängig vom Grundsatz der Europarechtsfreundlichkeit weitestgehend[172] durch den anerkannten Anwendungsvorrang des Unionsrechts gewährleitet.[173] Die grundsätzlich dualistische Konzeption, der sowohl das BVerfG als auch der EuGH (wenn auch im Detail Unterschiede bestehen) auch für das Europarecht (vgl. Solange II und Maastricht) folgen, wird im

GG, 77. EL 2016, Art. 20 VI. Rn. 31; sowie *Wolff*, Ungeschriebenes Verfassungsrecht unter dem Grundgesetz, 2000, 375ff.

168 Vgl. *Tomuschat*, in: Isensee/Kirchhoff, HStR, Bd. XI, 3. Aufl. 2013, § 226 Rn. 9.

169 Vgl. *Wollenschläger*, in: Dreier, GG, Bd. II, 3. Aufl. 2015, Art. 25 Rn. 52. Zum grundsätzlichen Vorrang des geschriebenen Rechts vgl. *Wolff*, Ungeschriebenes Verfassungsrecht unter dem Grundgesetz, 2000, 359ff. m.w.N., insbesondere unter Betonung des strengen Kodifikationsgedankens des Grundgesetzes, der dazu führe, dass das Grundgesetz ungeschriebenem Verfassungsrecht konzeptionell nur eingeschränkt offen gegenüber stehe, vgl. *Wolff*; a.a.O., 360.

170 Vgl. die Ausführungen unter Kapitel 2 A. II. 2. a) bb) für den Grundsatz der Völkerrechtsfreundlichkeit sowie unter Kapitel 1 A. II.

171 Zumindest nach der Sichtweise des BVerfG, der EuGH nimmt einen solchen absoluten Anwendungsvorrang des Unionsrechts hingegen an, vgl. *Geismann*, in: v. der Groeben/Schwarze/Hatje, Europäisches Unionsrecht, 7. Aufl. 2015, Art. 288 AEUV Rn. 5ff.

172 Zu den Grenzen des Anwendungsvorranges aus Sicht des nationalen Rechts vgl. *Geismann*, in: v. der Groeben/Schwarze/Hatje, Europäisches Unionsrecht, 7. Aufl. 2015, Art. 288 AEUV Rn. 5ff.

173 Vgl. ausführlich zum Anwendungsvorrang des Unionsrechts *Geismann*, in: v. der Groeben/Schwarze/Hatje, Europäisches Unionsrecht, 7. Aufl. 2015, Art. 288 AEUV Rn. 4ff.

Unionsrecht durch einen, durch die Besonderheiten der EU geprägten, monistischen Ansatz überlagert.[174] Da eine entsprechende Vorrangnorm für das Völkerrecht fehlt,[175] ist die Herstellung eines solchen Gleichlaufs eine der wesentlichen Funktionen des Grundsatzes der Völkerrechtsfreundlichkeit.[176]

b) Übertragung der Rechtsprechung zur Völkerrechtsfreundlichkeit auf die Europarechtsfreundlichkeit?

Die Grenze der Verfassungsidentität[177] und der Anwendungsvorrang bestimmen also maßgeblich den Anwendungsbereich der unmittelbar aus dem Grundsatz der Europarechtsfreundlichkeit ableitbaren Verpflichtung zur Einhaltung des Unionsrechts. Der Verfassungsvorbehalt der Verfassungsidentität überschneidet sich inhaltlich mit den Grenzen des Anwendungsvorranges.[178] Vor diesem Hintergrund zeigt sich, dass beiden Grundsätzen die Funktion zukommt, ein Auseinanderfallen der Rechtsordnungen zu verhindern, wobei sich die Frage stellt, inwieweit dem Grundsatz der Europarechtsfreundlichkeit im Verhältnis zum Anwendungsvorrang (aa) hier noch ein Anwendungsbereich verbleibt (bb).

174 Vgl. *Amrhein-Hoffmann*, Monismus und Dualismus in den Völkerrechtslehren, 2003, 266. Der EuGH postuliert, dass trotz des dualistischen Verhältnisses zwischen nationalem Recht und Unionsrecht kein innerstaatlicher Anwendungs- bzw. Transformationsbefehl für die Geltung und unmittelbare Anwendbarkeit des Unionsrechts notwendig sei, das BVerfG bejaht zwar die Notwendigkeit eines Anwendungsbefehls, gleichzeitig jedoch geht es von der unmittelbaren Geltung und Anwendbarkeit des Unionsrechts aus.

175 Da Völkerrecht im Unterschied zu Unionsrecht noch immer unter Einhaltung der Voraussetzungen der Art. 25 bzw. Art. 59 Abs. 2 GG einer jeweils speziellen Inkorporation bedarf um innerstaatliche Geltung zu erlangen, bestimmt sich sein Rang nach der Form der Inkorporation, so dass die allgemeinen Regeln der Normenhierarchie greifen, vgl. bloß die Ausführungen von *Herdegen*, in: Maunz/Dürig, GG, 77. EL 2016, Art. 25 Rn. 1 zur Funktion des Art. 25 GG als Kollisionsnorm.

176 Vgl. ausführlich die Ausführungen unter Kapitel 2 A. II. 2. Im Ergebnis so auch *Knop*, Völker- und Europarechtsfreundlichkeit als Verfassungsgrundsätze, 2013, 256f.; *Herdegen*, in: Maunz/Dürig, GG, 77. EL 2016, Art. 25 Rn. 8.

177 Vgl. die Ausführungen unter Kapitel 2 A. II 2. a) bb).

178 Vgl. zu den Grenzen des Anwendungsvorranges nach der Rechtsprechung des BVerfG *Geismann*, in: v. der Groeben/Schwarze/Hatje, Das Recht der Europäischen Union, 7. Aufl. 2015, Art. 288 AEUV Rn. 5ff.

aa) Die Sicherstellung des Gleichlaufs der Rechtsordnungen durch den Anwendungsvorrang

Ein Rückgriff auf den nur subsidiär anwendbaren Grundsatz der Europarechtsfreundlichkeit ist für die Gewährleistung eines Gleichlaufs der Rechtsordnungen nur insoweit möglich, als die geschriebene Verfassung das Staatsziel nicht ausreichend umsetzt. Grundsätzlich gewährleistet der gem Art. 23 GG anerkannte Anwendungsvorrang den Gleichlauf der Unions- und der nationalen Rechtsordnung. Im Rahmen des Anwendungsvorranges sind die Verfassungsorgane darüber hinaus bereits verpflichtet, Verstöße gegen Unionsrecht zu korrigieren.

Insbesondere bedarf der Anwendungsvorrang, auch wenn er Teil des Unionsrechts ist, keiner zusätzlichen verfassungsrechtlichen Absicherung. Diese besteht bereits über Art. 101 Abs. 1 S. 2 GG, wonach es einen Verstoß gegen das Recht auf den gesetzlichen Richter darstellt, wenn eine Vorlage an den EuGH hinsichtlich der Frage der Vereinbarkeit einer nationalen Norm mit dem Unionsrecht unterlassen wird.[179] Verstöße anderer Mitgliedstaaten gegen Unionsrecht sind auf der Ebene des Unionsrechts durch den EuGH zu sanktionieren,[180] das BVerfG hat diesbezüglich keine Entscheidungskompetenz.[181]

Der Anwendungsvorrang hat jedoch Grenzen.[182] Er gilt nach der innerstaatlichen Rechtsordnung nur, soweit sich das Unionsrecht im Rahmen der durch das Zustimmungsgesetz übertragenen Kompetenzen hält bzw. nicht die Verfassungsidentität verletzt, da unter dem Grundgesetz kein Verzicht auf die souveräne Staatlichkeit oder die Verfassungsidentität[183] zulässig ist. Soweit also trotz des Anwendungsvorranges ein Auseinanderfallen der beiden Rechtsordnungen droht, kann der Grundsatz der Europarechtsfreundlichkeit, wie der Grundsatz der Völkerrechtsfreund-

179 Vgl. ausführlich hierzu *Britz*, Verfassungsrechtliche Effektuierung des Vorabentscheidungsverfahrens, NJW 2012, 1313ff.

180 Z.B. im Rahmen des Vertragsverletzungsverfahrens gem. Art. 258ff. AEUV.

181 Dies deshalb, da die Kompetenz zur Entscheidung über die Auslegung und Gültigkeit von Unionsrecht gem. Art. 19 EUV dem EuGH übertragen wurde.

182 Vgl. ausführlich, im Ergebnis jedoch kritisch hierzu, im Zusammenhang mit dem Beschluss des OVG Münster EuR 2006, 821ff. die Ausführungen von *Terhechte*, Temporäre Durchbrechung des Vorrangs des europäischen Gemeinschaftsrechts beim Vorliegen „inakzeptabler Regelungslücken“?, EuR 2006, 828ff.

183 BVerfGE 123, 267 (348f.).

lichkeit, in Ergänzung zum geschriebenen Verfassungsrecht Anwendung finden, dies jedoch auch nur in den Grenzen von Art. 79 Abs. 3 GG.

Im Ergebnis besteht also im Verhältnis von Unionsrecht und nationalem Recht über die engere Verflechtung, die unmittelbare Anwendbarkeit des Unionsrechts sowie den Anwendungsvorrang bereits der Zustand, den die Anwendung des Grundsatzes der Völkerrechtsfreundlichkeit im Verhältnis zwischen nationalem Recht und Völkerrecht bewirken soll.

bb) Der mögliche Anwendungsbereich des Grundsatzes der Europarechtsfreundlichkeit

Der Grundgedanke allerdings, dass in dem Moment, in dem ein Auseinanderfallen der Rechtsordnungen droht und dies dem Zweck des geschriebenen Verfassungsrechts mit Bezug zur Europäischen Union entgegenläuft der Grundsatz der Europarechtsfreundlichkeit entsprechend der Funktion des Grundsatzes der Völkerrechtsfreundlichkeit Anwendung findet,[184] ist gerade unter Berücksichtigung von Art. 4 Abs. 3 EUV[185] und den aus den vertraglichen Grundlagen der Europäischen Union resultierenden Treuepflichten[186] anzuerkennen.

Die Rechtsfolgen jedoch müssen angesichts der Unterschiede im Verhältnis der jeweiligen Rechtsordnungen zueinander andere sein und können nicht in der Herstellung eines dem Anwendungsvorrang entsprechenden Gleichlaufs zwischen den Rechtsordnungen bestehen. Der Grundsatz der Europarechtsfreundlichkeit kann auch nicht dafür sorgen, dass zwischen Unionsrecht und unabwägbaren Verfassungsnormen eine Art praktische Konkordanz hergestellt wird.[187]

Für den Grundsatz der Europarechtsfreundlichkeit ist allerdings im Unterschied zum Grundsatz der Völkerrechtsfreundlichkeit die Funktion einer Kompetenz-

184 So auch im Ergebnis *Knop*, Völker- und Europarechtsfreundlichkeit als Verfassungsgrundsätze, 2013, 266.

185 Ähnlich auch *Knop*, Völker- und Europarechtsfreundlichkeit als Verfassungsgrundsätze, 2013, 276, der die Notwendigkeit der europarechtsfreundlichen Auslegung von Verfassungsrecht als spiegelbildliche Pflicht zu Art. 4 Abs. 3 EUV sieht.

186 Vgl. die Ausführungen unter Kapitel 2 A. II. 3. a).

187 Vgl. *Huber*, Bundesverfassungsgericht und Europäischer Gerichtshof als Hüter der Gemeinschaftsrechtlichen Kompetenzordnung, AöR 1991, Bd. 116, 210 (224).

ausübungsschranke denkbar. Relevant wird dies zB, wenn unter Mitwirkung der Mitgliedstaaten gegen Unionsrecht durch die Schaffung neuen Unionsrechts, z.B. im vereinfachten Vertragsänderungsverfahren gem. Art. 48 Abs. 6 EUV oder durch ergänzendes Vertragsrecht[188] verstoßen wird.

In diesem Fall steht kein Auseinanderfallen der Rechtsordnungen zu befürchten, da bereits nach dem Unionsrecht kein gültiger Rechtsakt begründet wird, womit kein Kollisionsfall im eigentlichen Sinn gegeben ist, da ein solcher immer zwei wirksame Normen voraussetzt. Im Unterschied dazu sind völkerrechtliche Verträge, auch wenn sie sich wiedersprechen, aus der Sicht des Völkerrechts jeweils gültig, das Kollisionsproblem stellt sich erst in der Gültigkeit beider in der nationalen Rechtsordnung und der Unmöglichkeit ihrer beider gleichzeitiger ordnungsgemäßer Erfüllung.

Für den Grundsatz der Völkerrechtsfreundlichkeit wurde zwar die Funktion einer Kompetenzauslegungsschranke verneint, da das grundgesetzliche System dem Völkervertragsrecht nur den Rang eines einfachen Gesetzes einräumt und dem Völkervertragsrecht nicht über den Grundsatz der Völkerrechtsfreundlichkeit faktisch ein Geltungsvorrang zukommen kann.[189] Im Unterschied zur dargestellten Situation eines Verstoßes gegen Unionsrecht durch Unionsrecht ist allerdings für das Völkerrecht zu beachten, dass sich oder dem späteren einfachen Gesetz widersprechende völkerrechtliche Verträge nicht in ihrer völkerrechtlichen Wirksamkeit berührt sind. Die Kollision findet hier erst auf der Ebene der Gültigkeit im nationalen Recht statt, wohingegen Unionsrecht, das gegen höherrangiges Unionsrecht verstößt, aus unionsrechtlicher Sicht keine Gültigkeit haben kann.

Da hier kein Geltungsvorrang begründet, sondern im Gegenteil die innerstaatliche Geltung unwirksamen, nicht bindenden Rechts verhindert würde, besteht die Möglichkeit, dass der Grundsatz der Europarechtsfreundlichkeit einen Gehalt hat, der über den des Grundsatzes der Völkerrechtsfreundlichkeit hinausgeht.

Weiter besteht die Möglichkeit, auch abwägungsfestes Verfassungsrecht soweit wie möglich „europarechtsfreundlich" auszulegen[190] bzw. zumindest verfahrens-

188 Vgl. hierzu auch *Meng*, in: v. der Groeben/Schwarze/Hatje, Europäisches Unionsrecht, 7. Aufl. 2015, Art. 48 EUV Rn. 5 sowie Rn. 31ff.

189 Vgl. die Ausführungen unter Kapitel 2 A. II. 2. a) dd).

190 Vgl. *Knop*, Völker- und Europarechtsfreundlichkeit als Verfassungsgrundsätze, 2013, 276.

rechtlich europarechtsfreundlich anzuwenden. Dies wurde bislang von der Rechtsprechung z.B. mittels der europarechtsfreundlichen Ausübung der ultra-vires und der Identitätskontrolle verwirklicht.[191]

III. Ergebnis

Die Grundsätze der Völkerrechtsfreundlichkeit und der Europarechtsfreundlichkeit weisen in funktioneller und in inhaltlicher Hinsicht Ähnlichkeiten auf, ohne dass sich hieraus eine vollständige Übertragbarkeit der aus dem Grundsatz der Völkerrechtsfreundlichkeit hergeleiteten Verpflichtungen und Rechtsfolgen ergibt. Zwar sollen beide Grundsätze ein Auseinanderfallen der Rechtsordnungen gerade auch unter vertraglichen Treuegesichtspunkten, soweit dies unter dem Grundgesetz möglich ist, verhindern. Da der insoweit erreichte Gleichlauf zwischen Unionsrecht und nationalem Recht bereits besteht und auch ausreichend abgesichert ist, kann sich der Inhalt des Grundsatzes der Europarechtsfreundlichkeit jedoch nicht in den aus dem Grundsatz der Völkerrechtsfreundlichkeit abgeleiteten Verpflichtungen erschöpfen.

B. Bundestreue und Verfassungsorgantreue

Die deutsche Rechtsordnung ist neben der Verflechtung mit dem Völkerrecht im Rahmen der sogenannten horizontalen (zwischen Exekutive, Legislative und Judikative bzw. der jeweiligen Verfassungsorgane) und vertikalen (zwischen Bund und Ländern) Gewaltenteilung[192] in Mehrebenensysteme eingebunden, in denen ebenfalls vertragliche Treuegesichtspunkte eine Rolle spielen. Die Teilung der Gewalten führt dazu, dass Konflikte auftreten können, die die Verwirklichung der Verfassung[193] gefährden.[194] Unter diesem Gesichtspunkt werden sowohl das Verhältnis der Rechtsordnung des Bundes zu denen der Länder zum einen (I.) als auch die Verflechtungen durch Kompetenzüberschneidungen bei den Verfassungsorga-

191 Vgl. die Ausführungen unter Kapitel 1 B. II. 1.

192 Vgl. hierzu *Kirchhof*, in: Maunz/Dürig, GG, 77. EL 2016, Art. 83 Rn. 23.

193 Die Verfassung wird ja auch als Gesellschaftsvertrag oder als sozialer Pakt bezeichnet, vgl. nur *Rousseau*, Du Contrat Social, 2001, 55ff.

194 Für diese gemeinsamen Wurzeln der Bundestreue und der Verfassungsorgantreue auch *Lorz*, Interorganrespekt im Verfassungsrecht, 2001, 36.

nen zum anderen (II.) durch ungeschriebene Verfassungsgrundsätze mitbestimmt und mitgestaltet. Fraglich ist, inwieweit Inhalt, Funktion und Verwendung dieses ungeschriebenen Verfassungsrechts auf den Grundsatz der Europarechtsfreundlichkeit übertragen werden kann.

I. Die Bundestreue

Die Bundestreue stellt den Ausdruck des allgemeinen Rechtsgedankens eines Loyalitätsgebots oder einer Treueverpflichtung in föderalen Ordnungszusammenhängen dar, der nicht auf den Bundesstaat, und damit auch nicht auf den Nationalstaat als solchen beschränkt ist.[195] Vergleichbare Institute lassen sich bereits im Heiligen Römischen Reich deutscher Nation oder im nachfolgenden Deutschen Bund, einem Staatenbund,[196] beobachten.[197] Zunächst soll hier das Gebot der Bundestreue in seiner konkreten gegenwärtigen deutschen Ausprägung betrachtet werden, aber auch ein Abgleich mit ähnlichen Instituten anderer Mitgliedstaaten soll vorgenommen werden (1.) um im Anschluss die Übertragbarkeit der gewonnenen Erkenntnisse auf den Grundsatz der Europarechtsfreundlichkeit zu untersuchen (2.).

1. Inhalt und Funktion der Bundestreue

Die Bundestreue ist ein ungeschriebener Grundsatz[198] des Grundgesetzes, dessen Geltung als solche nicht umstritten ist.[199] Auch hier soll zunächst die Herleitung des ungeschriebenen Grundsatzes untersucht werden (a). In der Folge soll aus einer Analyse der bisherigen Hauptanwendungsfälle in der Rechtsprechung Inhalt und Funktion des Grundsatzes weiter bestimmt werden (b), um schließlich die Ver-

195 *Unruh*, Die Unionstreue – Anmerkungen zu einem Rechtsgrundsatz der Europäischen Union, EuR 2002, 41 (47).

196 *Kisker*, Kooperation im Bundesstaat, 1971, 97.

197 *Unruh*, Die Unionstreue – Anmerkungen zu einem Rechtsgrundsatz der Europäischen Union, EuR 2002, 41 (47). Ausführlich hierzu *Kowalsky*, Die Rechtsgrundlagen der Bundestreue, 1970, 5ff.; *Lorz*, Interorganrespekt im Verfassungsrecht, 2001, 13.

198 Zwar sind im Verfassungstext einzelne Ausprägungen explizit normativ verankert wie z.B. Art. 35, 36, 72 Abs. 2 106 Abs. 3 und 4, 109 Abs. 1 GG. Der Grundsatz selbst findet sich jedoch nicht im Grundgesetz.

199 *Dittmann*, in: Isensee/Kirchhoff, HStR Bd. VI, 3. Aufl. 2008, § 127 Rn. 2. Vgl. auch bereits *Hesse*, Der unitarische Bundesstaat, 1962, 7ff., der den Grundsatz für entbehrlich hält.

wendbarkeit der Erkenntnisse für die weitere Konkretisierung von Aufgabe und Inhalt des Grundsatzes der Europarechtsfreundlichkeit zu untersuchen (2).

a) Herleitung des ungeschriebenen Verfassungsgrundsatzes der Bundestreue

Der Grundsatz der Bundestreue ist ein ungeschriebener Verfassungsgrundsatz des Grundgesetzes.[200] Als ungeschriebener Grundsatz gilt für ihn, wie schon für den Grundsatz der Völkerrechtsfreundlichkeit und auch den Grundsatz der Europarechtsfreundlichkeit, dass er nur subsidiär,[201] ergänzend zur Anwendung kommen kann, wenn die Ziele des geschriebenen Verfassungsrechts aus dem er abgeleitet wurde mit den geschriebenen Normen nicht verwirklicht werden können.[202]

200 Die Wurzeln der Bundestreue liegen allerdings in der Gründung des deutschen Reiches 1871. Die damals 1860 und 1870 geschlossenen Bündnisverträge zwischen historisch gewachsenen Staatswesen (vgl. *Hesse*, Der unitarische Bundesstaat, 1962, 12) bildeten unter Bismarck den ursprünglichen Anknüpfungspunkt. In diesem Zusammenhang nahm die Bundestreue faktisch die Funktion der Vertragstreue wahr vgl. *Unruh*, Die Unionstreue – Anmerkungen zu einem Rechtsgrundsatz der Europäischen Union, EuR 2002, 41 (48). Sie wurde ursprünglich auf einen politischen Maßstab reduziert, vgl. *Unruh*, a.a.O., 41 (49). Heute wird in der Bundestreue ganz unstreitig ein (wenn auch politischer) Rechtssatz gesehen, vgl. *Bayer*, Die Bundestreue, 1961, 28ff. Kritisch allerdings *Hesse*, Der unitarische Bundesstaat, 1962, 7ff., der die „bündische Eigenart" unter der durch das GG normierten bundesstaatlichen Ordnung nicht mehr als gegeben ansieht, da heute im Unterschied zu deutschen Reich eine Staatsgerichtsbarkeit existiert (vgl. *Hesse*, a.a.O., 9) und die Gesetzgebungskompetenz des Bundes heute deutlich weitreichender sind als die des Reiches, vgl. *Kisker*, Kooperation im Bundesstaat, 1971, 95.

201 *Dittmann*, in: Isensee/Kirchhoff, HStR Bd. VI, 3. Aufl. 2008, § 127 Rn. 38.

202 Vgl. zum Verhältnis von geschriebenem und ungeschriebenem Verfassungsrecht die Ausführungen unter Kapitel 1 A. III. 1. sowie zum lückenfüllenden Charakter der Bundestreue *Kowalsky*, Die Rechtsgrundlagen der Bundestreue, 1970, 40.

Eine ausführliche Begründung der normativen Grundlagen der Bundestreue findet sich weder in der Literatur,[203] noch in der Rechtsprechung des BVerfG.[204] Dieses hat den Grundsatz zwar bereits in einer seiner ersten Entscheidungen anerkannt,[205] die Begründung war aber recht kurz das

„föderalistische[n] Prinzip“.[206]

203 Mit Ausnahme der Arbeit *Smends*, Ungeschriebenes Verfassungsrecht im monarchischen Bundesstaat, in: ders., Staatsrechtliche Abhandlungen, 3. Aufl. 1994, 39ff., der die Bundestreue dem ungeschriebenen Verfassungsrecht zumindest zuordnet, jedoch nur eine vage Begründung für diese Zuordnung anbieten kann. In Summe stellt Smend die These auf, dass sich die Pflicht zur Bundestreue aus dem Verhältnis des Reiches und der Einzelstaaten zueinander ergebe, welches ein Verhältnis der Gleichordnung unter Verbündeten sei. Der ungeschriebene Grundsatz sei zur Lückenfüllung im Bereich der Regelungen der Bund/Länder-Beziehungen erforderlich. Vgl. hierzu ausführlicher *Unruh*, Die Unionstreue- Anmerkungen zu einem Rechtsgrundsatz der Europäischen Union, EuR 2002, 41, (49) sowie *Bauer*, Die Bundestreue, 1992, 56ff. Diese Aussagen Smends sind vor dem Hintergrund zu sehen, dass er mit seiner Integrationslehre einen neuen Ansatz in der Betrachtung des Staatsbegriffes vornahm, vgl. *Hobe*, Der offene Verfassungsstaat zwischen Souveränität und Interdependenz, 1998, 76ff. Der Bundesstaat wird von der Integrationslehre als Integrationsmittel angesehen vgl. *Hobe*, a.a.O., 78. Später erweiterte Smend im Hinblick auf internationale Organisationen seine Lehre dahingehend, dass er präzisierte, dass Integration Eingliederung unter Aufgabe bzw. Veränderung bisher dem Staat zugehöriger Eigenschaften sei, wobei ein neues Ganzes geschaffen wird, das mehr ist, als der bloße Zusammenschluss der Einzelheiten, vgl. *Hobe*, a.a.O., 78. In Summe scheint aus der Perspektive Smends das Institut der Bundestreue jedoch ein vertragliches zu sein, vgl. *Kowalsky*, Die Rechtsgrundlagen der Bundestreue, 1970, 18. Unter dem Grundgesetz wurden vereinzelt Untersuchungen zu den Rechtsgrundlagen der Bundestreue unternommen, vgl. Kowalsky, Die Rechtsgrundlagen der Bundestreue, 1970, 38ff. m.w.N.; sowie *Bauer*, a.a.O., 118ff.

204 Vgl. so auch *Kowalsky*, Die Rechtsgrundlagen der Bundestreue, 1970, 42 sowie *Bauer*, Die Bundestreue, 1992, 144.

205 BVerfGE 1, 299ff.

206 BVerfGE 1, 299 (315). Das BVerfG qualifiziert das bundesstaatliche Prinzip zwar ohne Ausnahme als Prinzip der Verfassung, hingegen wird es selten an konkreten Normen der Verfassung festgemacht, sondern als der Verfassung selbstverständlich zu Grunde liegendes Konzept behandelt, vgl. *Jestaedt*, in: Isensee/Kirchhoff, HStR Bd. II, 3. Aufl. 2004, § 29 Rn. 20. Trotzdem wird das bundesstaatliche Prinzip nicht als ungeschriebenes Verfassungsprinzip gesehen, als normative Grundlage werden zum Teil die Art. 28 und 30 GG oder aber die Art. 20 Abs. 1 und 28 Abs. 1 GG bzw. Art. 79 Abs. 3 GG zitiert. Am häufigsten wird auf Art. 20 Abs. 1 GG zurückgegriffen, vgl. nur BVerfGE 34, 9 (20); vgl. auch *Jestaedt*, in: Isensee/Kirchhoff, HStR Bd. II, 3. Aufl. 2004, § 29 Rn. 20.

Darüber hinaus verwies das BVerfG bei seiner Bestätigung des ungeschriebenen Grundsatzes der Bundestreue ausdrücklich auf die Lehre Smends[207] und untermauert die Bundestreue zum Teil darüber hinaus mit dem bündischen Wesen[208] des Bundesstaates,[209] was auf eine Qualifizierung der Bundestreue als vertragliches Prinzip schließen lässt.[210]

Nach der Lehre Smends,[211] der die Bundestreue unter dem deutschen Reich untersuchte und seine Erkenntnisse auch auf die Weimarer Republik übertrug, hatte die Bundestreue insbesondere die Funktion der Vertragstreuepflicht der Mitglieder eines Staatenbundes.[212] Er begründete dies damit, dass das Reich zwar ein Bundesstaat (und eben kein Staatenbund) sei gleichwohl jedoch in einer herrschaftlichen Ordnung ebenfalls einzelne Rechtsbeziehungen „bündisch" ausgestaltete werden können.[213]

Der Verfassungsrang und die verfassungsrechtlichen Grundlagen der Bundestreue können jedoch nicht ausschließlich, wie dies bei Smend der Fall war, in Vertragstreuepflichten gesehen werden.[214] Vielmehr muss sich der Grundsatz auch aus

207 BVerfGE 1, 299 (315).

208 Vgl. ausführlich zum Begriff des „Bündnis" und seine Entwicklung *Kisker*, Kooperation im Bundesstaat, 1971, 94ff.

209 BVerfGE 1, 299 (315), kritisch insoweit *Jestaedt*, in: Isensee/Kirchhoff, HStR Bd. II, 3. Aufl. 2004, § 29 Rn. 73, der hierin insbesondere deshalb keine ausreichende Begründung sieht, da dem Wort bündisch die Bedeutung vertraglich zuzuordnen sei und diese Terminologie unmittelbar an die ursprünglichen Ausführungen Semnds anknüpft, vgl. *Kowalsky*, Die Rechtsgrundlage der Bundestreue, 1970, 21 sowie mit weiteren Argumenten aus der Verfassung gegen ein Vorliegen vertragsmäßiger Elemente im Grundgesetz, 44ff.; ebenso kritisch *Bauer*, Die Bundestreue, 1992, 228ff. Vgl. auch *Lerche*, Föderalismus als nationales und internationales Ordnungsprinzip, VVDStRL 1964, Bd. 21, 66 (88ff.).

210 Vgl. *Kowalsky*, Die Rechtsgrundlagen der Bundestreue, 1970, 18.; *Kaiser*, Zur Ableitung des Verfassungsprinzips des „bundesfreundlichen Verhaltens" aus dem Begriff des Bundesstaates, DÖV 1961, 653 (657); vgl. zum ursprünglichen Verständnis der Bundestreue als Vertragstreue auch *Kisker*, Kooperation im Bundesstaat, 1971, 96.

211 *Smend*, Ungeschriebenes Verfassungsrecht im monarchischen Bundesstaat, in: ders., Staatsrechtliche Abhandlungen, 3. Aufl. 1994, 39ff.

212 *Kisker*, Kooperation im Bundesstaat, 1971, 96ff.

213 *Kisker*, Kooperation im Bundesstaat, 1971, 99.

214 Auch wenn sich das BVerfG im Rahmen der Bundestreue zum Teil ausdrücklich auf Smend beruft, vgl. BVerfGE 1, 299 (315). Vgl. zur Ansicht Smends, dass das Institut der Bundestreue ein vertragliches sei ausführlich *Kowalsky*, Die Rechtsgrundlagen der Bundestreue, 1970, 18, der

dem Regelungszusammenhang des Grundgesetzes in seiner heutigen Form und dem hierin enthaltenen bundestaatlichen Prinzip in seiner konkreten gegenwärtigen Ausprägung ableiten lassen.[215] Gleichwohl der Gedanke der Vertragstreue weiterhin im Grundsatz der Bundestreue enthalten ist[216] legte das BVerfG daher zutreffenderweise der Herleitung des bundesfreundlichen Verhaltens das Prinzip der Vertragstreue nicht ausschließlich unmittelbar zugrunde sondern bezog sich stattdessen (zunächst etwas vage) zusätzlich auf das „Wesen des Bundesstaates"[217] und damit im weitesten Sinne auch auf das Prinzip der (vertikalen) Gewaltenteilung.[218]

Zwar ist nach vielen Stimmen der Literatur das sog. „Wesen des Bundesstaates" in seiner bundesstaatstheoretischen Ausprägung für die Herleitung des Grundsatzes der Bundestreue ungeeignet.[219] Erforderlich sei eine Verankerung im positiven Verfassungsrecht,[220] wobei sich die Ableitung des Grundsatzes aus Art. 72 Abs. 2 GG[221] nicht durchgesetzt hat. Der Ansicht, wonach die Herleitung des Grundsatzes

zutreffend darauf hinweist, dass das heutige Verfassungsrecht nicht auf einen „Gründungsvertrag" der nach 1945 existierenden Länder zurückführbar ist, sondern vielmehr durch den verfassungsgebenden Akt des deutschen Volkes geschaffen wurde, *Kowalsky*, a.a.O., 44; vgl. ebenso mit Verweis auf die Präambel *Bauer*, Die Bundestreue, 1992, 228ff.; sowie allgemein zur Rückkoppelung an die Lehre Smends *Bauer*, a.a.O., 121ff.; vgl. auch *Kaiser*, Zur Ableitung des Verfassungsprinzips des „bundesfreundlichen Verhaltens" aus dem Begriff des Bundesstaates, DÖV 1961, 653 (657). Vgl. für die kritischen Stimmen der Literatur *Lorz*, Interorganrespekt im Verfassungsrecht, 2001, 17 m.w.N.

215 *Kowalsky*, Die Rechtsgrundlagen der Bundestreue, 1970, 43ff. Zustimmend zu dieser Verankerung im positiven Verfassungsrecht auch *Bauer*, Die Bundestreue, 1992, 232ff.

216 *Isensee*, in: Isensee/Kirchhoff, HStR Bd. VI, § 126 Rn. 151f.

217 BVerfG NJW 1958, 1341 (1343). Kritisch im Ergebnis *Kowalsky*, Die Rechtsgrundlagen der Bundestreue, 1970, insb. 113, der in der Folge versucht, die Bundestreue aus dem Rechtsstaatsprinzip heraus zu begründen. Kritisch auch *Bauer*, der den begrenzten Erkenntniswert von Bundestaatstheorie und -lehre feststellt, *Bauer*, Die Bundestreue, 1992, 219ff.; und in dem Hinweis auf das Wesen des Bundesstaates einen Rückgriff auf eine Leerformel sieht, vgl. *Bauer*, a.a.O., 230ff.

218 Vgl. für die Zuordnung des Bundesstaatsprinzips zur Gewaltenteilung *Grzeszick*, in: Maunz/Dürig, GG, 77. EL 2016, Art. 20 V. Rn. 109.

219 Ausführlich hierzu *Bauer*, Die Bundestreue, 1992, 218ff.; *ders*, allerdings a.A. unter Bezugnahme auf die Rechtsverhältnislehre, vgl. *Bauer*, a.a.O., 261ff.

220 Vgl. *Bauer*, Die Bundestreue, 1992, 218ff.; *Dörfer*, Bundesverfassungsgericht und Bundesstaat, 2010, 81f.

221 So jedoch *Bleckmann*, Zum Rechtsinstitut der Bundestreue – Zur Theorie der subjektiven Rechte im Bundesstaat, JZ 1991, 900ff.

aus dem in Art. 20 Abs. 1 GG verankerten Bundestaatsprinzip zu bevorzugen ist, da für eine überzeugende Ableitung des Grundsatzes der Bundestreue ausschließlich aus dem Grundsatz von Treu und Glauben zunächst dargelegt werden müsste, dass dieser Grundsatz ein verfassungsrechtlicher ist,[222] ist hingegen insoweit zuzustimmen, als die Bundestreue als Bestandteil der bundesstaatlichen Systematik[223] in engem Zusammenhang mit Art. 20 Abs. 1 GG steht. Gleichwohl sind die Meinungen, die statt auf das bundestaatliche Prinzip unmittelbar auf den Grundsatz von Treu und Glauben zur Begründung des Grundsatzes der Bundestreue abstellen,[224] da sich die Funktion des Grundsatzes in der Rechtsprechung des BVerfG häufig auf die eines Missbrauchsverbotes zuspitze,[225] nicht vollständig abzulehnen. Auch das bundesstaatliche Prinzip, das ganz wesentlich durch die vom Grundgesetz vorgesehene Kompetenzordnung konkretisiert wird,[226] enthält im dogmatischen Ordnungsrahmen der Rechtsverhältnislehre[227] Elemente von Treu und Glauben,[228] die somit auch die Grundlage der Bundestreue bilden.[229]

222 Vgl. *Grzeszick*, in: Maunz/Dürig, GG, 77. EL 2016, Art. 20 IV. Rn. 121.

223 *Bauer*, Die Bundestreue, 1992, 263.

224 So z.B. *Bauer*, in: *Dreier*, GG Bd. II, 3. Aufl. 2015, Art. 20 Rn. 46; *Sachs*, in Sachs, GG, 7. Aufl. 2014, Art. 20 Rn. 68; im Wesentlichen auch *Schnapp*, in: v. Münch/Kunig, GG, Bd. 1, 6. Aufl. 2012, Art. 20 Rn. 14.

225 *Grzeszick*, in: Maunz/Dürig, GG, 77. EL 2016, Art. 20 IV. Rn. 120. Ein Überblick über die verschiedenen Begründungsansätze findet sich bei *Bauer*, Die Bundestreue, 1992, 234. Das BVerfG entscheidet ähnlich in seiner in anderem Zusammenhang ergangenen Rechtsprechung zu Art. 3 Abs. 1 GG, vgl. *Bauer*, a.a.O., 243ff., der im Grundsatz der Bundestreue im Ergebnis eine „bereichsspezifische Ausprägung" des Grundsatzes von Treu und Glauben sieht. AA allerdings mit dem Argument, dass der Nachweis einer Pflichtverletzung nicht den Vorwurf der Treulosigkeit voraussetzt, *Faller*, Das Prinzip der Bundestreue in der Rechtsprechung des BVerfG, in: Lerche/Zacher/Badura, Festschrift für Theodor Maunz, 1981, 53 (62) und sich mit dem Einwand, der andere Teil sei seiner Pflicht zum bundesfreundlichen Verhalten nicht nachgekommen niemand von seiner eigenen Pflicht zum bundesfreundlichen Verhalten entziehen kann, *Schmidt*, Der Bundesstaat und das Verfassungsprinzip der Bundestreue, 1966, 115.

226 *Badura*, in: ders., Staatsrecht, 6. Aufl. 2015, G Rn. 94.

227 Nach der Rechtsverhältnislehre sind *„Bund und Länder als Rechtssubjekte des bundesstaatsrechtlichen Grundverhältnisses sowie in den besonderen Rechtsverhältnissen des Bundesstaatsrechts durch wechselseitige, auch mehrpolig wirkende Reche und Pflichten in vielfältiger Weise voneinander abgegrenzt und zugleich aufeinander bezogen."* vgl. *Bauer*, in: *Dreier*, GG Bd. II, 3. Aufl. 2015, Art. 20 Rn. 39. Ausführlich auch *ders.*, in *Bauer*, Die Bundestreue, 1992, 270ff. Anklänge der Rechtsverhältnislehre finden sich auch in Urteilen des BVerfG, so z.B. BVerfGE 72, 330 (338), das von einem bundesstaatlichen Verfassungsverhältnis spricht.

228 *Bauer*, in: *Dreier*, GG Bd. II, 3. Aufl. 2015, Art. 20 Rn. 46.

229 Entsprechend wurden dem völkerrechtlichen Grundsatz „bona fides" zum Teil Anstöße für

Dementsprechend kann nach ständiger Rechtsprechung des BVerfG die Bundestreue nur in einer Zusammenschau mit allen anderen Normen, die das (Rechts) Verhältnis von Bund und Ländern regeln, verstanden werden.[230] Das bundesstaatliche Prinzip wurde im Grundgesetz in einer Reihe von detaillierten konkreten Normen weitgehend positiv[231] ausgestaltet[232] und stellt einen Grundbaustein der Verfassung dar,[233] der sich in verschiedenen Vorschriften des Grundgesetzes ausdrückt, von Art. 20 über Art. 28, Art. 30 und Art. 79 Abs. 3 GG.[234] Nach der Auffassung des BVerfG enthält das bundesstaatliche Prinzip zusätzlich zu diesen positiven Verfassungsnormen den Gedanken, dass die einzelnen Mitglieder des föderalen Systems in kooperativer Form[235] zusammenwirken. Dies ergibt sich daraus, dass die Verfassung in Verwirklichung des bundesstaatliche Prinzip zum einen eine Aufteilung der

die die Bundestreue entnommen, vgl. *Bauer*, in: *Dreier*, GG Bd. II, 3. Aufl. 2015, Art. 20 Rn. 16.

230 BVerfGE 6, 309 (361); diese Anknüpfung des Geltungsgrundes der Bundestreue am positiven Recht entspricht den häufigen Forderungen der Literatur, den Gedanken der Bundestreue unter dem Grundgesetz nicht an kaum fassbaren Formeln wie dem bundesstaatlichen Prinzip, dem Wesen des Bundesstaates, oder gar dem grundsätzlich nicht auf das Grundgesetz übertragbaren Bündnisgedanken zurückzuführen, vgl. nur für viele *Bauer*, Die Bundestreue, 1992, 232ff.

231 Vgl. hierzu auch *Bauer*, Die Bundestreue, 1992, 125ff., in Zusammenhang mit der in den Anfangsjahren der Bundesrepublik herrschenden Kritik am Bestand von ungeschriebenem Verfassungsrecht unter einem Grundgesetz, das sich zur Kodifikationsidee, gerade auch was das Verhältnis von Bund und Ländern betrifft, bekennt. Vgl. *Jestaedt*, in: Isensee/Kirchhoff, HStR Bd. II, 3. Aufl. 2004, § 29 Rn. 17 in Zusammenhang mit der wenig vorhandenen Rechtsprechung des BVerfG, die sich konkret auf das Bundesstaatsprinzip stützt. Vgl. auch ausführlich zum Verfassungsbegriff und ungeschriebenem Verfassungsrecht *Bayer*, Die Bundestreue, 1992, 29ff.

232 Das Bundesstaatsprinzip wird im Grundgesetz über die Maßen detailliert durch konkrete und ausdifferenzierte Verfassungsnormen weiter bestimmt, insbesondere im Vergleich zu den anderen Prinzipien des Art. 20 GG, vgl. *Dörfer*, Bundesverfassungsgericht und Bundesstaat, 2010, 69; *Jestaedt*, in: Isensee/Kirchhoff, HStR Bd. II, 3. Aufl. 2004, § 29 Rn. 13; *Bauer*, in Dreier, GG, Bd. II, 3. Aufl. 2015, Art. 20 Rn. 40; *Grzeszick*, in: Maunz/Dürig, GG, 77. EL 2016, Art. 20 IV. Rn. 66. Dies wird mit dem föderativen Vorbehalt der Verfassung begründet.

233 *Jestaedt*, in: Isensee/Kirchhoff, HStR Bd. II 3. Aufl. 2004, § 29 Rn. 20.

234 Das BVerfG leitet das Bundesstaatsprinzip selten ausführlich normativ her, in der Regel begnügt es sich mit einem bloßen Klammerzusatz, wobei es hier unterschiedliche Normkombinationen heranzieht, vgl. *Jestaedt*, in: Isensee/Kirchhoff, HStR Bd. II 3. Aufl. 2004, § 29 Rn. 20; *Dörfer*, Bundesverfassungsgericht und Bundesstaat, 2010, 69f.

235 Nach der wohl auch vom BVerfG vertretenen Kombination von subordinationsrechtlicher und koordinationsrechtlicher Ausprägung des Bundesstaates als Ordnungsmodell, besteht nicht nur eine Treuepflicht der Länder gegenüber dem Bund, wie dies bei Zugrundelegung eines rein subordinationsrechtlichen Ordnungsmodelles der Fall wäre, vgl. *Bauer*, Die Bundestreue, 1992, 129ff. Damit wird die bundesstaatliche Über- und Unterordnung relativiert und durch Gleich- bzw. Nebenordnungsvorstellungen ergänzt.

Kompetenzen zwischen Bund und Ländern vorgenommen hat, gleichzeitig jedoch ebenfalls davon ausgeht, dass das Ganze nur zusammen verwirklicht werden kann, d. h. die Verfassungsentscheidung für die gesamtstaatliche Zielverantwortung.[236].

Der Grundsatz der Bundestreue kann dementsprechend als Subprinzip der konkreten grundgesetzlichen Ausprägung des bundestaatlichen Prinzips, einem Staatstrukturprinzip,[237] gesehen werden.[238] Da das bundesstaatliche Prinzip allerdings trotz seiner positivrechtlichen Ausprägungen weder abschließend definiert wird, noch seine Inhalte in einer Aufzählung festgehalten sind,[239] ist seine normative Dichte im Sinne einer Subsumptionsfähigkeit gering,[240] was sich auch auf den aus ihm abgeleiteten Grundsatz der Bundestreue übertragen muss.

236 Vgl. *Jestaedt*, in: Isensee/Kirchhoff, HStR Bd. II, 3. Aufl. 2004, § 29 Rn. 73; *Isensee*, in: Isensee/Kirchhoff, HStR Bd. VI, 3. Aufl. 2008, § 126 Rn. 102ff. Das Prinzip der Bundestreue wird dementsprechend dem Wesen des Bundesstaates, wonach immer ein Auseinanderstreben von Bund und Ländern gegeben ist, entnommen, vgl. zu diesem Ansatz auch *Kowalsky*, Die Rechtsgrundlagen der Bundestreue, 1970, 48ff.

237 *Grzeszick*, in: Maunz/Dürig, GG, 77. EL 2016, Art. 20 I. Rn. 1.

238 *Jestaedt*, in: Isensee/Kirchhoff, HStR Bd.II, 3. Aufl. 2004, § 29 Rn. 21. Voraussetzung für diesen Schluss ist allerdings ein integrales Verständnis des bundestaatlichen Prinzips; bei einem summativen Verständnis von Art. 20 Abs. 1 GG hingegen fasst der Grundsatz nur zusammen, was in den anderen, für den Bundesstaat relevanten Vorschriften des Grundgesetzes konkret niedergelegt ist, ohne einen eigenen Inhalt zu haben, was stillschweigende Implikationen wie den Begriff der Bundestreue ausschließen würde vgl. *Isensee*, in: Isensee/Kirchhoff, HStR Bd. VI, 3. Aufl. 2008, § 126 Rn. 293. Augenscheinlich geht das BVerfG allerdings von einem integralen Verständnis des Begriffs aus vgl. *Isensee*, in: Isensee/Kirchhoff, HStR Bd. VI, 3. Aufl. 2008, § 126 Rn. 293.

239 *Jestaedt*, in: Isensee/Kirchhoff, HStR Bd.II, 3. Aufl. 2004, § 29 Rn. 22.

240 *Kowalsky*, Die Rechtsgrundlagen der Bundestreue, 1970, 194ff.; *Kaiser*, Zur Ableitung des Verfassungsprinzips des „bundesfreundlichen Verhaltens" aus dem Begriff des Bundesstaates, DÖV 1961, 653 (658).

b) Die Konkretisierung des Grundsatzes der Bundestreue in der Rechtsprechung

Wenn auch die Rechtsgrundlagen der Bundestreue häufig übergangen werden, so wird der Inhalt des Grundsatzes der Bundestreue durch die Rechtsprechung des BVerfG was seinen Anwendungsbereich aa) und was seine Funktion bb) betrifft, weiter konkretisiert.[241]

aa) Der Anwendungsbereich des Grundsatzes

Aus der Herleitung des Grundsatzes der Bundestreue ergibt sich zwangsläufig, dass der sachliche Anwendungsbereich auf die bundesstaatliche Ordnung des Grundgesetzes beschränkt ist.[242] Der Grundsatz muss der subsidiären Verwirklichung des Staatstrukturprinzips des Bundesstaates dienen. Adressat der Bundestreue sind alle Akteure im Bundesstaat, d. h. den Bund und die Länder, dementsprechend für die für sie handelnden Organe.[243]

Nach der herrschenden Bundesstaatstheorie besitzen sowohl der Bund als Gesamtstaat, als auch die Länder als Gliedstaaten die Eigenschaft souveräner Staatlichkeit.[244]

---

241 *Kowalsky*, Die Rechtsgrundlagen der Bundestreue, 1970, 42.

242 *Bauer*, Die Bundestreue, 1992, 327ff.; *Bauer*, in: Dreier, GG, Bd. II, 3. Aufl. 2015, Art. 20 Rn. 48.

243 Vgl. ausführlich hierzu *Bauer*, Die Bundestreue, 1992, 294ff.; *Bauer* weißt in diesem Kontext zutreffend darauf hin, dass sich auf Grund dieser Festlegung der durch die Bundestreue verpflichteten Rechtsträger eine Ausdehnung des personellen Anwendungsbereiches auf die Rechtsbeziehungen zwischen den Verfassungsorganen des Bundes verbiete. Diese Rechtsbeziehungen betreffen das Innenverhältnis zwischen den Verfassungsorganen des Bundes und werden über den im Folgenden noch zu behandelnden Grundsatz der Verfassungsorgantreue ergänzend gesteuert, vgl. in diesem Sinne auch *Grzeszick*, in: Maunz/Dürig, GG, 77. EL 2016, Art. 20 IV. Rn. 140. Aber auch eine Erstreckung des personellen Anwendungsbereichs der Bundestreue auf die gesamte Bundes- und Landesverwaltung verbietet sich. Dies betrifft insbesondere eine Bindung der Gemeinden durch die Bundestreue (vgl. *Bauer*, Die Bundestreue, 1992, 298ff.; der die mittelbare Staatsverwaltung vom Anwendungsbereich der Bundestreue ausnehmen möchte); ebenfalls für eine diesbezüglich einschränkende Auslegung des Anwendungsbereiches *Groß*, Der verfassungsrechtliche Gehalt des Grundsatzes der Bundestreue, DÖV 1961, 404 (404ff.).

244 BVerfGE 36, 342 (360f.); *Dietlein*, Landesverfassungsbeschwerde und Einheit des Bundesrechts – Zu den Kontrollbefugnissen der Landesverfassungsgerichte im Rahmen des „Urteils-

Vor diesem Hintergrund ist für die Anwendbarkeit der Bundestreue, die nach dem Verständnis des BVerfG die Akteure in den Rechtskreisen von Bundesrecht und Landesrecht koordinieren und das bundesstaatliche Prinzip ergänzen soll, ein bestehendes bundesstaatliches Verfassungsrechtsverhältnis immer Voraussetzung.[245] Der Grundsatz der Bundestreue ist nach der ständigen Rechtsprechung des BVerfG daher streng akzessorisch.[246] Sie kann nur innerhalb eines bestehenden Rechtsverhältnisses zwischen Bund und Ländern dessen Rechte und Pflichten begrenzen oder modifizieren, das Rechtsverhältnis begründen kann sie hingegen nicht.[247] Darüber hinaus ist der Grundsatz der Bundestreue gegenüber dem geschriebenen Verfassungsrecht subsidiär.[248] Soweit allerdings aus dem Grundsatz der Bundestreue selbst Unterprinzipien abgeleitet wurden, gilt dies nicht.[249]

Aus dem vom BVerfG vertretenen zweigliedrigen Bundestaatsbegriff[250] wurde zum Teil ferner die Konsequenz gezogen, dass nicht das gesamte Bundesstaatsrecht dem Prinzip der Bundestreue untersteht. Vielmehr sei für Bereiche, in denen der Bund gegenüber den Ländern eine Aufgabe in Überordnung zu erfüllen hat, der Anwendungsbereich der Bundestreue nicht eröffnet.[251] Dies wurde allerdings bislang nur im Zusammenhang mit der Neugliederung der Bundesländer entschieden.[252] Sonst wurde vom BVerfG i.d.R. der Umstand betont, dass das gesamte verfassungsrechtliche Verhältnis zwischen Bund und Ländern vom Grundsatz der Bundestreue be-

verfassungsbeschwerdeverfahrens“; NVwZ 1994, 6 (8). Die souveräne Staatlichkeit wird den Ländern allerdings häufig in der Literatur nur begrenzt zugestanden, vgl. *Kaiser*, Zur Ableitung des Verfassungsprinzips des „bundesfreundlichen Verhaltens“ aus dem Begriff des Bundesstaates, DÖV 1961, 653 (656ff.).

245 BVerfGE 42, 103 (117); BVerfGE 95, 250 (266).

246 *Grzeszick*, in: Maunz/Dürig, GG, 77. EL 2016, Art. 20 IV. Rn. 122 m.w.N.; *Sachs*, in: Sachs, GG, 7. Aufl. 2014, Art. 20 Rn. 69; *Kowalsky*, Die Rechtsgrundlagen der Bundestreue, 1970, 196; *Faller*, Das Prinzip der Bundestreue in der Rechtsprechung des BVerfG, in: Lerche/Zacher/Badura, Festschrift für Theodor Maunz, 1981, 53 (62).

247 Vgl. für die ständige Rechtsprechung nur BVerfGE 104, 238 (248). *Kowalsky*, Die Rechtsgrundlagen der Bundestreue, 1970, 196f.

248 *Bauer*, in: Dreier, GG, Bd. II, 3. Aufl. 2015, Art. 20 Rn. 46; *Grzeszick*, in: Maunz/Dürig, GG, 77. EL 2016, Art. 20 IV. Rn. 123.

249 *Grzeszick*, in: Maunz/Dürig, GG, 77. EL 2016, Art. 20 IV. Rn. 123.

250 *Bauer*, in: Dreier, GG, Bd. II, 3. Aufl. 2015, Art. 20 Rn. 38.

251 BVerfGE 13, 54 (76); *Bauer*, Die Bundestreue, 1992, 136f.

252 BVerfGE 13, 54ff.

herrscht würde.[253] Entsprechend kann gefolgert werden, dass nur wenn eine ausschließliche Bundeskompetenz in jedem Fall entgegen dem Interesse eines Landes ist, das Bundesstaatsrecht eine Bereichsausnahme vom grundsätzlich allumfassenden Grundsatz der Bundestreue getroffen hat. Der sachliche Anwendungsbereich des Grundsatzes der Bundestreue bezieht sich also auf sämtliche bundesstaatliche Rechtsverhältnisse, ist aber gleichzeitig auf diese begrenzt, wobei alle Akteure dieses Bund-Länder -Verhältnisses Adressaten des Grundsatzes sind.

bb) Die Funktion des Grundsatzes

Der Grundsatz der Bundestreue ist ein justiziabler Rechtssatz.[254] Als ungeschriebenen Verfassungsgrundsatz gibt es allerdings keinen abschließenden Katalog der in ihm enthaltenen Einzelpflichten und -rechte.[255] Die einzelnen Rechtsfolgen der Bundestreue werden auf Grund dieses Mangels an Konkretisierung[256] in Abhängigkeit der jeweils konkret zu entscheidenden Konfliktsituation bestimmt.[257] Unmittelbar lassen sich aus der Bundestreue keine Subsumtionsschlüsse ziehen.[258] Unabhängig von diesen einzelfallbezogenen Rechtsfolgen lässt sich die Funktion der Bundestreue im bundesstaatlichen Gefüge als solche abstrakt bestimmen.

Das föderalistische Prinzip wird nach dem BVerfG dadurch charakterisiert, dass die Länder als Glieder des Bundes[259] grundsätzlich[260] einzeln und gleichberechtigt nebeneinander stehen, womit unter ihnen die im Geltungsbereich des demokratischen Prinzips beheimatete Regel, dass die Mehrheit entscheidet, keine Geltung

253 *Bauer*, Die Bundestreue, 1992, 137; BVerfGE 12, 205 (254).

254 Vgl. bereits *Bayer*, Die Bundestreue, 1961, 29.

255 *Kowalsky*, Die Rechtsgrundlagen der Bundestreue, 1970, 28.

256 *Kowalsky*, Die Rechtsgrundlagen der Bundestreue, 1970, 195.

257 *Kowalsky*, Die Rechtsgrundlagen der Bundestreue, 1970, 28.

258 *Kowalsky*, Die Rechtsgrundlagen der Bundestreue, 1970, 195.

259 Das BVerfG lehnt im Ergebnis den dreigliedrigen Bundesstaatsbegriff, nach dem zwischen der Bundesrepublik Deutschland (Gesamtstaat), dem Bund (Zentralstaat) und den Ländern (Gliedstaaten) zu unterscheiden sei (vgl. *Bauer*, Die Bundestreue, 1992, 133), ab (BVerfGE 13, 54 (77f.)). Vgl. ausführlich hierzu *Kaiser*, Zur Ableitung des Verfassungsprinzips des „bundesfreundlichen Verhaltens" aus dem Begriff des Bundesstaates, DÖV 1961, 653 (654ff.). Ausführlich zum dreigliedrigen Bundesstaatsbegriff im Zusammenhang mit der Bundestreue *Hesse*, Der unitarische Bundesstaat, 1962, 5ff., sowie *Dörfer*, Bundesverfassungsgericht und Bundesstaat, 2010, 22ff.

260 Dh. soweit positive verfassungsrechtliche Bestimmungen nicht entgegenstehen.

habe.[261] Vielmehr gelte der Grundsatz der Einstimmigkeit, d.h. dass kein Land durch die übrigen Länder überstimmt werden kann.[262] Das BVerfG stellt unter Verweis auf die Ausführungen Rudolf Smends zur aus der Bundestreue fließenden Pflicht zur Treue und Rücksichtnahme klar, dass die Unanwendbarkeit des Mehrheitsprinzips nicht zu einer Herrschaft der Minderheit führen könne.[263] Der Einstimmigkeitsgrundsatz und der Umstand, dass der Bund den Ländern übergeordnet ist,[264] machen es erforderlich, dass den Ländern eine Verständigungspflicht obliegt, da sonst ein dem Bund ausgleichendes Gegengewicht fehle.[265]

Vor diesem Hintergrund ist es nach dem BVerfG Aufgabe der Bundestreue, das wechselseitige solidarische, rücksichtsvolle Verhalten[266] der Beteiligten des Bundestaates[267] untereinander zu sichern. Dies ist Grundvoraussetzung für das Bestehen eines Bundesstaates.[268] Innerhalb eines den Bund und die Länder betreffenden Verfassungsrechtsverhältnisses besteht die Hauptaufgabe der Bundestreue daher

261 BVerfGE 1, 299 (315).

262 BVerfGE 1, 299 (315).

263 *Smend*, Ungeschriebenes Verfassungsrecht im monarchischen Bundesstaat, in: ders., Staatsrechtliche Abhandlungen, 3. Aufl. 1994, 55ff.. Zur Kritik an dieser undifferenzierten Übernahme der Argumentation Smends, der den Grundsatz damals als Instrument der konstitutionellen Monarchie entwickelte vgl. *Jestaedt*, in: Isensee/Kirchhoff, HStR Bd. II, 3. Aufl. 2004, § 29 Rn. 73 m.w.N.

264 So ausdrücklich BVerfGE 13, 54 (78). Nach dem wohl auch vom BVerfG vertretenen zweigliedrigen Bundesstaatsbegriff ist der Bund als Oberstaat den Ländern grundsätzlich übergeordnet, es sei denn es ist ein Bereich betroffen, den die Bundesverfassung nicht geregelt hat, hier besteht Gleichordnung, vgl. *Bauer*, Die Bundestreue, 1992, 136; vgl. auch ausdrücklich BVerfGE 6, 309 (362).

265 *Kaiser*, Zur Ableitung des Verfassungsprinzips des „bundesfreundlichen Verhaltens" aus dem Begriff des Bundesstaates, DÖV 1961, 653 (655).

266 Verhalten sei vornehmlich als Kompetenzausübung von Bund und Ländern zu sehen, vgl *Bayer*, Die Bundestreue, 1961, 60.

267 Die Wirkung des Grundsatzes ist dreipolig. Zum einen werden die Länder gegenüber dem Bund, zum anderen der Bund gegenüber den Ländern und schließlich die Länder untereinander zur Rücksichtnahme verpflichtet. Zum Teil wird daher die Terminologie „Pflicht zum länderfreundlichen Verhalten" (vgl. BVerwGE 147, 348 (359)) verwendet, wenn es um Pflichten des Bundes gegenüber den Ländern geht.

268 Vgl. ausführlich hierzu, *Unruh*, Die Unionstreue – Anmerkungen zu einem Rechtsgrundsatz der Europäischen Union, EuR 2002, 41, (52). Vgl. auch *Bayer*, Die Bundestreue, 1961, 52, der die Bundestreue als „das gestaltende und bewahrende Prinzip, ohne das weder ein Staatenbund noch ein Bundesstaat daseinsfähig ist" charakterisiert.

darin, ein ausgewogenes Miteinander von Bund und Ländern zu gewährleisten, so dass beide so weit wie möglich ihre ihnen durch die Kompetenzordnung des Grundgesetzes zugewiesenen Rechte zur Geltung bringen können, ohne den anderen gleichzeitig unverhältnismäßig in seinen Rechten zu beeinträchtigen.[269] In einem bundesstaatlichen Verfassungsrechtsverhältnis kann der Grundsatz der Bundestreue zu diesem Zweck nach ständiger Rechtsprechung des BVerfG die dort bestehenden Rechte und Pflichten moderieren, variieren oder durch Nebenpflichten ergänzen.[270]

Die einzelnen Fallgruppen der vor diesem Hintergrund entwickelten Funktionen der Bundestreue sollen im Folgenden dargestellt werden.

1) *Der Grundsatz als Auslegungsregel*

Zum Teil wird dem Grundsatz der Bundestreue die Funktion einer Auslegungshilfe zugewiesen, um Konflikte zu vermeiden, wenn ein Spielraum der Länder bzw. des Bundes hinsichtlich der Kompetenzausübung besteht.[271] Darüber hinaus wird vertreten, dass die Bundestreue als Auslegungsregel für Normen, die spezialgesetzliche Ausprägungen der Bundestreue sind, dienen kann.[272] Dies seinen namentlich Art. 107 Abs. 2 GG (Länderfinanzausgleich) und Art. 23 GG.[273] Begründet wird die Funktion des Grundsatzes als Auslegungsregel unter anderem damit, dass auch das bundesstaatliche Prinzip eine solche darstelle.[274]

Während die im Folgenden noch zu behandelnde Funktion des Grundsatzes als Kompetenzausübungsschranke erst bei der Anwendung der Norm ansetzt,[275]

269 Vgl. in diesem Sinne auch *Groß*, Der verfassungsrechtliche Gehalt des Grundsatzes der Bundestreue, DÖV 1961, 404 (406), der von der Sicherstellung eines reibungslosen Ablaufs spricht.

270 BVerwGE 147, 348 (359).

271 Zum Teil wird die Entscheidung BVerfG NJW 1955, 57 (58ff.). Vgl. hierzu insbesondere *Bayer*, Die Bundestreue, 1961, 63ff. m.w.N.

272 *Grzeszick*, in: Maunz/Dürig, GG, 77. EL 2016, GG, Art. 20 IV. Rn. 123; *Bauer*, Die Bundestreue, 1992, 260.

273 *Grzeszick*, in: Maunz/Dürig, GG, 77. EL 2016, Art. 20 IV. Rn. 123.

274 *Kowalsky*, Die Rechtsgrundlagen der Bundestreue, 1970, 193.

275 *Kowalsky*, Die Rechtsgrundlagen der Bundestreue, 1970, 194; *Bayer*, Die Bundestreue, 1961, 65ff.

findet die Auslegung auf der Ebene der Interpretation der Norm und damit bei der Ermittlung des Norminhalts[276] statt. Soweit es sich um verfassungsrechtliche Normen, die Ausprägung der Bundestreue sind, handelt, ist die Funktion der Bundestreue als Auslegungsregel, unstrittig.[277] Hingegen wird die Funktion der Bundestreue als Auslegungsregel, zumindest was Kompetenznormen betrifft, zum Teil abgelehnt, da sie in diesem Fall gleichzeitig die Funktion einer Kompetenzausübungsschranke erfülle.[278] Die Auslegung von (Kompetenz)Normen unter Berücksichtigung der Bundestreue war allerdings noch bei Smend eine der Hauptfunktionen der Bundestreue.[279] Auch wenn der Bundestreue unter dem Grundgesetz schwerpunktmäßig die Funktion einer Kompetenzausübungsschranke zugewiesen wird,[280] kann ihre Funktion als Auslegungsinstrument auch von Kompetenznormen gerade angesichts der Tatsache, dass die Differenzierung zwischen Gesetzesauslegung und Rechtsmissbrauch in der Praxis schwer durchzuführen ist[281] und der Grundsatz das gesamte bundesstaatliche Verhältnis erfasst,[282] nicht ohne weiteres abgelehnt werden.[283] Auch Kompetenznormen stellen (gerade unter Berücksichtigung der Rechtsverhältnislehre[284]) Ausprägungen des Bundesstaatsprinzips dar, denen der Gedanke der Bundestreue damit zu Grunde liegen muss.

276 *Bayer*, Die Bundestreue, 1961, 63.

277 So auch *Grzeszick*, in: Maunz/Dürig, GG, 77. EL 2016, Art. 20 IV. Rn. 123. *Bauer*, in: Dreier, GG, Bd. II, 3. Aufl. 2015, Art. 20 Rn. 47.

278 Vgl. hierzu ausführlich unter Kapitel 2 B. I. 1. b) bb) 2).

279 *Smend*, Ungeschriebenes Verfassungsrecht im monarchischen Bundesstaat, in: ders., Staatsrechtliche Abhandlungen, 3. Aufl. 1994, 51.

280 Vgl. so auch *Bayer*, Die Bundestreue, 1970, 67.

281 Vgl. auch *Schenke*, Die Verfassungsorgantreue, 1977, 46ff.

282 BVerfGE 12, 205 (254).

283 Eine ausschließliche Reduktion des bundesstaatlichen Verhältnisses auf Kompetenzen ebenfalls ablehnend *Bauer*, Die Bundestreue, 1992, 288ff. AA allerdings mit dem Ziel Rechtsklarheit zu schaffen *Bayer*, Die Bundestreue, 1961, 67, der auf die Verschiebung der Funktion der Bundestreue von Auslegungsprinzip zu Rechtsausübungsschranke in der Rechtsprechung hinweist. Es sei zwar schwierig, zwischen Rechtsanwendung (Kompetenzausübungsschranke) und der Rechtsauslegung in der Praxis zu unterscheiden, vgl. *Bayer*, a.a.O., 1961, 66. Trotzdem kann ein und dasselbe Prinzip schwerlich die gleiche Funktion erfüllen, was Kompetenzvorschriften betrifft, vgl. *Bayer*, a.a.O., 1961, 65ff.

284 *Bauer*, Die Bundestreue, 1992, 282ff.

2) *Der Grundsatz als Kompetenzausübungsschranke*

Weiter kann der Grundsatz der Bundestreue nach ständiger Rechtsprechung die Funktion einer Kompetenzausübungsschranke wahrnehmen,[285] also die spezielle Form einer Nebenpflicht in Form von Unterlassen. Von einem großen Teil der Literatur wird dieser Funktion des Grundsatzes der Bundestreue die größte Bedeutung zugewiesen.[286]

Das BVerfG begründet diese Funktion damit, dass die bundesstaatliche Ordnung des Grundgesetzes als Bestandsvoraussetzung erfordert, dass Bund und Länder bei dem Maß, in dem sie von ihren formal bestehenden Rechten Gebrauch machen, Rücksicht walten lassen[287] und hat in seiner jüngeren Rechtsprechung zur Bundestreue diesen Aspekt mit dem Rechtsstaatsprinzip verknüpft.[288] Für das Staatsvertragsrecht, in dem der Bundestreue eine wesentliche Bedeutung zukommt,[289] hat das BVerfG ausdrücklich entschieden, dass im Grundsatz der Bundestreue

„systematisch der ungeschriebene Satz von der clausula rebus sic stantibus"[290]

wurzelt, der eine Ausnahme vom Prinzip pacta sunt servanda darstellt.[291]

Selbst bei einem formal bestehenden Recht kann daher ein bestimmtes Gebrauch machen hiervon gegen den Grundsatz der Bundestreue verstoßen. Hier wird der

285 BVerfGE 4, 115 (140); BVerfGE 8, 122 (138ff.); BVerfGE 92, 203 (230ff.); BVerfGE 98, 106 (118ff.); BVerfGE 106, 1 (27); ausführlich auch *Bayer*, Die Bundestreue, 1961, 59ff.

286 Vgl. *Bauer*, Die Bundestreue, 1992, 284 m.w.N.; vgl. insbesondere *Korioth*, Integration und Bundesstaat – ein Beitrag zur Staats- und Verfassungslehre Rudolf Smends, 1990, 265; *Faller*, Das Prinzip der Bundestreue in der Rechtsprechung des BVerfG, in: Lerche/Zacher/Badura, Festschrift für Theodor Maunz, 1981, 53 (56). Hingegen lehnt Bauer unter Berücksichtigung der Rechtsverhältnislehre eine Reduktion der Bundestreue auf diese Funktion ab, vgl. *Bauer*, a.a.O., 283ff.

287 BVerfGE 92, 203 (230); BVerfGE 98, 106 (118).

288 BVerfGE 98, 106 (118).

289 *Grzeszick*, in: Maunz/Dürig, GG, 77. EL 2016, Art. 20 IV. Rn. 128.

290 BVerfGE 34, 216 (232).

291 Vgl. hierzu auch *Bauer*, Die Bundestreue, 1992, 291, der die Vereinbarkeit dieser Funktion der Bundestreue mit der Rechtsverhältnislehre darlegt; vgl. auch *Wittreck*, in: Härtl, Handbuch des Föderalismus – Föderalismus als demokratische Rechtsordnung und Rechtskultur in Deutschland, Europa und der Welt, Bd. I, 2012, § 18, Die Bundestreue, 497 (513).

in der Rechtsverhältnislehre gegenwärtige Gedanke des Rechtsmissbrauchs deutlich[292] weshalb das BVerfG von einer hohen Eingriffsschwelle ausgeht.

3) *Ergänzende Unterlassungs- und Handlungspflichten*

Weiter hat das BVerfG in seiner Rechtsprechung[293] die Funktion des Grundsatzes der Bundestreue betont, in einem bestehenden Verfassungsrechtsverhältnis ergänzende Unterlassungs- und (positive) Mitwirkungs- oder Handlungspflichten zu begründen.[294] In Betracht kommen z.B. Anhörungspflichten vor der Erteilung von Weisungen[295], die Beachtung der völkerrechtlichen Verpflichtungen des Bundes[296] durch die Länder oder die Verpflichtung zu aufsichtsrechtlichem Eingreifen der Länder gegenüber den Gemeinden.[297]

Insbesondere im Zusammenhang mit der Pflicht zum aufsichtsrechtlichen Eingreifen wird die lückenfüllende Funktion des Grundsatzes der Bundestreue deutlich. Der Rückgriff auf den Grundsatz der Bundestreue zur Begründung dieser positiven Mitwirkungspflicht der Länder wird erforderlich, da dem Bund, sollten die Gemeinden in verfassungsrechtlich relevanter Weise in ausschließliche Bundeskompetenzen eingreifen, keine Möglichkeit des aufsichtlichen Tätigwerdens eröffnet wird.[298] Die unmittelbare Staatsaufsicht über die Gemeinden steht ausschließlich den Ländern zu, der Bund kann gem. Art. 84 Abs. 3 GG nur gegenüber den Ländern Weisungen erlassen. Damit können nur die Länder die Wahrung des bundesstaatlichen Kompetenzgefüges sicherstellen und mangels gesetzlicher Regelung muss dem Bund eine Möglichkeit eröffnet werden, die Länder zur Ausübung ihrer Aufgabe zu verpflichten.[299] Das bundesstaatliche Rechtsverhältnis, an das diese Nebenpflicht der Länder anknüpft, wird durch die Kompetenzordnung des Grundgesetzes begründet. Ähnlich stellt sich die Situation hinsichtlich der Pflicht

292 *Bauer*, Die Bundestreue, 1992, 291 und 356ff.; BVerfGE 106, 1 (27).

293 BVerfGE 1, 117 (131ff.); 6, 309ff. (361f.); BVerfGE 12, 205 (254ff.); BVerfGE 73, 118 (197); BVerfGE 81, 310 (337); BVerfGE 84, 25 (33); *Grzeszick*, in: Maunz/Dürig, GG, 77. EL 2016, Art. 20 IV. Rn. 126.

294 BVerfGE 4, 115 (140ff.); BVerfGE 8, 122 (138ff.).

295 BVerfGE 81, 310 (337).

296 BVerfGE 6, 309 (361ff.).

297 *Grzeszick*, in: Maunz/Dürig, GG, 77. EL 2016, Art. 20 IV. Rn. 126 mw Bsp.

298 Vgl. hierzu BVerfGE 8, 122 (138ff.).

299 BVerfGE 8, 122 (138ff.).

der Länder zur Beachtung der völkerrechtlichen Verpflichtungen des Bundes innerhalb ihres Kompetenzbereiches dar. Im Zuständigkeitsbereich der Länder kann der Bund nicht für die Durchsetzung der völkerrechtlichen Verpflichtungen sorgen, gleichzeitig fällt es jedoch in seine Zuständigkeit und Verantwortung diese Durchsetzung zu gewährleisten.[300]

Durch derartige zusätzliche, zumeist verfahrensrechtlich ausgestaltete Mitwirkungsmöglichkeiten des Bundes bzw. der Länder, sollen Interessenkonflikte vermieden bzw. zumindest minimiert werden, um so das Rücksichtnahmegebot der Bundestreue zu verwirklichen,[301] insbesondere in Situationen, in denen die Kompetenzordnung des Grundgesetzes stillschweigend eine Kooperation des Bundes und der Länder voraussetzt.

4) *Mitwirkungsrechte der Länder im völkerrechtlichen Bereich*

Speziell im völkerrechtlichen Bereich, in dem die Bundesregierung über ihre grundsätzlich alleinige Befugnis zum Abschluss von Verträgen,[302] die auch auf die Länder innerhalb ihres Kompetenzbereiches Auswirkungen haben kann, das bundesstaatliche Kompetenzgefüge unterlaufen könnte, werden aus dem Grundsatz der Bundestreue Rücksichtnahmepflichten hergeleitet,[303] die letzteres verhindern sollen.[304]

Diese aus dem Grundsatz der Bundestreue hergeleiteten Gedanken, wurden zum Teil mittlerweile im positiven Verfassungsrecht kodifiziert.[305] Es handelt sich hier-

300 Vgl. auch BVerfGE 6, 309 (361f.), wobei das BVerfG den Umstand betont, dass keine ausdrückliche verfassungsrechtliche Pflicht der Länder zur Beachtung von vom Bund geschlossenen völkerrechtlichen Verträgen aus dem Grundsatz der Bundestreue abgeleitet werden kann. In Bereichen, die der ausschließlichen Länderkompetenz unterliegen und für die ein Reichskonkordat vorliegt, kann hingegen die aus der fehlenden Möglichkeit des Bundes zur Einflussnahme resultierende Spannungslage über den Grundsatz der Bundestreue insofern gelöst werden, als in diesen Fällen der Gleichordnung (außenpolitische Kompetenz des Bundes und die Regelung einer Materie der ausschließlichen Gesetzgebungskompetenz der Länder) ein „tragbarer Ausgleich" geschaffen werden muss.

301 *Grzeszick*, in: Maunz/Dürig, GG, 77. EL 2016, Art 20 IV. Rn. 126.

302 *Grzeszick*, in: Maunz/Dürig, GG, 77. EL 2016, Art. 20 IV. Rn. 129.

303 Vgl. nur BVerfGE 92, 203ff.

304 *Grzeszick*, in: Maunz/Dürig, GG, 77. EL 2016, Art. 20 IV. Rn. 129.

305 *Grzeszick*, in: Maunz/Dürig, GG, 77. EL 2016, Art. 20 IV. Rn. 129.

bei um Art. 23 Abs. 2 S. 2, Abs. 4, Abs. 5 und Abs. 6 GG, die für das Handeln der Bundesregierung im Rahmen der Kompetenzübertragung auf die Europäische Union deren Verpflichtung, den Ländern Mitwirkung zu ermöglichen und deren Interessen zu berücksichtigen, kodifizieren.[306] Vor der Einführung von Art. 23 GG wurden diese verfassungsrechtlichen Vorgaben unter anderem aus dem Grundsatz der Bundestreue hergeleitet.[307] Der Bundestreue kommt im Bereich der europäischen Integration allerdings weiterhin Bedeutung zu, da sie, Art. 23 GG ergänzend, die Pflicht der Bundesregierung begründet,

„einer langfristigen Entwicklung entgegenzuwirken, bei der durch eine schrittweise ausdehnende Inanspruchnahme der Gemeinschaftskompetenzen, vor allem der sogenannten Querschnittskompetenzen, verbliebene Sachkompetenzen der Mitgliedstaaten und damit auch Länderrechte beeinträchtigt werden können.“[308]

Auch hier stellt der Grundsatz der Bundestreue in Ergänzung zum geschriebenen Verfassungsrecht vor allem im Hinblick auf die Kompetenzordnung die Verwirklichung der grundgesetzlichen Konzeption des Bundesstaates sicher. Als ungeschriebener Grundsatz kommt er zur Anwendung, wenn die Ausübung einer Bundeskompetenz zu Lasten der Kompetenzen der Länder das bundesstaatliche Kompetenzgefüge verschieben würde, ohne dass das Grundgesetz hierfür einen Konfliktlösungsmodus vorsieht.

5) *Der Grundsatz der Bundestreue als Kollisionsnorm?*

Fraglich ist, ob der Grundsatz der Bundestreue über die Konfliktverhinderung bzw. -minimierung im bundestaatlichen Kompetenzgefüge hinaus auch Lösungen für den Fall einer eingetretenen Kollision zwischen Bundes- und Landesrecht bieten kann.

Wegen seiner Subsidiarität kann der Grundsatz der Bundestreue, auch was das Verhältnis von Bundes(verfassungs)recht und Landes(verfassungs)recht betrifft,

306 *Grzeszick*, in: Maunz/Dürig, GG, 77. EL 2016, Art. 20 IV. Rn. 129; vgl, speziell zu Art. 23 GG *Scholz*, in: Maunz/Dürig, GG, 77. EL 2016, Art. 23 Rn. 140ff.

307 *Seidel*, „Fernsehen ohne Grenzen“ – Zum Erlass der EG-Rundfunkrichtlinie, NVwZ 1991, 120 (123).

308 BVerfGE 92, 203 (230ff.). Dies entspricht inhaltlich weitestgehend der Integrationsverantwortung vgl. BVerfGE 123, 267 (352). Vgl. ausführlich zur Bedeutung der Verfassungsorgan- und der Bundestreue im Rahmen von Art. 23 GG *Scholz*, in: Maunz/Dürig, GG, 77. EL 2016, Art. 23 Rn. 140ff.; *Wollenschläger*, in: Dreier, GG, Bd. II, 3. Aufl. 2015, Art. 23 Rn. 112.

grundsätzlich nicht als Kollisionsnorm bei sich widersprechenden Normen angewendet werden. Folge der souveränen Staatlichkeit sowohl des Bundes als auch der Länder ist, dass die Verfassungsräume von Bund und Ländern selbständig nebeneinander stehen,[309] d.h. das kein reines Verhältnis der Über- und Unterordnung besteht,[310] dieses wird vielmehr in bestimmten Bereichen durch ein Verhältnis der Gleichordnung ergänzt.[311] Für den Ausnahmefall, dass derselbe Sachverhalt von Bundesrecht mit einer anderen Rechtsfolge belegt wird, als von einer ebenfalls rechtswirksam erlassenen und einschlägigen Landesnorm, mithin für den Fall der Kollision, kommt in diesem System Art. 31 GG zur Anwendung,[312] der zu Gunsten der Gültigkeit des Bundesrechts entscheidet. Da damit mit Art. 31 GG eine Kollisionsnorm vorliegt, kann dem Grundsatz der Bundestreue eine solche Funktion grundsätzlich nicht zukommen.[313]

Ausnahmsweise wurde in der Rechtsprechung des BVerfG der Grundsatz in dem Fall, dass Normen des Bundes- und des Landesrechtes eine andere Zielsetzung verfolgen, ohne dass ein direkter Fall des Art. 31 GG vorliegt,[314] als ergänzendes

309 Die Verfassungsräume sind allerdings insbesondere durch den Vollzug von Bundesrecht durch die Länder verschränkt, vgl. BVerfGE 139, 321ff., wo ausdrücklich klargestellt wird, dass auch in einem solchen Fall die Länder durch die Bundestreue gebunden sind BVerfGE 139, 321 (353 Rn. 101).

310 BVerfGE 13, 54 (78). Nach dem wohl auch vom BVerfG vertretenen zweigliedrigen Bundesstaatsbegriff ist der Bund als Oberstaat den Ländern grundsätzlich übergeordnet, es sei denn es ist ein Bereich betroffen, den die Bundesverfassung nicht geregelt hat, hier besteht Gleichordnung, vgl. *Bauer*, die Bundestreue, 1992, 136.

311 AA *Dietlein*, Landesverfassungsbeschwerde und Einheit des Bundesrechts – Zu den Kontrollbefugnissen der Landesverfassungsgerichte im Rahmen des „Urteilsverfassungsbeschwerdeverfahrens"; NVwZ 1994, 6 (8), der von Gleichordnungsverhältnis als Regelfall ausgeht.

312 *Dietlein*, Landesverfassungsbeschwerde und Einheit des Bundesrechts – Zu den Kontrollbefugnissen der Landesverfassungsgerichte im Rahmen des „Urteilsverfassungsbeschwerdeverfahrens", NVwZ 1994, 6 (8).

313 Allerdings ist zu beachten, dass Art. 31 GG teilweise jeder Anwendungsbereich abgesprochen wird, da mit den kollisionsrechtlichen Sondervorschriften der Art. 25, Art. 28 Abs. 1, Art. 71 und 72 Abs. 1 sowie Art. 142 GG quasi alle möglichen Kollisionsfälle bereits speziell geregelt sind, vgl. bloß *Pieroth* in: Jarass/Pieroth, GG, 14. Aufl. 2016, Art. 31 Rn. 1 m.w.N. In jedem Fall jedoch hat das Grundgesetz über Art. 31 GG sichergestellt, dass für jedweden Kollisionsfall zwischen Bundes- und Landesrecht eine Kollisionsnorm gegeben ist. Es wird daher nur auf Art. 31 GG als grundsätzliche Kollisionslösung des GG (vgl. *Pieroth*, a.a.O., Art. 31 Rn. 1) abgestellt, auf die speziellen Ausprägungen wird im Folgenden nicht mehr eingegangen.

314 Dies kann insbesondere bei Normen, die vom jeweiligen ausschließlich zuständigen Glied des Bundesstaates erlassen wurden, der Fall sein.

Instrument von letzterem verwendet, nämlich in der Konstellation, dass durch unterschiedliche Zwecksetzungen von Normen des Bundes- und des Landesrechtes die „Widerspruchsfreiheit der Rechtsordnung"[315] gefährdet wurde.[316] Zwar hat der jeweils kompetente Gesetzgeber seine Kompetenzen im vorgegebenen Rahmen wahrgenommen und es wird auch nicht an denselben Sachverhalt eine andere Rechtsfolge geknüpft. Im Ergebnis tritt jedoch durch die Rechtssetzung derselbe Effekt ein.

Bei der Auslegung des Inhaltes des Rechtsstaatsgebotes in Verbindung mit der bundesstaatlichen Kompetenzordnung wurde der Grundsatz in extensiver Weise[317] dahingehend angewendet, dass trotz fehlendem Fall des Art. 31 GG und mangels Einschlägigkeit einer anderen spezialgesetzlichen Kollisionsnorm die niederrangiere Norm des Landesrechts nichtig sei. Diese Art der Auslegung mag viel kritisiert sein,[318] steht aber im Einklang mit der allgemein anerkannten These, dass

315 Vgl. besonders deutlich BVerfGE 98, 106 (118ff.). Häufig wurde die im Urteil behandelte Situation allerdings als Kompetenzkonflikt qualifiziert, der über Art. 72 Abs. 1 i.V.m. Art. 31 GG zu lösen sei, vgl. *Huber*, Zum Gestaltungsspielraum des Landesgesetzgebers im Kreislaufwirtschaftsrecht, ThürVBl 1999, 97 (104). Kritisch auch *Sendler*, Grundrecht auf Widerspruchsfreiheit der Rechtsordnung? – Eine Reise nach Absurdistan?, NJW 1998, 2875ff.; *Schneider*, Gesetzgebung und Einzelfallgerechtigkeit. Zum Verhältnis von Legislative und Judikative im sozialen Rechtsstaat., ZRP 1998, 323 (327).

316 Vgl. hierzu auch *Bauer*, in: Dreier, GG, Bd. II, 3. Auflage 2015, Art. 20 Rn. 51.

317 *Brüning*, Widerspruchsfreiheit der Rechtsordnung – Ein Topos mit verfassungsrechtlichen Konsequenzen?, NVwZ 2002, 33 (34).

318 Vgl. eine Zusammenfassung bei *Brüning*, Widerspruchsfreiheit der Rechtsordnung – Ein Topos mit verfassungsrechtlichen Konsequenzen?, NVwZ 2002, 33 (35ff.). Zum einen wurde vorgebracht, dass im konkreten Fall keinerlei Notwendigkeit bestanden hätte, das Problem über die Einführung von Kompetenzausübungsschranken im Rahmen der formellen Rechtmäßigkeit von Gesetzen zu lösen, da bei Steuergesetzen über den Haupt- und Nebenzweck bereits ein Lösungsinstrument gegeben sei. Abgesehen von diesem, im konkreten Fall sogar überzeugenden, Argument wird dem Gericht allgemein vorgeworfen, dass es das Argument der „Systemgerechtigkeit", das eigentlich nur über Art. 3 GG justiziabel sei, als Inhalt des Rechtsstaatsprinzips neu einführt. Gleichzeitig müssen diese Ansichten jedoch selbst einräumen, dass der Gesetzgeber im Rahmen von Art. 3 Abs. 1 GG nur innerhalb seines jeweilig eigenen Kompetenzrahmens auf Systemgerechtigkeit verpflichtet wird und eben keine Verpflichtung auf Systemgerechtigkeit zwischen den Rechtsordnungen des Bundes und der Länder abgeleitet werden kann. Genau dieses Problem sollte ja aber über die „Widerspruchsfreiheit der Rechtsordnung" gelöst werden. Außerdem hat Systemgerechtigkeit zwar ohne Zweifel einen Bezug zur Widerspruchsfreiheit der Rechtsordnung, ist jedoch nicht mit ihr gleichzusetzten. Ungerechtigkeit eines Systems setzt nämlich nicht zwingend einen Widerspruch voraus. Schon der Bezugspunkt der beiden Grundsätze ist jeweils ein gänzlich anderer. Während Systemgerechtigkeit auf die Auswirkungen der Rechtsordnung ge-

der Grundsatz der Bundestreue integrierend dahingehend wirken soll, dass über einen gegenseitigen Respekt der jeweiligen landes- und bundesrechtlichen Kompetenzen, die Vielfalt in der Einheit gewahrt wird. Denn der Respekt der jeweiligen Kompetenzen beinhaltet auch, die Wirkungsweise einer Norm nicht zu konterkarieren. Zwar kann nicht jede Maßnahme eines Landes die einer Norm des Bundes entgegenläuft zwangsläufig einen Verstoß gegen den Grundsatz der Bundestreue darstellen, da dieser Grundsatz kein Gleichschaltungsgebot beinhaltet.[319] Es muss sich auch hier der Inhalt der Bundestreue als allgemeiner Rechtsgrundsatz in einer Missbrauchsschranke erschöpfen.[320] Der Grundsatz kann somit in beschränktem Umfang die Funktion einer Kollisionsnorm einnehmen, wenn eine ausdrückliche

genüber einem Dritten abstellt, kommt die Widerspruchsfreiheit ohne diese Außenwirkung aus. Sie ist rein systemimmanent zu verstehen. Deshalb ist es auch sinnvoll, sie im Gegensatz zur Systemgerechtigkeit nicht unter Art. 3 Abs. 1 GG, einem Grundrecht, das für jemanden wirkt, zu prüfen, sondern unter dem objektiven Rechtsstaatsprinzip des Art. 20 GG, der ja gerade kein subjektives Recht vermittelt. Die Systemwidrigkeit knüpft generell an das System als solches an, was auch erklärt, warum nicht jede Systemwidrigkeit ein Verstoß gegen Art. 3 GG sein kann, sondern nur wenn sie in Bezug auf verfassungsrechtliche Maßstäbe gültig ist, hingegen betrachtet die Widersprüchlichkeit einen konkreten Widerspruch innerhalb der Rechtsordnung. Soweit zum Teil vorgebracht wird, „axiologische Widersprüche" in einem föderalen System als Verfassungsverstoß unter der Kontrolle des BVerfG einzuordnen hieße den Gesetzgeber zu stark zu beschränken, so ist schon die Unterscheidung zwischen axiologischen und teleologischen Widersprüchen (diese dürfen kontrolliert werden) in letzter Konsequenz nicht überzeugend. Denn wenn teleologischer Widerspruch bedeutet, dass der in einer Norm verkörperte Zweck durch eine normativ verlangte Handlung erfüllt werden soll, welche wiederum durch eine andere Norm verboten ist, was gleichzeitig heißt, dass damit auch der Zweck der ersten Norm verboten sei, so verkennt diese Ansicht, dass der Zweck der ersten Norm mitnichten zwangsläufig nur durch die normierte Handlung erreicht werden kann, sondern ggf. durch eine andere. Dass also die normierte Handlung im Widerspruch zu einer anderen Norm steht, heißt nicht, dass auch der Zweck mit der Norm im Widerspruch steht. Der Unterschied zwischen dem teleologischen und dem axiologischen Widerspruch ist daher nicht erkennbar, beide Male steht das Mittel, dass zum Zweck führen soll im Widerspruch zur übrigen Rechtsordnung, das eine Mal, weil es ausdrücklich verboten ist, das andere Mal, weil es nicht kongruent ist. Zwar ist zuzugeben, dass kein Widerspruch im Sinn einer Ausschließlichkeit vorliegt. Widersprüche, die auf Wertungen der Rechtsordnungen beruhen, die eine gewisse Intensität besitzen, müssen trotzdem justiziabel sein. Natürlich muss eine solche Kontrolle immer in gewissen Grenzen bleiben, um keine zu unitarisierende Wirkung innerhalb des föderalen Systems zu erzeugen. Dass sie aber in diesen Grenzen möglich sein kann, steht außer Zweifel.

319 *Bayer*, Die Bundestreue, 1961, 111.

320 Vgl. auch *Bethge*, in: Maunz/Schmidt-Bleibtreu/Klein/Bethge, BVerfGG, 48. EL 2014, § 13 Rn. 17.

verfassungsrechtliche Erfassung der Kollision fehlt und ein missbräuchliches Verhalten gegeben ist.[321]

6) *Begründung selbständiger, originärer Rechte und Verpflichtungen?*

Vor dem Hintergrund der bisherigen Ausführungen, insbesondere was die Herleitung des Grundsatzes und seinen Anwendungsbereich betrifft, lässt sich ein eigenständiger Inhalt, der die Folgerung von originären, selbständigen Verfassungspflichten erlaubt, nicht aus dem Grundsatz herleiten.[322] Die Bundestreue stellt eine Grundforderung auf.[323] Um konkrete Subsumtionsschlüsse zu erlauben, mangelt es ihr an der notwendigen Konkretisierung, ihr Inhalt erschöpft sich in einer Art Zielvorgabe, die für den jeweiligen Einzelfall anders verwirklicht werden kann.[324] Die Unmöglichkeit der Herleitung selbständiger Rechte und Pflichten aus dem Grundsatz ergibt sich auch zwangsläufig aus dem Umstand, dass dieser streng akzessorisch ist[325] und nur innerhalb eines bestehenden bundesstaatlichen Verfassungsrechtsverhältnisses Rechte und Pflichten konstituieren, ergänzen bzw. begrenzen, hingegen kein eigenes Rechtsverhältnis zwischen Bund und Ländern begründen kann.[326]

---

321 *Kaiser*, Zur Ableitung des Verfassungsprinzips des „bundesfreundlichen Verhaltens" aus dem Begriff des Bundesstaates, DÖV 1961, 653 (658).

322 BVerfGE 13, 54 (75); BVerfGE 42, 103 (117); BVerfGE 95, 250 (266).

323 *Kowalsky*, Die Rechtsgrundlagen der Bundestreue, 1970, 195.

324 *Kowalsky*, Die Rechtsgrundlagen der Bundestreue, 1970, 195.

325 *Kowalsky*, Die Rechtsgrundlagen der Bundestreue, 1970, 196ff. m.w.N.; in diesem Sinne wohl auch *Bayer*, Die Bundestreue, 1961, 63.

326 *Kaiser*, Zur Ableitung des Verfassungsprinzips des „bundesfreundlichen Verhaltens" aus dem Begriff des Bundesstaates, DÖV 1961, 653 (657). Auch soweit das BVerfG aus dem Gebot des bundesfreundlichen Verhaltens das Postulat von der Widerspruchsfreiheit der Rechtsordnung ableitet und damit eine landesgesetzliche Norm, die die Gesamtkonzeption der sachlichen Bundesregelung durch die konkrete Ausübung der landesrechtlichen Legislativzuständigkeit konterkartiert, für nichtig erklärt, ist der direkte Ansatzpunkt nicht das Gebot des bundesfreundlichen Verhaltens, sondern das Rechtsstaatsprinzip und die bundesstaatliche Kompetenzordnung. Das bundesstaatliche Rechtsverhältnis besteht somit schon, vgl. *Brüning*, Widerspruchsfreiheit der Rechtsordnung – Ein Topos mit verfassungsrechtlichen Konsequenzen?, NVwZ 2002, 33 (33), vgl. auch insb. die Ausführungen in BVerfG NJW 1998, 2346 (2347ff.). Das Gebot des bundesfreundlichen Verhaltens bewirkt hier die Auslegung des Rechtsstaatsprinzip und der Kompetenzordnung in der Weise, dass sie die Nichtigkeit der niederrangigen Norm bewirken (vgl. die Ausführungen unter Kapitel 2 B. I. 1. b) bb) 6)).

7) *Vergleichbare Institute in anderen europäischen Verfassungen*

Auch ein Vergleich mit anderen föderal bzw. regional geprägten Verfassungen zeigt, dass Treueverpflichtungen i.d.R. dem Zweck dienen, die durch die Aufteilung der Kompetenzen begründete Konfliktgefahr, die der Verwirklichung des bundesstaatlichen Gefüges entgegenstehen könnte, zu minimieren. Nicht alle Verfassungen von Bundesstaaten beinhalten ein dem Grundsatz der Bundestreue vergleichbares Institut,[327] ein solches ist nicht zwingend jeder föderalen Rechtsordnung inhärent.[328] Jedoch existieren in vielen anderen Europäischen Verfassungen föderal oder regional geprägter Staaten mit der Bundestreue vergleichbare Institute,[329] teilweise sind diese sogar explizit in den nationalen Verfassungen verankert, beispielsweise in Belgien[330] oder in einigen Ausprägungen in der Schweiz.[331]

327 *Kowalsky*, Die Rechtsgrundlagen der Bundestreue, 1970, 60ff. Zustimmend auch *Alen/Peeters/Pas*, „Bundestreue" im belgischen Verfassungsrecht, JöR 1994, 439 (503).

328 *Alen/Peeters/Pas*, „Bundestreue" im belgischen Verfassungsrecht, JöR 1994, 439 (503); *Bauer*, Die Bundestreue, 1992, 19.

329 vgl. auch *Wittreck*, in: Härtl, Handbuch des Föderalismus – Föderalismus als demokratische Rechtsordnung und Rechtskultur in Deutschland, Europa und der Welt, Bd. I, 2012, § 18, Die Bundestreue, 497 (504).

330 *Unruh*, Die Unionstreue – Anmerkungen zu einem Rechtsgrundsatz der Europäischen Union, EuR 2002, 41 (48), der die Belgische Verfassung zitiert, die in ihrem Art. 143 Abs. 1 ausdrücklich die „loyauté fédérale" festschreibt; aA *Alen/Peeters/Pas*, „Bundestreue" im belgischen Verfassungsrecht, JöR 1994, 439 (492ff.), der darauf hinweist, dass in der Rechtsprechung des Staatsrates oder des Schiedshofes das Prinzip der Bundestreue nicht ausdrücklich angewandt wird, vielmehr würden „analoge Techniken" angewendet. Auch in der Bundesverfassung der schweizerischen Eidgenossenschaft ist in Art. 44 festgelegt, dass „Bund und Kantone unterstützen einander in der Erfüllung ihrer Aufgaben und arbeiten zusammen. Sie leisten einander Amts- und Rechtshilfe", vgl. auch *Dittmann*, in: Isensee/Kirchhoff, HStR Bd. VI, 3. Aufl. 2008, § 127 Rn. 2; sowie ausführlich auch *Bauer*, Die Bundestreue, 21f. AA *Kowalsky*, der feststellt, dass der Bundestreue oder einem vergleichbaren Rechtsinstitut im Schweizer Staatsrecht keine maßgebliche Bedeutung beigemessen werden könne, *Kowalsky*, Die Rechtsgrundlagen der Bundestreue, 1970, 61ff. Vergleiche ausführlich zum Diskussionsstand in der Schweiz *Woelk*, Konfliktregelung und Kooperation im italienischen und deutschen Verfassungsrecht – „Leale collaborazione" und Bundestreue im Vergleich, 1999, 312ff.

331 Vgl. auch *Wittreck*, in: Härtl, Handbuch des Föderalismus – Föderalismus als demokratische Rechtsordnung und Rechtskultur in Deutschland, Europa und der Welt, Bd. I, 2012, § 18, Die Bundestreue, 497 (504).

Art. 143 der Belgischen Verfassung enthält explizit eine Verpflichtung zur föderalen Loyalität und dient der Vermeidung von Interessenkonflikten.[332] Die Vorschrift wurde bewusst anlässlich der Staatsreform von 1993 zur Umwandlung Belgiens in einen Bundesstaat[333] eingeführt und lehnt sich zumindest begrifflich auch ausdrücklich an den deutschen Begriff der Bundestreue an.[334] Was hingegen den Wirkungsbereich der belgischen Treueverpflichtung betrifft, so ist dieser deutlich enger, nämlich beschränkt auf Interessenskonflikte politischer Natur, weswegen über sie auch gemäß Art. 143 § 2 der belgischen Verfassung durch Gutachten des Senates entschieden wird[335] soweit im sog. Konzertierungsausschuss gem. Art. 82 der belgischen Verfassung keine Lösung gefunden wird.

In weitaus größerem Umfang existiert der Grundsatz in ungeschriebener Form, zum Teil werden vergleichbare Konfliktlösungsmechanismen unter anderen Begrifflichkeiten gebraucht.[336] Ein der Sache nach vergleichbares ungeschriebenes Prinzip ist beispielsweise in Österreich[337] und Spanien anerkannt.[338]

In der spanischen Verfassung wurden explizit Versuche unternommen, das deutsche Prinzip der Bundestreue zu übernehmen. Nach dem Verständnis der spanischen Verfassungsdoktrin sollen die einzelnen Glieder des Staates, also der Zentralstaat und die Autonomiegebiete, ihre Kompetenzen so ausüben, dass zum einen die Effektivität ihrer Kompetenzausübung gesichert ist, zum anderen die Effektivität anderer Staatsorgane nicht gefährdet wird und somit die Grundstruktur des

332 *Woelk*, Konfliktregelung und Kooperation im italienischen und deutschen Verfassungsrecht – „Leale collaborazione" und Bundestreue im Vergleich, 1999, 317.

333 Wobei in Belgien im Unterschied zum kooperativen Bundesstaatsmodell des GG ein dezentralisierter Bundesstaat besteht, vgl. *Grotz*, in: Härtl, Handbuch des Föderalismus – Föderalismus als demokratische Rechtsordnung und Rechtskultur in Deutschland, Europa und der Welt, Bd. I, 2012, § 12, Bundesstaaten und Einheitsstaaten im Rahmen der Europäischen Union, 301 (304).

334 *Woelk*, Konfliktregelung und Kooperation im italienischen und deutschen Verfassungsrecht – „Leale collaborazione" und Bundestreue im Vergleich, 1999, 317.

335 *Woelk*, Konfliktregelung und Kooperation im italienischen und deutschen Verfassungsrecht – „Leale collaborazione" und Bundestreue im Vergleich, 1999, 317.

336 Vgl. für das belgische Verfassungsrecht *Alen/Peeters/Pas*, „Bundestreue" im belgischen Verfassungsrecht, JöR 1994, 439 (492ff.). Die verwendeten Begrifflichkeiten sind häufig die des Rechtsmissbrauchs oder Billigkeits- und Verhältnismäßigkeitserwägungen.

337 *Bauer*, Die Bundestreue, 1992, 19.

338 *Álvarez*, Die spanische Dogmatik der Verfassungstreue – Geschichte einer fehlgeschlagenen Rezeption deutschen Verfassungsdenkens, ZaöRV 2010, 433 (444).

Autonomiestaates[339] (Art. 2 spVerf) unbeschadet bleibt.[340] Gestützt wird nach der derzeit herrschenden Lehre dieses entsprechende Prinzip auf das in der Spanischen Verfassung explizit verankerte Solidaritätsprinzip.[341] In der Praxis hat das Prinzip aber eine deutlich schwächere Bedeutung als unter dem Grundgesetz.[342]

In Österreich wird unter dem Begriff des sog. Berücksichtigungsprinzips[343] eine für den Gesetzgeber wie die Exekutive geltende Kompetenzhandhabungsregel zwischen Bund und Ländern im Wesentlichen anerkannt.[344] Auch hier erfüllt das Prinzip als wechselseitige Verfassungspflicht von Bund und Ländern[345] die Funktion eines Konfliktlösungsmechanismus bzw. einer Koordinationsregel[346] und hat einen starken Bezug zur Kompetenzordnung der österreichischen Verfassung.[347] Hauptanwendungsfall des Prinzips ist die Situation, in der widersprüchliche vom jeweiligen Gesetzgeber verfassungsgemäß erlassene Vorschriften des Bundes und

339 Die Einordnung Spaniens als Bundes- oder Einheitsstaat erweist sich als schwierig, vgl. *Grotz*, in: Härtl, Handbuch des Föderalismus – Föderalismus als demokratische Rechtsordnung und Rechtskultur in Deutschland, Europa und der Welt, Bd. I, 2012, § 12, Bundesstaaten und Einheitsstaaten im Rahmen der Europäischen Union, 301 (304).

340 *Álvarez*, Die spanische Dogmatik der Verfassungstreue – Geschichte einer fehlgeschlagenen Rezeption deutschen Verfassungsdenkens, ZaöRV 2010, 433 (452f.).

341 *Álvarez*, Die spanische Dogmatik der Verfassungstreue – Geschichte einer fehlgeschlagenen Rezeption deutschen Verfassungsdenkens, ZaöRV 2010, 433 (454).

342 Vgl. zu den Kritikpunkten der Begriffsübernahme v.a. *Álvarez*, Die spanische Dogmatik der Verfassungstreue – Geschichte einer fehlgeschlagenen Rezeption deutschen Verfassungsdenkens, ZaöRV 2010, 433 (452ff.). Dies entspricht dem Umstand, dass die bundesstaatlichen Elemente in der spanischen Verfassung deutlich schwächer ausgeprägt sind, als unter dem Grundgesetz.

343 Vgl. grundlegend die Erkenntnis des Verfassungsgerichtshofs vom 3. Dezember 1984, GZ: G81/84. Ausführlich auch *Grabenwarter/Holoubek*, Verfassungsrecht. Allgemeines Verwaltungsrecht, 2009, Rn. 169ff.; *Öhlinger*, Verfassungsrecht, 8. Aufl. 2009, Rn. 284ff.; vgl. auch *Wittreck*, in: Härtl, Handbuch des Föderalismus – Föderalismus als demokratische Rechtsordnung und Rechtskultur in Deutschland, Europa und der Welt, Bd. I, 2012, § 18, Die Bundestreue, 497 (505).

344 *Woelk*, Konfliktregelung und Kooperation im italienischen und deutschen Verfassungsrecht – „Leale collaborazione" und Bundestreue im Vergleich, 1999, 309ff.

345 *Woelk*, Konfliktregelung und Kooperation im italienischen und deutschen Verfassungsrecht – „Leale collaborazione" und Bundestreue im Vergleich, 1999, 311.

346 *Woelk*, Konfliktregelung und Kooperation im italienischen und deutschen Verfassungsrecht – „Leale collaborazione" und Bundestreue im Vergleich, 1999, 310.

347 *Öhlinger*, Verfassungsrecht, 8. Aufl. 2009, Rn. 284ff.; *Woelk*, Konfliktregelung und Kooperation im italienischen und deutschen Verfassungsrecht – „Leale collaborazione" und Bundestreue im Vergleich, 1999, 310.

der Länder vorliegen,[348] eine Situation, die auch unter dem Grundgesetz unter den Anwendungsbereich der Bundestreue fällt.[349]

Aber auch in Italien wird unter dem Stichwort der „leale collaborazione" im Verhältnis zwischen dem Staat und den Regionen ein Ausgleichsmechanismus mit einer gewissen Wesensähnlichkeit zur Bundestreue anerkannt.[350] Diese Argumentationsfigur wird vom italienischen Verfassungsgerichtshof ähnlich wie vom BVerfG die Bundestreue als Kompetenzausübungsschranke[351] und als funktionelle Sicherung der Mitwirkung der Regionen an der europäischen Integration, soweit Kompetenzbereiche der Regionen betroffen sind, verwendet.[352] Darüber hinaus begründet sie Mitwirkungs- und Handlungspflichten.[353] Zwar ist auf Grund der in Summe schwächeren Stellung der Regionen die leale collaborazione nicht ganz so weitgreifend wie der Grundsatz der Bundestreue. In Relation zu ihrer verfassungsrechtlichen Stellung erfüllt dieses Prinzip jedoch im Wesentlichen dieselbe Funktion wie der Grundsatz der Bundestreue.[354]

Vergleichbar zur Situation unter dem Grundgesetz besteht dementsprechend in den Rechtsordnungen, die föderale Strukturen aufweisen, die Notwendigkeit eines rechtlichen Instruments zur Lösung von Kompetenzkonflikten zwischen den

348 *Woelk*, Konfliktregelung und Kooperation im italienischen und deutschen Verfassungsrecht – „Leale collaborazione" und Bundestreue im Vergleich, 1999, 310.

349 Vgl. die Ausführungen unter Kapitel 2 B. I. 1. b) bb) 6).

350 Vgl. ausführlich *Woelk*, Konfliktregelung und Kooperation im italienischen und deutschen Verfassungsrecht – „Leale collaborazione" und Bundestreue im Vergleich, 1999, 73ff. Der italiensiche Verfassungsgerichtshof versteht diesen Begriff als Prinzip, das die gesamten Vorschriften und Verfahren zur Regelung der Beziehungen zwischen regionalen und staatlichen Kompetenzen beeinflusst. Es reicht von der Erfüllung gegenseitiger Informationspflichten über die Anhörung bzw. Stellungnahme bis zur Verwirklichung eines Handelns im Einvernehmen, vgl. it.VerfGH 232/1991; es wurde aber auch von der gleichrangigen Kooperation gesprochen (Urt. Nr. 214/1988) vgl. *Woelk*, a.a.O., 80.

351 *Woelk*, Konfliktregelung und Kooperation im italienischen und deutschen Verfassungsrecht – „Leale collaborazione" und Bundestreue im Vergleich, 1999, 86ff.

352 *Woelk*, Konfliktregelung und Kooperation im italienischen und deutschen Verfassungsrecht – „Leale collaborazione" und Bundestreue im Vergleich, 1999, 120ff.

353 *Woelk*, Konfliktregelung und Kooperation im italienischen und deutschen Verfassungsrecht – „Leale collaborazione" und Bundestreue im Vergleich, 1999, 97ff.

354 *Woelk*, Konfliktregelung und Kooperation im italienischen und deutschen Verfassungsrecht – „Leale collaborazione" und Bundestreue im Vergleich, 1999, 134ff., 149f.

Teilen der föderativen Ordnung,[355] da in der Praxis immer Schwierigkeiten auftauchen, was die Einhaltung des Prinzips getrennter Kompetenzsphären betrifft.[356]

8) *Zwischenergebnis*

Der ungeschriebene Verfassungsgrundsatz der Bundestreue kommt in Ergänzung der grundgesetzlichen Ausgestaltung des Bundesstaatsprinzips dann zum Einsatz, wenn auf Grund der geteilten Kompetenzen i.S.d. vertikalen Gewaltenteilung die Verwirklichung der gesamtstaatlichen Zielverantwortung[357] nicht erreicht werden könnte bzw. dem Kompetenzgefüge Gefahr droht, unterlaufen zu werden, ohne dass der Grundsatz jedoch ein Gleichschaltungsgebot beinhaltet. Auf Grund seines ergänzenden Charakters und seiner strengen Akzessorietät, die sich aus seiner Herleitung aus dem bundesstaatlichen Prinzip ergibt, ist ein Rückgriff auf den Grundsatz zur Wahrung der bundesstaatlichen Kompetenzordnung und Zielverantwortung nur dann möglich, wenn das Grundgesetz keine Regelung vorsieht, der Konflikt jedoch im bundesstaatlichen Prinzip angelegt ist.[358] Diese Zuordnung und zugleich Beschränkung des Regelungsgehaltes des Grundsatzes der Bundestreue auf den funktionalen Ausgleich von in der föderalen Struktur angelegten Konflikten bzw. als Instrument zu präventiven Konfliktlösungsmechanismen wird auch durch den Vergleich der im Wesentlichen vergleichbaren Grundsätze föderal strukturierter Verfassungsordnungen anderer Mitgliedstaaten bestätigt.

2. Übertragbarkeit der Erkenntnisse auf den Grundsatz der Europarechtsfreundlichkeit

Es stellt sich die Frage, ob die von der Rechtsprechung für den Grundsatz der Bundestreue gewonnenen Erkenntnisse bzgl. seines Anwendungsbereiches und Regelungsgehaltes auf den Grundsatz der Europarechtsfreundlichkeit übertragbar sind.

355 Vgl. ausführlich für das belgische Verfassungsrecht *Alen/Peeters/Pas*, „Bundestreue" im belgischen Verfassungsrecht, JöR 1994, 439 (492ff.).

356 *Woelk*, Konfliktregelung und Kooperation im italienischen und deutschen Verfassungsrecht – „Leale collaborazione" und Bundestreue im Vergleich, 1999, 75; ebenso *Alen/Peeters/Pas*, „Bundestreue" im belgischen Verfassungsrecht, JöR 1994, 439 (492).

357 Zur gesamtstaatlichen Zielverantwortung der Länder und des Bundes ausführlich *Kaiser*, Zur Ableitung des Verfassungsprinzips des „bundesfreundlichen Verhaltens" aus dem Begriff des Bundesstaates, DÖV 1961, 653 (653); vgl. auch *Bayer*, Die Bundestreue, 1961, 52.

358 *Lorz*, Interorganrespekt im Verfassungsrecht, 2001, 18.

Maßgeblich ist in diesem Zusammenhang die Vergleichbarkeit der die Grundsätze prägenden Merkmale.

a) Vergleichbarkeit der Grundsätze

Die Grundsätze der Bundestreue und der Europarechtsfreundlichkeit weisen sowohl Gemeinsamkeiten als auch Unterschiede auf, was die jeweiligen Rechtsgrundlagen und die Verhältnisse der jeweiligen Rechtsordnungen zueinander betrifft.

aa) Gemeinsamkeiten

Beide Grundsätze sind solche des ungeschriebenen Verfassungsrechts. Dementsprechend kommt beiden Grundsätzen nur eine lückenfüllende, ergänzende Funktion zu. Sie können nicht über den Gehalt der Normen aus denen sie abgeleitet wurden hinausgehen.[359]

Auch dienen beide Grundsätze der Konfliktvermeidung aus Treuegesichtspunkten, ohne ein Gleichschaltungsgebot zu beinhalten.[360] Allerdings muss differenziert werden, da die Grundsätze einen unterschiedlichen Bezugspunkt haben. Während mittels der Bundestreue ein Konflikt zwischen zwei Gliedern eines Bundes gelöst werden soll, die in einem bundestaatlichen Rechtsverhältnis mit entsprechenden Treuepflichten zueinander stehen, wird durch den Grundsatz der Europarechtsfreundlichkeit an die Rechtsordnungen als solche angeknüpft. Hier kann nicht von vertikaler Gewaltenteilung[361] gesprochen werden. Da die Rechtsordnungen jedoch durch die Übertragung von Hoheitsrechten in einem (völkervertraglichen) Rechtsverhältnis zueinander stehen, kommen auch in diesem Verhältnis vertragliche Treuegesichtspunkte zur Geltung, gerade auch vor dem Hintergrund, dass die Mitgliedstaaten Herren der Verträge sind. Insoweit besteht für die Europäische Union ein ansatzweise vergleichbarer „Bündnischarakter" wie im Rahmen des Deutschen Reiches von 1871.[362]

359 Vgl. die Ausführungen unter Kapitel 1 A. III 1.

360 *Bayer*, Die Bundestreue, 1961, 73 im Hinblick auf die Bundestreue.

361 Vgl. Kapitel 2 B. I. 1. a).

362 *Kisker*, Kooperation im Bundesstaat, 1971, 95.

Entsprechend ihrer Grundlage in den jeweiligen Rechtsverhältnissen sind beide Grundsätze streng akzessorisch. Der Grundsatz der Europarechtsfreundlichkeit ist akzessorisch zu bestehenden Verschränkungen der beiden Rechtsordnungen durch die mittels Art. 23 GG i.V.m. der durch das jeweilige Zustimmungsgesetz geschaffenen Möglichkeit der Übertragung von Hoheitsrechten,[363] der Grundsatz der Bundestreue wiederum ist zwangsläufig akzessorisch im Hinblick auf ein bestehendes bundesstaatliches Verfassungsrechtsverhältnis.[364] Schließlich sind beide Grundsätze justiziabler Maßstab in Verfassungsstreitigkeiten.

bb) Unterschiede

Die Grundsätze unterscheiden sich jedoch auch. Während der Grundsatz der Europarechtsfreundlichkeit seine ausdrückliche Herleitung aus Staatszielen erfährt, findet der Grundsatz der Bundestreue seine Grundlage im bundesstaatlichen Prinzip, also einem in Art. 20 Abs. 1 GG niedergelegten und zusätzlich von der Ewigkeitsklausel des Art. 79 Abs. 3 GG umfassten[365] Staatstrukturprinzip,[366] welches der Gewaltenteilung im weitesten Sinne zuzuordnen ist.[367] Zwar hat das bundesstaatliche Prinzip insoweit Zielcharakter, als es immerwährend zu verwirklichen ist, dies jedoch nur in dem Rahmen, den das Grundgesetz abschließend vorsieht.[368] Dieser Unterschied wird allerdings dadurch relativiert, dass das dem Grundsatz der Europarechtsfreundlichkeit zugrunde liegende Staatsziel ein sogenanntes qualifiziertes Staatsziel ist[369] und so auch der Grundsatz der Europarechtsfreundlichkeit einen genauen Rahmen hat.

363 Vgl. hierzu bereits die Ausführungen unter Kapitel 1 A. III. 3. Den alleinigen Maßstab für die Übertragung von Hoheitsrechten bildet Art. 23 GG, aus dem der Grundsatz teilweise hergeleitet wird. Dies steht nicht im Widerspruch zu der Überlegung, ob der Grundsatz der Europarechtsfreundlichkeit evtl. auf der Ebene der Mitwirkung bei der Schaffung von Unionsrecht, bzw. bei Vertragsänderungen ohne Übertragung von Hoheitsrechten Anwendung finden kann.

364 *Sachs*, in: Sachs, GG, 7. Aufl. 2014, Art. 20 Rn. 69; vgl. auch *Wittreck*, in: Härtl, Handbuch des Föderalismus – Föderalismus als demokratische Rechtsordnung und Rechtskultur in Deutschland, Europa und der Welt, Bd. I, 2012, § 18, Die Bundestreue, 497 (510).

365 *Herdegen*, in: Maunz/Dürig, GG, 77. EL 2016, Art. 79 Rn. 89.

366 *Grzeszick*, in: Maunz/Dürig, GG, 77. EL 2016, Art. 20 I. Rn. 1.

367 *Grzeszick*, in: Maunz/Dürig, GG, 77. EL 2016, Art. 20 V. Rn. 109.

368 *Huber*, Klare Verantwortungsteilung von Bund, Ländern und Kommunen?, Gutachten D zum 65. Deutschen Juristentag, 2004, 38.

369 Vgl. *Sommermann*, Staatsziele und Staatszielbestimmungen, 1997, 382; sowie Kapitel 1 A. III. 3.

Darüber hinaus bestehen im Verhältnis zwischen den beiden Rechtsordnungen Unterschiede. Im Verhältnis von Bundes- zu Landesrecht wird mit Art. 31 GG als Kollisionsnorm eine Normenkollision zu Gunsten des Bundesrechts entschieden. Die entsprechende, verfassungsrechtlich anerkannte und aus Art. 23 GG hergeleitete,[370] „Kollisionsnorm" im Verhältnis zwischen nationalem Recht und Unionsrecht, der Anwendungsvorrang, bewirkt im Gegensatz dazu zum einen nur einen Anwendungs- und keinen (absoluten) Geltungsvorrang des Unionsrechts[371] und dies zum anderen auch nur im Rahmen der mit dem Zustimmungsgesetz übertragenen Hoheitsrechte.[372] Stellt man allerdings das föderale Element des Mehrebenensystems[373] in den Mittelpunkt, ist der Unterschied zum Geltungsvorrang von Art. 31 GG nicht entscheidend.[374] Mit dem Grundsatz der loyalen Zusammenarbeit (Art. 4 Abs. 3 EUV) ist in der Unionsrechtsordnung ein föderales Element enthalten, das dem Grundsatz der Bundestreue gegenübergestellt werden kann.[375] Unabhängig vom absoluten Geltungs- oder relativen Anwendungsvorrang bestehen daher zwischen den Rechtsordnungen enge, einem föderalen Staat ähnliche, Verflechtungen, die auch wechselseitige Treuepflichten implizieren.

370 Vgl. ausführlich zum Anwendungsvorrang *Ruffert*, in: Calliess/Ruffert, EUV/AEUV, 5. Aufl. 2016, Art. 1 AEUV Rn. 16ff.; *Nettesheim*, in: Grabitz/Hilf/Nettesheim, Das Recht der Europäischen Union, 58. EL 2016, Art. 1 AEUV Rn. 71ff.

371 vgl. auch *Streinz*, in: ders., Europarecht, 10. Aufl. 2016, Rn. 205ff. zu den nicht haltbaren bundesstaatlichen Lösungen im Zusammenhang mit der Begründung des Vorranges des Gemeinschaftsrechts.

372 Vgl. *Nettesheim*, in: Grabitz/Hilf/Nettesheim, Das Recht der Europäischen Union, 58. EL 2016, Art. 1 AEUV Rn. 70.

373 Vgl. hierzu *Di Fabio*, in: Härtl, Handbuch des Föderalismus – Föderalismus als demokratische Rechtsordnung und Rechtskultur in Deutschland, Europa und der Welt, Bd. IV, 2012, Recht im Mehrebenensystem, 981 (986ff.).

374 So auch *Willers*, Verfassungsgerichtliche Übergangsfristen im Mehrebenensystem, Am Beispiel der Sportwetten, 2011, 22ff.

375 Vgl. hierzu im Folgenden die Ausführungen unter Kapitel 2 C.; vgl. auch *Willers*, Verfassungsgerichtliche Übergangsfristen im Mehrebenensystem, Am Beispiel der Sportwetten, 2011, 24. Ausführlich auch *Lück*, Die Gemeinschaftstreue als allgemeines Rechtsprinzip im Recht der Europäischen Gemeinschaft – ein Vergleich zur Bundestreue im Verfassungsrecht der Europäischen Gemeinschaft, 1992, 92ff.; sowie *Klamert*, The Principle of Loyalty in EU Law, 2014, 32 und *Kahl*, in: Calliess/Ruffert, EUV/AEUV, 5. Aufl. 2016, Art. 4 EUV Rn. 30f., der das nationale Loyalitätsgebot gegenüber dem Unionsrecht als Teil der Europarechtsfreundlichkeit sieht, vgl. *Kahl*, in: Calliess/Ruffert, EUV/AEUV, 5. Aufl. 2016, Art. 4 EUV Rn. 33.

Schließlich haben die Europarechtsfreundlichkeit und die Bundestreue unterschiedliche Anknüpfungspunkte. Unstreitig sind beide Grundsätze in ein rechtliches Mehrebenensystem eingebettet, und sollen dort eine koordinierende Funktion erfüllen.[376] Die Adressaten der Bundestreue jedoch sind der Bund und die Länder,[377] die Bundestreue ist mithin synallagmatisch. Der Grundsatz der Europarechtsfreundlichkeit hingegen ist ein Attribut des Grundgesetzes und sein ist Bezugspunkt ausdrücklich das nationale Verfassungsrecht und nicht zusätzlich die Union als Rechtspersönlichkeit. Der Grundsatz der Europarechtsfreundlichkeit wirkt also auf einer anderen Ebene als der der Bundestreue. Während die Bundestreue Konflikte zwischen Bund und Ländern in Bezug auf ihre verfassungsrechtlichen Aufgaben und Befugnisse im Bundesstaat verhindern bzw. lösen soll, kann der Grundsatz der Europarechtsfreundlichkeit nur Konflikte zwischen den Rechtsordnungen als solchen im Rahmen der nationalen Rechtsordnung lösen.

b) Übertragbarkeit der Erkenntnisse zur Bundestreue auf den Grundsatz der Europarechtsfreundlichkeit

Nach dem Vorstehenden ist zwar auf Grund der bestehenden Unterschiede zwischen den Grundsätzen eine unbesehene Übertragbarkeit der Ergebnisse für die Bundestreue auf den Grundsatz der Europarechtsfreundlichkeit nicht möglich. Trotzdem können auf Grund der unzweifelhaft bestehenden Gemeinsamkeiten einzelne Aspekte der Bundestreue auch für den Grundsatz der Europarechtsfreundlichkeit fruchtbar gemacht werden.

Zwar kann der Grundsatz der Europarechtsfreundlichkeit wegen des unterschiedlichen Verhältnisses der Rechtsordnungen zueinander[378] nicht wie die Bundestreue als „relativierendes Moment" des grundsätzlich absoluten Geltungsvorranges wirken. Gleichwohl kann dem Grundsatz der Europarechtsfreundlichkeit angesichts der föderalen Elemente im Verhältnis von Unionsrechtsordnung und nationaler Rechtsordnung[379] und den damit bestehenden Treueverpflichtungen eine entspre-

376 Vgl. *Kahl*, in: Calliess/Ruffert, EUV/AEUV, 5. Aufl. 2016, Art. 4 EUV Rn. 30f.

377 Ausführlich *Bauer*, Die Bundestreue, 1992, 294ff.

378 Vgl. Kapitel 2 B. I. 2. a) bb).

379 *Di Fabio*, in: Härtl, Handbuch des Föderalismus – Föderalismus als demokratische Rechtsordnung und Rechtskultur in Deutschland, Europa und der Welt, Bd. IV, 2012, Recht im Mehrebenensystem, 981 (986ff.).

chende Funktion als ergänzendes Element des verfassungsrechtlich beschränkten Anwendungsvorrangs, das über diesen hinausgeht,[380] entnommen werden.

Daneben kann der Grundsatz der Europarechtsfreundlichkeit, gerade vor dem Hintergrund der (völker)vertraglichen Grundlagen der Europäischen Union,[381] die die Grundlage der Übertragung von Hoheitsrechten und damit der Verknüpfung der Rechtsordnung darstellen, entsprechend der Bundestreue ergänzende Rechten und Pflichten zur Verwirklichung der Funktionsfähigkeit der Unionsrechtsordnung begründen. Zwar stellt der Grundsatz der Europarechtsfreundlichkeit streng genommen ein Attribut der nationalen Rechtsordnung dar, der als solcher keine Handlungs- oder Unterlassungsverpflichtungen im eigentlichen Sinne auferlegt werden können.[382] Die der vertraglichen Verknüpfung der Rechtsordnungen innewohnenden Elemente von Treu und Glauben oder bona fides eröffnen dem Grundsatz der Europarechtsfreundlichkeit jedoch den Anwendungsbereich, die Anwendung der nationalen Rechtsordnung durch die Verfassungsorgane unter diesen Gesichtspunkten zu steuern. Entsprechend den Zielvorgaben der Präambel und des Art. 23 GG ist gerade Aufgabe des Grundsatzes der Europarechtsfreundlichkeit, die Verwirklichung des Unionsrechts sicherzustellen und ein Auseinanderfallen der Rechtsordnungen soweit möglich zu vermeiden, zu erreichen.

Dem entspricht auch, dass mit dem in Art. 4 Abs. 3 EUV (bzw. daneben zusätzlich in Art. 4 Abs. 2 EUV) verkörperten Grundsatz der loyalen Zusammenarbeit (bzw. der Verpflichtung der Union, die nationale Identität der Mitgliedstaaten zu achten), spiegelbildliche Grundsätze zur Bundestreue[383] im Unionsrecht enthalten sind. Ein „synallagmatisches Element" ist insoweit durchaus gegeben.

Entsprechend erfüllte der Grundsatz der Europarechtsfreundlichkeit in der bislang ergangenen Rechtsprechung die Funktion, bei Verfassungsnormen, die in Verknüpfung mit der Unionsrechtsordnung stehen, ergänzende Handlungspflichten, wie z.B. die Vorlagepflicht des BVerfG, oder aber Rücksichtnahmepflichten, wie

380 Vgl. Kapitel 1 A. III 3.

381 BVerfGE 123, 267 (348ff.).

382 Vgl. *Unruh*, Die Unionstreue-Anmerkungen zu einem Rechtsgrundsatz der Europäischen Union, EuR 2002, 41 (56), der klarstellt, dass die sich aus der Bundestreue ergebenden Handlungs- und Unterlassungsverpflichtungen aus der Adressierung der Treuepflicht an Bund und Länder ergeben.

383 Vgl. ausführlich Kapitel 2 C; sowie *Kahl*, in: Calliess/Ruffert, EUV/AEUV, 5. Aufl. 2016, Art. 4 EUV Rn. 33.

die Rücknahme der Kontrolldichte, zu begründen, ohne jedoch den vom Grundgesetz vorgegebenen Rahmen des verfassungsrechtlich zulässigen Umfangs der Integration als solchen zu berühren.

c) Ergebnis

Der aus dem Staatstrukturprinzip des Bundesstaates hergeleitete Grundsatz der Bundestreue erfüllt sachlich begrenzt auf ein bestehendes bundesstaatliches Rechtsverhältnis die Funktion, die, verursacht durch die innerstaatliche Kompetenzordnung (horizontale Gewaltenteilung), auftretenden Konflikte zwischen den Gliedern des Bundesstaates durch einzelfallbezogene Konfliktlösungsmöglichkeiten zu minimieren. Der Grundsatz der Europarechtsfreundlichkeit, der im Unterschied dazu seine rechtliche Grundlage im Staatziel des einheitlichen Europas findet, hat als Bezugspunkt dagegen das Grundgesetz und dient als Mittel, die im Rahmen der vertraglichen Verschränkung zweier Rechtsordnungen möglichen Konflikte im Anwendungsbereich des gesamten Grundgesetzes in den Grenzen der Verfassung zu minimieren, um einem Auseinanderfallen der Rechtsordnungen entgegenzuwirken.

Beiden Grundsätzen wohnt der vertraglichen Verhältnissen bzw. föderalen Ordnungszusammenhängen inhärente Gedanke des Bestehens gegenseitiger Rücksichtnahmepflichten zur Gewährleistung der Erfüllung der Staatsverantwortung trotz geteilter Kompetenzen inne. Die sich unter diesem Gesichtspunkt für den Grundsatz der Bundestreue entwickelten Funktionen von Rücksichtnahmepflichten können, natürlich nur insoweit, als die Normen des Grundgesetzes, die die Verknüpfung der Rechtsordnungen begründen, die Möglichkeit hierzu eröffnen, auf den Grundsatz der Europarechtsfreundlichkeit dem Rechtsgedanken nach übertragen werden.

II. Die Verfassungsorgantreue

Schließlich werden in der Verfassung angelegte Funktionsstörungen[384] durch die Verteilung der Entscheidungsmacht auf unterschiedliche Instanzen nicht nur durch die horizontale Verteilung auf Bund und Länder, sondern darüber hinaus auch durch die vertikale Verteilung auf verschiedene Verfassungsorgane hervorgerufen,

384 *Klein*, in: Isensee/Kirchhoff, HStR Bd. XII, 3. Aufl. 2014, § 279 Rn. 18.

die eines Korrekturmechanismus bedürfen. Der Korrektur solcher Funktionsstörungen dient zum Teil der ungeschriebene Grundsatz der Verfassungsorgantreue (1.) dessen innewohnenden Rechtsgedanken auch für den Grundsatz der Europarechtsfreundlichkeit Geltung haben (2.).

1. Inhalt und Funktion der Verfassungsorgantreue

Auch die Verfassungsorgantreue ist ein ungeschriebener Grundsatz[385] des Grundgesetzes, dessen Geltung als solche nicht umstritten ist.[386] Entsprechend dem bisherigen Vorgehen soll zunächst die Herleitung des ungeschriebenen Grundsatzes untersucht werden (a). In der Folge soll aus einer Analyse der bisherigen Hauptanwendungsfälle in der Rechtsprechung Inhalt und Funktion des Grundsatzes weiter bestimmt werden (b).

a) Herleitung des Grundsatzes der Verfassungsorgantreue

Der Grundsatz der Verfassungsorgantreue ist allgemein anerkannt.[387] Unter Zugrundelegung des allen Rechtsverhältnissen bzw. Mehrebenensystemen innewohnenden Gedankens von Treu und Glauben stellt die Verfassungsorgantreue den als Korrelat zur Unabhängigkeit der Verfassungsorgane voneinander erforderlichen Mechanismus dar, der dafür sorgt,

385 *Bethge*, in: Maunz/Schmidt-Bleibtreu/Bethge, BVerfGG, 48. EL 2016, § 64 Rn. 110.

386 BVerfGE 134, 141; BVerfGE 119, 96; BVerfGE 97, 350 (372); BVerfGE 94, 166; BVerfGE 90, 286 (337); BVerfGE 89, 155 (191).

387 Vgl. nur *Schulze-Fielitz*, in: Dreier, GG, Bd. II, 3. Aufl. 2015, Art. 20 Rn. 71. Noch im Jahr 1970 wurde allerdings vom BVerfG offen gelassen, ob es den Grundsatz der Verfassungsorgantreue als funktionales Äquivalent zur Bundestreue anerkennt, vgl. BVerfGE 29, 221 (233) obwohl es bereits in seinen frühen Entscheidungen, zwar nicht unter Verwendung des Begriffs der Verfassungsorgantreue so doch aber dem Sinn nach, diese anerkannt und zur Anwendung gebracht hat, vgl. BVerfGE 45, 1 (39); BVerfGE 36, 1 (15); BVerfGE 35, 193 (199). Nun allerdings wird der Grundsatz als solcher nicht mehr in Frage gestellt, vgl. nur BVerfGE 134, 141ff.; BVerfGE 119, 96ff.; BVerfGE 97, 350 (372); BVerfGE 94, 166ff.; BVerfGE 90, 286 (337); BVerfGE 89, 155 (191); wobei es zum Teil den Begriff Organtreue verwendet. Eine ausführliche Herleitung wurde von der Rechtsprechung allerdings nie unternommen und auch in der Literatur wurde er zumeist als gegeben vorausgesetzt, vgl. *Voßkuhle*, Der Grundsatz der Verfassungsorgantreue und die Kritik am BVerfG, NJW 1997, 2216 (2217). Einzige Ausnahme bildet wohl *Schenke*, Die Verfassungsorgantreue, 1977, der jedoch trotz einer genauen Analyse der Funktion der Verfassungsorgantreue keine ausführliche Herleitung des Grundsatzes unternimmt.

„daß die Verfassungsorgane bei Ausübung ihrer verfassungsmäßigen Tätigkeit harmonisch zusammenwirken und alles unterlassen, was das Ansehen der anderen Verfassungsorgane schädigt und damit die Verfassung selbst gefährden könnte“[388].

Sie stellt damit eine Art Strukturprinzip dar.[389] Dementsprechend wird der Grundsatz häufig in Zusammenhang mit dem Gewaltenteilungsprinzip aus Art. 20 Abs. 1 GG sowie Art. 35 GG gebraucht[390] und auch als Teil des allgemeinen ungeschriebenen Prinzips der Verfassungstreue verstanden.[391] Das Prinzip der Gewaltenteilung, hier speziell in seiner Ausprägung als horizontale Gewaltenteilung[392] zwischen den Verfassungsorganen[393] sieht eine Kompetenzverteilung und Unabhängigkeit der jeweiligen gleichrangigen[394] Verfassungsorgane vor,[395] die jedoch gleichzeitig in einem wechselbezüglichen Verhältnis zueinander stehen.[396] Es ist daher unerlässlich und der Verfassungsordnung immanent, dass die Verfassungsorgane einer solchen Treueverpflichtung unterliegen[397] um der Gefahr einer gegenseitigen Blockade[398]

---

388 BVerfG JöR 6 (1957), 194 (206).

389 *Lorz*, Interorganrespekt im Verfassungsrecht, 2001, 46.

390 Vgl. nur BVerfGE 94, 166 (234) abweichende Meinung der Richter Limbach, Böckenförde und Sommer; *Voßkuhle*, Der Grundsatz der Verfassungsorgantreue und die Kritik am BVerfG, NJW 1997, 2216 (2217); *Lorz*, Interorganrespekt im Verfassungsrecht, 2001, 39, der allerdings wie Schenke (*Schenke*, Die Verfassungsorgantreue, 1977, 28) eine unmittelbare Anknüpfung an die Gewaltenteilung ablehnt und für eine mittelbare Anknüpfung plädiert, mit dem Argument, dass die Zielsetzung der Gewaltenteilung die der Machkontrolle, die der Verfassungsorgantreue, die der staatlichen Integration sei. Die Notwendigkeit der mittelbaren Verknüpfung der Grundsätze liegt darin, dass sie sich zwangsläufig gegenseitig bedingen.

391 *Klein*, in: Isensee/Kirchhoff, HStR Bd. XII, 3. Aufl. 2014, § 279 Rn. 18.

392 Vgl. *Sommermann*, in: v. Mangoldt/Klein/Stark, GG, Bd. II, 6. Aufl. 2010, Art. 20 Rn. 208.

393 Die sogenannte vertikale Gewaltenteilung ist die zwischen Bund und Ländern, deren Konflikte über den ungeschriebenen Grundsatz der Bundestreue gelöst werden, vgl. *Bethge*, in: Maunz/Schmidt-Bleibtreu/Bethge, BVerfGG, 48. EL 2016, § 13 Rn. 20.

394 *Lorz*, Interorganrespekt im Verfassungsrecht, 2001, 40.

395 Vgl. ausführlich zum Zweck der Gewaltenteilung, Machtkonzentration zur Freiheitssicherung und zur Garantie möglichst richtiger Entscheidungen *Sommermann*, in: v. Mangoldt/Klein/Stark, GG, Bd. II, 6. Aufl. 2010, Art. 20 Rn. 207.

396 Ausdrücklich auf die Wechselbezüglichkeit bezugnehmend BVerfGE 89, 155 (184). Vgl. ausführlich zur funktionalen Verschränkung auch *Sommermann*, in: v. Mangoldt/Klein/Stark, GG, Bd. II, 6. Aufl. 2010, Art. 20 Rn. 212.

397 So auch *Woelk*, Konfliktregelung und Kooperation im italienischen und deutschen Verfassungsrecht – „Leale collaborazione“ und Bundestreue im Vergleich, 1999, 181.

398 Vgl. *Sommermann*, in: v. Mangoldt/Klein/Stark, GG, Bd. II, 6. Aufl. 2010, Art. 20 Rn. 212.

und hieraus resultierender Desintegration entgegenzuwirken,[399] da diesen i.S.d. Integrationslehre von Smend[400] gemeinsam die Aufgabe obliegt, die Verfassung als solche zu verwirklichen und die positivrechtlichen Kooperationsnormen, wie nicht anders möglich, lückenhaft sind.[401] Wie die Bundestreue ist die Verfassungsorgantreue daher akzessorisch[402] und kann nur an ein bestehendes Verfassungsrechtsverhältnis zwischen zwei Bundesverfassungsorganen anknüpfen, ohne ein solches selbst zu schaffen.

Als ungeschriebener Verfassungsgrundsatz gilt ferner auch für die Verfassungsorgantreue, dass sie subsidiär[403] ist und erst zur Geltung kommt, wenn das Grundgesetz keine spezielle Regelung vorsieht.

b) Die Konkretisierung der Verfassungsorgantreue durch die Rechtsprechung

Die Verfassungsorgantreue wurde von der Rechtsprechung zwar nicht im selben Ausmaß wie die Bundestreue aktiviert. Gleichwohl lässt sich feststellen, dass der Grundsatz ein funktionelles Äquivalent zu dieser im Hinblick auf die horizontale Gewaltenteilung, also die Gewaltenteilung zwischen Organen nur des Bundes,[404] darstellt.[405]

399 *Schenke*, Die Verfassungsorgantreue, 1977, 26; *Lorz*, Interorganrespekt im Verfassungsrecht, 2001, 38f.; *Sommermann*, in: v. Mangoldt/Klein/Stark, GG, Bd. II, 6. Aufl. 2010, Art. 20 Rn. 225.

400 So auch *Voßkuhle*, Der Grundsatz der Verfassungsorgantreue und die Kritik am BVerfG, NJW 1997, 2216 (2217) und bereits *Schenke*, Die Verfassungsorgantreue, 1977, 26ff.

401 *Schenke*, Die Verfassungsorgantreue, 1977, 27.

402 *Bethge*, in: Maunz/Schmidt-Bleibtreu/Bethge, BVerfGG, 48. EL 2016, § 13 Rn. 20. *Woelk*, Konfliktregelung und Kooperation im italienischen und deutschen Verfassungsrecht – „Leale collaborazione" und Bundestreue im Vergleich, 1999, 181; *Schenke*, Die Verfassungsorgantreue, 1977, 38.

403 *Bethge*, in: Maunz/Schmidt-Bleibtreu/Bethge, BVerfGG, 48. EL 2016, § 13 Rn. 20. Vgl. zum Verhältnis von geschriebenem und ungeschriebenem Verfassungsrecht ausführlich die Ausführungen unter Kapitel 1 A. III. 1.

404 Hier kann die Bundestreue keine Anwendung finden, da ja gerade kein bundesstaatliches Rechtsverhältnis, sprich eines zwischen dem Bund und den Ländern bzw. den Länder untereinander vorliegt, sondern ein Bundesinternes, vgl. auch *Bauer*, Die Bundestreue, 1992, 295f.

405 So auch *Voßkuhle*, Der Grundsatz der Verfassungsorgantreue und die Kritik am BVerfG, NJW 1997, 2216 (2217); vgl. auch *Sommermann*, in: v. Mangoldt/Klein/Stark, GG, Bd. II, 6. Aufl. 2010, Art. 20 Rn. 225.

Die der Verfassungsorgantreue und der Bundestreue zu Grunde liegende Gemeinsamkeit ist der Gedanke der Integration.[406] Eine unbesehene Analogie zum Grundsatz der Bundestreue ist allerdings wegen dem unterschiedlichen Anwendungsbereich der Grundsätze[407] nicht möglich. Im vertikalen Verhältnis der Verfassungsorgane zueinander verwirklicht sich Integration in anderen Aufgaben, als sie der Integrationsprozess im Verhältnis von Bund und Ländern fordert. Daher können die Auswirkungen der Verfassungsorgantreue von denen der Bundestreue verschieden sein.[408] Der Aspekt der Integration besitzt zwischen den Verfassungsorganen ein größeres Gewicht als im Verhältnis von Bund und Ländern, da der Bundesstaat als solcher ja die Verschiedenheit will und auch fördert, gleichwohl jedoch der Integrationsgedanke als ausgleichendes Element erforderlich ist.[409] Die Verteilung der Kompetenzen zwischen den Verfassungsorganen wird hingegen ohne die Förderung von Verschiedenheit nach funktionalen Geeignetheitskriterien[410] und dem Grundsatz der Arbeitsteilung vorgenommen.[411] Im Verhältnis der Verfassungsorgane zueinander beschränkt sich die Geltung des Gedankens der Wahrung der Vielheit in der staatlichen Einheit daher auf den Teil der Kompetenzen, der nicht nur einem Verfassungsorgan trennscharf zugeordnet werden kann.[412]

Angesichts des hohen Abstraktionsgrades[413] des Grundsatzes und seiner Funktion können seine Wirkungen, wie bei der Bundestreue, nicht abschließend im Vorfeld festgelegt werden,[414] vielmehr bestimmt sich die Wirkung des Grundsatzes je nach dem zu Grunde liegenden Einzelfall.[415] Die Rechtsprechung hat denn auch in Anbetracht der Unterschiede der beiden Grundsätze dem Grundsatz der Verfassungsorgantreue einen anderen Gehalt entnommen, als dem der Bundestreue, auch wenn sich die Funktionen zum Teil überschneiden.

406 *Lorz*, Interorganrespekt im Verfassungsrecht, 2001, 36.

407 *Schenke*, Die Verfassungsorgantreue, 1977, 30; *Lorz*, Interorganrespekt im Verfassungsrecht, 2001, 34.

408 *Schenke*, Die Verfassungsorgantreue, 1977, 30.

409 *Schenke*, Die Verfassungsorgantreue, 1977, 30.

410 *Sommermann*, in: v. Mangoldt/Klein/Stark, GG, Bd. II, 6. Aufl. 2010, Art. 20 Rn. 207.

411 *Schenke*, Die Verfassungsorgantreue, 1977, 31; zustimmend auch *Lorz*, Interorganrespekt im Verfassungsrecht, 2001, 38.

412 *Sommermann*, in: v. Mangoldt/Klein/Stark, GG, Bd. II, 6. Aufl. 2010, Art. 20 Rn. 212.

413 *Schenke*, Die Verfassungsorgantreue, 1977, 38.

414 *Schenke*, Die Verfassungsorgantreue, 1977, 40.

415 *Schenke*, Die Verfassungsorgantreue, 1977, 36ff., speziell 38.

aa) Der Grundsatz als Auslegungsregel

Der Grundsatz der Verfassungsorgantreue wird unter anderem von der Rechtsprechung als Auslegungsregel verwendet.[416] Dies ist namentlich dann der Fall, wenn die Verfassung in spezialgesetzlichen Normen bereits Rücksichtnahme- und Kooperationspflichten der Verfassungsorgane regelt (z.B. in Art. 43 oder Art. 35 GG). Die Verfassungsorgantreue ist in diesen Normen bereits enthalten, die spezialgesetzlichen Normen konkretisieren sie. Darüber hinaus kann die Verfassungsorgantreue zwischen spezialgesetzlich geregelten Kompetenzen und Strukturen der Verfassungsorgane, die voneinander unabhängig bestehen, eine Verbindung herstellen, um eine gegenseitige Blockade zu verhindern.[417] Da sich die Funktion der Auslegungsregel in der Praxis kaum von der im Folgenden darzustellenden Funktion als Kompetenzausübungsschranke trennen lässt,[418] zumindest was Kompetenzvorschriften betrifft, soll hier wie bereits im Rahmen der Bundestreue ausgeführt, der Klarheit wegen, die Verfassungsorgantreue nur dann als Auslegungsregel gelten, soweit keine Kompetenzvorschriften betroffen sind.

Die Verfassungsorgantreue als Auslegungsregel ist in der Praxis am intransparentesten, da gerade in diesem Fall alle rechtlichen Konsequenzen unmittelbar auf die auszulegenden Verfassungsnorm zurückgeführt werden und gerade nicht auf den Grundsatz der Verfassungsorgantreue.[419] Ferner wird bei der Auslegung einer Verfassungsnorm die Verfassungsorgantreue in der Regel nicht isoliert berücksichtigt, sondern in Gemeinschaft mit anderen allgemeinen Rechtsgrundsätzen der Auslegung gebraucht.[420] Die Bedeutung der Verfassungsorgantreue als Auslegungsregel ist dementsprechend zwar nicht von der Hand zu weisen, ihre eigentliche Relevanz erhält sie jedoch vielmehr durch die im Folgenden dargestellten Funktionen.

416 *Schenke*, Die Verfassungsorgantreue, 1977, 37ff.

417 So auch *Lorz*, Interorganrespekt im Verfassungsrecht, 2001, 47, der von „Scharnierfunktion" spricht; ebenso wie bereits *Schenke*, Die Verfassungsorgantreue, 1977, 41. Eine Möglichkeit dieser Anwendung der Verfassungsorgantreue besteht für den Frage des Normwiederholungsverbotes für den Gesetzgeber im Hinblick auf verfassungswidrig erklärte Akte, vgl. *Klein*, in: Benda/Klein, Verfassungsprozessrecht, 2012, § 40 Rn. 1470.

418 Vgl. die Ausführungen unter Kapitel 2 B. I 1. b) bb) 1); sowie *Lorz*, Interorganrespekt im Verfassungsrecht, 2001, 49; *Schenke*, Die Verfassungsorgantreue, 1977, 46ff.

419 *Schenke*, Die Verfassungsorgantreue, 1977, 43.

420 *Schenke*, Die Verfassungsorgantreue, 1977, 43.

bb) Der Grundsatz als Kompetenzausübungsschranke

Das Rechtsprinzip Verfassungsorgantreue erschöpft sich nicht in seiner Funktion als Auslegungsregel von verfassungsrechtlichen Spezialnormen,[421] sondern fungiert im Rahmen der Ausübung von Kompetenzen als Missbrauchsschranke.[422]

Zum einen kann der Missbrauch in der Ausübung der Kompetenz als solcher liegen, zum anderen kann die Nutzung der Kompetenz deswegen missbräuchlich sein, wenn man ihre Auswirkungen auf andere Kompetenzbestimmungen berücksichtigt.[423] Im Sinne des Prinzips staatlicher Integration müssen die Verfassungsorgane bei der Ausübung ihrer Kompetenzen Rücksicht auf die übrigen Verfassungsorgane walten lassen.[424] Auch in diesem Fall kommt die Verfassungsorgantreue zumeist mittelbar zur Geltung, der konkrete Anknüpfungspunkt ist die verfassungsrechtliche Kompetenznorm.

cc) Der Grundsatz als Quelle ungeschriebener Verfassungspflichten und -rechte

Schließlich kann der Grundsatz der Verfassungsorgantreue über die unmittelbar in der Verfassung geregelten Kompetenzen hinaus, quasi als Auffangnorm, verfassungsrechtlich nicht unmittelbar geregelte Organkonflikte durch die Begründung ungeschriebener Verfassungspflichten und -rechte regeln.[425]

Das BVerfG stellte fest, dass sich die Verfassungsorgantreue nicht in der bloßen Koordination der unabhängigen Verfassungsorgane im Rahmen der ausdrücklichen Verfassungsregeln erschöpfe.[426] Vielmehr gehe der Inhalt des Grundsatzes darüber hinaus und könne gerade dann, wenn die Verfassung keine ausdrücklichen Regelungen trifft, einen Rechtsgrundsatz darstellen, der darüber hinausgehende Rechte und Pflichten begründet und Gegenstand eines Organstreitverfahrens sein

421 *Lorz*, Interorganrespekt im Verfassungsrecht, 2001, 45.

422 *Lorz*, Interorganrespekt im Verfassungsrecht, 2001, 48.

423 *Schenke*, Die Verfassungsorgantreue, 1977, 43f.

424 *Schenke*, Die Verfassungsorgantreue, 1977, 44.

425 *Lorz*, Interorganrespekt im Verfassungsrecht, 2001, 45.

426 BVerfGE 35, 193 (199).

kann.[427] Diese können sich in Unterlassens-[428] aber auch in positiven Prüfungs- und Verfahrenspflichten[429] manifestieren. Hier entfaltet der Grundsatz nicht nur vermittelt über konkrete Verfassungsnormen Wirkungen, die Rechtsfolgen werden unmittelbar aus ihm abgeleitet.[430]

Wie bei der Bundestreue müssen sich diese Pflichten allerdings auf Nebenpflichten reduzieren.[431] Denn die gegebene Verfassungsrechtsordnung gibt dem Wirkungsumfang des ihr zu Grunde liegenden Grundsatzes der Verfassungsorgantreue den Rahmen vor, er kann inhaltlich nicht darüber hinausgehen. Wenn aus dem Grundsatz Hauptpflichten abgeleitet würden, so würde dieser das vom geschriebenen Verfassungsrecht vorgesehene Gefüge zwischen den Verfassungsorganen verschieben.[432]

dd) Art. 13 EUV – Loyalitätsgebot auf der Ebene des Unionsrechts

Auch im Unionsrecht besteht eine Treueverpflichtung der Unionsorgane untereinander. Seit dem Vertrag von Lissabon ist sie sogar ausdrücklich in Art. 13 Abs. 2 S. 2 EUV normiert.[433] Zwar werden die Beziehungen zwischen den Unionsorganen durch die Verträge vergleichsweise detailliert geregelt,[434] trotzdem kann es insbesondere dann, wenn den Organen Entscheidungsspielräume zustehen, zu nicht ausdrücklich geregelten Konfliktsituationen kommen.[435]

427 BVerfGE 90, 286 (337).

428 BVerfGE 36, 1 (15).

429 BVerfGE 45, 1 (39).

430 *Schenke*, Die Verfassungsorgantreue, 1977, 44.

431 Im Ergebnis so auch *Schenke*, Die Verfassungsorgantreue, 1977, 46.

432 Vgl. auch zu dieser Schranke des Inhalts der Verfassungsorgantreue *Sommermann*, in: v. Mangoldt/Klein/Stark, GG, Bd. II, 6. Aufl. 2010, Art. 20 Rn. 225. Die Verfassungsorgantreue soll ja gerade auch verhindern, dass die Ausübung von Kompetenzen im Sinne der Gewaltenteilung zu einer Verschiebung des Machtgefüges zwischen den Verfassungsorganen führt.

433 Die Loyalitätspflicht der Unionsorgane untereinander war schon zuvor in der Rechtsprechung des EuGH anerkannt, vgl. *Nettesheim*, in: Grabitz/Hilf/Nettesheim, Das Recht der Europäischen Union, 58. EL 2016, Art. 13 EUV Rn. 79. Vgl. ausführlich *Klamert*, The Principle of Loyalty in EU Law, 2014, 28f.

434 *Nettesheim*, in: Grabitz/Hilf/Nettesheim, Das Recht der Europäischen Union, 58. EL 2016, Art. 13 EUV Rn. 75.

435 *Nettesheim*, in: Grabitz/Hilf/Nettesheim, Das Recht der Europäischen Union, 58. EL 2016,

Das in Art. 13 Abs. 2 S. 2 EUV normierte Loyalitätsgebot entspricht dementsprechend in seiner Zwecksetzung dem Grundsatz der Verfassungsorgantreue, nämlich dem Ausgleich von Konfliktsituationen in einem gewaltenteiligen System.[436] Das Loyalitätsgebot des Art. 13 Abs. 2 S. 2 EUV ist folgerichtig im Anschluss an das Prinzip des institutionellen Gleichgewichts aus Art. 13 Abs. 2 S. 1 EUV normiert.[437] Der Grundsatz wurde vom EuGH als funktionales Element zu den Loyalitätspflichten zwischen den Mitgliedstaaten und der Union aus Art. 4 Abs. 3 EUV verstanden,[438] wie dies auch für die Verfassungsorgantreue und die Bundestreue der Fall ist. Ebenso wie aus der Verfassungsorgantreue können aus der Norm Rücksichtnahmepflichten in Form von Kompetenzausübungsschranken abgeleitet werden, aber auch positive Mitwirkungspflichten, die jedoch nicht das institutionelle Gleichgewicht, wie es durch die Verträge vorgesehen ist, beeinträchtigen dürfen.[439]

Auch wenn zwischen den Grundsätzen im einzelnen Unterschiede bestehen, so zeigt Art. 13 Abs. 2 S. 2 EUV, dass in einem gewaltenteiligen System zur Wahrung der Einheit und Funktionsfähigkeit neben den speziell normierten Konfliktlösungsmechanismen die Notwendigkeit eines allgemeinen, lückenfüllenden Loyalitätsgebotes besteht.

2. Übertragbarkeit der Erkenntnisse auf den Grundsatz der Europarechtsfreundlichkeit

Es stellt sich nunmehr die Frage, ob und inwieweit die zur Verfassungsorgantreue gewonnenen Erkenntnisse auf den Grundsatz der Europarechtsfreundlichkeit übertragbar sind. Zwar bestehen zwischen den Grundsätzen was Rechtsgrundlagen und Funktion i.S.v. Zwecksetzung betrifft, einige Übereinstimmungen. Gleichwohl überwiegen im Ergebnis die Unterschiede, so dass die Erkenntnisse hinsicht-

Art. 13 EUV Rn. 79.

436 *Klamert*, The Principle of Loyalty in EU Law, 2014, 28.

437 Vgl. *Jacqué*, in: v. der Groeben/Hatje/Schwarze, Europäisches Unionsrecht, 7. Aufl. 2015, Art. 13 EUV Rn. 12.

438 Vgl. *Jacqué*, in: v. der Groeben/Hatje/Schwarze, Europäisches Unionsrecht, 7. Aufl. 2015, Art. 13 EUV Rn. 14.

439 *Jacqué*, in: v. der Groeben/Schwarze/Hatje, Europäisches Unionsrecht, 7. Aufl. 2015, Art. 13 EUV Rn. 15.

lich des Grundsatzes der Verfassungsorgantreue nur bedingt für den Grundsatz der Europarechtsfreundlichkeit fruchtbar gemacht werden können.

a) Schnittmengen der Grundsätze

Die beiden Grundsätze weisen, was ihrer Rechtsgrundlagen und Funktionen betrifft, sowohl Übereinstimmungen als auch Unterschiede auf.

aa) Übereinstimmungen

Sowohl der Grundsatz der Verfassungsorgantreue als auch der Grundsatz der Europarechtsfreundlichkeit sind solche des ungeschriebenen Verfassungsrechts. Aus diesem Grund, können beide nur eine lückenfüllende, ergänzende Funktion haben, sie können nicht über den Gehalt der Normen, aus denen sie abgeleitet wurden hinausgehen.[440]

Darüber hinaus stimmen beide Grundsätze hinsichtlich ihrer Zwecksetzung insoweit überein, als sie ein Instrument zur Lösung bzw. Abmilderung von in einer gewaltenteiligen Verfassung angelegten Konflikten unter dem Gesichtspunkt von Rücksichtnahmepflichten darstellen. Ebenso wie zwischen den Verfassungsorganen des Grundgesetzes bestehen auch zwischen nationalen Verfassungsorganen und Unionsorganen kompetentielle Verschränkungen (insb. zwischen dem EuGH und dem BVerfG; aber auch zwischen dem Bundestag und dem Europaparlament bzw. Kommission soweit die Umsetzung von Gesetzen betroffen ist). Die Grundsätze bilden auch beide einen justitiablen Maßstab in Verfassungsrechtsstreitigkeiten.

bb) Unterschiede

Die Grundsätze unterscheiden sich jedoch auch. Während der Grundsatz der Europarechtsfreundlichkeit aus dem Staatsziel des vereinten Europas abgeleitet wird,[441] ist die Grundlage der Verfassungsorgantreue im weitesten Sinne das Staatsstrukturprinzip der vertikalen Gewaltenteilung.[442] Damit ist der Anwendungsbereich

440 Vgl. Kapitel 1 A. III 1.

441 Vgl. ausführlich Kapitel 1 A. I.

442 Vgl. Kapitel 2 B. II. 1. a).

des Grundsatzes der Verfassungsorgantreue auf Rechtsverhältnisse zwischen Verfassungsorganen begrenzt, wohingegen der Grundsatz der Europarechtsfreundlichkeit grundsätzlich das gesamte Grundgesetz prägt und sein Inhalt damit über den der Verfassungsorgantreue hinausgeht.

Darüber ist die Verfassungsorgantreue, wie die Bundestreue, an Organe, die in einem wechselseitigen Verhältnis zu einander stehen, adressiert. Der Grundsatz der Europarechtsfreundlichkeit hat im Unterschied dazu als einseitigen Bezugspunkt die nationale Rechtsordnung. Gleichwohl besteht über die vertraglichen Grundlagen der Verschränkungen der Rechtsordnungen und der der Europarechtsfreundlichkeit auf Unionsebene gegenübergestellten Pflicht zur loyalen Zusammenarbeit aus Art. 4 Abs. 3 EUV auch zwischen den Rechtsordnungen ein gegenseitiges Rechtsverhältnis mit entsprechenden Treuepflichten.[443] Daneben ist innerhalb des Verhältnisses von nationaler Rechtsordnung zu Unionsrechtsordnung eine Parallele zur Situation unter dem Grundgesetz dahingehend zu sehen, dass eine funktionelle Verschränkung der Unionsorgane und der nationalen Organe vorgesehen ist und daher zwischen den nationalen und den Unionsorganen Konflikte wie in einem gewaltenteiligen System entstehen können. Deutlich wird dies vor allem beim Verhältnis zwischen EuGH und BVerfG bzw. den Instanzgerichten.[444] Es kann hier allerdings nicht von „horizontaler Gewaltenteilung" im eigentlichen Sinne zwischen den Unionsorganen und den innerstaatlichen Organen gesprochen werden, da die Verschränkung nicht innerhalb einer Rechtsordnung stattfindet, sondern auf der Ebene zwischen zwei (Teil-)Rechtsordnungen.[445] Der Konflikt besteht damit nur mittelbar zwischen den Verfassungsorganen. Vordringlich handelt es sich immer um einen Konflikt, der der vertikalen Gewaltenteilung zuzuordnen ist. Für das Verhältnis der Mitgliedstaaten und deren Organen zur Union und deren Organen besteht jedoch bereits eine Loyalitätsverpflichtung über Art. 4 Abs. 3 EUV[446] und der entsprechende nationale Grundsatz, der diese Konflikte regelt, ist der der Bundestreue.

443 Vgl. die entsprechenden Ausführungen unter Kapitel 2 C.

444 Vgl. nur die unter bestimmten Voraussetzungen bestehende Vorlageverpflichtung des nationalen Richters aus Art. 267 AEUV.

445 Bezogen nur auf die Verfassung spricht Häberle, der damit das Denken in Hierarchien vermeiden möchte, von Teilverfassungen, vgl. *Häberle*, Europäische Verfassungslehre, 7. Aufl. 2011, 208.

446 Vgl. *Obwexer*, in: v. der Groeben/Schwarze/Hatje, Europäisches Unionsrecht, 7. Aufl. 2015, Art. 4 EUV Rn. 138ff.; Ausführlich zum Verhältnis von Art. 4 Abs. 3 EUV und dem Grundsatz der Europarechtsfreundlichkeit Kapitel 2 C.

b) Übertragbarkeit der Erkenntnisse zur Verfassungsorgantreue auf den Grundsatz der Europarechtsfreundlichkeit

Vor diesem Hintergrund können die Erkenntnisse zur Verfassungsorgantreue zwar nicht ohne weiteres auf den Grundsatz der Europarechtsfreundlichkeit übertragen werden, trotzdem können Aspekte der Verfassungsorgantreue, soweit über die vertraglich begründete funktionelle Verschränkung der Rechtsordnungen zwischen den nationalen Verfassungsorganen und den Unionsorganen Konflikte wie in einem gewaltenteiligen System entstehen können, auch auf den Grundsatz der Europarechtsfreundlichkeit übertragen werden.

Da dies in der Regel Fälle sind, in denen der Anwendungsvorrang des Unionsrechts nicht greift, entspricht dies auch den bislang gewonnenen Erkenntnissen, dass der Grundsatz der Europarechtsfreundlichkeit als ergänzendes Moment des Anwendungsvorranges ein Auseinanderfallen der Rechtsordnungen verhindern soll.[447]

Diese Erkenntnis steht in Einklang mit der bisherigen Rechtsprechung des BVerfG, wonach der Grundsatz der Europarechtsfreundlichkeit im Verhältnis des BVerfG zum EuGH eine ähnliche Funktion wie die Verfassungsorgantreue erfüllt hat, nämlich die Berücksichtigung der Kompetenzen des EuGH durch die Beschränkung des Prüfungsmaßstabes vor dem BVerfG, wenn die Auslegung und Gültigkeit von Unionsrecht in Frage steht.[448] Ebenso ist die Vorlageverpflichtung des BVerfG vor der Annahme eines ultra-vires Aktes zu qualifizieren.[449]

Wenn also die Konflikte zwischen den Rechtsordnungen nicht unmittelbar durch Normenkollisionen, sondern durch das Gebrauchmachen einer Kompetenz mit Ermessenspielraum durch ein Verfassungsorgan, das im Rahmen seiner funktionellen Verschränkung mit den Unionsorganen wie ein Unionsorgan tätig wird, hervorgerufen werden, besteht faktisch dieselbe Verpflichtung zur Treue und Rücksichtnahme wie zwischen Verfassungsorganen einer Rechtsordnung. Diese besonderen Pflichten der Verfassungsorgane beruhen maßgeblich auf dem (inso-

447 Vgl. insb. Kapitel 1 A. III. 3.

448 Vgl. ausführlich die Ausführungen unter Kapitel 1 B.ff.; vgl. insbesondere auch BVerfGE 123, 267 (353ff.); BVerfGE 89, 155 (188); BVerfGE 73, 339 (377ff.).

449 Vgl. Kapitel 1 C. IV.

weit zur Verfassungsorgantreue funktionsäquivalenten) Grundsatz der Europarechtsfreundlichkeit, wie dies auch bereits vom BVerfG betont wurde.[450]

Soweit dementsprechend das Grundgesetz den Verfassungsorganen Kompetenzen und Funktionen zuordnet, die diese im Rahmen der Rechtsordnung der Europäischen Union zum Handeln verpflichten und berechtigen, sind diese Kompetenzen der Verfassungsorgane europarechtsfreundlich zu interpretieren und die Begründung von Konflikten zwischen den Rechtsordnungen durch die Handlungen der Verfassungsorgane in diesem Bereich soweit wie möglich zu vermeiden.

Insoweit können aus dem Grundsatz der Europarechtsfreundlichkeit entsprechend der Verfassungsorgantreue Handlungs- und Unterlassungsverpflichtungen in Ergänzung des grundgesetzlichen Regelungssystems abgeleitet werden.

3. Ergebnis

Zusammenfassend kann festgestellt werden, dass der Grundsatz der Europarechtsfreundlichkeit, der ein Merkmal des Grundgesetzes, einer Rechtsordnung, darstellt, in seinem Inhalt nicht auf die Funktionen des Grundsatzes der Verfassungsorgantreue, einem Grundsatz im Zusammenhang mit der horizontalen Gewaltenteilung innerhalb einer Rechtsordnung, reduziert werden kann, sondern über ihn hinaus geht. Obwohl also eine unbesehene Übertragung der Erkenntnisse in Bezug auf die Verfassungsorgantreue nicht möglich ist, besteht insoweit eine Funktionsäquivalenz zwischen der Verfassungsorgantreue und dem Grundsatz der Europarechtsfreundlichkeit, als die Verfassungsorgane im Rahmen ihrer verfassungsrechtlichen Kompetenzen funktionell wie Unionsorgane tätig werden, da hier die faktisch eine vergleichbare Situation zur horizontalen Gewaltenteilung im Grundgesetz im Verhältnis zwischen Verfassungs- und Unionsorganen angelegt ist und darüber hinaus der Anwendungsvorrang i.d.R. keine Anwendung findet, so dass ein Auseinanderfallen der Rechtsordnungen zu befürchten ist.

450 BVerfGE, 129, 124 (172).

C. Der Grundsatz der loyalen Zusammenarbeit als Spiegelbild des Grundsatzes der Europarechtsfreundlichkeit?

Auf der Ebene der Europäischen Union ist ein mit dem Grundsatz der Bundestreue grundsätzlich vergleichbares Prinzip[451] in Art. 4 Abs. 3 EUV explizit kodifiziert,[452] nämlich der Grundsatz der loyalen Zusammenarbeit, für den häufig auch die Begrifflichkeiten zunächst der Gemeinschaftsstreue, dann der Unionstreue verwendet wurden (I, II.).[453] Vor dem Hintergrund, der vertraglich begründeten Verschränkung der beiden Rechtsordnungen stellt sich die Frage, in welchem rechtlichen Zusammenhang bzw. Verhältnis die beiden Treuepflichten zueinander stehen (III) und ob es in anderen Mitgliedstaaten entsprechende Regelungszusammenhänge gibt (IV.).

I. Regelungsgehalt des Grundsatzes

Der Grundsatz der loyalen Zusammenarbeit, der sich auf das gesamte Unionsrecht bezieht,[454] bedeutete nach ständiger Rechtsprechung des EuGH,

451 *Obwexer*, in: v. der Groeben/Schwarze/Hatje; Europäisches Unionsrecht, 7. Aufl. 2015, Art. 4 EUV Rn. 61.

452 Loyalitätspflichten waren von Anfang an in den europäischen Verträgen enthalten. Bereits Art. 86 EGKS-Vertrag, der auf Bestreben der deutschen Delegation aufgenommen wurde, enthielt an die Bundestreue angelehnte Elemente, dasselbe gilt für Art. 5 EWG-Vertrag sowie Art. 10 EGV, vgl. *Klamert*, The Principle of Loyalty in EU Law, 2014, 10ff.; *v. Bogdandy/Schill*, in: Grabitz/Hilf/Nettesheim, Das Recht der Europäischen Union, 58. EL. 2016, Art. 4 EUV Rn. 50; vgl. *Obwexer*, in: v. der Groeben/Schwarze/Hatje; Europäisches Unionsrecht, 7. Aufl. 2015, Art. 4 EUV Rn. 59.

453 *Obwexer*, in: v. der Groeben/Schwarze/Hatje; Europäisches Unionsrecht, 7. Aufl. 2015, Art. 4 EUV Rn. 60.

454 *Härtl*, in: Härtl, Handbuch des Föderalismus – Föderalismus als demokratische Rechtsordnung und Rechtskultur in Deutschland, Europa und der Welt, Bd. IV, 2012, § 82 Kohäsion durch föderale Selbstbindung – Gemeinwohl und die Rechtsprinzipien Loyalität, Solidarität und Subsidiarität in der Europäischen Union, 63 (182). Dies war nicht immer unstrittig. Vor dem Vertrag von Lissabon im Jahr 2009 war umstritten, ob die Loyalitätspflichten in der zweiten Säule der EU, der GASP, denselben Inhalt hätten wie in den anderen Säulen, vgl. *Klamert*, The Principle of Loyalty in EU Law, 2014, 11. Der EuGH hat den Anwendungsbereich allerdings bereits für die dritte Säule eröffnet gesehen, vgl. EuGH, C-105/03, Slg. 2005, I-5285 Rn. 39ff.; C-354/04, Slg.

„dass die Mitgliedstaaten alle geeigneten Maßnahmen allgemeiner oder besonderer Art zur Erfüllung ihrer Verpflichtungen nach dem Recht der Europäischen Union treffen“.[455]

Diese Vollzugspflicht,[456] die damit ausdrücklich „vertragsakzessorisch“ ist,[457] trifft die Mitgliedstaaten gegenüber der Union und umgekehrt,[458] sie ist also eine gegenseitige.[459] Was die (Rechts)Beziehungen[460] unter den Mitgliedstaaten betrifft, so trifft Art. 4 Abs. 3 EUV keine Regelung. Aus dem allgemeinen ungeschriebenen Rechtsgrundsatz der loyalen Zusammenarbeit[461] wird jedoch abgeleitet, dass auch

2007, I-1579 Rn. 52.

455 EuGH C-355/04, Slg 2007, I-1657.

456 *Streinz*, in: Isensee/Kirchhoff, HStR Bd. X, 3. Aufl. 2012, § 218 Rn. 14.

457 *Streinz*, in: ders., EUV/AEUV, 2. Aufl. 2012, Art. 4 EUV Rn. 25; *Hatje*, Loyalität als Rechtsprinzip in der Europäischen Union, 2001, 60.

458 *Obwexer*, in: v. der Groeben/Schwarze/Hatje; Europäisches Unionsrecht, 7. Aufl. 2015, Art. 4 EUV Rn. 63f. Ausdrücklich kodifiziert ist dies erst durch Art. 4 Abs. 3 EUV. Noch in Art. 10 EGV, den der EuGH als Ausdruck einer Sachgesetzlichkeit, die dem föderativen Wesen der Unionsrechtsordnung entspringe, sah (vgl. *Hatje*, Loyalität als Rechtsprinzip in der Europäischen Union, 2001, 36) oblagen die Loyalitätsverpflichtungen ausdrücklich nur den Mitgliedstaaten, wobei die Rechtsprechung schon damals auch Loyalitätspflichten der Union gegeben sah, vgl. *v. Bogdandy/Schill*, in: Grabitz/Hilf/Nettesheim, Das Recht der Europäischen Union, 58. EL. 2016, Art. 4 EUV Rn. 51. Der EuGH hat schon die Vorläufernormen von Art. 4 Abs. 3 EUV, die zum Teil vom Wortlaut her nur Loyalitätspflichten der Mitgliedstaaten, nicht aber der EU, enthielten dahingehend extensiv ausgelegt, dass auch die Unionsorgane zur Loyalität den Mitgliedstaaten gegenüber verpflichtet sind EuGH C-2/88, Slg 1990, I-3365; EuGH C-511/03, Slg. 2005, I-8979, Rn. 28; EuGH 230/81, Slg. 1983, 255, Rn. 37. Vgl. auch *Klamert*, The Principle of Loyalty in EU Law, 2014, 11. Der methodische Ansatz dieser Rechtsprechung war allerdings nicht ganz eindeutig, zum Teil bezog sich der EuGH unmittelbar auf Art. 10 EGV (EuGH C-2/88, Slg 1990, I-3365), zum Teil wurde auf allgemeine, nicht kodifizierte Treueverpflichtungen abgestellt, die nur teilweise durch Art. 10 EGV oder Art. 5 EWG verkörpert wurden (EuGH C-511/03, Slg. 2005, I-8979, Rn. 28; EuGH 230/81, Slg. 1983, 255, Rn. 37).

459 *Streinz*, in: ders., EUV/AEUV, 2. Aufl. 2012, Art. 4 EUV Rn. 30.

460 Hatje stellt zur Konkretisierung des Inhaltes des Loyalitätsgebotes wie bei der Bundestreue auf die Rechtsverhältnislehre ab, vgl. *Hatje*, Loyalität als Rechtsprinzip in der Europäischen Union, 2001, 46ff.

461 Dieser Rechtsgrundsatz hat einen weiteren Wirkungsumfang als das Loyalitätsgebot aus Art. 4 Abs. 3 EUV, aus ihm wird im Unionsrecht neben der Verpflichtung aus Art. 4 Abs. 3 EUV der Grundsatz der Organtreue abgeleitet, ein Pendant zum Grundsatz der Verfassungsorgantreue, der im nationalen Recht von der Bundestreue zu trennen ist. Die Organtreue ist daher auch nicht in Art. 4 Abs. 3 EUV kodifiziert, sondern in Art. 13 Abs. 2 S. 2 EUV. Vgl. hierzu *Obwexer*, in: v. der Groeben/Schwarze/Hatje; Europäisches Unionsrecht, 7. Aufl. 2015, Art. 4 EUV Rn. 66. Kritisch allerdings noch im Zusammenhang mit Art. 10 EGV *Streinz*, in: ders.: Europarecht, 10. Aufl.

in diesem Verhältnis Loyalitätspflichten eingreifen.[462] Loyalität bedeutet hier entsprechend dem Grundsatz von Treu und Glauben[463] vor allem die Pflicht zur gegenseitigen Rücksichtnahme bzw. die Pflicht zur Kooperation[464] in sämtlichen Bereichen der vertraglichen Zusammenarbeit, die nur Lückenhaft sanktionsbewehrt sind. Das Prinzip der loyalen Zusammenarbeit ist daher auch Ausdruck der freiwilligen Selbstbindung, die Grundvoraussetzung für die Funktionsfähigkeit des supranationalen Föderalismus ist.[465] Insbesondere umfasst das Gebot zur loyalen Zusammenarbeit nunmehr auch den Respekt der Identität der Mitgliedstaaten.[466]

Der Grundsatz der loyalen Zusammenarbeit war daher auch eine der Grundlagen, der der EuGH prägende allgemeine Rechtsgrundsätze des Unionsrechts entnommen hat, z.B. die unmittelbare Wirkung vieler Normen des Unionsrechts,[467] den

2016, Rn. 169, der angesichts der sich bereits aus Art. 10 EGV umfassend ergebenden Pflichten davon ausgeht, dass ein der Bundestreue entsprechender allgemeiner Grundsatz der Gemeinschaftstreue keinen Mehrwert bringe.

462 *v. Bogdandy/Schill*, in: Grabitz/Hilf/Nettesheim, Das Recht der Europäischen Union, 58. EL. 2016, Art. 4 EUV Rn. 52; *Obwexer*, in: v. der Groeben/Schwarze/Hatje; Europäisches Unionsrecht, 7. Aufl. 2015, Art. 4 EUV Rn. 65.

463 Vgl. zum Zusammenhang zwischen der Unionstreue und dem Grundsatz aus Treu und Glauben *Lück*, Die Gemeinschaftstreue als allgemeines Rechtsprinzip im Recht der Europäischen Gemeinschaft – Ein Vergleich zur Bundestreue im Verfassungsrecht der Bundesrepublik Deutschland, 1992, 80ff., der allerdings im Ergebnis den Grundsatz als untauglich für die Klärung des Gehaltes der (damals) Gemeinschaftstreue qualifiziert, wobei er sich ausdrücklich auf die in diesem Grundsatz enthaltene Ausprägung der clausula rebus sic stantibus bezieht. Dies kann nicht überzeugen. Wie bereits unter Kapitel 2 B. I. 1. b) bb) 2) für die Bundestreue gezeigt wurde, ist diese Grenze jeder Treueverpflichtung in einem föderativ geprägten Bund immanent. Vgl. allgemein hierzu *Millet*, L'Union Européenne et l'identité constitutionnelle des états membres, 2013, 182 sowie *Hatje*, Loyalität als Rechtsprinzip in der Europäischen Union, 2001, 37.

464 Ausführlich *Kahl*, in: Calliess/Ruffert, EUV/AEUV, 5. Aufl. 2016, Art. 4 EUV Rn. 29ff.; vgl. auch *Serini*, Sanktionen der Europäischen Union bei Verstoß eines Mitgliedstaates gegen das Demokratie- oder Rechtsstaatsprinzip, 2008, 171.

465 *Härtl*, in: Härtl, Handbuch des Föderalismus – Föderalismus als demokratische Rechtsordnung und Rechtskultur in Deutschland, Europa und der Welt, Bd. IV, 2012, § 82 Kohäsion durch föderale Selbstbindung – Gemeinwohl und die Rechtsprinzipien Loyalität, Solidarität und Subsidiarität in der Europäischen Union, 63 (182); *Serini*, Sanktionen der Europäischen Union bei Verstoß eines Mitgliedstaates gegen das Demokratie- oder Rechtsstaatsprinzip, 2008, 171.

466 Vgl. *Millet*, L'Union Européenne et l'identité constitutionnelle des états membres, 2013, 184 m.w.N.

467 EuGH C-319/97, Slg 1999, I-3143 Rn. 21f.

Anwendungsvorrang der unmittelbar anwendbaren Normen des Unionsrechts,[468] die Verpflichtung zur unionsrechtskonformen Auslegung nationalen Rechts,[469] die Grundsätze der Äquivalenz und der Effektivität bei der mitgliedstaatlichen Vollziehung von Unionsrecht[470] und den Grundsatz der Staatshaftung.[471]

Im Verhältnis zu den speziellen primärrechtlich kodifizierten Ausprägungen des Loyalitätsgebotes, wie z.B. Art. 4 Abs. 2 EUV und Art. 13 EUV, stellt Art. 4 Abs. 3 EUV die lex generalis dar, und ist dementsprechend nur subsidiär anwendbar.[472] Im Anwendungsbereich solcher Spezialnormen hat Art. 4 Abs. 3 EUV daher nur Bedeutung, soweit diese Normen die Treuepflicht nicht vollumfänglich regeln.[473]

Inhaltlich kann die Loyalitätsverpflichtung nach der ständigen Rechtsprechung des EuGH im Zusammenhang mit Rechtsverhältnissen, die durch konkrete Unionsnormen begründet werden, ergänzende Nebenpflichten begründen z.B. i.V.m. Art. 288 AEUV bei der Richtlinienumsetzung,[474] namentlich die unmittelbare Wirksamkeit nicht umgesetzter Richtlinien,[475] Schadenersatzansprüche bei fehlender bzw. fehlerhafter Umsetzung[476] und Vorwirkungen der Richtlinie während

468 EuGH C-409/06, Slg 2010, I-8015 Rn. 61 ff.

469 EuGH NJW 2012, 509 (510).

470 EuGH C-205/82 bis 215/82, Slg 1983, 2633 Rn 17; C-89/10 u C-96/10, Slg 2011, I-7819 Rn. 41 ff.

471 EuGH C-118/08, Slg 2010, I-635 Rn. 29. Vgl. Ausführlich auch insgesamt zu den Pflichten *Obwexer*, in: v. der Groeben/Schwarze/Hatje; Europäisches Unionsrecht, 7. Aufl. 2015, Art. 4 EUV Rn. 90ff. Vgl. auch *Giegerich*, Europarechtskonträre Staatshaftung? – Widerspruchsfreiheit der Rechtsordnung und Pflichtenstellung Privater nach dem Karlsruher Honeywell-Dictum, EuR 2012, 373 (385f.).

472 *Kahl*, in: Calliess/Ruffert, EUV/AEUV, 5. Aufl. 2016, Art. 4 EUV Rn. 48ff.; *Obwexer*, in: v. der Groeben/Schwarze/Hatje; Europäisches Unionsrecht, 7. Aufl. 2015, Art. 4 EUV Rn. 84ff.; *Streinz*, in: ders., EUV/AEUV, 2. Aufl. 2012, Art. 4 EUV Rn. 28.

473 *Streinz*, in: ders., EUV/AEUV, 2. Aufl. 2012, Art. 4 EUV Rn. 25; *v. Bogdandy/Schill*, in: Grabitz/Hilf/Nettesheim, 58. EL 2016, Art. 4 EUV Rn. 61.

474 Vgl. nur *Streinz*, in: ders., EUV/AEUV, 2. Aufl. 2012, Art. 4 EUV Rn. 28 sowie *Streinz*, in: Isensee/Kirchhoff, HStR Bd. X, 3. Aufl. 2012, § 218 Rn. 31. Gegen die Heranziehung des Art. 4 Abs. 3 EUV im Zusammenhang mit den Anforderungen an die Richtlinienumsetzung *Schroeder*, in: Streinz, 2. Aufl. 2012, Art. 288 AEUV Rn. 78.

475 EuGH C-190/87, Slg. 1988, 4689 Rn. 24.

476 EuGH C-6/90 u. 9/90, Slg. 1991, I-5357 Rn. 31.

der Umsetzungsfrist.[477] Darüber hinaus ergeben sich aus Art. 4 Abs. 3 EUV i.V.m. Art. 101 AEUV Verbote bzw. Stillhalteverpflichtungen im Kartellrecht[478] oder aber im Rahmen der Warenverkehrsfreiheit positive Handlungspflichten.[479]

Schließlich werden aus dem Loyalitätsgebot auch ergänzende Informations- und Mitteilungspflichten[480] hergeleitet.

Grundsätzlich kommt Art. 4 Abs. 3 EUV darüber hinaus wegen der weiten Fassung der Norm keine unmittelbare Wirkung zu.[481] Ausnahmsweise kann Art. 4 Abs. 3 EUV allerdings losgelöst von sekundärrechtlichen Konkretisierungen auch autonome Verpflichtungen der Union und der Mitgliedstaaten begründen, wenn die Konstellation nicht konkret geregelt ist[482] und der Loyalitätsverpflichtung nur durch eine einzige Maßnahme nachgekommen werden kann, womit das in Art. 4 Abs. 3 EUV eröffnete Ermessen auf Null reduziert ist.[483]

477 EuGH C-290/89, Slg. 1991, I-2851 Rn. 4. Mit dem Problem, ob bei ein Verstoß gegen die Richtlinie, die bislang nur Vorwirkungen hat und mangels Ablauf der Umsetzungsfrist gerade nicht unmittelbar Anwendbar ist, auf Grund Art. 4 Abs. 3 EUV die nationalen Gerichte verpflichtet sind, die entsprechende nationale Norm unangewendet zu lassen, setzt sich Stenmans im Ergebnis ablehnend auseinander, vgl. *Stenmans*, Die Unanwendbarkeit nationaler Rechtsvorschriften wegen Unionsrechtswidrigkeit, 2015, 134ff.; die Vorwirkung könne keine weitergehenden Wirkungen zeitigen als die Richtlinie selbst.

478 EuGH, C-66/86, Slg. 1989, 803 Rn. 49.

479 EuGH C-265/95, Slg. 1997, I-6959 Rn. 32.

480 EuGH C-141/78, Slg. 1979, 2923 Rn. 9; EuGH C-186/85, Slg. 1987, 2029 Rn. 39f.

481 *Kahl*, in: Calliess/Ruffert, EUV/AEUV, 5. Aufl. 2016, Art. 4 EUV Rn. 43; *Obwexer*, in: v. der Groeben/Schwarze/Hatje; Europäisches Unionsrecht, 7. Aufl. 2015, Art. 4 EUV Rn. 79.; *Streinz*, in: ders., EUV/AEUV, 2. Aufl. 2012, Art. 4 EUV Rn. 27; vgl. auch *Dutta*, Die Pflicht der Mitgliedstaaten zur gegenseitigen Durchsetzung ihrer öffentlich-rechtlichen Forderungen, EuR 2007, 744 (752;754).

482 EuGH C-78/90 u.a., Slg. 1992, I-1847 Rn. 19; C-332, 333 und 335/92, Slg. 1994, I-711 Rn. 22; C-195/90, Slg. 1992, I-3141 Rn. 36/38.

483 EuGH C-285/96, Slg. 1998, I-5935 Rn. 19f.; *v. Bogdandy/Schill*, in: Grabitz/Hilf/Nettesheim, Das Recht der Europäischen Union, 58. EL. 2016, Art. 4 EUV Rn. 52; *Kahl*, in: Calliess/Ruffert, EUV/AEUV, 5. Aufl. 2016, Art. 4 EUV Rn. 43; in Art. 4 Abs. 3 EUV kodifiziert, sondern in Art. 13 Abs. 2 S. 2 EUV. Vgl. hierzu *Obwexer*, in: v. der Groeben/Schwarze/Hatje; Europäisches Unionsrecht, 7. Aufl. 2015, Art. 4 EUV Rn. 80.

II. Verhältnis zur Bundestreue

Trotz der Unterschiede, die sich zwangsläufig aus den Unterschieden in den rechtlichen Beziehungen zwischen Bund und Ländern einerseits und Union und Mitgliedstaaten andererseits ergeben,[484] kann eine Funktions- und Strukturähnlichkeit des Grundsatzes der Bundestreue und des Grundsatzes der loyalen Zusammenarbeit festgestellt werden,[485] auch wenn der Grundsatz der loyalen Zusammenarbeit insoweit nach der Rechtsprechung des EuGH weiter als der Grundsatz der Bundestreue ist, als er unter bestimmten Umständen selbst ein Rechtsverhältnis begründen kann.[486]

Die Gemeinschaftstreue stellt wie die Bundestreue einen allgemeinen rechtlichen Maßstab dar, aus dem wegen seiner begrifflichen Offenheit grundsätzlich keine konkreten, autonomen Rechtspflichten abgeleitet werden können, sondern im Rahmen des Verhältnisses zwischen Mitgliedstaaten und Union, das ebenfalls auf geteilten Kompetenzen beruht, für den jeweiligen Einzelfall konkretisiert werden müssen.[487] Grundsätzlich setzt auch dieser Grundsatz ein bestehendes Rechtsverhältnis voraus,[488] dient als Kompetenzausübungsschranke, begründet

484 Vgl. hierzu *Lück*, Die Gemeinschaftstreue als allgemeines Rechtsprinzip im Recht der Europäischen Gemeinschaft – Ein Vergleich zur Bundestreue im Verfassungsrecht der Bundesrepublik Deutschland, 1992, 92.

485 Vgl. zu einer ausführlichen vergleichenden Analyse *Lück*, Die Gemeinschaftstreue als allgemeines Rechtsprinzip im Recht der Europäischen Gemeinschaft – Ein Vergleich zur Bundestreue im Verfassungsrecht der Bundesrepublik Deutschland, 1992, 103ff., 130. Vgl. auch *v. Bogdandy/Schill*, in: Grabitz/Hilf/Nettesheim, Das Recht der Europäischen Union, 58. EL 2016, Art. 4 Rn. 1.; *Isensee*, in: Isensee/Kirchhoff, HStR Bd. VI, 3. Aufl. 2008, § 126 Rn. 251; *Bauer*, in: Dreier, GG, Bd. II, 3. Aufl. 2015, Art. 20 Rn. 18; *Millet*, L'Union Européenne et l'identité constitutionnelle des états membres, 2013, 184; *Zuleeg*, Die föderativen Grundsätze der Europäischen Union, NJW 2000, 2846 (2846f.).

486 *Lück*, Die Gemeinschaftstreue als allgemeines Rechtsprinzip im Recht der Europäischen Gemeinschaft – Ein Vergleich zur Bundestreue im Verfassungsrecht der Bundesrepublik Deutschland, 1992, 106. AA wohl *Marauhn*, in Schulze/Zuleeg/Kadelbach, Europarecht, 3. Aufl. 2015, § 7 Rn. 3, der davon ausgeht, dass in der Europäischen Union die Intensität des Pflichtengefüges noch nicht die der Bundestreue erreicht hat.

487 *Lück*, Die Gemeinschaftstreue als allgemeines Rechtsprinzip im Recht der Europäischen Gemeinschaft – Ein Vergleich zur Bundestreue im Verfassungsrecht der Bundesrepublik Deutschland, 1992, 125.

488 Außer für den Fall der sog. Sachwalterrechtsprechung, vgl. *Lück*, Die Gemeinschaftstreue als allgemeines Rechtsprinzip im Recht der Europäischen Gemeinschaft – Ein Vergleich zur Bun-

Nebenpflichten und Rücksichtnahmepflichten und kann verfahrensmäßige Anforderungen begründen.[489] Auf diese Weise sollen in einem System geteilter Kompetenzen synallagmatische Pflichten der verschiedenen rechtlich relevanten Entitäten begründet werden, um die gemeinschaftliche Zielverantwortung hinsichtlich der Europäischen Union zu garantieren.[490]

III. Spiegelbild des Grundsatzes der Europarechtsfreundlichkeit?

Wenn nach den vorstehenden Ausführungen der Grundsatz der Europarechtsfreundlichkeit und Art. 4 Abs. 3 EUV beide eine inhaltliche Nähe zur Bundestreue aufweisen, so stellt sich die Frage, in welchem Verhältnis die beiden Grundsätze zueinander stehen.

Der Grundsatz der Europarechtsfreundlichkeit kann grundsätzlich nur unilateral die Bundesrepublik Deutschland als Mitgliedstaat Treue- bzw. Rücksichtnahmepflichten unterwerfen, Unionsorgane können hingegen nicht durch den Grundsatz gebunden werden. Art. 4 Abs. 3 EUV hingegen verpflichtet (bilateral) die Organe sowohl des Mitgliedstaates als auch der Union zur gegenseitigen Rücksichtnahme.[491]

Zwar kann aus diesem Grund nicht unbesehen eine Entsprechung des Grundsatzes der Europarechtsfreundlichkeit und von Art. 4 Abs. 3 EUV bzw. der Grundsätze der Bundes- und Verfassungsorgantreue angenommen werden. Gleichwohl kann

destreue im Verfassungsrecht der Bundesrepublik Deutschland, 1992, 106.

489 *Lück*, Die Gemeinschaftstreue als allgemeines Rechtsprinzip im Recht der Europäischen Gemeinschaft – Ein Vergleich zur Bundestreue im Verfassungsrecht der Bundesrepublik Deutschland, 1992, 130.

490 *Härtl*, in: Härtl, Handbuch des Föderalismus – Föderalismus als demokratische Rechtsordnung und Rechtskultur in Deutschland, Europa und der Welt, Bd. IV, 2012, § 82 Kohäsion durch föderale Selbstbindung – Gemeinwohl und die Rechtsprinzipien Loyalität, Solidarität und Subsidiarität in der Europäischen Union, 63 (182ff.). Zur generellen Funktion der Unionstreue, die Effektivität des Unionsrechts zu Gewährleisten auch *Hatje*, Loyalität als Rechtsprinzip in der Europäischen Union, 2001, 69.

491 *Millet*, L'Union Européenne et l'identité constitutionnelle des états membres, 2013, 83f.

ein inhaltlicher Zusammenhang zwischen den Grundsätzen nicht geleugnet werden.[492]

Die Verpflichtung zur Rücksichtnahme und zur Kooperation aus Art. 4 Abs. 3 EUV erlangt ihre Bedeutung zumeist in dem Moment, in dem den Mitgliedstaaten oder der Union im Rahmen ihrer vertraglich eingeräumten Kompetenzen ein weiter Ermessensspielraum zusteht oder die Verwirklichung des Unionsrechts wesentlich von einem der beiden Normadressaten abhängt,[493] mithin wenn die einheitliche Geltung und Anwendung des Unionsrechts gesichert werden soll.[494] Der Grundsatz der Europarechtsfreundlichkeit spiegelt inhaltlich diese u.a. den Mitgliedstaaten[495] über Art. 4 Abs. 3 EUV auferlegte Verpflichtung wider.[496] Deutlich wird das, wenn das BVerfG feststellt, dass bei einem europarechtsfreundlichen Verständnis der verfassungsrechtlichen Prüfvorbehalte bzgl. des Unionsrechts kein Verstoß gegen Art. 4 Abs. 3 EUV gegeben ist.[497] Entsprechend der den Mitglied-

492 Vgl. auch *Classen*, in: v. Mangoldt/Klein/Starck, GG, Bd. II, 6. Aufl. 2010, Art. 23 Rn. 7, der sogar davon spricht, dass die Unionstreue in ihrem Kern über den Grundsatz der Europarechtsfreundlichkeit ihre verfassungsrechtliche Verankerung in Art. 23 GG findet.

493 Vgl. nur den Zusammenhang zwischen Art. 4 Abs. 3 EUV und Art. 288 AEUV, *Klamert*, The Principle of Loyalty in EU Law, 2014, 263.

494 *Obwexer*, in: v. der Groeben/Schwarze/Hatje; Europäisches Unionsrecht, 7. Aufl. 2015, Art. 4 EUV Rn. 99ff.; *Lück*, Die Gemeinschaftstreue als allgemeines Rechtsprinzip im Recht der Europäischen Gemeinschaft – Ein Vergleich zur Bundestreue im Verfassungsrecht der Bundesrepublik Deutschland, 1992, 34ff., der auch von der Absicherung der Effektivität des Unionsrechts spricht; vgl. ähnlich auch *Hatje*, Loyalität als Rechtsprinzip in der Europäischen Union, 2001, 54ff.

495 Die größte Rolle spielt die Unionstreue deshalb für die Mitgliedstaaten, da diesen nach der Konzeption der Verträge die Funktion des Verwaltens vornehmlich zukommt, vgl. *Pache*, Verantwortung und Effizienz in der Mehrebenenverwaltung, VVDStRL 2006, Bd. 66, 107 (109).

496 Deutlich auch zu dieser inhaltlichen Spiegelung der Verfassungsprinzipien der Mitgliedstaaten und dem Unionsrecht BVerfGE 123, 267 (350f.) zum Prinzip der begrenzten Einzelermächtigung und Art. 4 Abs. 2 EUV. Zum Zusammenhang zwischen Art. 4 Abs. 3 EUV und dem Grundsatz der Europarechtsfreundlichkeit bereits indirekt BVerfGE 123, 267 (354); ausdrücklich dann BVerfG NJW 2016, 1149 (1151) sowie BVerfGE 142, 123 (196 Rn. 140); vgl. auch *Kahl*, in Calliess/Ruffert, EUV/AEUV, 5. Aufl. 2016, Art. 4 EUV Rn. 30.

497 *Härtl*, in: Härtl, Handbuch des Föderalismus – Föderalismus als demokratische Rechtsordnung und Rechtskultur in Deutschland, Europa und der Welt, Bd. IV, 2012, § 82 Kohäsion durch föderale Selbstbindung – Gemeinwohl und die Rechtsprinzipien Loyalität, Solidarität und Subsidiarität in der Europäischen Union, 63 (186).

staaten verbleibenden Souveränität[498] und den Vorgaben aus Art. 4 Abs. 2 EUV[499] ist die Treuepflicht durch das Integrationsprogramm und die Verfassungsidentität der jeweiligen Mitgliedstaaten begrenzt.[500]

Der Grundsatz der Europarechtsfreundlichkeit beeinflusst also das Verhältnis von Unionsrecht und nationalem Recht in derselben Weise und mit demselben Ziel, wie Art. 4 Abs. 3 EUV. Als Ausprägung einer vertraglich begründeten Verknüpfung zweier zusammenhängender Teilrechtsordnungen[501] erfüllt er die Funktion, innerhalb der verfassungsinhärenten Grenzen die Funktionsfähigkeit der Unionsrechtsordnung durch ergänzende Treue- und Rücksichtnahmepflichten entsprechend der unionsrechtlichen Pflicht aus Art. 4 Abs. 3 EUV soweit möglich sicherzustellen. Darüber hinaus wird durch den Gleichlauf der Loyalitätsverpflichtungen die Möglichkeit eröffnet, dass die für den Grundsatz der Europarechtsfreundlichkeit gewonnenen Erkenntnisse Eingang in das Unionsrecht finden und so die Rechtsordnungen noch enger verknüpft werden.[502]

IV. Entsprechende Grundsätze in den Verfassungen anderer Mitgliedstaaten

In den Verfassungen anderer Mitgliedstaaten sind in der Regel keine dem dem Grundsatz der Europarechtsfreundlichkeit entsprechenden Grundsätze oder Normen enthalten, die Inhalte von Art. 4 Abs. 3 EUV im nationalen Verfassungsrecht spiegeln und so zu einem Gleichlauf der Rechtsordnungen führen. Exemplarisch sollen hier die Verfassungen der Mitgliedstaaten Frankreich, Italien, Spanien, Österreich[503] angesprochen werden.

498 BVerfG NJW 2016, 1149 (1151); BVerfGE 142, 123 (196 Rn. 140).

499 Vgl. bereits BVerfGE 123, 267 (350 und 354).

500 BVerfG NJW 2016, 1149 (1151).

501 Die Abkehr von den den klassischen Theorien des Monismus bzw. Dualismus betonend auch *Millet*, L'Union Européenne et l'identité constitutionnelle des états membres, 2013, 308ff.

502 Vgl. zu diesem Mechanismus *Wendel*, Permeabilität im europäischen Verfassungsrecht, 2011, 544.

503 Frankreich, Spanien und Österreich sind Vertreter eines gemäßigten Monismus mit Primat des Völkerrechts. Der Vorrang des Völkerrechts erfährt nach diesem Ansatz Grenzen. Art. 55 der Französischen Verfassung bestimmt z.B., dass völkerrechtliche Verträge zwar über den Gesetzen, jedoch nicht über der Verfassung stehen. Vgl. diesbezüglich auch die Ausführungen in: *Verfas-*

Sämtliche angesprochenen Verfassungsordnungen besitzen Öffnungsklauseln, die im Ergebnis, wenn auch teilweise konstruktiv verschieden, die Übertragung von Hoheitsrechten auf die Europäische Union ermöglichen und den Anwendungsvorrang des Unionsrechts sicherstellen.

Für die italienische Verfassung[504] sind die maßgeblichen Normen die Art. 10 und Art. 11 (die Grundlage für die Übertragung von Hoheitsrechten und den Anwendungsvorrang[505]), sowie Art. 117 Abs. 1 (der den nationalen Gesetzgeber als Kompetenzausübungsschranke[506] ausdrücklich an das Unionsrecht bindet und damit im Vergleich zur Rechtslage bis 2001 eine Stärkung des verfassungsrechtlichen Instrumentariums zur Sicherung der Durchsetzung des Unionsrechts bewirkt).[507] Diese Normen werden als „Fenster" für das Völkerrecht bezeichnet.[508] Sie verpflichten das Verfassungsgericht, das Völkerrecht, die allgemeinen Regeln des Völkerrechts und die völkervertraglichen Regeln, als direkte Verfassungsnorm, als Norm mit Rang zwischen Verfassung und einfachem Recht oder in einigen Fällen als Gegen-

sungsgerichtshof der Republik Österreich, Die Kooperation der Verfassungsgerichte in Europa, Aktuelle Rahmendbedingungen und Perspektiven, Vol. I, Le Conseil constitutionnel de la République française, 2014, 536ff.; *Amrhein-Hoffmann*, Monismus und Dualismus in den Völkerrechtslehren, 2003, 335. In Österreich z.B. wird durch völkerrechtliche Verträge zunächst grundsätzlich nur der Staat gebunden. Eine generelle Transformation des Völkerrechts in das innerstaatliche Recht ist erforderlich, damit das Völkerrecht allgemeine Wirksamkeit entfalten kann, vgl. *Grabenwarter*, in: von Bogdandy/Cruz Villalón/Huber, IPE Bd. II, 2008, 239. Die Verträge werden aber (im Gegensatz zum Dualismus) nicht in einer innerstaatliche Rechtsnorm umgewandelt, sondern nur als Staatsverträge verkündet, vgl. Art. 50 Abs. 2 B-VG. Ihr Rang in der nationalen Rechtsordnung bestimmt sich danach, in welchem Verfahren sie zustande kamen, entscheidend ist insoweit der Grad der parlamentarischen Mitwirkung, vgl. *Grabenwarter*, in: v. Bogdandy/Cruz Villalón/Huber, IPE Bd. II, 2008, 239. Italien und Deutschland verfolgen hingegen einen dualistischen Ansatz, vgl. *Amrhein-Hoffmann*, Monismus und Dualismus in den Völkerrechtslehren, 2003, 334.

504 Verfassung der Italienischen Republik vom 27.12.1947, in Kraft getreten am 1.1.1948.

505 *Panara*, in: v. Bogdandy/Cruz Villalón/Huber, IPE Bd. II, 2008, 160; *Germelmann*, Die Rechtskraft zwischen europäischer Mindesteffektivität und italienischem Verfassungsrecht, EuR 2010, 538 (545); a.A. *Weber*, Europäische Verfassungsvergleichung, 1. Aufl. 2009, 403, der den Vorrang nunmehr aus Art. 117 Abs. 1 it. Verfassung herleitet.

506 *Panara*, in: v. Bogdandy/Cruz Villalón/Huber, IPE Bd. II, 2008, 159.

507 Zum Verhältnis von Art. 11 und Art. 117 italienische Verfassung vgl. ausführlich *Panara*, in: v. Bogdandy/Cruz Villalón/Huber, IPE Bd. II, 2008, 159.

508 Vgl. *Verfassungsgerichtshof der Republik Österreich*, Die Kooperation der Verfassungsgerichte in Europa, Aktuelle Rahmendbedingungen und Perspektiven, Vol. II, Cour constitutionnelle de la République d'Italie, 2014, 565ff.

stand verfassungsrechtlicher Kontrolle zu berücksichtigen,[509] soweit die unabdingbaren Grenzen der Verfassung gewahrt sind.[510]

In der spanischen Rechtsordnung regeln die Art. 93,[511] 95, 96 und 10 Abs. 2 sp. Verfassung das Verhältnis von nationaler Rechtsordnung und Völkerrecht bzw.

509 Vgl. *Verfassungsgerichtshof der Republik Österreich*, Die Kooperation der Verfassungsgerichte in Europa, Aktuelle Rahmendbedingungen und Perspektiven, Vol. II, Cour constitutionnelle de la République d'Italie, 2014, 565ff.

510 Zur Lehre der controlimiti vgl. *Weber*, Europäische Verfassungsvergleichung, 1. Aufl. 2009, 405. Hiernach ist das Verfassungsgericht für den Fall, dass eine europarechtliche Norm verfassungsrechtliche Grundprinzipien oder unveräußerliche Menschenrechte verletzt, gehalten, den im Zustimmungsgesetz enthaltenen Rechtsanwendungsbefehl aufzuheben, allerdings nur in Bezug auf den unwirksamen Teil der europarechtlichen Norm. Vgl. zur Entwicklung dieser Rechtsprechung die Urteile des italienischen Verfassungsgerichtshofs Nr. 98 v. 27.12. 1965 (Acciaierie San Michele); Nr. 183 v. 27.12.1973 (Frontini), Nr. 170 v. 8.6.1984 (Granital) und Nr. 232 v. 21. 4. 1989 (Fragd gegen Amministrazione delle Finanze). Das System der Teilaufhebung erlaubt es grundsätzlich, die Feststellung der teilweisen Verfassungswidrigkeit des Anwendungsbefehls immer wieder zu wiederholen, d. h. immer nur für den Teil, der der strittigen Rechtsnorm die Geltung innerhalb der nationalen Rechtsordnung verschaffen würde, vgl. *Panara*, in: v. Bogdandy/Cruz Villalón/Huber, IPE Bd. II, 2008, 158. Die Befugnis zu dieser Kontrolle leitet der italienische Verfassungsgerichtshof genau wie den Anwendungsvorrang aus Art. 11 it. Verfassung ab, der zwar Souveränitätsbeschränkungen erlaube, jedoch eine Übertragung der Kompetenz den unantastbaren Verfassungskern zu verletzen nicht zulässt, vgl. *Panara*, in: v. Bogdandy/Cruz Villalón/Huber, IPE Bd. II, 2008, 158ff. Diese Rechtsprechung wurde auf den neuen Art. 117 Abs. 1 it. Verfassung übertragen, vgl. *Weber*, a.a.O., 403. Das Eintreten eines solchen Falles erscheint angesichts der Entwicklung der Grundrechtsjudikatur in der Union sowie dem ausdrücklichen Hinweis in Art. 6 Abs. 2 EUV in der Praxis unwahrscheinlich. Die Lehre der controlimiti stellt keine Lehrformel dar, wie das Urteil des italienischen Verfassungsgerichtshofs vom 22.10.2014 Nr. 238/2014 zeigt. Im Urteil wurde festgestellt, dass der völkergewohnheitsrechtliche Grundsatz der Staatenimmunität nicht über Art. 10 Abs. 1 it. Verfassung als allgemeines Völkerrecht automatisch Teil der italienischen Rechtsordnung werden konnte, da er gegen das aus Art. 24 i.V.m. Art. 2 der italienischen Verfassungs abgeleitete oberste Verfassungsprinzip, dass im Fall von Verstößen gegen unverletzliche Menschenrechte (unter anderem die Menschenwürde) i.S.v. Art. 2 der Verfassung Rechtsschutz zu gewähren sei, verstoßen würde. Damit kassierte der italienische Verfassungsgerichtshof ein Gesetz, das das UN-Übereinkommen zur Staatenimmunität vollstrecken sollte und setzte sich zugleich über ein Urteil des IGH hinweg, der am 3.2.2012 in einem Rechtsstreit zwischen Italien und Deutschland entschieden hatte, dass der völkerrechtliche Grundsatz der Staatenimmunität auch im Fall schwerster Kriegsverbrechen gelte (Immunités juridictionnelles de l'Etat (Allemagne c. Italie; Grèce (intervenant)), arrêt, C.I.J. Recueil 2012, p. 99).

511 Art. 93 sp. Verf., der die Übertragung von Hoheitsrechten regelt, wird mittlerweile neben einer verfahrensrechtlichen auch eine materielle Dimension zugestanden, vgl. *López Castillo*, in: v. Bogdandy/Cruz Villalón/Huber, IPE Bd. II, 2008, 368. Danach beinhaltet Art. 93 sp. Verf. auch inhaltliche Grenzen für die Übertragung von Hoheitsrechten, wie Kriterien der nationalen Sou-

Unionsrecht,[512] wobei auch hier der Anwendungsvorrang[513] grundsätzlich durch die Grenzen der Verfassung beschränkt ist.[514]

In der Österreichischen Rechtsordnung ist die Grundlage für die Integration Art. 50 Abs. 1 Nr. 2 i.V.m. Art. 4 B-VG.[515] Der Anwendungsvorrang ist auch vor dem Verfassungsrecht auf Grund des gemäßigten Monismus grundsätzlich anerkannt,[516] wobei auch hier wohl Art. 23 GG entsprechende Verfassungsvorbehalte bestehen.[517]

veränität und tragende Staatsprinzipien wie Demokratie, Kompetenzverteilung und Grundrechte, vgl. auch näher hierzu Anm. v. *Becker* zum Urteil des spanischen Verfassungsgerichtshofs v. 13.12.2004 – Erklärung DTC 1/2004, EuR 2005, 339 (361).

512 *Ferreres Comella*, Souveraineté nationale et intégration européenne dans le droit constitutionnel espagnol, Cahiers du Conseil constitutionnel n° 9, février 2001, 1.

513 Nach der Rechtsprechung hat der Anwendungsvorrang nichts mit dem gem. Art. 95 sp. Verf. bestehenden Vorrang der Verfassung im hierarchischen Sinn zu tun, der Anwendungsvorrang wird dementsprechend als ein bloßes funktionales Prinzip verstanden, vgl. ausführlich *Wendel*, Permeabilität im europäischen Verfassungsrecht, 2011, 484ff. m.w.N.

514 Grundsätzlich hat gem Art. 95 sp. Verfassung die Verfassung Vorrang vor den völkerrechtlichen Verträgen. Dieser Grundsatz gilt auch für das Verhältnis zum Unionsrecht. Um sicherzustellen, dass keine Kollision auftritt, bestimmt Art. 95 allerdings, dass vor Ratifizierung eines völkerrechtlichen Vertrages ggf. die Verfassung geändert werden muss, vgl. ausführlich *Ferreres Comella*, Souveraineté nationale et intégration européenne dans le droit constitutionnel espagnol, Cahiers du Conseil constitutionnel n° 9, février 2001, 3. Allerdings sieht die spanische Verfassung mit Art. 161.1 sp. Verfassung sowie Art. 27.2 sp. Verfassung auch die Möglichkeit einer nachträglichen Kontrolle der völkerrechtlichen Verträge im Hinblick auf ihre Verfassungskonformität vor. Dementsprechend ist ein Konflikt nicht ausgeschlossen, das Verfassungsgericht müsste aber den Vorrang der Verfassung bestätigen, da gem. Art. 95 sp. Verfassung nur „gültig geschlossene“ Verträge in die nationale Rechtsordnung aufgenommen werden, vgl. *Ferreres Comella*, a.a.O. 3.

515 Ursprünglich vollzog sich der Beitritt Österreichs zur Europäischen Union am 12.06.1994 mittels einer Volksabstimmung (EU-Beitritts-BVG, BGBl. 1994/744), da die Verfassungsnorm des Art. 9 Abs. 2 B-VG ungeeignet war, vgl. *Grabenwarter*, in: v. Bogdandy/Cruz Villalón/Huber, IPE Bd. II, 2008, 222.

516 *Wendel*, Permeabilität im europäischen Verfassungsrecht, 2011, 429. *Grabenwarter*, in: v. Bogdandy/Cruz Villalón/Huber, IPE Bd. II, 2008, 230; *Stolzlechner*, Die Auswirkungen einer Mitgliedschaft Österreichs in der Europäischen Union auf die Österreichische Verfassung, in: Hummer, Die Europäische Union und Österreich, 1994, 170f.

517 Dies ergibt sich daraus, dass in den Gesetzesmaterialien zum B-VG quasi wörtlich die Integrationsschranken, wie sie vom BVerfG im Maastricht-Urteil (BVerfGE 89, 155 (182ff.)) aufgestellt wurden, wiedergegeben werden, vgl. *Grabenwarter*, Staatliches Unionsverfassungsrecht, in: v. Bogdandy/Bast, Europäisches Verfassungsrecht, Theoretische und dogmatische Grundzüge, 2. Aufl. 2009, 141. Zwar wurden die Vorbehalte als solche nicht übernommen, der österreichi-

In der französischen Verfassung regeln Art. 15 der Präambel von 1946[518], Art. 54,[519] Art. 55[520] und die Art. 88 – 1[521]ff. fr. Verfassung die Übertragung von Hoheitsrechten und das Verhältnis von Unions- und nationalem Recht. Auch hier ist der Anwendungsvorrang unter dem Vorbehalt des Vorranges der Verfassung[522] anerkannt.[523]

sche Verfassungsgeber ging jedoch davon aus, dass man implizit an die deutschen Vorbehalte aus Art. 23 GG über die Teilnahme am Verfassungsverbund der EU gebunden sei, vgl. *Huber*, in: v. Bogdandy/Cruz Villalón/Huber, IPE Bd. II, 2008, 419.

518 Art. 15 der Präambel von 1946: „Unter Vorbehalt auf die Gegenseitigkeit stimmt Frankreich den zur Organisation der Verteidigung des Friedens notwendigen Begrenzungen seiner Souveränität zu."

519 Art. 54 fr. Verfassung: „Hat der vom Präsidenten der Republik, vom Premierminister, vom Präsidenten einer der beiden Kammern oder von sechzig Abgeordneten oder sechzig Senatoren angerufene Verfassungsrat erklärt, dass eine internationale Verpflichtung eine verfassungswidrige Klausel enthält, so kann die Ermächtigung zu deren Ratifikation oder zur Zustimmung dazu erst nach der Änderung der Verfassung erfolgen.".

520 Art. 55 fr. Verfassung: „Nach ordnungsgemäßer Ratifizierung oder Zustimmung erlangen Verträge oder Abkommen mit ihrer Veröffentlichung höhere Rechtskraft als Gesetze unter dem Vorbehalt, dass das Abkommen oder der Vertrag von der anderen Vertragspartei gleichfalls angewandt wird.".

521 Art. 88-1 fr. Verfassung: „Die Republik wirkt an der Europäischen Union mit, die aus Staaten besteht, die sich in freier Entscheidung dazu entschlossen haben, einige ihrer Kompetenzen nach Maßgabe des Vertrages über die Europäische Union und des Vertrages über die Arbeitsweise der Europäischen Union, wie diese sich aus dem am 13. Dezember 2007 in Lissabon unterzeichneten Vertrag ergeben, gemeinsam wahrzunehmen." Danach muss, soweit die völkerrechtlichen Bestimmungen der Verfassung ausdrücklich widersprechen oder die „conditions essentielles de l'exercice de la souveraineté nationale" verletzen vor der Ratifikation die Verfassung geändert werden vgl. *Wendel*, in: Marsch/Vilain/Wendel, Französisches und Deutsches Verfassungsrecht: ein Rechtsvergleich, 2015, 392. Vgl. ausführlich zu dieser Norm *Millet*, L'Union Européenne et l'identité constitutionnelle des états membres, 2013, 60ff.

522 Der Vorrang der Verfassung wird mit der Rechtsnatur der Europäischen Union begründet, vgl. *Papadimitriou*, Constitution européenne et constitutions nationales: l'habile convergence des juges constitutionnels français et espagnol – À propos des décisions n° 2004-505 DC du Conseil Constitutionnel français, Cahiers du Conseil constitutionnel n° 18, juillet 2005, 2.; mit dem Term Rechtsnatur sollte im Zusammenhang mit dem nicht in Kraft getretenen Verfassungsvertrag ausgedrückt werden, dass dieser Vertrag weiterhin einen völkerrechtlichen Charakter habe, da trotz Art. I-1 des Verfassungsvertrages dessen Regeln über das Inkrafttreten, Revision und Kündigung weiterhin klassisch völkerrechtlich wären und in Art. I-5 des Verfassungsvertrages (entspricht dem heutigen Art. 4 Abs. 2 EUV) die Verfassungsautonomie der Mitgliedstaaten ausdrücklich anerkannt sei.

523 *Scheffler*: Das französische Verfassungsverständnis angesichts der Anforderungen des EG/EU-Rechts, ZaöRV 2007, 43 (51 und 58); *Haguenau-Moizard*, in: v. Bogdandy/Cruz Villalón/

Keine der Rechtsordnungen weißt jedoch einen dem Grundsatz der Europarechtsfreundlichkeit entsprechenden Grundsatz auf. Der Umfang der Öffnung der nationalen Rechtsordnungen entspricht weitestgehend dem unter dem Grundgesetz, wobei die Durchsetzung des Unionsrechts keine der vom Verfassungsgericht über Art. 101 GG gewährte, entsprechende verfassungsrechtliche Absicherung erfährt.[524] Eine darüber hinausgehende Absicherung der Funktionsfähigkeit der Unionsrechtsordnung sehen diese Verfassungen nicht vor.[525] Während der Grund-

Huber, IPE Bd. II, 2008, 49ff. Auch der Conseil d'État und der Kassationsgerichtshofs erkennen den Anwendungsvorrang an, wobei Ersterer den Vorrang des Gemeinschaftsrechts zunächst nicht anerkennen wollte. Die Anwendung des lex posterior Grundsatzes war unbestritten, da der Wille des Gesetzgebers einen Schutzschirm gegen einen zuvor geschlossenen Vertrag darstelle. 1989 erkannte auch der Conseil d'Etat den Vorrang des Primärrechts gegenüber später erlassenen Gesetzen an, vgl. Conseil d'État, Assemblée, 20.10.1989 (Nicolo). In Fortführung seiner Rechtsprechung präzisierte der Conseil d'État allerdings, dass die Vorrangstellung vor den einfachen Gesetzen nicht zu einem Vorrang vor der Verfassung führt, vgl. Conseil d'État, Assemblée, 30.10.1998 (Sarran). Dieser Rechtsprechung hat sich der Kassationsgerichtshof (Cour de Cassation) angeschlossen, vgl. Cass. Plén., 2.6.2000 (Fraisse).

524 Hinsichtlich der Vorlagepflicht aus Art. 267 AEUV besteht z.B. ausnahmsweise über Art. 24 sp. Verfassung nach der neueren Rechtsprechung des spanischen Verfassungsgerichtshofs eine indirekte Rügemöglichkeit, da der Verstoß gegen Art. 267 AEUV als Verletzung des Rechts auf ein effektives Rechtsmittel und auf ein rechtsstaatliches, faires Verfahren gem. Art. 24 Abs. 1 sp. Verfassung qualifiziert wird, vgl. Spanischer Verfassungsgerichtshof STC 58/2004, BOE v. 18.3.2004, 64ff.; STC 194/2006, BOE v. 20.7.2006, 98ff., *Betz*, Die verfassungsrechtliche Absicherung der Vorlagepflicht, 2013, 177ff. Der österreichische Verfassungsgerichtshof berücksichtigt wegen dem Äquivalenzgrundsatz die GRC soweit sie einem in der österreichischen Verfassung gewährleisteten Recht gleicht und wertet grobe Anwendungsfehler des Gemeinschaftsrechts als Willkür, vgl. *Merli*, Europarechtsfreundlichkeit in der Rechtsprechung des Bundesverfassungsgerichts im Vergleich zum österreichischen Verfassungsgerichtshof, in: Giegerich:, Der „offene Verfassungsstaat" des Grundgesetzes nach 60 Jahren, 2010, 275 (277). Da die österreichische Verfassung keine allgemeine Urteilsverfassungsbeschwerde kennt und nur beschränkt Entscheidungen der Verwaltungsgerichte gem. Art. 144 B-VG auf grobe Vollzugsfehler zu prüfen, kann die ordnungsgemäße Anwendung von Unionsrecht durch die Fachgerichte vom VfGH auch nur in diesem Umfang überprüft werden, vgl. *Holoubek*, in: Verfassungsgerichtshof der Republik Österreich, Die Kooperation der Verfassungsgerichte in Europa, Aktuelle Rahmendbedingungen und Perspektiven, Vol. I, Verfassungsgerichtshof der Republik Österreich, 2014, 269 (270f.).

525 Der Conseil Consitutionnel verweigert grundsätzlich eine sog. contrôle de conventionalité, vgl. Conseil Constitutionnel DC 74-54 vom 15.1.1975 Conseil (IVG), trotz dem mittlerweile geschaffenen Rechtsbehelf der „Question prioritaire de constitutionnalité". Das Verfahren soll den Grundrechtsschutz der Bürger verbessern, da bislang keine beim Verfassungsgericht konzentrierte Auslegung der Grundrechte möglich war und deswegen uneinheitliche Auslegungen durch die Fachgerichte zu befürchten waren, vgl. *Marsch*, in: Marsch/Vilain/Wendel, Französisches und Deutsches Verfassungsrecht: ein Rechtsvergleich, 2015, 308ff.; *Verfassungsgerichtshof der Republik Österreich*, Die Kooperation der Verfassungsgerichte in Europa, Aktuelle Rahmendbedingungen

satz der Europarechtsfreundlichkeit für die deutsche Verfassung die Verpflichtung aus Art. 4 Abs. 3 AEUV daher ausdrücklich spiegelt, begnügen sich die meisten anderen Verfassungen der Mitgliedstaaten damit, die Geltung dieser Unionsnorm über den Anwendungsvorrang zu gewährleisten.

V. Ergebnis

Der Grundsatz der Europarechtsfreundlichkeit stellt das verfassungsrechtliche Pendant zur Verpflichtung aus Art. 4 Abs. 3 EUV dar. Zwar liefern die Verfassungsordnungen der übrigen Mitgliedstaaten keine weiteren Erkenntnisse zu dieser Spiegelung, da diese keine dem Grundsatz der Europarechtsfreundlichkeit entsprechenden Grundsätze enthalten. Gleichwohl kann festgestellt werden, dass entsprechend Art. 4 Abs. 3 EUV der Grundsatz der Europarechtsfreundlichkeit durch die Begründung von Rücksichtnahme- und Kooperationspflichten die Funktionsfähigkeit der Unionsrechtsordnung im Rahmen des Integrationsprogrammes und der Verfassungsidentität soweit möglich sicherstellen soll.

D. Ergebnis

Der Grundsatz der Europarechtsfreundlichkeit und die Grundsätze der Völkerrechtsfreundlichkeit, der Bundestreue und der Verfassungsorgantreue weisen neben der Gemeinsamkeit, Konflikte in rechtlichen Mehrebensystemen durch Rücksichtnahmepflichten zu vermeiden bzw. vermindern, im Detail wesentliche Unterschiede auf, was ihre Herleitung, ihren Bezugspunkt und ihren Anwendungsbereich betrifft. Aus diesem Grund können die Erkenntnisse, die für die Grundsätze der Völkerrechtsfreundlichkeit, der Bundestreue und der Verfassungsorgantreue gewonnen wurden, nicht unbesehen auf den Grundsatz der Europarechtsfreundlichkeit übertragen werden, der Inhalt des Grundsatzes der Eu-

und Perspektiven, Vol. I, Le Conseil constitutionnel de la République française, 2014, 536 (536f.). Ausnahmsweise überprüft der Conseil Constitutionnel mittelbar die Unionsrechtskonformität von Umsetzungsakten, wenn er im Rahmen der in Art. 88-I niedergelegte Verpflichtung zur Umsetzung von Richtlinien die Vereinbarkeit von formellem Gesetz und Richtlinie prüft, vgl. Conseil Constituionnel DC 2004-496 vom 10.6.2004 (économie numérique), *Mayer*, Europarecht als französisches Verfassungsrecht, EuR 2004, 925 (929). Verstöße sind aber nur unter bestimmten Voraussetzungen sanktionierbar vgl. ausführlich vgl. *Marsch*, in: Marsch/Vilain/Wendel, Französisches und Deutsches Verfassungsrecht: ein Rechtsvergleich, 2015, 293

roparechtsfreundlichkeit kann v.a. nicht auf den Inhalt der jeweiligen Grundsätze reduziert werden. Wegen des den Grundsätzen gemeinsamen Grundgedankens von Treu und Glauben, können im Einzelnen allerdings die Funktionen der Grundsätze auch für den Grundsatz der Europarechtsfreundlichkeit Geltung beanspruchen, so z.B. die Kompetenzausübungsschranken der Verfassungsorgantreue, soweit die Verfassungsorgane funktionell wie Unionsorgane tätig werden oder aber die aus dem Grundsatz der Völkerrechtsfreundlichkeit abgeleitete Verpflichtung zur Befolgung des Unionsrechts soweit wegen der verfassungsimmanenten Grenzen des Anwendungsvorrangs seine Grenze bzw. der Nichteröffnung seines Anwendungsbereich ein Auseinanderfallen der Rechtsordnungen zu befürchten ist.

Die Funktion des Art. 4 Abs. 3 EUV, durch die Begründung von Rücksichtnahme- und Kooperationspflichten die Funktionsfähigkeit der Unionsrechtsordnung im Rahmen des Integrationsprogrammes und der Verfassungsidentität soweit möglich sicherstellen, entspricht weitestgehend der dem Grundsatz der Europarechtsfreundlichkeit bislang in der Rechtsprechung angedachten Funktion, hier kann von einer gewissen Strukturgleichheit gesprochen werden.

Der Grundsatz der Europarechtsfreundlichkeit ist also wie die Grundsätze der Völkerrechtsfreundlichkeit, der Bundes- und Verfassungsorgantreue und der Grundsatz der loyalen Zusammenarbeit Ausdruck der sich im Kern aus dem (vertraglichen) Grundsatz von Treu und Glauben ergebenden Rücksichts-und Kooperationspflichten, die die Funktionsfähigkeit der Unionsrechtsordnung sichern sollen.

Kapitel 3: Die Funktionsfähigkeit der Unionsrechtsordnung und die Europarechtsfreundlichkeit des GG

Die bisherigen Erkenntnisse zeigen, dass der Grundsatz der Europarechtsfreundlichkeit als Ausdruck (vertraglich begründeter) Treuepflichten die Funktionsfähigkeit der Unionsrechtsordnung in den Grenzen der Verfassung sicherstellen soll. Entsprechend dem Zusammenhang von Effektivität und Loyalität (I.) ist es daher Hauptzweck des Grundsatzes der Europarechtsfreundlichkeit, das Auseinanderfallen der Rechtsordnungen zu verhindern (II.)

A. Der Zusammenhang zwischen Effektivität und Loyalität

Die Europäische Union ist eine Rechtsgemeinschaft.[1] Für die Funktionsfähigkeit der Unionsrechtsordnung ist die einheitliche Geltung und Anwendung ihres Rechts maßgebliche Voraussetzung.[2] Nur wenn sichergestellt ist, dass in allen 28 Mitgliedstaaten das Unionsrecht einheitlich Anwendung findet, können die Zie-

1 Vgl. *Classen*, in: v. Mangoldt/Klein/Stark, GG, Bd. II, 6. Aufl. 2010, Art. 23 Rn. 30 m.w.N.; *Härtl*, in: Härtl, Handbuch des Föderalismus – Föderalismus als demokratische Rechtsordnung und Rechtskultur in Deutschland, Europa und der Welt, Bd. IV, 2012, § 82 Kohäsion durch föderale Selbstbindung – Gemeinwohl und die Rechtsprinzipien Loyalität, Solidarität und Subsidiarität in der Europäischen Union, 63 (123); *Everling*, Die Europäische Union als föderaler Zusammenschluss von Staaten und Bürgern, in: von Bogdandy/Bast, Europäisches Verfassungsrecht. Theoretische und dogmatische Grundzüge, 2. Aufl. 2009, 961 (990); *Kirchhof*, Der europäische Staatenverbund, in: von Bogdandy/Bast, Europäisches Verfassungsrecht. Theoretische und dogmatische Grundzüge, 2. Aufl. 2009, 1009ff.; *Kahl*, in: Calliess/Ruffert, EUV/AEUV, 5. Aufl. 2016, Art. 4 EUV Rn. 35; sowie Art. 2 Abs. 1 EUV.

2 Grundlegend (im Zusammenhang mit dem Anwendungsvorrang) EuGH C-6/64, Slg. 1964, 1215/1269f.; aber auch BVerfG NJW 2016, 1149 (1150). Vgl. auch *Zuleeg*, Die Vorzüge der Europäischen Verfassung, in: von Bogdandy/Bast, Europäisches Verfassungsrecht. Theoretische und dogmatische Grundzüge, 2. Aufl. 2009, 1045 (1060).

le der Union, denen die Mitgliedstaaten vertraglich verpflichtet sind, verwirklicht werden.

Dem entspricht, dass in der Rechtsprechung des EuGH ein enger Zusammenhang zwischen Loyalität und effet utile hergestellt wurde.[3] Der Effektivitätsgrundsatz[4] stellt ein notwendiges Gegengewicht zum Grundsatz der institutionellen und verfahrensmäßigen Autonomie der Mitgliedstaaten dar.[5] Prägende Grundsätze wie Anwendungsvorrang[6], effet utile, richtlinienkonforme Auslegung[7] und unmittelbare Anwendbarkeit[8] sind Ausprägungen eines allgemeinen Loyalitätsgebotes.[9]

Dieses Streben nach Homogenität, das auch durch die Loyalitätsverpflichtung begründet wird, steht jedoch im Spannungsverhältnis zur Verpflichtung der Union, die nationale Identität der Mitgliedstaaten gem. Art. 4 Abs. 2 EUV zu achten bzw.

3 *Klamert*, The Principle of Loyalty in EU Law, 2014, 263; *Lück*, Die Gemeinschaftstreue als allgemeines Rechtsprinzip im Recht der Europäischen Gemeinschaft – Ein Vergleich zur Bundestreue im Verfassungsrecht der Bundesrepublik Deutschland, 1992,79ff.; *Grabitz*, in: Grabitz/Hilf/Nettesheim, Das Recht der Europäischen Union, 58. EL. 2016, Art. 4 EUV Rn. 56; *Millet*, L'Union Européenne et l'identité constitutionnelle des états membres, 2013, 182; *Zuleeg*, Die föderativen Grundsätze der Europäischen Union, NJW 2000, 2846 (2847).

4 Vgl. zum Begriff *Streinz*, in: Isensee/Kirchhoff, HStR Bd. X, 3. Aufl. 2012, § 218 Rn. 17ff. m.w.N.

5 *Millet*, L'Union Européenne et l'identité constitutionnelle des états membres, 2013, 228ff.; vgl. auch *Streinz*, in: Isensee/Kirchhoff, HStR Bd. X, 3. Aufl. 2012, § 218 Rn. 15.

6 Vgl. *Zuleeg*, Die föderativen Grundsätze der Europäischen Union, NJW 2000, 2846 (2849), der ausdrücklich darauf hinweist, dass für die Funktionsfähigkeit der Unionsrechtsordnung kein Geltungsvorrang erforderlich ist.

7 Vgl. zum engen Zusammenhang zwischen teleologischer Auslegung und Funktionsfähigkeit der Unionsrechtsordnung auch *Müller-Graff*, in: Dauses, EU-Wirtschaftsrecht, 40. EL 2016, A. I. Rn. 81.

8 *Klamert*, The Principle of Loyalty in EU Law, 2014, 262.

9 *Millet*, L'Union Européenne et l'identité constitutionnelle des états membres, 2013, 183. Die durch Art. 4 Abs. 3 EUV begründeten gegenseitigen Verpflichtungen sind insoweit asymmetrisch, als nur die einheitliche Anwendung des Unionsrechts und nicht der Respekt der Rechtsordnungen der Mitgliedstaaten gestärkt wird. Vgl. auch *Streinz*, in: Isensee/Kirchhoff, HStR Bd. X, 3. Aufl. 2012, § 218 Rn. 21, der feststellt, dass die aus dem Loyalitätsgebot hergeleiteten Grundsätze die sog. indirekten Kollisionen zwischen Unionsrecht und nationalem Recht, d. h. solche, die nicht vom Anwendungsvorrang erfasst werden, weitestgehend lösen. Vgl. zum Begriff der indirekten Kollision auch *Ehlers*, in: Schulze/Zuleeg/Kadelbach, Europarecht, 3. Aufl. 2015, § 11 Rn. 12.

zur institutionellen und verfahrensmäßigen Autonomie[10] der Mitgliedstaaten. Es kann gerade kein klassisch hierarchischer Zusammenhang zwischen den Rechtsordnungen hergestellt werden, der einen absoluten Vorrang der einen Rechtsordnung zu Lasten der anderen Rechtsordnung begründen kann.[11]

Das Loyalitätsgebot dient insoweit daher auch als ausgleichendes Element, dass dieses im Unionsrechts selbst niedergelegte Spannungsverhältnis im Wege gegenseitiger Rücksichtnahme (nicht zwingend zu Lasten der Rechtsordnungen der Mitgliedstaaten) ausgleichen soll.[12]

B. Die Gefahr des Auseinanderfallens der Rechtsordnungen

Verstöße gegen Unionsrecht können sich aus den besonderen Anforderungen des GG ergeben (1.) oder unabhängig von diesen (2.).

I. Das Auseinanderfallen der Rechtsordnungen wegen der Anforderungen des GG

Die bisher zum Grundsatz der Europarechtsfreundlichkeit ergangene Rechtsprechung hat seine Funktionen vornehmlich im Hinblick auf die Gefahr des Auseinanderfallens der Rechtsordnung wegen der Anforderungen des Grundgesetzes hin entwickelt, da

„Art. 23 Abs. 1 GG […] insoweit auch ein Wirksamkeits- und Durchsetzungsversprechen für das unionale Recht“[13]

---

10 *Stettner*, in: Dauses, EU-Wirtschaftsrecht, 40. EL 2016, B. III. Rn. 9ff.

11 *Millet*, L'Union Européenne et l'identité constitutionnelle des états membres, 2013, 308ff.

12 In diesem Sinne hat Art. 4 Abs. 3 EUV wohl eine einheitsbildende Funktion auf der Ebene des Primärrechts, vgl. zum Begriff *Wendel*, Permeabilität im europäischen Verfassungsrecht, 2011, 530ff.

13 BVerfG NJW 2016, 1149 (1150); vgl. auch schon BVerfGE 126, 286 (302).

enthält.[14] Dieses Wirksamkeits- und Durchsetzungsversprechen entspricht der Loyalitätspflicht aus Art. 4 Abs. 3 EUV[15] und befriedigt das im Verhältnis von zulässigerweise integriertem Unionsrecht und nationalem Recht bestehende Bedürfnis einer Gewährleistung der Widerspruchsfreiheit und Lückenlosigkeit der Rechtsordnungen.[16] Die Verfassungsorgane sind verpflichtet, die Integrationsfortschritte, auf die sich rechtsverbindlich geeinigt wurde, auch loyal mitzutragen.[17]

Grundsätzlich sorgt der Anwendungsvorrang beim Vollzug von Unionsrecht für die Einheitlichkeit der (Teil)Rechtsordnungen. Der Anwendungsvorrang ist jedoch kein absoluter,[18] vielmehr ist er durch die Verfassungsidentität und das im Zustimmungsgesetz verkörperte Integrationsprogramm beschränkt.[19] Dementsprechend behält sich das BVerfG trotz des dadurch entstehenden Spannungsverhältnisses zur Funktionsfähigkeit der Unionsrechtsordnung[20] auch eine Kontrollkompetenz bzgl. dem Unionsrecht im Hinblick auf diese Grenzen vor.[21] Dies hat zur Folge, dass, v.a. was Fälle der Identitätskontrolle betrifft, ggf. ein Unionsrechtsakt nur in Deutschland für unanwendbar erklärt wird, ein im Hinblick auf die Einheit der Unionsrechtsordnung problematischer Befund. Entsprechendes

14 Indirekt ebenfalls auf den Zusammenhang eingehend *Wollenschläger*, in: Dreier, GG, Bd. II, 3. Aufl. 2015, Art. 23 Rn. 176.

15 *Obwexer*, in: v. der Groeben/Schwarze/Hatje; Europäisches Unionsrecht, 7. Aufl. 2015, Art. 4 EUV Rn. 80 m.w.N. Vgl. auch ausführlich *Häberle*, Europäische Verfassungslehre, 7. Aufl. 2011, 208, der auf die Rücksichtnahmefunktion bei gleichrangigen Teilverfassungen abstellt.

16 Dieses Bedürfnis besteht deswegen, da dem Recht im Prozess der Fortentwicklung der Europäischen Union eine herausragende Integrationsfunktion zukommt *Hahn*, Staatszielbestimmungen im integrierten Bundesstaat, 2010, 185 m.w.N. auch zur Begründung und Herleitung des Postulats.

17 *Classen*, in: v. Mangoldt/Klein/Starck, GG, Bd. II, 6. Aufl. 2010, Art. 23 Rn. 7.

18 AA allerdings der EuGH, vgl. ausführlich *Nettesheim*, in: Grabitz/Hilf/Nettesheim, Das Recht der Europäischen Union, 58. EL 2016, Art. 288 AEUV Rn. 47ff. m.w.N. Zum Teil wurde zur Begründung sogar auf das in Art. 10 EGV verankerte Loyalitätsgebot zur Herleitung dieser Kollisionsregel rekurriert, vgl. *Streinz*, in: ders., Europarecht, 10. Aufl. 2016, Rn. 207.

19 BVerfGE 73, 339 (375ff.); 89, 155 (190); 123, 267 (348ff.); 126, 286 (302); 129, 78 (99); 134, 366 (384); BVerfG NJW 2016, 1149 (1150).

20 *Müller-Graff*, in Dauses, EU-Wirtschaftsrecht, 40. EL 2016, A. I. Rn. 81. Vgl. auch *Voßkuhle*, Menschenrechtsschutz durch die Europäischen Verfassungsgerichte, RdA 2015, 336 (338).

21 Vgl. zur ständigen Rechtsprechung BVerfGE 123, 267 (344). Dies gilt für die meisten Mitgliedstaaten, vgl. für die Bundesrepublik *Geismann*, in: v. der Groeben/Schwarze/Hatje, Europäisches Unionsrecht, 7. Aufl. 2015, Art. 288 AEUV Rn. 5ff.

gilt für die verfassungsrechtlich bedingte Möglichkeit, dass die Rechtsordnungen des Unionsrechts und des nationalen Rechts dauerhaft auseinanderfallen, die sich sowohl auf der Ebene von Mitwirkungshandlungen der Verfassungsorgane[22] an der Europäischen Union als auch in den Fällen eines ultra-vires-Handelns verwirklichen kann.

In diesem Spannungsverhältnis begründet der Grundsatz der Europarechtsfreundlichkeit Rücksichtnahmepflichten, um ein Auseinanderfallen der Rechtsordnungen soweit möglich zu vermeiden.[23] Zum Schutz der Funktionsfähigkeit der Unionsrechtsordnung wurden auf Grund der Europarechtsfreundlichkeit des Grundgesetzes daher die Prüfungsvorbehalte des BVerfG entsprechend dem Rechtsgedanken von Art. 100 Abs. 1 GG[24] beim BVerfG monopolisiert[25] und werden zurückhaltend, als Missbrauchskontrolle ausgeübt.[26] Darüber hinaus legt das BVerfG dem EuGH den beanstandeten Rechtsakt zur Beurteilung vor, um so grundsätzlich dessen Kompetenz nach Art. 19 EUV zu wahren. Dem EuGH wird überdies bei der Wahrnehmung seiner Kompetenzen ein Anspruch auf Fehlertoleranz eingeräumt.[27]

In diesem Zusammenhang kann der Grundsatz der Europarechtsfreundlichkeit zwar die Grenzen der Offenheit des Grundgesetzes als solche nicht beeinflussen. Er kann jedoch im System verflochtener Rechtsordnungen[28] sicherstellen, dass ein Abwägungsvorgang zwischen der Integrationsverantwortung der Verfassungsorgane, den Interessen der Europäischen Union und den gegenseitigen Treuepflichten vorgenommen wird.

22 Insbesondere bei Änderungen des Primärrechts unter Verstoß gegen Verfahrensvorschriften oder materielles Unionsrecht.

23 Vgl. zur restriktiven Handhabung der Kontrollvorbehalte auch *Streinz*, in: Isensee/Kirchhoff, HStR Bd. X, 3. Aufl. 2012, § 218 Rn. 49.

24 BVerfGE 123, 267 (354).

25 *Streinz*, in: Sachs, GG, 7. Aufl. 2014, Art. 23 Rn. 100.

26 *Millet*, L'Union Européenne et l'identité constitutionnelle des états membres, 2013, 308 ff. m.w.N.

27 BVerfGE 126, 286 (307).

28 Vgl. zum Verhältnis der Verfassungsordnungen zueinander ausführlich *Huber*, Europäisches und nationales Verfassungsrecht, VVDStRL 2001 Bd. 60, 194 ff.; *Pernice*, Europäisches und nationales Verfassungsrecht, VVDStRL 2001, Bd. 60, 148 ff. Vgl. zu Verbundkonzepten *Streinz*, in: Isensee/Kirchhoff, HStR Bd. X, 3. Aufl. 2012, § 218 Rn. 12.

II. Auseinanderfallen der Rechtsordnungen unabhängig von den Anforderungen des GG?

Verstöße gegen Unionsrecht können jedoch auch unabhängig von den Vorgaben des Grundgesetzes beim Vollzug von Unionsrecht, bei der Begründung neuen Unionsrechts oder der sonstigen Mitwirkung der Verfassungsorgane im institutionellen Gefüge der Union begangen werden.

Das Wirksamkeitsversprechen wird beim Vollzug von Unionsrecht grundsätzlich durch den verfassungsrechtlich anerkannten Anwendungsvorrang erfüllt.[29] Um darüber hinaus Rechtschutzlücken zu vermeiden, die sich aus der ggf. fehlenden Möglichkeit des Einzelnen, eine Verletzung des Anwendungsvorranges durch die nationalen Gerichte vor den Unionsgerichten geltend zu machen, ergeben,[30] wird die Vorlageverpflichtung aus Art. 267 AEUV zusätzlich noch über Art. 101 Abs. 1 S. 2 GG verfassungsrechtlich abgesichert. Diese verfassungsrechtliche Absicherung der Vorlagepflicht entspricht auch den Erfordernissen aus Art. 6 Abs. 3 EUV und Art. 47 Abs. 1 GRC, die die Mitgliedstaaten verpflichten, ihr Rechtsschutzsystem nachzubessern, sollten die zur Verfügung stehenden Rechtsbehelfe nicht ausreichen, die Unionsrechte effektiv geltend zu machen.[31]

Aber auch wenn die Mitgliedstaaten im Rahmen der Europäischen Union Mitwirkungshandlungen vornehmen oder bei der Begrundung von Unionsrecht mitwirken, kann das Wirksamkeits- und Durchsetzungsversprechen Relevanz erhalten. Schließlich sind die Verfassungsorgane, soweit sie im institutionellen Gefüge der

29 Der Gesetzgeber ist nicht über Art. 20 Abs. 3 GG an das Unionsrecht gebunden, vgl. Kapitel 1 B. III. 4. a) aa). Die Normenkollisionen sind u.a. eine Ausprägung des Umstandes, dass die Kompetenzverteilungsvorschriften zwischen Union und Mitgliedstaaten nicht gegenständlich erfolgt, sondern eine übertragene Kompetenz immer auch eine Kompetenz der Mitgliedstaaten darstellt, die diese auch nutzen können, vgl. *Hahn*, Staatszielbestimmungen im integrierten Bundesstaat, 2010, 191f. Mit dem Anwendungsvorrang wird auch zu Teil die ausnahmsweise bestehende Normenverwerfungskompetenz der Verwaltung begründet, so dass Unionsrecht auch ohne gerichtliche Intervention vorrangig angewendet wird vgl. Ruffert, in: Calliess/Ruffert, EUV/AEUV, 5. Aufl. 2016, Art. 288 AEUV Rn. 73f.

30 Vgl. ausführlich die Ausführungen unter Kapitel 1 C.

31 *Betz*, Die verfassungsrechtliche Absicherung der Vorlagepflicht, 2013, 266.

Europäischen Union funktional für diese tätig werden, an das Unionsrecht gebunden.[32]

Zwar stellt der Fall, dass gegen (höherrangiges) Unionsrecht verstoßendes Unionsrecht unter Mitwirkung der Verfassungsorgane begründet wird, ohne dass sich dieser Verstoß aus den besonderen Anforderungen des GG ergibt, streng genommen keinen Fall eines Auseinanderfallens der Rechtsordnungen dar. Eine Handlung, die unter Verstoß gegen Unionsrecht vorgenommen wurde, ist aus der Sicht des Unionsrechts und ggf. auch unter Berücksichtigung von Art. 20 Abs. 3 GG[33] rechtswidrig[34] und die nationalen Gerichte sind auch gem. Art. 20 Abs. 3 bzw. Art. 97 Abs. 1 GG gezwungen, Unionsrecht, das durch den Rechtsanwendungsbefehl Eingang in die nationale Rechtsordnung gefunden hat, bei ihren Entscheidungen zu beachten.[35]

Bei sich widersprechenden völkerrechtlichen Verträgen besteht zwar aus Sicht des Völkerrechts kein Zweifel an ihrer Gültigkeit, so dass es in der nationalen Rechtsordnung zu einer Kollision aufgrund der Unmöglichkeit ihrer beider gleichzeitiger ordnungsgemäßer Erfüllung kommt.[36] Die Begründung von Unionsrecht, das gegen bestehendes höherrangiges Unionsrecht verstößt, unter Mitwirkung der Mitgliedstaaten ist hingegen auch aus unionsrechtlicher Sicht nicht wirksam mög-

32 BVerfGE 129, 124 (172).

33 Gesetz i.S.v. Art. 20 Abs. 3 GG ist jede geschriebene Rechtsnorm, u.a. auch nach Art. 59 Abs. 2 transformiertes Völkervertragsrecht oder unmittelbar anwendbares EU-Recht, vgl. *Sachs*, in Sachs, GG, 7. Aufl. 2014, Art. 20 Rn. 107. Vgl. auch *Classen*, in: v. Mangoldt/Klein/Starck, GG, Bd. II, 6. Aufl. 2010, Art. 23 Rn. 47, der Art. 20 Abs. 3 GG eine Pflicht zur Anwendung des Unionsrechts entnimmt, soweit der Anwendungsvorrang greift.

34 Vgl. auch *Hillgruber*, in: Isensee/Kirchhoff, HStR Bd. II, 3. Aufl. 2004, § 32 Rn. 93, der dies völkerrechtlich als untauglichen Versuch bezeichnet.

35 *Schröder*, Die Vorlagepflicht zum EuGH aus europarechtlicher und nationaler Perspektive, EuR 2011, 808 (812).

36 Vgl. die Ausführungen unter Kapitel 2 A. II. 2. a) dd). Zwar wird zum Teil vertreten, dass zumindest eine nachträgliche bewusste völkervertragswidrige Gesetzgebung (sog. treaty override) einen Verstoß gegen das „völkerrechtsfreundlich verstandene Rechtsstaatsprinzip des Grundgesetzes bedeute, da der Gesetzgeber seine „Normsetzungsautorität eingebüßt" habe, soweit der völkerrechtliche Vertrag bzw. das Zustimmungsgesetz verbindliche Regelungen vorgibt", vgl. *Vöneky*, in: Isensee/Kirchhoff, HStR Bd. XI, 3. Aufl. 2013, § 236 Rn. 33. Ein mit entsprechender Argumentation vom BFH angestrengtes Vorlageverfahren (vgl. BFH-Vorlagebeschluss nach Art. 100 Abs. 1 GG v. 10.1.2012, DStR 2012, 949ff.), wurde vom BVerfG allerdings im Einklang mit der hier vertretenen Ansicht, dass Völkerrecht nicht zur verfassungsmäßigen Ordnung i.S.v. Art. 20 Abs. 3 GG gehört, abgelehnt, vgl. BVerfG NJW 2016, 1295ff.

lich.[37] Derartige Rechtsakte missachten einen der Grundpfeiler der Europäischen Union, namentlich den, dass sich die Europäische Union als eine Union des Rechts begreift.[38] Da ein Kollisionsfall immer zwei wirksame Normen voraussetzt,[39] ist kein Kollisionsfall im eigentlichen Sinn gegeben und damit auch kein Fall des Anwendungsvorranges.[40]

Trotzdem hat ein solcher Verstoß aus nationaler Sicht im Hinblick auf die verfassungsrechtlich geschützte Funktionsfähigkeit der Unionsrechtsordnung über den Grundsatz der Europarechtsfreundlichkeit Relevanz,[41] ohne dass dies bedeutet, dass das Grundgesetz einen allgemeinen Gesetzesvollziehungsanspruch kennt.[42] Dies ist auch vor dem Hintergrund der verfassungsrechtlich geschützten Funktionsfähigkeit der Unionsrechtsordnung folgerichtig. Denn durch einen Unionsrechtsverstoß im unionsrechtlichen Rechtsetzungsverfahren ist die Funktionsfähigkeit der Rechtsordnung durch die Schaffung ungültiger Rechtsakte und dem ihnen inhärenten Rechtsschein gefährdet. Es besteht ein verfassungsrechtliches Bedürfnis aus der Europarechtsfreundlichkeit des Grundgesetzes heraus, diese Fälle im Vorfeld zu erfassen und damit zu vermeiden, ohne gleichzeitig das Verhältnis von Unionsrecht und nationalem Recht zu berühren.

Aufgrund der unmittelbaren Relevanz der Verstöße auf der Ebene der Rechtssetzung für das nationale Demokratie- und Rechtsstaatsprinzip genügt es aus verfassungsrechtlicher Sicht gerade nicht, deren rechtliche Erfassung allein dem Unionsrecht zu überlassen. Unter dem Gesichtspunkt des Verfassungsverbundes[43] ist es

37 Dies umfasst sowohl die Schaffung neuen Primärrechts, als auch die Schaffung Sekundärrechts. In beiden Fällen ist der Jurisdiktionsbereich des EuGH eröffnet und er kann mit den in den Verträgen vorgesehenen Verfahren die Rechtswidrigkeit dieser Rechtsakte feststellen, bzw. jede Partei kann die Unanwendbarkeit dieser Normen geltend machen, vgl. *Meng*, in: v. der Groeben/Schwarze/Hatje, Europäisches Unionsrecht, 7. Aufl. 2015, Art. 48 EUV Rn. 37 im Hinblick auf Primärrecht, sowie *Gaitanides*, in: v. der Groeben/Schwarze/Hatje, Europäisches Unionsrecht, 7. Aufl. 2015, Art. 263 Rn. 1 zum umfassenden Rechtschutzsystem, in dessen Rahmen der EuGH auch die Rechtmäßigkeit der Handlungen der Unionsorgane zu prüfen hat.

38 Vgl. grundlegend hierzu EuGH C 294/83 Slg. 1986, 1339.

39 Vgl. zu den Voraussetzungen für eine Kollision *Huber*, in: Sachs, GG, 7. Aufl. 2014, Art. 31 Rn. 18.

40 Vgl. die Ausführungen unter Kapitel 2 A. II. 3. a).

41 Vgl. die Ausführungen unter Kapitel 1 B. III. 4.

42 BVerfGE 134, 366 (432 Rn. 138).

43 Vgl. zum Begriff u.a. *Pernice*, in: Dreier, GG, Bd. II, 2. Aufl. 2006, Art. 20 Rn. 21, ähnlich

vielmehr zwingend, dass jede Teilordnung am Verbund im Hinblick auf Rechtsfragen, die sie unmittelbar betreffen, ihren Regelungsanspruch erheben kann. Dass dies in diesem Rahmen ggf. auch gegenständliche Überschneidungen hervorruft, ist hinzunehmen. Gerade Art. 23 GG zeigt, dass die Europäisierung des Grundgesetzes nicht auf kollisionsrechtlicher Ebene, sondern über ein streng umrissenes Revisionsrecht[44] gesteuert und realisiert werden soll,[45] mithin in (rechtsstaatlicher) verfahrensrechtlicher Weise. Auf der Ebene der Rechtssetzung kann bereits die endgültige Entstehung des Konflikts verhindert werden und so ein Fall des Auseinanderfallens der Rechtsordnungen in dem Sinn, dass die Rechtsordnung einen ultra-vires-Akt oder eine Identitätsverletzung feststellt, von vornherein verhindert werden.[46]

Auf der vorgelagerte Ebene der Rechtssetzung besteht damit unter Berücksichtigung der Europarechtsfreundlichkeit und der verfassungsrechtlich geschützten Funktionsfähigkeit der Unionsrechtsordnung aus verfassungsrechtlicher Sicht das Bedürfnis, die Einhaltung der gegebenen Verfahrensanforderungen, die eine Ausprägung des Kerngehalt des Rechtsstaats- und Demokratieprinzips sind, sicherzustellen, d.h. nicht nur die Mitwirkung als solche, sondern auch die verfahrenskonforme Art der Mitwirkung, um das Eingreifen des ultra-vires- bzw. des Identitätsvorbehaltes soweit wie möglich zu vermeiden.

C. Ergebnis

Der Grundsatz der Europarechtsfreundlichkeit entspringt im Wesentlichen dem verfassungsrechtlich über das in Art. 23 GG enthaltene Vollzugs- und Durchsetzungsversprechen zu Gunsten des Unionsrechts, so dass er den Anwendungs-

auch *Wollenschläger*, in: Dreier, GG, Bd. II. 3. Aufl. 2015, Art. 23 Rn. 17. Der Staatenverbund beschreibt ein rechtliches Mehrebenensystem, in dem entsprechend dem Subsidiaritätsprinzip die Union und die Mitgliedstaaten unterschiedliche Befugnisse ausüben, womit in diesem Konzept die Verflechtung der Rechtsordnungen betont wird. Den Begriff wegen der Nähe zum Staatenbund ablehnend allerdings *Häberle*, Europäische Verfassungslehre, 7. Aufl. 2011, 208. Häberle bevorzugt den Begriff „Teilverfassung".

44 Vgl. zur bestandssichernden Funktion des Verfahrens aus Art. 48 EUV auch *Huber*, in: Europäisches und nationales Verfassungsrecht, VVDStRL 2001, Bd. 60, 194 (202).

45 *Hufeld*, in: Isensee/Kirchhoff, HStR Bd. XII, 3. Aufl. 2014, § 259 Rn. 22.

46 Im Ergebnis auch für ein Ansetzen vor dem Anwendungsvorrang auf Ebene der Rechtssetzung *Hufeld*, in: Isensee/Kirchhoff, HStR Bd. XII, 3. Aufl. 2014, § 259 Rn. 22.

vorrang des Unionsrecht dahingehend ergänzt, dass er das Auseinanderfallen der Rechtsordnungen, soweit es durch die absoluten verfassungsrechtlichen Grenzen der Integration bedingt ist, auf ein Minimum reduziert, oder aber Verstöße der Verfassungsorgane gegen das Unionsrecht, die im Ergebnis zu einer Verletzung der Verfassungsidentität oder der Kompetenzordnung durch Unionsrecht führen und damit zu einem auseinanderfallen der Rechtsordnungen, verbietet.

Kapitel 4: Die Rügemöglichkeiten der Verletzung des Grundsatzes der Europarechtsfreundlichkeit

Der Grundsatz der Europarechtsfreundlichkeit beinhaltet die objektive Pflicht der Verfassungsorgane, Unionsrecht (in den Grenzen der Verfassung)[1] zu beachten, soweit sie im institutionellen Gefüge der Union funktional für diese tätig werden.[2] In welchem Umfang diese objektive Pflicht der Verfassungsorgane auch subjektiv gerügt werden kann,[3] ist noch nicht abschließend geklärt, auch die weiteren Verfahrenskonstellationen, in denen der Grundsatz Relevanz erhalten kann bedürfen einer genaueren Untersuchung.

A. Allgemeine Grenzen der Rüge des Verstoßes gegen Unionsrecht vor dem BVerfG

Gegen den Umstand, dass die Verpflichtung zur Beachtung von Unionsrecht aus dem Grundsatz der Europarechtsfreundlichkeit über Grundrechte auch subjektiv rügefähig wird, kann nicht der auf spezifisches Verfassungsrecht beschränkte Prüfungsmaßstab des BVerfG (1.) oder der Umstand, dass Unionsrecht ggf. zum Prüfungsgegenstand wird (2.) angeführt werden.

1 Vgl. die Ausführungen unter Kapitel 1 B. III. 4.

2 BVerfGE 129, 124 (172).

3 Vgl. zu diesem Erfordernis *Bethge*, in: Maunz/Schmidt-Bleibtreu/Klein/Bethge, BVerfGG, 48. EL 2016, Vorbemerkung Rn. 342.

I. Der Prüfungsmaßstab des BVerfG

Zwar ist der Prüfungsmaßstab des BVerfG auf den des spezifischen Verfassungsrechts beschränkt, so dass Unionsrecht selbst nicht Prüfungsmaßstab sein kann.[4] Gleichwohl bedeutet dies nicht, dass Unionsrecht nicht als Vorfrage im Verfahren vor dem BVerfG Relevanz haben kann.[5]

Unionsrecht wird zum einen im Rahmen der vom BVerfG ausgeübten Kontrollvorbehalte als Vorfrage relevant. Hier prüft das BVerfG am Maßstab der Verfassung, ob Unionsrecht mit den Grenzen der Verfassung vereinbar ist. Zwar steht dem BVerfG grundsätzlich keine Kompetenz zur Auslegung der Verträge bzw. von sekundärem Europarecht zu. Diese Kompetenz obliegt, vermittelt über das Zustimmungsgesetz zu den Verträgen, dem EuGH gem. Art. 19 EUV.[6] Das BVerfG nimmt seine Kontrollkompetenz gegenüber dem EuGH jedoch nur insoweit zurück, als Unionsrecht vorliegt, das dem Anwendungsvorrang unterfällt. Denn nur zur Auslegung von solchem Unionsrecht besitzt der EuGH die ausschließliche Kompetenz. Hingegen verbleibt es beim BVerfG, einen evtl. ultra-vires-Verstoß, ein Absinken des unabdingbaren Grundrechtsschutzes oder eine Identitätsverletzung durch Unionsrecht festzustellen, auch wenn davor im Sinne der Europarechtsfreundlichkeit des Grundgesetzes ein Vorabentscheidungsverfahren durchzuführen ist.[7] Dieser Letztentscheidungsanspruch des BVerfG beinhaltet gleichzeitig auch eine Inanspruchnahme der Kompetenz, Unionsrecht zumindest indirekt als Prüfungsmaßstab anzulegen. Soweit also ein ultra-vires-Akt bzw. eine Identitätsverletzung im Raum stehen, kann nach einem erfolgten Vorabentscheidungsverfahren vor dem EuGH Unionsrecht als Vorfrage verfassungsrechtliche Relevanz erhalten. Prüfungsmaßstab verbleibt jedoch die Verfassung selbst.

Entsprechendes gilt für die Überprüfung der aus dem Grundsatz der Europarechtsfreundlichkeit hergeleiteten (begrenzten) Verpflichtung Unionsrecht einzuhalten.[8] Der Grundsatz der Europarechtsfreundlichkeit stellt nationales Verfassungsrecht dar und ist daher von der Prüfungskompetenz und dem Prü-

4 Vgl. hierzu auch die Ausführungen unter Kapitel 1 B. III. 2. a) bb).

5 Deutlich BVerfG NJW 2017, 149 (150).

6 *Huber*, in: Streinz, EUV/AEUV, 2. Aufl. 2012, Art. 19 EUV Rn. 27ff.

7 BVerfGE 123, 267 (353).

8 Vgl. die Ausführungen unter Kapitel 1 B. III. 4.

fungsmaßstab des BVerfG umfaßt. Eine umfassende Prüfung von Handlungen nationaler Organe im Zusammenhang mit Unionsrecht am Maßstab des Grundsatzes der Europarechtsfreundlichkeit stellt auch keine Kompetenzüberschreitung im Verhältnis zum EuGH dar, da der Prüfungsmaßstab auch insoweit die Klärung des Gehaltes des Unionsrechts nur als Vorfrage umfasst und das BVerfG wegen der Europarechtsfreundlichkeit des Grundgesetzes zur Einleitung eines Vorabentscheidungsverfahren vor dem EuGH verpflichtet ist.[9]

Das BVerfG setzt sich also mit dem Grundsatz der Europarechtsfreundlichkeit als Prüfungsmaßstab nicht in Widerspruch zu Art. 19 Abs. 1 EUV und kann in diesem Rahmen Unionsrecht als Vorfrage in das verfassungsrechtliche Verfahren einführen.

II. Der Prüfungsgegenstand vor dem BVerfG – Differenzierung zwischen Umsetzungs- und Vollzugsakten und Mitwirkungsakten an der Europäischen Union

Maßnahmen von Unionsorganen und damit Unionsrecht können auch mittelbar Prüfungsgegenstand vor dem BverfG sein, ohne dass dies im Widerspruch zur Kompetenz des EuGH oder dem Prüfungsumfang des BVerfG steht soweit

„diese Maßnahmen entweder Grundlage von Handlungen deutscher Staatsorgane sind [...] oder aus der Integrationsverantwortung folgende Reaktionspflichten deutscher Verfassungsorgane auslösen [...].“[10]

Was die aktiven Maßnahmen von Verfassungsorganen betrifft, so ist zwischen sog. Vollzugs- und Umsetzungsakten[11] und Mitwirkungsakten[12] an der Union zu unterscheiden.[13]

9 Vgl. die Ausführungen unter Kapitel 1 C. VI.

10 Zuletzt BVerfG NJW 2017, 149 (150) unter Verweis auf BVerfGE 134, 366 (382 Rn. 23) sowie BVerfGE 134, 366 (394ff. Rn. 44ff.); 135, 317 (393f. Rn. 146).

11 *Classen*, in: v. Mangoldt/Klein/Starck, GG, Bd. II, 6. Aufl. 2010, Art. 24 Rn. 54.

12 Hierzu u.a. *Classen*, in: v. Mangoldt/Klein/Starck, GG, Bd. II, 6. Aufl. 2010, Art. 24 Rn. 48.

13 Vgl. bereits die Ausführungen unter Kapitel 1 B. III. 4. a) sowie BVerfG, Beschluss vom 28. Juni 2016, 2 BvR 322/13, Rn. 10.

1. Vollzugs – und Umsetzungsakte

Grundsätzlich sind Vollzugs- und Umsetzungsakte[14] nationaler Organe, die auf Unionsrecht beruhen, z.B. Gesetze zur Richtlinienumsetzung oder Verwaltungsakte zum Vollzug einer Verordnung, zulässiger Prüfungsgegenstand vor dem BVerfG. Soweit sie jedoch zwingend von Unionsrecht bestimmt sind, nimmt das BVerfG keine Kontrolle am Maßstab der Grundrechte vor.[15] Dies dient der einheitlichen Anwendung des Unionsrechts, wie sie auch durch den Anwendungsvor-

14 Vgl. ausführlich hierzu *Moench/Ruttloff*, in: Rengeling/Middeke/Gellerman, Handbuch des Rechtschutzes der Europäischen Union, 3. Aufl. 2014, § 36 Rn. 70ff.

15 Vgl. BVerfGE 73, 339 (387); BVerfGE 102, 147 (161).; *Bethge*, in: Maunz/Schmidt-Bleibtreu/Klein/Bethge, BVerfGG, 48. EL 2016, Vorbemerkung Rn. 349 a; d.h. auch richtlinienumsetzende Gesetze, bei denen für die Umsetzung kein Spielraum des Gesetzgebers bestand, werden, obwohl unmittelbar ein deutscher Hoheitsakt, nicht am Maßstab des Grundgesetzes geprüft. Auch wenn eine vor dem BVerfG angegriffene Entscheidung auf Unionsrecht beruht, wird sie insoweit nicht an den Grundrechten geprüft. Eine ähnliche Situation besteht im Bundesstaat, wenn Landesverfassungsgerichte über die Rechtsanwendung von Bundesrecht am Maßstab der dem Grundgesetz inhaltlich entsprechenden Normen der Landesverfassung entscheiden. Bundesrecht kann wegen Art. 31 GG nicht am Landesverfassungsrecht gemessen werden. Die Landesverfassungsgerichte haben allerdings eine Rechtsprechung entwickelt, wonach sie die Verletzung von mit dem Grundgesetz inhaltsgleichen Verfahrensrechten der Landesverfassung bei der Anwendung von Bundesrecht durch die Gerichte in einer Weise, mit der sie sich willkürlich außerhalb jeder Rechtsanwendung stellen, annehmen, vgl. *Wilke*, Landesverfassungsgerichtsbarkeit und Einheit des Bundesrechts – Bemerkungen aus Anlass des Honecker-Beschlusses des Berliner Verfassungsgerichtshofs, NJW 1993, 887 (889). Allerdings wird diese Rechtsprechung im Hinblick auf ihre Dogmatik kritisiert. Vertiefend sei hier auf *Dietlein* verwiesen in: Landesverfassungsbeschwerde und Einheit des Bundesrechts – Zu den Kontrollbefugnissen der Landesverfassungsgerichte im Rahmen des „Urteilsverfassungsbeschwerdeverfahrens", NVwZ 1994, 6 (8f.), der diesen Ansatz als eine nicht haltbare Interpretation von Art. 31 GG bezeichnet. Der Vorrang des Bundesrechts über Art. 31 GG greife nur, wenn ein Kollisionsfall vorliegt. Wenn jedoch keine Regelungskollision festgestellt wird, könne das Argument der Nachrangigkeit nicht verfangen. Auch die Willkürkontrolle sei nicht völlig schlüssig. Ein Landesgericht bewegt sich nicht nur dann außerhalb jedes Bunderechts, wenn es gar kein Recht anwendet, sondern auch, wenn es Bundesrecht falsch anwendet, da es dann ja eben nicht das Bundesrecht, wie es sein soll, anwendet. Für die Abgrenzung und unterschiedliche Behandlung von Verfassungsverstößen bei der Anwendung von formellrechtlichen und materiellrechtlichen Normen kann außerdem keine schlüssige Begründung geliefert werden. Das BVerfG wiederum hat entschieden, dass die Landesverfassungsgerichte die Anwendung von Bundesrecht des gerichtlichen Verfahrens insoweit an Landesgrundrechten nachprüfen können, als diese den gleichen Inhalt wie entsprechende Rechte des Grundgesetzes haben vgl. BVerfGE 96, 345 (366); vgl. auch vgl. *Wermeckes*, Landesgrundrechte- Bestandssicherung durch Kollisionsvermeidung, DÖV 2002, 110ff.

rang gesichert werden soll.[16] Kompensiert wird diese Rechtsschutzlücke vor dem BVerfG durch die Vorlageverpflichtung der Fachgerichte und die verfassungsgerichtliche Kontrolle der Einhaltung dieser Pflicht am Maßstab von Art. 101 Abs. 1 S. 2 GG.

Das BVerfG schränkt diese Rechtsprechung dahingehend ein, dass eine Kontrolle eines unionsrechtlich determinierten Umsetzungs-oder Vollzugsaktes am Maßstab des Grundgesetzes dann möglich ist, wenn das umgesetzte Unionsrecht, also z.B. das deutsche Gesetz, entweder gegen den unabdingbaren Grundrechtsstandard verstößt oder aber ein ultra-vires Handeln bzw. einen Verstoß gegen die Verfassungsidentität darstellt.[17]

Im Hinblick auf Vollzugs- und Umsetzungsakte wäre die Rücknahme des Kontrollanspruches des BVerfG, soweit sie mit der Einheitlichkeit der Unionsrechtsordnung und dem Anwendungsvorrang begründet wird, darüber hinaus dann nicht geboten, wenn ein offensichtlicher Verstoß einer nationalen Umsetzungsnorm bzw. eines nationalen Vollzugsaktes gegeben ist. Denn in diesen Fällen liegt offensichtlich kein nationaler Rechtsakt vor, der auf Unionsrecht beruht. Allerdings prüft das BVerfG insoweit nur die Verletzung des Rechts auf den gesetzlichen Richter aus Art. 101 Abs. 1 GG, wobei Unionsrecht hier nicht Prüfungsgegenstand ist, sondern nur Vorfrage.[18]

Grundsätzlich können damit Umsetzungs- und Vollzugsakte keine Prüfungsgegenstände vor dem Bundesverfassungsgericht sein, außer das zugrundeliegende Unionsrecht ist wegen des Fehlens des unabdingbaren Grundrechtsschutzes, dem Vorliegen einer Kompetenzüberschreitung oder einer Verletzung der Verfassungsidentität nicht vom Anwendungsvorrang des Unionsrechts erfasst.

---

16 *Cremer*, Grundgesetzliche Bindungen des deutschen Vertreters bei Abstimmungen im Rat der Europäischen Union und ihre prozessuale Durchsetzbarkeit, EuR 2014, 195 (217).

17 *Detterbeck*, in: Sachs, GG, 7. Aufl. 2014, Art. 100 Rn. 6.

18 Insoweit entspricht die Rechtslage der, wenn nach Art. 100 Abs. 3 GG die Landesverfassungsgerichte eine Vorlage an das BVerfG vornehmen müssen, sollten sie von einer Entscheidung eines anderen Landesverfassungsgerichts oder des BVerfG abweichen wollen. Auch hier ist die Situation gegeben, dass das Grundgesetz für die Landesverfassungsgerichte relevant sein kann, wenn es in die Landesverfassung hineinwirkt, so z.B. bei allgemeinen Verfassungsgrundsätzen durch den Vorrang des Grundgesetzes, bei der Abgrenzung von Kompetenzen, aber auch bei im Grundgesetz und im Landesverfassungsrecht normierten inhaltsgleichen Rechtsnormen, vgl. *Sieckmann*, in: v. Mangoldt/Klein/Starck, GG, Bd. III, 6. Aufl. 2010, Art. 100 Rn. 83.

2. Mitwirkungsakte

Die Mitwirkungsakte an der Europäischen Union, also die Mitwirkung an Regierungskonferenzen, in Organen und Gremien der Europäischen Union, bei der Bildung anderer Unionsorgane oder -institutionen sowie in Verfahren vor dem EuGH,[19] sind Akte deutscher Hoheitsgewalt[20] und damit zulässiger Prüfungsgegenstand vor dem BVerfG.

Insbesondere unterliegt die Kontrolle von Vertragsgesetzen i.S.v. Art. 59 Abs. 2 GG bzw. Art. 23 GG, also die sog. Integrationshebel, im Gegensatz zu den Umsetzungs- und Vollzugsakten keinem zurückgenommenen Kontrollanspruch.[21] Sie sind im Gegenteil zulässiger Prüfungsgegenstand vor dem BVerfG und werden voll am Maßstab der Verfassung, an Art. 23 GG, gemessen.[22]

Was die Mitwirkung der deutschen Verfassungsorgane an europäischen Organakten betrifft, so besteht grundsätzlich auch insoweit die Grundrechtsbindung gem. Art. 1 Abs. 3 GG und die Bindung an die von Art. 20 Abs. 3 GG umfaßte Kompetenzordnung,[23] wobei der inhaltliche Grad der Bindung durch Art. 23 Abs. 1 GG[24] herabgesetzt ist.[25] Damit stellt grundsätzlich auch das Abstimmungs-

19 *Classen*, in: v. Mangoldt/Klein/Starck, GG, Bd. II, 6. Aufl. 2010, Art. 23 Rn. 69.

20 BVerfGE 89, 155 (175); *Bethge*, in: Maunz/Schmidt-Bleibtreu/Klein/Bethge, BVerfGG, 48. EL 2016, § 64 Rn. 43.

21 Vgl. ausführlich zu diesem Punkt *Cremer*, Grundgesetzliche Bindungen des deutschen Vertreters bei Abstimmungen im Rat der Europäischen Union und ihre prozessuale Durchsetzbarkeit, EuR 2014, 195 (205).

22 *Streinz*, in: Sachs, GG, 7. Auf. 2014, Art. 59 Rn. 71; *Bethge*, in: Maunz/Schmidt-Bleibtreu/Klein/Bethge, BVerfGG, 48. EL 2016, Vorbemerkung Rn. 348 a.

23 BVerfGE 92, 203 (227ff.); 113, 273 (303f.); *Höfling*, in: Sachs, GG, 7. Aufl. 2014, Art. 1 Rn. 94; *Herdegen*, in: Maunz/Dürig, GG, 77. EL 2016, Art. 1 Abs. 3 Rn. 87; wobei zum Teil durch die Rechtsprechung auch auf einen ausreichenden Grundrechtsschutz nach Erlass des Rechtsaktes durch den EuGH abgestellt wurde, vgl. BVerfG NVwZ 2004, 209ff. Zur Bindung an die Kompetenzordnung vgl. *Bethge*, in: Maunz/Schmidt-Bleibtreu/Klein/Bethge, BVerfGG, 48. EL 2016, § 64 Rn. 47.

24 Die Anforderungen aus Art. 23 Abs. 1 GG gelten für alle Formen der Mitwirkung an der Europäischen Union, nicht nur für die Übertragung von Hoheitsrechten, vgl. *Streinz*, in: Sachs, GG, 7. Aufl. 2014, Art. 23 Rn. 15; zur Vorwirkung auch *Classen*, in: v. Mangoldt/Klein/Starck, GG, Bd. II, 6. Aufl. 2010, Art. 23 Rn. 18.

25 *Bethge*, in: Maunz/Schmidt-Bleibtreu/Klein/Bethge, BVerfGG, 48. EL 2016, Vorbemerkung

verhalten des Vertreters im Rat einen überprüfbaren Akt der deutschen Hoheitsgewalt dar.[26]

Die Geltendmachung der Verfassungswidrigkeit von Mitwirkungsakten kommt in den kontradiktorischen Parteistreitigkeiten, insbesondere im Verfahren der Organstreitigkeit über die Rüge der Verletzung der Integrationsverantwortung,[27] in Betracht.[28] Hingegen weist das BVerfG in der Regel Verfassungsbeschwerden, die sich gegen die Mitwirkungshandlungen an europäischen Rechtsetzungsakten richten, bereits mit der Begründung als unzulässig zurück, es fehle an einer unmittelbaren Beschwer.[29]

Hier muss allerdings differenziert werden. Zwar ist den Ansichten zuzustimmen, die von einer reduzierten Grundrechtsbindung im Rahmen von Mitwirkungsakten an der Europäischen Union ausgehen, da Art. 23 Abs. 1 GG insoweit eine ausdrückliche Sonderregelung darstellt.[30] Die Verfassungsorgane sind jedoch im Rahmen von Art. 23 Abs. 1 GG objektiv über den Grundsatz der Europarechtsfreundlichkeit an die Einhaltung des Unionsrechts bei Mitwirkungsakten im institutionellen Gefüge der Union gebunden und müssen darüber hinaus jedenfalls die unabdingbaren Verfassungsentscheidungen gem. Art. 79 Abs. 3 GG und Art. 20 Abs. 3 GG beachten. Insoweit ist dürfen die Verfassungsorgane weder

Rn. 347; *Streinz*, in: Sachs, GG, 7. Aufl. 2014, Art. 23 Rn. 16.

26 *Bethge*, in: Maunz/Schmidt-Bleibtreu/Klein/Bethge, BVerfGG, 48. EL 2016, Vorbemerkung Rn. 347 sowie § 64 Rn. 43.

27 *Bethge*, in: Maunz/Schmidt-Bleibtreu/Klein/Bethge, BVerfGG, 48. EL 2016, Vorbemerkung Rn. 347 und Rn. 351.

28 *Bethge*, in: Maunz/Schmidt-Bleibtreu/Klein/Bethge, BVerfGG, 48. EL 2016, Vorbemerkung Rn. 347. Mitwirkungsakte des Bundes können zusätzlich im Rahmen eines Bund-Länder-Streits relevant werden, wenn der Bund seine Pflicht zum Länderfreundlichen Verhalten mißachtet, vgl. *Klein*, in: Benda/Klein, Verfassungsprozessrecht, 2012, § 29 Rn. 1083.

29 So z.B. BVerfG NJW 1990, 974; BVerfG NVwZ 1993, 883; BVerfG NVwZ 2004, 209ff. oder im Hinblick auf Mitwirkungshandlungen der Bundesregierung an intergouvernementalen Beschlüssen BVerfGE 129, 124 (175); vgl. auch *Wollenschläger*, in: Dreier, GG Bd. II, 3. Aufl. 2015, Art. 23 Rn. 164; vgl. ausführlich *Cremer*, Grundgesetzliche Bindungen des deutschen Vertreters bei Abstimmungen im Rat der Europäischen Union und ihre prozessuale Durchsetzbarkeit, EuR 2014, 195 (210ff.). In BVerfGE 92, 203 (227ff.) hingegen kam das BVerfG in einem Bund-Länder-Streit zu einer unmittelbaren Verfassungsverletzung durch das Abstimmungsverhalten der Bundesregierung.

30 *Streinz*, in: Sachs, GG, 7. Aufl. 2014, Art. 23 Rn. 16.

„am Zustandekommen noch an Umsetzung, Vollziehung oder Operationalisierung von Ultra-vires-Akten mitwirken“[31].

Diese Kernbindung muss auch für den Einzelnen zumindest insoweit rügefähig sein, als ein Verstoß zu einer völkerrechtlichen Bindung der Bundesrepublik Deutschland führt bzw. ein ultra-vires-Handeln oder eine Identitätsverletzung darstellt.

Im Bereich völkerrechtlicher Verträge wird die Zulässigkeit von Verfassungsbeschwerden trotz fehlender unmittelbarer Beschwer damit begründet, dass eine verfassungswidrige völkerrechtliche Bindung verhindert werden soll.[32] Gerade bei der Schaffung von neuem Primärrecht besteht eine vergleichbare Situation. Mit der Übertragung von Hoheitsrechten bzw. der Erweiterung von Kompetenzen wird die Bundesrepublik Deutschland vertraglich gebunden. Auch wenn sich diese Bindung innerhalb der von den europäischen Verträgen vorgesehen Verfahren vollzieht wird eine Bindung die der eines völkerrechtlichen Vertrages entspricht begründet.[33]

Darüber hinaus ist es für den Einzelnen unzumutbar[34] abzuwarten, dass der Unionsrechtsakt, der ein ultra-vires-Handeln bzw. einen Identitätsverstoß darstellt auch tatsächlich Rechtswirkungen entfaltet, da seine Verletzung in seinem Recht aus Art. 38 Abs. 1 GG damit unumkehrbar wird.[35]

31 BVerfGE 142, 123 (207 Rn. 162).

32 BVerfGE 1, 396 (441ff.); 24, 33 (53f.); 112, 363 (367).

33 Für eine Übertragung dieses Gedankens auch *Cremer*, Grundgesetzliche Bindungen des deutschen Vertreters bei Abstimmungen im Rat der Europäischen Union und ihre prozessuale Durchsetzbarkeit, EuR 2014, 195 (214).

34 Zur Übertragung dieses Gedankens *Cremer*, Grundgesetzliche Bindungen des deutschen Vertreters bei Abstimmungen im Rat der Europäischen Union und ihre prozessuale Durchsetzbarkeit, EuR 2014, 195 (214).

35 In diese Richtung tendierte wohl auch der Vorlagebeschluss des BVerfG bzgl. des OMT-Beschlusses, bei dem strittig war, ob der Beschluss als solcher bereits Rechtswirkungen entfaltet oder ob dies erst bei der Tätigung der im Beschluss vorgesehenen Ankäufe der Fall war. Das BVerfG stellte in diesem Zusammenhang fest, dass wegen der möglichen Identitätsverletzung zumindest vorbeugender Rechtschutz zu gewähren sei, vgl. BVerfGE 134, 366 (391 Rn. 34f.). Kritisch diesbzgl. *Mayer*, Rebels without a cause? A critical Analysis of der German Constituiontal Court's OMT-Reference, GLJ (15) 2014, 111 (119), der dies für eine unzulässige, hypothetische Frage hält, aber auch *Hermann*, Luxemburg, wir haben ein Problem!, EuZW 2014, 161 (162).

Weiter ist in diesem Moment ggf. die Möglichkeit eröffnet, die Verletzung der Integrationsverantwortung der Verfassungsorgane durch Unterlassen zu rügen, wenn der Verstoß gegen die Verfassungsidentität oder die Kompetenzordnung allein durch Unionsorgane begangen wird.[36] Wenn bereits ein Unterlassen des Verhinderns eines Verstoßes gegen Unionsrecht der zugleich einen Verstoß gegen Art. 38 Abs. 1, Art. 20 Abs. 1 und Abs. 2 i.V.m. Art. 79 Abs. 3 GG darstellt rügefähig ist, dann muss das erst Recht für die aktive Mitwirkung eines Verfassungsorganes an der Begründung dieses Verstoßes gelten.[37]

Soweit also die Mitwirkungshandlungen der Verfassungsorgane zu einem Verstoß gegen die Kompetenzordnung oder die Verfassungsidentität führen, ist eine Verfassungsbeschwerde zulässig.[38]

Unabhängig davon sind die Mitwirkungsakte an der Europäischen Union insoweit zulässiger Prüfungsgegenstand, als das nationale Recht entsprechend den Anforderungen aus Art. 23 Abs. 2 GG,[39] zur Wahrung der Integrationsverantwortung gesonderte Verfahrensanforderungen beinhaltet,[40] das nicht nicht den materiellen Jurisdiktionsbereich des EuGH betrifft.[41]

3. Zwischenergebnis

Unionsrecht kann in eingeschränktem Umfang Prüfungsgegenstand vor dem Bundesverfassungsgericht sein. Im Hinblick auf Vollzugs- und Umsetzungsakte ist dies nur der Fall, wenn das dem nationalen Rechtsakt zugrundeliegende Unionsrecht

36 So explizit BVerfGE 142, 123 (186 Rn. 115).

37 AA allerdings die abweichende Meinung der Richters Gerhart in BVerfGE 134, 366 (430ff.).

38 Zu einem ähnlichen Ergebnis, wenn auch mit leicht abweichender Begründung, gelangt auch *Cremer*, Grundgesetzliche Bindungen des deutschen Vertreters bei Abstimmungen im Rat der Europäischen Union und ihre prozessuale Durchsetzbarkeit, EuR 2014, 195 (224ff.).

39 Vgl. BVerfGE 131, 152 (196).

40 *Meng*, in: von der Groeben/Schwarze/Hatje, Europäisches Unionsrecht, 7. Aufl. 2015 Art. 48 EUV Rn. 36, wobei dann Art. 46 Wiener Vertragsrechtskonvention zum Tragen kommen soll. Derartige Regelungen sind insbesondere im Integrationsverantwortungsgesetz geregelt, BGBl. 2009 I S. 3022.

41 *Meng*, in: von der Groeben/Schwarze/Hatje, Europäisches Unionsrecht, 7. Aufl. 2015, Art. 48 EUV Rn. 36. Insbesondere steht das Vertragsverletzungsverfahren aus Art. 258 AEUV nicht zur Verfügung, da gemeinsame Handlungen oder Unterlassungen der Mitgliedstaaten im Rat oder im Europäischen Rat kein Klagegegenstand sind. Die übrigen Verfahrensarten sind möglich.

wegen eines Kompetenzverstoßes oder einer Verletzung der Verfassungsidentität nicht vom Anwendungsvorrang erfasst ist. Mitwirkungsakte an der Europäischen Union können hingegen grundsätzlich uneingeschränkt Prüfungsgegenstand vor dem Bundesverfassungsgericht sein, ihre Rügefähigkeit ist hingegen eingeschränkt.

III. Zwischenergebnis

Im Hinblick auf die Prüfungskompetenz des Bundesverfassungsgerichts ist damit festzuhalten, dass Unionsrecht zwar sowohl was Vollzugs- und Umsetzungsakte, als auch was Mitwirkungsakte betrifft Prüfungsgegenstand vor dem Bundesverfassungsgericht sein kann, soweit der Anwendungsvorrang des Unionsrechts nicht eingreift bzw. bei der Mitwirkung an Rechtssetzung auf Unionsebene nicht greifen würde. Hingegen kann das Bundesverfassungsgericht grundsätzlich nicht für sich in Anspruch nehmen, nationales Recht am Maßstab des Unionsrechts zu prüfen. Allerdings erlangt das Unionsrecht als Vorfrage für den Fall der Feststellung eines ultra-vires-Handelns oder einer Identitätsverletzung Relevanz. Um eine eine Verletzung der ausschließlichen Zuständigkeit des Europäischen Gerichtshofs zur Auslegung des Unionsrechts zu vermeiden ist in diesem Fall der Europäischen Gerichtshof vorab mit der Frage der Auslegung des Unionsrechts zu befassen.

Die Prüfungskompetenz des BVerfG steht dementsprechend einer Rüge der Verletzung der Verpflichtung zur Beachtung von Unionsrecht nicht zwingend entgegen.

B. Konkrete Möglichkeiten der Rügefähigkeit eines unter dem Gesichtspunkt des Grundsatzes der Europarechtsfreundlichkeit verfassungsrechtlich relevanten Verstoßes gegen Unionsrecht über Art. 38 GG

Nachdem die Rüge der Verletzung der Verpflichtung zur Einhaltung des Unionsrechts, soweit Verfassungsorgane funktional im institutionellen Gefüge der Union tätig werden, grundsätzlich verfassungsrechtlich auch für den Einzelnen möglich ist, ist im Folgenden zu prüfen, in welchem Umfang die Gewährleistungen des Grundgesetzes eine solche Rüge erfassen.

Da der Grundsatz der Europarechtsfreundlichkeit eine objektive Verfassungspflicht der Verfassungsorgane begründet, Unionsrecht einzuhalten, soweit sie funktional im institutionellen Gefüge der Union für diese tätig werden,[42] ist eine unmittelbare Rüge des Verstoßes gegen diese Pflicht z.B. im Wege der Verfassungsbeschwerde oder aber im Organstreitverfahren nicht möglich. Entsprechend den objektiven Verfassungsgrundsätzen, z.B. des Rechtsstaats oder des Demokratieprinzips, können diese objektiven Verfassungspflichten nur soweit sie auch in Verfassungsnormen, die einen subjektiv rechtlichen Gehalt haben, im Kern umfasst sind, insoweit rügefähig werden.[43]

Fraglich ist in diesem Zusammenhang insbesondere, welche Verstöße gegen diese Verfassungspflicht über Art. 38 GG gerügt werden können.[44]

I. Der Gewährleistungsbereich von Art. 38 Abs. 1 GG

Der Gewährleistungsgehalt von Artikel 38 GG vermittelt dem Bürger,

„in seinem durch Artikel 20 Abs. 1 und Abs. 2 i. V. m. Artikel 79 Abs. 3 GG geschützten Kern ein Recht darauf, dass Organe, Einrichtungen und sonstige Stellen der europäischen Union nur solche Zuständigkeiten ausüben, die ihnen vom Integrationsgesetzgeber nach Maßgabe des Artikel 23 Abs. 1 übertragen worden sind.“[45]

42 Vgl. die Ausführungen unter Kapitel 1 B. III. 4.

43 Vgl. nur die Rechtsprechung des BVerfG zum rügefähigen Gehalt des Demokratieprinzips über Art. 38 GG, BVerfGE 123, 267 (340). Erstmals hat das BVerfG diesen Gehalt in BVerfGE 89 (155ff.) hergeleitet.

44 Neben der Möglichkeit eine Verfassungsbeschwerde auf Art. 38 Abs. 1 GG zu stützen, besteht darüber hinaus auch die Rügemöglichkeit über den von der Verfassungsidentität umfassten Kern der Menschenwürde vgl. BVerfG, NJW 2016, 1149ff. Diese Möglichkeit wird insbesondere beim Vollzug von Unionsrecht relevant, nicht hingegen bei der Vornahme von Integrationsschritten, da insoweit der Grundsatz der Volkssouveränität den Menschenwürdekern als lex spezialis beinhaltet und eine Übertragung von Hoheitsrechten unter Verstoß der von der Verfassungsidentität umfassten Menschenwürde schon nicht möglich ist vgl. BVerfG, NJW 2016, 1149 (1151).

45 BVerfGE 142, 123 (173 Rn. 80).

Das in Artikel 38 Abs. 1 Satz 1 GG normierte Wahlrecht wird dementsprechend vom BVerfG in ständiger Rechtsprechung mit dem von der Verfassungsidentität umfassten[46] objektiven Demokratieprinzip angereichert[47] und verknüpft die souveräne Staatlichkeit nach außen mit der nach innen gerichteten Volkssouveränität.[48] Der Einzelne hat daher aus Art. 38 Abs. 1 GG einen Anspruch auf demokratische Selbstbestimmung.[49]

Zwar schützt Art. 38 Abs. 1 GG i.V.m. der in Art. 20 Abs. 2 S. 1 GG niedergelegten Volkssouveränität verknüpft mit der repräsentativen Demokratie weniger die Einhaltung eines Verfahrens, als dass es seine Ausgestaltung beeinflusst, indem es einen Legitimationszusammenhange zwischen Volk und Staatsgewalt fordert.[50] Ein Legitimationszusammenhang setzt notwendigerweise voraus, dass eine unmittelbare demokratische Legitimation durch Wahlen und Abstimmungen gewährleistet wird.[51] Dies können Wahlen jedoch nur, wenn ihnen auch noch ein „Gegen-

46 BVerfGE 142, 123 (188f. Rn. 121); *Pieroth*, in: Jarass/Pieroth, GG, 14. Aufl. 2016, Art. 38 Rn. 9a; *Morlok*, in Dreier, GG, Bd. II, 3. Aufl. 2015, Art. 38 Rn. 61.

47 Vgl. BVerfG 123, 267 (370); 132, 195 (238 Rn. 104); 135, 317 (399 Rn. 159); BVerfGE 142, 123 (189f. Rn. 123 und 190 Rn. 125). Vgl. auch *Dreier*, in Dreier, GG, Bd. II, 3. Aufl. 2015, Art. 20 Rn. 80. Zum Teil wird hier auch von „materieller Aufladung" gesprochen, vgl. nur *Oppermann*, Die EU-Verfassungsbeschwerde, in: Sachs/Siekmann, Der grundrechtsgeprägte Verfassungsstaat, Festschrift für Klaus Stern zum 80. Geburtstag, 2012, 869 (871).

48 Vgl. *Thym*, europäische Integration im Schatten souveräner Staatlichkeit, Anmerkungen zum Lissabon-Urteil des BVerfG, Der Staat Vol. 48 (2009), 559 (567); BVerfG 89, 155 (182); 123, 267 (330); 129, 124 (169); BVerfGE 142, 123 (191 Rn. 127).

49 BVerfGE 142, 123 (190f. Rn. 126). Lehner spricht insoweit von der Möglichkeit einer „Integrationsverfassungsbeschwerde", vgl. *Lehner*, Die „Integrationsverfassungsbeschwerde" nach Art. 38 Abs. 1 S. 1 GG: Prozessuale und materiell-rechtliche Folgefragen zu einer objektiven Verfassungsbeschwerde, Der Staat Vol. 53 (2013), 535ff.

50 Vgl. *Sommermann*, in: v. Mangoldt/Klein/Starck, GG, Bd. II, 6. Aufl. 2010, Art. 20 Rn. 142ff. insb. Rn. 156.

51 *Sommermann*, in: v. Mangoldt/Klein/Starck, GG, Bd. II, 6. Aufl. 2010, Art. 20 Rn. 157ff.

stand" verbleibt.[52] In diesem Sinn stellt Demokratie ein „organisatorisch-formales Formprinzip"[53] dar.

Der so festgelegte Schutz aus Artikel 38 GG umfasst allerdings nicht den Inhalt des demokratischen Prozesses,[54] sondern ist nur auf dessen Ermöglichung gerichtet.[55] Somit besteht für den Einzelnen ein Anspruch darauf, mit seiner Wahlentscheidung Einfluss auf die politische Willensbindung nehmen zu können.[56]

Damit ist der demokratische Prozess über Artikel 38 GG im Rahmen dessen geschützt, in dem das Demokratieprinzip im Kern auf der Menschenwürde basiert.[57] Vor diesem Hintergrund ist der Gewährleistungsbereich von Artikel 38 darauf beschränkt, dass im staatsorganisationsrechtlichen Gefüge, z.B. durch die Übertragung von Hoheitsrechten auf die Europäische Union oder andere supranationale Einrichtungen, Strukturveränderungen eintreten können[58] und keine substantielle Erosion der Gestaltungsmacht des Deutschen Bundestages durch die Übertragung von Hoheitsrechten bewirkt wird.[59] Daneben ist über Art. 38 GG auch das sog. „Entstaatlichungsverbot"[60] rügefähig.[61]

52 Zustimmend z.B. *Lehner*, Die „Integrationsverfassungsbeschwerde" nach Art. 38 Abs. 1 S. 1 GG: Prozessuale und materiell-rechtliche Folgefragen zu einer objektiven Verfassungsbeschwerde, Der Staat Vol. 53 (2013), 535 (551). Vgl. zu den kritischen Stimmen im Hinblick auf das Prinzip der ununterbrochenen Legitimationskette *Sommermann*, in: v. Mangoldt/Klein/Starck, GG, Bd. II, 6. Aufl. 2010, Art. 20 Rn. 191ff. Diese Kritik bezieht sich jedoch weniger auf die Forderung der grundlegenden demokratischen Legitimation durch effektive Wahlen, als auf die in der Folge geforderte durchgehende weitere Legitimationskette.

53 *Böckenförde*, in: Isensee/Kirchhoff, HStR Bd. II, 3. Aufl. 2004, § 24 Rn. 83.

54 Mithin findet keine Rechtmäßigkeitskontrolle demokratischer Mehrheitsentscheidungen statt, vgl BVerfGE 142, 123 (190f. Rn. 126).

55 BVerfGE 129, 124 (168ff.); BVerfGE 134, 366 (381 Rn. 19).

56 BVerfGE 123, 267 (340).

57 BVerfGE 129, 124 (169).

58 BVerfGE 129, 124 (169); zuletzt BVerfGE 142, 123 (190f. Rn. 126).

59 Vgl. zuletzt BVerfGE 142, 123 (191ff. Rn. 130ff.) m.w.N. für diese ständige Rechtsprechung.

60 BVerfGE 123, 267 (332); vgl. auch *Lehner*, Die „Integrationsverfassungsbeschwerde" nach Art. 38 Abs. 1 S. 1 GG: Prozessuale und materiell-rechtliche Folgefragen zu einer objektiven Verfassungsbeschwerde, Der Staat Vol. 53 (2013), 535 (542).

61 Hierin lag im Vergleich zu BVerfGE 89 (155ff.) eine Ausweitung vgl. auch *Oppermann*, Die EU-Verfassungsbeschwerde, in: Sachs/Siekmann, Der grundrechtsgeprägte Verfassungsstaat, Festschrift für Klaus Stern zum 80. Geburtstag, 2012, 869 (871).

II. Maßnahmen im Zusammenhang mit der europäischen Integration die den Schutzgehalt von Art. 38 GG verletzen können

Rügefähig sind alle Maßnahmen, die den von der Verfassungsidentität umfassten Grundsatz der Volkssouveränität beeinträchtigen.

1. Die Entleerung der Rechte des Bundestages durch Hoheitsübertragung

Im Anwendungsbereich von Art. 23 Abs. 1 GG schützt Art. 20 Abs. 1 und Abs. 2 GG i.V.m. Art. 79 Abs. 3 GG davor, dass die von Artikel 23 GG vorgesehenen Verfahren für die Übertragung von Hoheitsrechten nicht eingehalten werden.[62] Daher verletzt eine Verlagerung von Aufgaben und Befugnissen des deutschen Bundestages durch Zustimmungsgesetz oder durch Mitwirkung an der Änderung von Primärrecht auf die europäische Ebene in einem Umfang, der dieses Recht auf Legitimierung der Staatsgewalt entleert,[63] den Kern des Demokratieprinzips in Form der Volkssouveränität, der durch Art. 38 Abs. 1 GG geschützt wird.[64]

Entleert wird das Wahlrecht insbesondere dann, wenn

„offensichtlich die Gefahr besteht, dass die Kompetenzen des gegenwärtigen oder künftigen Bundestages auf eine Art und Weise ausgehöhlt werden, die eine parlamentarische Repräsentation des Volkswillens, gerichtet auf die Verwirklichung des politischen Willens der Bürger, rechtlich oder praktisch unmöglich“[65]

62 BVerfGE 134, 366 (397 Rn. 53); BVerfGE 142, 123 (191f. Rn. 130).

63 Teilweise als „Entleerungsthese“ bezeichnet, vgl. *Oppermann*, Die EU-Verfassungsbeschwerde, in: Sachs/Siekmann, Der grundrechtsgeprägte Verfassungsstaat, Festschrift für Klaus Stern zum 80. Geburtstag, 2012, 869 (871).

64 BVerfGE 89, 155 (172); 123, 267 (330); 134, 366 (396 Rn. 51); BVerfG BVerfGE 142, 123 (191f. Rn. 130). Kritisch hierzu *Dreier*, in: Dreier, GG, Bd. II, 3. Aufl. 2015, Art. 20 Rn. 81 m.w.N. sowie *Mageira*, in: Sachs, GG, 7. Aufl. 2014, Art. 38 Rn. 104, die von der Schaffung einer Popularklagemöglichkeit ausgehen; zustimmend hingegen *Murswiek*, Schutz der Verfassung als Bürgerrecht, JZ 2010, 1164ff. sowie *Morlok*, in: Dreier, GG, Bd. II, 3. Aufl. 2015, Art. 38 Rn. 60.

65 BVerfGE 129, 124 (170).

macht. Den krassesten Fall würde eine Übertragung von Kompetenzen darstellen, die einer Aufgabe der Staatlichkeit gleichkäme.[66] Darüber hinaus besteht eine solche Gefahr auch dann, wenn der Bundestag einer Maßnahme zustimmt, die einer „Fesselung des Haushaltsgesetzgebers“ gleichkommt.[67]

Neben der Übertragung der Kompetenz-Kompetenz sind daher auch Blankettermächtigungen unzulässig.[68] Einen entsprechenden Schutzgehalt weist Artikel 38 GG für die Verlagerung von Kompetenzen auf andere supranationale Organisationen auf.[69]

Wenn Organe, Einrichtungen oder sonstige Stellen der Europäischen Union Maßnahmen ergreifen, obwohl sie nicht über eine hinreichende demokratische Legitimation durch das im Zustimmungsgesetz niedergelegte Integrationsprogramm verfügen, verletzen sie ebenfalls den Grundsatz der Volkssouveränität.[70]

Die entsprechende Rüge können sowohl Fraktionen, als auch der Deutsche Bundestag im Organstreitverfahren oder der Einzelne im Wege der Verfassungsbeschwerde erheben.

66 BVerfGE, 123, 267 (332).

67 BVerfGE 129, 124 (170). Zum Teil wird von einer budgetorientierten Erweiterung der Kategorie „Entleerung der Rechte des Bundestages“ gesprochen, vgl. *Ruffert*, Die europäische Schuldenkrise vor dem Bundesverfassungsgericht – Anmerkung zum Urteil vom 7. September 2011, EuR 2011, 842 (845). Dadurch, dass das BVerfG das Verbot monetärer Haushaltsfinanzierung durch die EZB gem. Art. 123 Abs. 1 AEUV zu einem Teil des Integrationsprogrammes der „Währungsunion als Stabilitätsgemeinschaft“ macht, das einen wesentlichen Aspekt der unionsrechtlichen Sicherung der verfassungsrechtlichen Anforderungen des Demokratiegebotes (Art. 20 Abs. 1, Abs. 2 i.V.m. Art. 79 Abs. 3 GG) absichere, eröffnet es sich neben der Ultra-vires-Kontrolle auch die Verfassungsidentitätskontrolle vgl. *Kahl*, Bewältigung der Staatsschuldenkrise unter Kontrolle des Bundesverfassungsgerichts – ein Lehrstück zur horizontalen und vertikalen Gewaltenteilung, DVBl. 2013, 197 (202).

68 St. Rechtsprechung, vgl. zuletzt BVerfGE 142, 123 (191f. Rn. 130) m.w.N.

69 BVerfGE 129, 124 (168); zum Teil war bis zu dieser Entscheidung in der Literatur der Schutzgehalt von Art. 38 GG enger interpretiert worden, vgl. *Knopp*, Griechenland-Nothilfe auf dem verfassungsrechtlichen Prüfstand, NJW 2010, 1777 (1781); *Ruffert*, Die europäische Schuldenkrise vor dem Bundesverfassungsgericht – Anmerkung zum Urteil vom 7. September 2011, EuR 2011, 842 (842). Ausführlich auch hierzu *Lehner*, Die „Integrationsverfassungsbeschwerde“ nach Art. 38 Abs. 1 S. 1 GG: Prozessuale und materiell-rechtliche Folgefragen zu einer objektiven Verfassungsbeschwerde, Der Staat Vol. 53 (2013), 535 (557ff.).

70 BVerfGE 142, 123 (193 Rn. 132).

2. Die Verletzung des Grundsatzes der Volksouveränität durch die Verfassungsorgane durch die Missachtung der Verfahren zur Übertragung von Hoheitsrechten – Art. 48 EUV

Das über Art. 38 Abs. 1 GG und den Grundsatz der Volkssouveränität abgesicherte Erfordernis der demokratischen Legitimation erfasst auch den Vollzug von Unionsrecht. Auch soweit eine gewisse Abschwächung der demokratischen Legitimation hingenommen werden muss, so müssen auf supranationaler Ebene Mechanismen eingreifen, die diese Einflußknicke abfedern und verhindern, dass die Disposition über die vertraglichen Grundlagen der Union auf die Organe, Einrichtungen und sonstige Stellen der europäischen Union verlagert wird.[71] Bei einer Verletzung dieser zusätzlichen Absicherungen ist der Grundsatz der Volkssouveränität betroffen.[72]

Maßgeblich wird dies insbesondere bei der Rechtssetzung auf europäischer Ebene bzw. der Erweiterung bzw. Ergänzung des Primärrechts z.B. gem. Art. 48 EUV, der auf unionsrechtlicher Ebene die ergänzenden Regelungen aufstellt, die den Legitimationszusammenhang trotz der hinzunehmenden „Einflussknicke" sicherstellt. Art. 23 Abs. 1 S. 2 GG erfasst jede Primärrechtsveränderung, selbst wenn sie nicht mit Kompetenzerweiterungen verbunden ist.[73]

Dementsprechend muss sichergestellt sein, soweit eine Vertragsänderung allein durch die Organe der Union ohne Ratifikation nach dem Unionsrecht möglich ist, dass die Bundesregierung und die Gesetzgebenden Körperschaften über ihre Integrationsverantwortung die Wahrung der Anforderungen des demokratischen Legitimationszusammenhanges sicherstellen.[74] Aus diesem Grund sieht u.a. das IntVG für entsprechende Maßnahmen zusätzliche Verpflichtungen der Verfassungsorgane zur Sicherstellung des Legitimationszusammenhanges vor.[75]

---

71 BVerfGE 142, 123 (192 Rn. 131).

72 Vgl. auch *Morlok*, in: Dreier, GG, Bd. II, 3. Aufl. 2015, Art. 38 Rn. 61, der dies unter dem Stichwort „Demokratiedefizitrüge" aufführt.

73 *Wollenschläger*, in: Dreier, GG, Bd. II, 3. Aufl. 2015, Art. 23 Rn. 48 und Rn. 49.

74 BVerfGE 123, 267 (351).

75 Vgl. ausführlich zu den verschiedenen möglichen Verfahren und den korrespondierenden gesetzlichen Verpflichtungen *Wollenschläger*, in: Dreier, GG, Bd. II, 3. Aufl. 2015, Art. 23 Rn. 48 sowie *Butzer*, in: Epping/Hillgruber, GG, 2. Aufl. 2013, Art. 38 Rn. 41.

Ein Verstoß gegen diese, den Legitimationszusammenhang zwischen Volk und Staatsgewalt sicherstellenden, Verfahren durch die Verfassungsorgane oder ein Verstoß gegen die unionsrechtlichen Vorgaben durch die Organe, Einrichtungen und sonstigen Stellen der Europäischen Union, stellt daher eine Verletzung des Grundsatzes der Volkssouveränität dar, der über Art. 38 GG rügefähig ist, da Grundrechte auch immer Verfahrensgarantien enthalten.[76] Insoweit kommt im Rahmen des Grundsatzes der Volkssouveränität auch das Rechtsstaatsprinzip zum tragen. Dieses ist zwar ein eigenständiges Staatstrukturprinzip,[77] gleichzeitig weist es jedoch eine enge auch inhaltliche Verknüpfung mit dem Demokratieprinzip auf.[78] Demokratie und Rechtsstaat sind dementsprechend „weder gleichlaufend noch einander entgegengesetzt".[79] Sie verhalten sich im Gegenteil zum Teil komplementär, sich gegenseitig unterstützend und bedingend.[80] Während das Demokratieprinzip in Form einer organisatorisch-formalen Weise wirkt,[81] stellt der Rechtsstaat ergänzend ein „material-verfahrensmäßiges Formprinzip"[82] dar, erst zusammen bilden beide Prinzipien die durch Art. 79 Abs. 3 GG geschützte sogenannte rechtsstaatliche Demokratie im Sinne des Grundgesetzes.[83]

Deckungsgleich sind die Prinzipien von Demokratie und Rechtsstaat jedenfalls insoweit, als beide die Verwirklichung der Freiheit der Bürger gewährleisten.[84] Was die rechtlichen Begrenzungen des Demokratieprinzips durch die rechtsstaatlichen Gewährleistungen betrifft, so gestalten diese die demokratisch legitimierte Entscheidungsmacht nicht nur näher aus, sondern begrenzen diese auch in Inhalt und Umfang.[85] Die Frage der Verfahrenskonformität der Rechtsgestaltung ist nicht nur unter dem Gesichtspunkt des Demokratieprinzips, das v.a. bei der erstmaligen

76 *Schmidt-Aßmann*, in: Maunz/Dürig, GG, 77. EL 2016, Art. 103 Abs. 1 Rn. 8.

77 *Sommermann*, in: v. Mangoldt/Klein/Starck, GG, Bd. II, 6. Aufl. 2010, Art. 20 Rn. 230.

78 *Schulze-Fielitz*, in: Dreier, GG, Bd. II, 3. Aufl. 2015, Art. 20 Rn. 225; *Schmidt-Aßmann*, in: Isensee/Kirchhoff, HStR Bd. II, 3. Aufl. 2004, § 24 Rn. 96.

79 *Böckenförde*, in: Isensee/Kirchhoff, HStR Bd. II, 3. Aufl. 2004, § 24 Rn. 82.

80 *Schmidt-Aßmann*, in: Isensee/Kirchhoff, HStR Bd. II, 3. Aufl. 2004, § 24 Rn. 96.

81 *Böckenförde*, in: Isensee/Kirchhoff, HStR Bd. II, 3. Aufl. 2004, § 24 Rn. 83.

82 *Böckenförde*, in: Isensee/Kirchhoff, HStR Bd. II, 3. Aufl. 2004, § 24 Rn. 83.

83 *Böckenförde*, in: Isensee/Kirchhoff, HStR Bd. II, 3. Aufl. 2004, § 24 Rn. 83.

84 *Böckenförde*, in: Isensee/Kirchhoff, HStR Bd. II, 3. Aufl. 2004, § 24 Rn. 86; *Schmidt-Aßmann*, in: Isensee/Kirchhoff, HStR Bd. II, 3. Aufl. 2004, § 24 Rn. 96.

85 *Böckenförde*, in: Isensee/Kirchhoff, HStR Bd. II, 3. Aufl. 2004, § 24 Rn. 92.

Ausgestaltung von Entscheidungsverfahren maßgeblich ist,[86] sondern auch unter dem Gesichtspunkt, dass die Durchführung eines rechtsstaatlichen Verfahrens die Einhaltung des materiellen Rechts auf formeller Ebene gewährleistet, relevant.[87] Zum Teil wird das Demokratieprinzip vor diesem Hintergrund als vorrangige Voraussetzung für das Rechtsstaatsprinzip qualifiziert, daneben steht jedoch außer Frage, dass es der Rechtsstaat ist, der den demokratischen Prozess strukturiert und ggf. auch überformt.[88]

Berücksichtigt man darüber hinaus, dass Verfassungsorgane, soweit sie unter Beachtung ihrer Integrationsverantwortung[89] im institutionellen Gefüge der Union funktional für diese tätig werden, Maßnahmen von Unionsorganen, die gegen den Legitimationszusammenhang verstoßen, entgegentreten müssen, zeigt sich, dass ein im Hinblick auf das Demokratieprinzip relevanter Verstoß gegen das Rechtsstaatsprinzip gegeben ist. Wenn die Kontrolle der Einhaltung der demokratischen Prozesse nicht gewährleistet ist, so laufen diese quasi leer und dementsprechend auch das Wahlrecht des Volkes.

Dem kann nicht der Einwand entgegengehalten werden, dass auf Unionsebene nach Erlass des Rechtsaktes, an dem mitgewirkt wird, ein ausreichender Grundrechtsschutz durch den EuGH gewährt wird und daher keine unmittelbare Beschwer gegeben sei.[90] Denn ein Schutz des deutschen Wahlrechts und des erforderlichen Legitimationszusammenhanges kann durch den EuGH nicht geleistet werden, da in dieser Hinsicht sein Jurisdiktionenbereich nicht eröffnet ist.

---

86 BVerfGE 123, 267 (356) wo im Zusammenhang mit dem Zustimmungsgesetz zum Vertrag von Lissabon die konkrete Ausgestaltung des Entscheidungsverfahrens in Frage stand. Konsequenterweise muss aber ein Entscheidungsverfahren, das unter dem Gesichtspunkt der Integrationsverantwortung der Verfassungsorgane unbeanstandet ist, auch von diesen beachtet werden wenn die Integrationsverantwortung nicht verletzt werden soll.

87 *Schulze-Fielitz*, in: Dreier, GG, Bd. II, 3. Aufl. 2015, Art. 20 Rn. 204ff.

88 *Schulze-Fielitz*, in: Dreier, GG, Bd. II, 3. Aufl. 2015, Art. 20 Rn. 225; *Böckenförde*, in: Isensee/Kirchhoff, HStR Bd. II, 3. Aufl. 2004, § 24 Rn. 92.

89 BVerfGE 123, 267 (356); Die Integrationsverantwortung sei darauf gerichtet, bei der Übertragung von Hoheitsrechten und bei der Ausgestaltung der europäischen Entscheidungsverfahren dafür Sorge zu tragen, dass in einer Gesamtbetrachtung sowohl das politische System der Bundesrepublik Deutschland als auch das der Europäischen Union demokratischen Grundsätzen i.S.d. Art. 20 Abs. 1 und Abs. 2 i.V.m. Art. 79 Abs. 3 GG entspricht.

90 So in einer anderen Konstellation BVerfG NJW 2004, 209ff.

Vor diesem Hintergrund ist es überzeugend, dass im Hinblick auf die über den Grundsatz der Volkssouveränität im Wahlrecht aus Art. 38 Abs. 1 S. 1 GG garantierte demokratische Legitimation auch das Rechtsstaatsprinzip insoweit rügefähig ist, als ein entsprechender bzw. die demokratische Legitimation ergänzender Inhalt des Rechtsstaatsprinzips[91] durch einen Verstoß gegen Unionsrecht betroffen ist. Insoweit erfasst der Gewährleistungsgehalt von Art. 38 Abs. 1 GG auch die Einhaltung der Vorschriften und Verfahren, die den demokratischen Prozess ermöglichen sollen, ohne dass dies eine materielle inhaltliche Kontrolle letzterer darstellen würde.

Dementsprechend kann der Einzelne im Wege der Verfassungsbeschwerde über Art. 38 Abs. 1 GG die Rüge erheben, dass das einschlägige Verfahren für die Ergänzung oder Änderung des Primärrechts aus Art. 48 EUV nicht angewendet wird.

Zwar kann die Wahl des vereinfachten Vertragsänderungsverfahrens im Rahmen der Vertragsänderung nicht von einer Bundestagsfraktion oder dem Bundestag als Verletzung von Artikel 38 Abs. 1, 20 Abs. 1, Abs. 2 i.V.m. Artikel 79 Abs. 3 GG gerügt werden, da bereits kein Mitwirkungsrecht des Bundestages bei der Auswahl des Änderungsverfahrens berührt ist, dementsprechend kein Recht im Sinne des § 64 BVerfGG betroffen und auch der Legitimationszusammenhang nicht verletzt ist.[92]

Dies bedeutet jedoch nicht, dass ein Verstoß gegen Art. 48 EUV als solcher in jedem Fall nicht über Art. 38 GG rügefähig ist. Die Wahl des vereinfachten Vertragsänderungsverfahrens kann der Europäische Rat mit einfacher Mehrheit nach Zustimmung des Europäischen Parlaments treffen.[93] Der Legitimationszusammenhang wird hier nicht durch die Mitwirkung des Parlaments, sondern durch den Vertreter im Rat sichergestellt, der über Art. 20 Abs. 3 und Art. 1 Abs. 3 GG an die Verfassung gebunden ist[94] und der Verpflichtung zur Einhaltung des Unionsrechts sowie den Kernanforderungen des Demokratie- und Rechtstaatsprinzips unter-

91 Vgl. zur Möglichkeit des Bestehens eines solchen partiellen deckungsgleichen bzw. verzahnten Inhalts der Prinzipien *Böckenförde*, in: Isensee/Kirchhoff, HStR Bd. II, 3. Aufl. 2004, § 24 Rn. 83.

92 BVerfG 132, 195 (237 Rn. 101).

93 BVerfG 132, 195 (237 Rn. 101).

94 Vgl. die Ausführungen unter Kapitel 4 A. II. 2.

liegt.[95] Der über das Demokratieprinzip abgesicherte Kerngehalt der Menschenwürde, der umfasst, dass der Mensch nicht zum bloßen Objekt eines Verfahrens gemacht werden darf, ist auch über Art. 38 Abs. 1 GG rügefähig.

Soweit der Vertreter im Rat dementsprechend unter Verstoß gegen das Unionsrecht der Wahl des vereinfachten Vertragsänderungsverfahrens zustimmt, ist der Legitimationszusammenhang wegen der dadurch bedingten Kompetenzüberschreitung der Unionsorgane nicht mehr gewahrt. Dementsprechend ist diese Zustimmung als Akt deutscher Hoheitsgewalt für den Einzelnen über Art. 38 Abs. 1 GG wegen Verstoß gegen die Verpflichtung zur Einhaltung des (den Legitimationszusammenhang sicherstellenden) Unionsrechts und damit den Grundsatz der Europarechtsfreundlichkeit rügefähig.

3. Der Schutz vor qualifizierten Kompetenzüberschreitungen

Darüber hinaus schützt Art. 38 GG vor einer eigenmächtigen Inanspruchnahme hoheitlicher Befugnisse durch Organe, Einrichtungen oder sonstige Stellen der Europäischen Union, da durch ein solches Verhalten den durch Art. 23 Abs. 1 S. 2 und 3 i.V.m. Art. 79 Abs. 2 und Abs. 3 GG gewährleisteten demokratischen Entscheidungsprozess unterlaufen würde.[96]

Dementsprechend sind qualifizierten Kompetenzüberschreitungen oder Verletzungen der Verfassungsidentität durch Organe supranationaler Organisationen oder Organe der Europäischen Union rügefähig.

Gleichzeitig kann der Einzelne in diesem Fall über Artikel 38 GG i.V.m. dem Grundsatz der Volkssouveränität aus Artikel 20 Abs. 1, Abs. 2 i.V.m. Artikel 79 Abs. 3 GG die Verletzung der den Verfassungsorganen obliegenden, aus der verfassungsrechtlichen Integrationsverantwortung abgeleiteten Reaktionspflicht rügen[97] und den Verfassungsorganen untersagen, selbst wegen des Grundsatzes der Europarechtsfreundlichkeit an solchen Handlungen mitzuwirken.[98]

95 Vgl. die Ausführungen in Kapitel 5 A. II. 2.

96 BVerfGE 142, 123 (194 Rn. 135). Vgl. auch *Morlok*, in: Dreier, GG, Bd. II, 3. Aufl. 2015, Art. 38 Rn. 61.

97 Vgl. BVerfGE 142, 123 (209 Rn. 166).

98 Vgl. die Ausführungen unter Kapitel 1 B. III. 4.

Diese Auslegung des Schutzgehaltes von Art. 38 Abs. 1 GG wird zum Teil damit kritisiert, dass sie einem „Gesetzesvollziehungsanspruch" gleichkomme,[99] den das GG so nicht kenne.[100] Dem Einzelnen würde ohne Rückbindung an ein materielles Grundrecht über Art. 38 Abs. 1 GG das Recht eingeräumt, bei einem ultra-vires-Handeln von Unionsorganen, unabhängig davon, ob durch diese Kompetenzüberschreitung gleichzeitig die Verfassungsidentität berührt wird[101], den Bundestag zu verpflichten, sich aktiv mit dieser Frage zu beschäftigen.[102] Diese Kritik geht allerdings fehl. Ein ultra-vires-Handeln ist über Art. 38 Abs. 1 GG zwar rügefähig, allerdings nur in dem Umfang, in dem die qualifizierte Kompetenzüberschreitung gleichzeitig eine Verletzung von Artikel 20 Abs. 1, Abs. 2 i.V.m. Artikel 79 Abs. 3 GG, also der durch die Verfassungsidentität geschützten Volkssouveränität, darstellt.[103]

Soweit diese Kritik an der Rechtsprechung des BVerfG in dem Zusammenhang geäußert wurde, dass das Unterlassen von Verfassungsorganen im Rahmen von Maßnahmen der EZB über Art. 38 GG geprüft wurde, ohne dass die eventuelle Kompetenzüberschreitung der EZB zu einer Identitätsverletzung geführt habe,[104] ist darauf hinzuweisen, dass in diesem Zusammenhang eine Sondersituation gegeben ist. Der durch Artikel 38 GG geschützte demokratische Prozess ermöglicht auch die Kontrolle von Institutionen, die gerade in

„Durchbrechung der vom GG formulierten Anforderungen an die demokratische Legitimation politischer Entscheidungen"[105]

politische Entscheidungen treffen, daraufhin, ob deren Entscheidungen wegen einer Kompetenzüberschreitung nicht von der verfassungsrechtlich legitimierten

99 Einen solchen hat das BVerfG in seiner Eilentscheidung aus dem Jahr 2012 allerdings ausdrücklich ablehnt, vgl. BVerfG 132, 195 (235 Rn. 95). Dies wurde in der Hauptsache auch bestätigt, vgl. BVerfG 135, 317 (388 Rn. 130).

100 Vgl. die abweichende Meinung des Richters Gerhard, BVerfGE 134, 366 (432 Rn. 138).

101 *Wendel*, Kompetenzrechtliche Grenzgänge: Karlsruhe ultra-vires-Vorlage an den EuGH, ZaöRV 2014, 615 (634).

102 BVerfGE 134, 366 (432 Rn. 137).

103 BVerfGE 132, 195 (238 Rn. 104); BVerfGE 129, 124 (177).

104 Vgl. für die Meinungen, die zu einer Ausweitung des rügefähigen Inhalts von Artikel 38 Abs. 1 GG kamen: *Classen*, alle Macht den Richtern? jM 2013, 345 (347); *Wendel*, Exceeding judicial competence in the name of democracy: the German Federal Constitutional Court's OMT Reference, European Constituional Law Review 2014, 263 (278).

105 BVerfGE 134, 366 (399 Rn. 59).

Ausnahme vom demokratischen Legitimationszusammenhang gedeckt werden. Die Anwendungsfälle dieser Ausnahme sind auf „unabhängige" Behörden beschränkt, da bereits die zulässige Durchbrechung des verfassungsrechtlich geforderten demokratischen Legitimationszusammenhanges hohen Anforderungen unterliegt. Insbesondere hatte das BVerfG in diesem Zusammenhang auch klargestellt, dass die konkrete Maßnahme des Unionsorganes, der EZB, noch auf die Verletzung der Verfassungsidentität nach der Auslegung der Maßnahme durch den EuGH geprüft würde.[106]

4. Der Schutz vor außervertraglichen Änderungen des Unionsrechts

Schließlich können auch außervertragliche Änderungen des Unionsrechts über Artikel 38 GG gerügt werden, wenn sie dergestalt auf das primäre Unionsrecht einwirken bzw. dieses materiell oder institutionell so ergänzen, dass sie im Verfahren der Verfassungsbeschwerde einem Zustimmungsgesetz zu völkerrechtlichen Verträgen entsprechend angefochten werden können müssen.[107] Denn der demokratische Prozess, insbesondere was die Bestimmung des Inhaltes des Integrationsprogrammes betrifft,[108] kann nicht einfach dadurch ausgehebelt werden, dass sich die Mitgliedstaaten auf die intergouvernementale Ebene zurückziehen und sich so außerhalb des in der Europäischen Union vorgesehenen rechtsstaatlichen Verfahrens stellen.[109]

Nur für den Fall also, dass die im Ergebnis außerhalb der vom Unionsrecht vorgenommenen Änderungen, bzw. Einflußnahmen auf das primäre Vertragsrecht der Europäischen Union nach den Vorgaben des Unionsrechts bei korrekter Anwendung der vorgesehenen Verfahren auch ein Zustimmungsgesetz erfordert hätte, ist die außervertragliche Änderung über Artikel 38 GG rügefähig. Dies entspricht auch der Rechtsprechung des BVerfG, nach der Handlungen von Unionsorganen, auf der Grundlage von in den Verträgen enthaltenen unter bestimmten Vorausset-

106 BVerfGE 134, 366 (418 Rn. 103).

107 BVerfGE 129, 124 (172f.).

108 BVerfGE 123, 267 (351).

109 Vgl. zu den Zweifeln hinsichtlich der Rechtmäßigkeit der „Umgehung" der Art. 123, 125 AEUV durch intergouvernementale Beschlüsse nur *Kube/Reimer*, Grenzen des Europäischen Stabilisierungsmechanismus, NJW 2010, 1911 (1913); *Pernice*, WHI-Paper 04/2013, Die Finanzkrise als Folge – oder Gegenstand – eines kollektiven Rechtsbruchs, 7.

zungen zulässige Blankettermächtigungen, faktische Vertragsänderungen darstellen, und gleich einem Zustimmungsgesetz der Kontrolle des BVerfG unterworfen sind.[110]

Eine außervertragliche Änderung des Integrationsprogrammes über den Abschluss völkerrechtlicher Verträge zwischen den Mitgliedstaaten wird somit dann von Art. 38 GG erfasst, wenn der Inhalt der Verträge in den Anwendungsbereich des bestehenden Integrationsprogrammes fällt und ohne das Integrationsprogrammes aufgrund von sachlicher und personeller Verflechtung keinen eigenständigen Gehalt hat. Was die Anfechtbarkeit der Handlungen von Verfassungsorganen in diesem Zusammenhang gilt, so kann hier nichts anderes als bei Handlungen von Verfassungsorganen als funktionelle Unionsorgane im Rahmen der Verträge gelten.

5. Der Schutz vor der Übertragung von Hoheitsrechten unter Verstoß gegen die Verfassungsidentität

Über Art. 38 Abs. 1 GG ist schließlich jede Übertragung von Hoheitsrechten rügefähig, die die Verfassungsidentität verletzen würde.[111] Zur Verfassungsidentität gehören die Grundsätze des Artikels 1 GG, also die Verpflichtung aller staatlichen Gewalt, die Würde des Menschen zu achten und zu schützen (Artikel 1 Abs. 1 Satz 2 GG), aber auch der in der Menschenwürdegarantie des Artikel 1 Abs. 1 GG verankerte Grundsatz, dass jede Strafe Schuld voraussetzt.[112] Darüber hinaus werden von der Verfassungsidentität die Grundsätze, die das Demokratie-, Rechts-, Sozial- und Bundesstaatsprinzip im Sinne des Artikels 20 GG prägen, umfasst.[113]

110 BVerfGE 123, 267 (353).

111 *Lehner*, Die „Integrationsverfassungsbeschwerde“ nach Art. 38 Abs. 1 S. 1 GG: Prozessuale und materiell-rechtliche Folgefragen zu einer objektiven Verfassungsbeschwerde, Der Staat Vol. 53 (2013), 535 (544).

112 BVerfG NJW 2016, 1149 (1152).

113 BVerfGE 142, 123 (195 Rn. 138). Vgl. auch bereits die Ausführungen unter Kapitel 1 B. III. 1.

III. Ergebnis

Jegliche Verletzung der Verfassungsidentität, insbesondere des hiervon umfassten Grundsatzes der Volkssouveränität, im Rahmen der Europäischen Union ist über Art. 38 GG rügefähig. Neben der Übertragung von Hoheitsrechten unter Verstoß gegen Art. 79 Abs. 3 GG und qualifizierten Kompetenzüberschreitungen von Unionsorganen können auch (unions)verfahrensrechtliche Verstöße von Verfassungsorganen im Zusammenhang mit funktionalen Mitwirkungshandlungen im im institutionellen Gefüge der Europäischen Union über Art. 38 Abs. 1 GG gerügt werden, soweit hierdurch der durch den Grundsatz der Volkssouveränität garantierte Legitimationszusammenhang verletzt wird. Auch außervertragliche Änderungen des Unionsrechts können in diesem Zusammenhang gerügt werden, soweit sie eine Angelegenheit der Europäischen Union i.S.v. Art 23 GG darstellen. Soweit also ein Verstoß gegen den Grundsatz der Europarechtsfreundlichkeit gleichzeitig einen Verstoß gegen den Grundsatz der Volksouveränität darstellt, ist er auch für den Einzelnen über Art. 38 GG rügefähig.

Kapitel 5: Ausblick für die Bedeutung des Grundsatzes der Europarechtsfreundlichkeit

Nach den vorstehenden Erkenntnissen beinhaltet der Grundsatz der Europarechtsfreundlichkeit ein großes Steuerungspotential im Rahmen der zukünftigen (Fort-)Entwicklung der Europäischen Union.[1]

Während die Integrationsverantwortung die Verfassungsorgane im Rahmen der Europäischen Union zur Gewährleistung des vom Demokratieprinzip geforderten Legitimationszusammenhangs verpflichtet und so gerade im Zusammenhang mit Handlungen von Unionsorganen ihre praktische Relevanz enthält und Schutzpflichten begründet,[2] stellt der Grundsatz der Europarechtsfreundlichkeit die größtmögliche Wirksamkeit bzw. Effektivität des Unionsrechts im Rahmen der Verfassung sicher.

Im Unterschied zur Integrationsverantwortung bindet der Grundsatz der Europarechtsfreundlichkeit die Verfassungsorgane in Ergänzung von Art. 20 Abs. 3 GG an die Einhaltung von Unionsrecht, wenn sie im Rahmen der Europäischen Union tätig werden, um bereits im Vorfeld Konflikte zwischen der nationalen Rechtsordnung und dem Unionsrecht zu vermeiden, soweit bei einem Verstoß die unabdingbaren Verfassungsgrundsätze aus Art. 79 Abs. 3 GG verletzt wären. Um die größtmögliche Effektivität des Unionsrechts zu gewährleisten ist auf Grund der Anforderungen der Verfassung sicherzustellen, dass das Unionsrecht nur in verfassungsrechtlich zulässigen Rahmen fortentwickelt wird.

Daneben begründet der Grundsatz der Europarechtsfreundlichkeit Rücksichtnahmepflichten der Verfassungsorgane, hier insbesondere des BVerfG, soweit diese nach erfolgter Rechtsetzung ihre Kontrollfunktionen gegenüber dem Unionsrecht

1 *Voßkuhle*, Verfassungsgerichtsbarkeit und europäische Integration, NVwZ-Beilage 2013, 27 (28).

2 Vgl. BVerfGE 142, 123 (204 Rn. 156ff.).

wahrnehmen, um ein Auseinanderfallen der Rechtsordnungen auch insoweit weitestgehend zu vermeiden.

Diese inhaltliche Verknüpfung des Kerngehaltes der Verfassung mit dem Grundsatz der Europarechtsfreundlichkeit erlaubt auch die Rüge seiner Verletzung im Rahmen von Art. 38 Abs. 1 GG.

Der dem Grundsatz innewohnende Gedanke der Loyalität und damit der Effektivität[3] lässt ihn zum geeigneten Instrument werden, die größtmögliche Übereinstimmung zwischen Unionsrecht und nationalem Recht zu gewährleisten ohne das Verhältnis der Rechtsordnungen und insbesondere den Kerngehalt der Verfassung zu berühren.

3 Vgl. hierzu auch die Ausführungen unter Kapitel 3 A.

Kapitel 6: Zusammenfassung

Der Grundsatz der Europarechtsfreundlichkeit ist als ungeschriebenes Verfassungsrecht in seinem Bestand und Inhalt von dem ihn begründenden geschriebenen Verfassungsrecht abhängig. Staatsziele weisen zwar einen hohen Abstraktionsgrad auf und sind vordringlich politische Leitlinien, die eine steuernde Funktion ohne konkreten Regelungsgehalt wahrnehmen. Trotzdem kann ihnen eine gewisse regelartige Normativität, v.a. was ihren Kerngehalt betrifft, nicht abgesprochen werden.

Diese Charakteristika von Staatszielen beschränken den normativen Gehalt des Grundsatzes der Europarechtsfreundlichkeit, der aus dem in der Präambel und Art. 23 Abs. 1 S. 1 GG niedergelegten Staatsziel des vereinten Europas in Form der Europäischen Union hergeleitet wurde. Da das Staatsziel des vereinten Europas trotz seiner inhaltlichen und prozeduralen Qualifizierung einen hohen Abstraktionsgrad behält, ist sein normativer Gehalt und folglich auch der des Grundsatzes der Europarechtsfreundlichkeit beschränkt. Der Grundsatz der Europarechtsfreundlichkeit hat als ungeschriebenes Verfassungsrecht außerdem Auffangfunktion. Mit einem eigenständigen Gehalt kann er daher dann zum Tragen kommen, wenn die dem Staatsziel immanenten Grenzen der Verfassungsidentität und der Souveränität der Bundesrepublik Deutschland zu einem Auseinanderfallen der Unionsrechtsordnung und der nationalen Rechtsordnung zu führen drohen.

Der umgeschriebene Verfassungsgrundsatz der Europarechtsfreundlichkeit kann vor diesem Hintergrund nach der bisher ergangenen Rechtsprechung seine Wirkungen nur innerhalb der Grenzen der Offenheit des GG entfalten. Innerhalb dieser Grenzen konnte der Grundsatz bislang vornehmlich im Rahmen der Kontrollvorbehalte des GG, der ultra-vires- und der Identitätskontrolle seine Wirkung in verfahrensrechtlicher und in materiellrechtlicher Hinsicht dahingehend entfalten, dass er die Begründung für die Monopolisierung der Ausübung der Kontrollvorbehalte vor dem BVerfG bildet, und den Umfang der Prüfungsdichte auf eine reine Willkürkontrolle beschränkt.

Daneben begründet der Grundsatz der Europarechtsfreundlichkeit des GG zusammen mit der verfassungsrechtlich geschützten Funktionsfähigkeit der Unionsrechtsordnung die Verpflichtung der Verfassungsorgane, soweit diese funktional im institutionellen Gefüge der Union für diese tätig werden, Unionsrecht einzuhalten. Diese objektive Verfassungspflicht der Verfassungsorgane steht in engem Zusammenhang mit der Integrationsverantwortung der Verfassungsorgane. Während die Integrationsverantwortung die Pflicht der Verfassungsorgane darstellt, gegenüber den Unionsorganen auf ein unionsrechtmäßiges Handeln bezogen auf die Einhaltung von Verfahren und anderen Vorschriften, die die demokratische Legitimation der abgeleiteten Unionsrechtsordnung sicherstellen, hinzuwirken, stellt die aus dem Grundsatz der Europarechtsfreundlichkeit abgeleitete Pflicht quasi spiegelbildlich die eigene Pflicht der Verfassungsorgane dar, die unionsrechtlich vorgesehenen Verfahren, die demokratische Legitimation vermitteln sollen, soweit die Verfassungsorgane in diesem Verfahren eingebunden sind, zu beachten.

Die aus dem Grundsatz der Europarechtsfreundlichkeit abgeleitete Pflicht zur Einhaltung von Unionsrecht greift damit vornehmlich in Situationen ein, in denen ein Auseinanderfallen der Rechtsordnungen auf unions- bzw. völkerrechtlicher Ebene und auf nationaler Ebene deswegen droht, da die Anforderungen des GG an demokratische Legitimation nicht gewahrt sind. Diese Anforderungen, die Teil der unantastbaren Grenze der Verfassungsidentität aus Art. 79 Abs. 3 GG ist, können auch durch Maßnahmen der europäischen Integration nicht angetastet werden.

Dieser normative Gehalt des Grundsatzes der Europarechtsfreundlichkeit wird auch durch eine Analyse seines Verhältnisses zur verfassungsrechtlichen Absicherung der Vorlagepflicht aus Art. 267 AEUV insbesondere über Art. 101 Abs. 1 S. 2 GG bestätigt. Der Grundsatz der Europarechtsfreundlichkeit kann im System der verfassungsrechtlichen Ergänzung des Rechtschutzes des Einzelnen, wie es durch die Verfassung und das Unionsrecht ausgestaltet ist, im Hinblick auf die ordnungsgemäße Durchführung des Unionsrechts durch die Fachgerichte zwar selbst keine originären, justitiablen Verpflichtungen begründen. Trotzdem beeinflusst er als Grundgedanke die Auslegung bestehenden Verfassungsrechts dahingehend, dass das Gebot des effektiven Rechtschutzes so weit wie möglich gewahrt wird. Was das BVerfG betrifft, so ergibt sich die Vorlagepflicht unmittelbar aus dem Grundsatz, da Unionsrecht vor dem BVerfG nie entscheidungserheblich sein kann, sondern immer nur als Vorfrage indirekt relevant wird.

Der subsidiäre ungeschriebene Verfassungsgrundsatz der Europarechtsfreundlichkeit hat dementsprechend im Hinblick auf die Verwirklichung des Staatsziels eines einheitlichen Europas bislang jedenfalls die Funktion eines modifizierenden Elementes innerhalb bestehender Verfassungsrechtsverhältnisse, die Auswirkungen auf die Anwendbarkeit und Durchsetzung des Unionsrechts im nationalen Bereich haben, soweit im Spannungsverhältnis zwischen den Rechtsordnungen ein Auseinanderfallen letzterer drohte. Dabei wirkte er jedoch immer innerhalb der durch das von Art. 23 i.V.m. Art. 79 GG vorgegebenen Grenzen.

Diese Erkenntnisse werden auch durch einen Vergleich mit den ungeschriebenen Grundsätzen der Völkerrechtsfreundlichkeit, der Bundestreue, der Verfassungsorgantreue und der Unionstreue bestätigt, die im Ergebnis im Rahmen ihres jeweiligen Anwendungsbereichs keine weitergehenden Rechtsfolgen erzeugen können. Der normative Anspruch des Grundsatzes der Völkerrechtsfreundlichkeit beschränkt sich auf eine lückenfüllende Funktion, sollte die Einhaltung des Völkerrechts unter der nationalen Rechtsordnung nicht verwirklicht werden können, wobei diese Pflicht unter dem Vorbehalt der Grundrechte und dem über Art. 79 Abs. 3 GG geschützten änderungsfesten objektiven Verfassungsrecht steht und keine Veränderung des Rangverhältnisses zwischen Völkerrecht und nationalem Recht bewirken kann. Zwar sollen beide Grundsätze damit ein Auseinanderfallen der Rechtsordnungen gerade auch unter vertraglichen Treuegesichtspunkten, soweit dies unter dem Grundgesetz möglich ist, verhindern. Trotz der Ähnlichkeiten, die der Grundsatz der Völkerrechtsfreundlichkeit und der Grundsatz der Europarechtsfreundlichkeit dementsprechend in funktioneller und in inhaltlicher Hinsicht aufweisen, ist eine vollständige Übertragbarkeit der aus dem Grundsatz der Völkerrechtsfreundlichkeit hergeleiteten Verpflichtungen und Rechtsfolgen auf Grund der unterschiedlichen Ausgestaltung der Verhältnisse der jeweiligen Rechtsordnungen untereinander nicht möglich, insbesondere kann sich der Inhalt des Grundsatzes der Europarechtsfreundlichkeit nicht in den aus dem Grundsatz der Völkerrechtsfreundlichkeit abgeleiteten Verpflichtungen erschöpfen, da der insoweit erreichte Gleichlauf zwischen Unionsrecht und nationalem Recht bereits besteht und auch ausreichend abgesichert ist.

Entsprechendes gilt für die Übertragbarkeit der Erkenntnisse zum Grundsatz der Bundestreue. Der aus dem Staatstrukturprinzip des Bundesstaates hergeleitete Grundsatz der Bundestreue erfüllt, sachlich begrenzt auf ein bestehendes bundesstaatliches Rechtsverhältnis, die Funktion, die, verursacht durch die innerstaatliche Kompetenzordnung (horizontale Gewaltenteilung), auftretenden Konflikte zwischen den Gliedern des Bundesstaates durch einzelfallbezogene Konfliktlösungsmöglichkeiten zu minimieren. Der Grundsatz der Europarechtsfreundlichkeit, der im Unterschied dazu seine rechtliche Grundlage im Staatziel des einheitlichen Europas findet, hat als Bezugspunkt dagegen das Grundgesetz und dient als Mittel, die im Rahmen der vertraglichen Verschränkung zweier Rechtsordnungen möglichen Konflikte im Anwendungsbereich des gesamten Grundgesetzes in den Grenzen der Verfassung zu minimieren, um einem Auseinanderfallen der Rechtsordnungen entgegenzuwirken. Beiden Grundsätzen wohnt der vertraglichen Verhältnissen bzw. föderalen Ordnungszusammenhängen inhärente Gedanke des Bestehens gegenseitiger Rücksichtnahmepflichten zur Gewährleistung der Erfüllung der Staatsverantwortung trotz geteilter Kompetenzen inne. Die sich unter diesem Gesichtspunkt für den Grundsatz der Bundestreue entwickelten Funktionen von Rücksichtnahmepflichten können, natürlich nur insoweit, als die Normen des Grundgesetzes, die die Verknüpfung der Rechtsordnungen begründen, die Möglichkeit hierzu eröffnen, auf den Grundsatz der Europarechtsfreundlichkeit dem Rechtsgedanken nach übertragen werden.

Der Grundsatz der Europarechtsfreundlichkeit kann in seinem Inhalt auch nicht auf die Funktionen des Grundsatzes der Verfassungsorgantreue, einem Grundsatz im Zusammenhang mit der horizontalen Gewaltenteilung innerhalb einer Rechtsordnung, reduziert werden, sondern geht über ihn hinaus. Gleichwohl besteht eine gewisse Funktionsäquivalenz zwischen den Grundsätzen, so dass die Erkenntnisse zur Verfassungsorgantreue dann auch für den Grundsatz der Europarechtsfreundlichkeit Geltung erlangen, wenn die Verfassungsorgane im Rahmen ihrer verfassungsrechtlichen Kompetenzen funktionell wie Unionsorgane tätig werden, da hier die faktisch vergleichbare Situation zur horizontalen Gewaltenteilung im Grundgesetz im Verhältnis zwischen Verfassungs- und Unionsorganen angelegt ist und darüber hinaus der Anwendungsvorrang in der Regel keine Anwendung findet, so dass ein Auseinanderfallen der Rechtsordnungen zu befürchten ist.

Der Grundsatz der Europarechtsfreundlichkeit stellt das verfassungsrechtliche Pendant zur Verpflichtung aus Art. 4 Abs. 3 EUV dar. Zwar liefern die Verfassungsordnungen der übrigen Mitgliedstaaten keine weiteren Erkenntnisse zu dieser Spiegelung, da diese keine dem Grundsatz der Europarechtsfreundlichkeit entsprechenden Grundsätze enthalten. Gleichwohl kann festgestellt werden, dass entsprechend Art. 4 Abs. 3 EUV der Grundsatz der Europarechtsfreundlichkeit durch die Begründung von Rücksichtnahme- und Kooperationspflichten die Funktionsfähigkeit der Unionsrechtsordnung im Rahmen des Integrationsprogrammes und der Verfassungsidentität soweit möglich sicherstellen soll.

Der Grundsatz der Europarechtsfreundlichkeit und die Grundsätze der Völkerrechtsfreundlichkeit, der Bundestreue, der Verfassungsorgantreue und der Unionstreue weisen dementsprechend neben den Unterschieden was ihre Herleitung, ihren Bezugspunkt und ihren Anwendungsbereich betrifft, wesentliche Gemeinsamkeiten auf. Dem allgemeinen Rechtsgedanken von Treu und Glauben in (vertraglichen) Rechtsverhältnissen folgend, begründen sie Rücksichtnahme- und Kooperationspflichten, um Konflikte in rechtlichen Mehrebensystemen zu vermeiden bzw. vermindern. Aus diesem Grund können die Erkenntnisse, die für die Grundsätze der Völkerrechtsfreundlichkeit, der Bundestreue und der Verfassungsorgantreue gewonnen wurden, zwar nicht unbesehen auf den Grundsatz der Europarechtsfreundlichkeit übertragen werden, der Inhalt des Grundsatzes der Europarechtsfreundlichkeit kann v.a. nicht auf den Inhalt der jeweiligen Grundsätze reduziert werden. Im Einzelnen können allerdings die Funktionen der Grundsätze auch für den Grundsatz der Europarechtsfreundlichkeit Geltung beanspruchen.

Der Grundsatz der Europarechtsfreundlichkeit entspringt daher im Wesentlichen dem verfassungsrechtlich über das in Art. 23 GG enthaltene Vollzugs- und Durchsetzungsversprechen zu Gunsten des Unionsrechts. Daher ergänzt er den Anwendungsvorrang des Unionsrecht dahingehend, dass er das Auseinanderfallen der Rechtsordnungen, soweit es durch die absoluten verfassungsrechtlichen Grenzen der Integration bedingt ist, auf ein Minimum reduziert, oder aber Verstöße der Verfassungsorgane gegen das Unionsrecht, die im Ergebnis zu einer Verletzung der Verfassungsidentität oder der Kompetenzordnung durch Unionsrecht und damit zu einem Auseinanderfallen der Rechtsordnungen führen, verbietet.

In welchem Umfang diese Verpflichtung zur Einhaltung des Unionsrechts bei der Mitwirkung der Verfassungsorgane im institutionellen Gefüge der Union auch subjektiv rügefähig ist, wird zum einen durch die Prüfungskompetenz des BVerfG und zum anderen durch den Gewährleistungsgehalt von Art. 38 Abs. 1 GG bestimmt.

Unionsrecht kann bei Vollzugs- und Umsetzungsakten nur in eingeschränktem Umfang Prüfungsgegenstand vor dem Bundesverfassungsgericht sein, soweit das dem nationalen Recht zugrundeliegende Unionsrecht wegen eines Kompetenzverstoßes oder einer Verletzung der Verfassungsidentität nicht vom Anwendungsvorrang erfasst ist. Mitwirkungsakte an der Europäischen Union können hingegen grundsätzlich uneingeschränkt Prüfungsgegenstand vor dem Bundesverfassungsgericht sein, während ihre Rügefähigkeit eingeschränkt ist.

Jegliche Verletzung des Grundsatzes der Volkssouveränität im Rahmen der Europäischen Union ist über Art. 38 GG rügefähig. Neben der Übertragung von Hoheitsrechten unter Verstoß gegen Art. 79 Abs. 3 GG und qualifizierten Kompetenzüberschreitungen von Unionsorganen können auch (unions)verfahrensrechtliche Verstöße von Verfassungsorganen im Zusammenhang mit funktionalen Mitwirkungshandlungen im institutionellen Gefüge der Europäischen Union über Art. 38 Abs. 1 GG gerügt werden, soweit hierdurch der durch den Grundsatz der Volkssouveränität garantierte Legitimationszusammenhang verletzt wird. Auch außervertragliche Änderungen des Unionsrechts können in diesem Zusammenhang gerügt werden, soweit sie eine Angelegenheit der Europäischen Union i.S.v. Art 23 GG darstellen.

Der Grundsatz der Europarechtsfreundlichkeit weist nach den vorstehenden Erkenntnissen ein großes Steuerungspotential auf, das im Rahmen der künftigen (Fort)Entwicklung der Europäischen Union zum geeigneten Instrument werden kann, um die größtmögliche Übereinstimmung zwischen Unionsrecht und nationalem Recht zu gewährleisten ohne das Verhältnis der Rechtsordnungen und insbesondere den Kerngehalt der Verfassung zu berühren.

Literaturverzeichnis

Abels, Michael
Das Bundesverfassungsgericht und die Integration Europas – Verfassungsrechtliche Möglichkeiten und Grenzen untersucht am Karlsruher Lissabon-Urteil, München, 2011

Alen André/Peeters, Patrick/Pas, Wouter
„Bundestreue" im belgischen Verfassungsrecht, JöR 1994, 439

Álvarez, Leonardo
Die spanische Dogmatik der Verfassungstreue – Geschichte einer fehlgeschlagenen Rezeption deutschen Verfassungsdenkens, ZaöRV 2010, 433

Amrhein-Hofmann, Christine
Monismus und Dualismus in den Völkerrechtslehren, Erlangen-Nürnberg, 2003

Augsberg, Steffen
Von der Solange- zur Soweit-Rechtsprechung, DÖV 2010, 153

Bäcker, Matthias
Solange II a oder Basta I? Das Vorratsdatenurteil des BVerfG aus europarechtlicher Sicht, EuR 2011, 103

Badura, Peter
Staatsrecht – Systematische Erläuterung des Grundgesetzes, München 6. Auflage 2015

Bast, Jürgen
Don't act beyond your powers: The perils and pitfalls of the German Constitutional Court's Ultra-vires-Review, GLR 15(2014), 167
http://www.germanlawjournal.com/index.php?pageID=11&artID=1615

Bauer, Hartmut
Die Bundestreue – Zugleich ein Beitrag zur Dogmatik des Bundesstaatsrechts und zur Rechtsverhältnislehre, Tübingen, 1992

Bayer, Hermann-Wilfried
Die Bundestreue, Tübingen, 1961

Becker, Anne C.
Vereinbarkeit des Vertrags über eine Verfassung für Europa mit der spanischen Verfassung, EuR 2005, 339

Becker, Florian
Völkerrechtliche Verträge und parlamentarische Gesetzgebungskompetenz, NVwZ 2005, 289

Benda Ernst/Klein, Eckart/Klein, Oliver
Verfassungsprozessrecht, Heidelberg, 3. Aufl. 2012

Bericht der Sachverständigenkommission
„Staatszielbestimmungen/Gesetzgebungsaufträge", Bonn, 1983

Bleckmann, Albert
Die Völkerrechtsfreundlichkeit der deutschen Rechtsordnung, DÖV 1979, 309

Der Grundsatz der Völkerrechtsfreundlichkeit der deutschen Rechtsordnung, DÖV 1996, 137

Zum Rechtsinstitut der Bundestreue – Zur Theorie der subjektiven Rechte im Bundesstaat, JZ 1991, 900

Betz, Alexander
Die verfassungsrechtliche Absicherung der Vorlagepflicht – Zum Bedürfnis einer nationalen Nichtvorlagerüge, Tübingen, 2013

Breuer, Marten/Epiney, Astrid/Haratsch, Andreas/Schmahl, Stefanie/Weiß, Norman
Festschrift für Eckart Klein zum 70. Geburtstag, Berlin, 2013

Britz, Gabriele
Verfassungsrechtliche Effektuierung des Vorabentscheidungsverfahrens, NJW 2012, 1313

Brugger, Winfried
Staatszwecke im Verfassungsstaat, NJW 1989, 2425

Brüning, Christoph
Widerspruchsfreiheit der Rechtsordnung – Ein Topos mit verfassungsrechtlichen Konsequenzen?, NVwZ 2002, 33

Calliess, Christian
Staatsrecht III – Bezüge zum Völker- und Europarecht, München, 2014

Europäische Solidarität und nationale Identität, Tübingen, 2013

Calliess, Chrisitan/Ruffert, Matthias
EUV/AEUV, Das Verfassungsrecht der Europäischen Union mit Europäischer Grundrechtecharta, München, 5. Auflage 2016

Classen, Claus Dieter
Alle Macht den Richtern?, jM 2014, 345

Cramer, Philipp
Art. 146 Grundgesetz zwischen offener Staatlichkeit und Identitätsbewahrung, Berlin, 2014

Cremer, Wolfram
Grundgesetzliche Bindungen des deutschen Vertreters bei Abstimmungen im Rat der Europäischen Union und ihre prozessuale Durchsetzbarkeit, EuR 2014, 195

Czerner, Frank
Das völkerrechtliche Anschlusssystem der Art. 59 II 1, 25 und 24 I GG und deren Inkorporierungsfunktion zugunsten der innerstaatlichen EMRK-Geltung, EuR 2007, 537

Dause, Manfred
Handbuch des EU-Wirtschaftsrechts, 40. EL 2016

Dietlein, Johannes
Landesverfassungsbeschwerde und Einheit des Bundesrechts- Zu den Kontrollbefugnissen der Landesverfassungsgerichte im Rahmen des „Urteilsverfassungsbeschwerdeverfahrens"; NVwZ 1994, 6

Di Fabio, Udo
Die Weisheit der Richter, FAZ vom 9.02.2014, Nr. 6, S. 20

Dolzer, Rudolf
Verfassungskonkretisierung durch das Bundesverfassungsgericht und durch politische Verfassungsorgane, Heidelberg, 1982

Dörfer, Bert-Sebastian
Bundesverfassungsgericht und Bundesstaat, Berlin, 2010

Dreier, Horst
Grundgesetz Kommentar Band I, Tübingen, 3. Auflage 2013

Grundgesetz Kommentar Band II, Tübingen, 3. Auflage 2015

Grundgesetz Kommentar Band II, Tübingen, 2. Auflage 2006

Dutta, Anatol
Die Pflicht der Mitgliedstaaten zur gegenseitigen Durchsetzung ihrer öffentlichrechtlichen Forderungen, EuR 2007, 744

Emmenegger, Siegried/Wiedmann, Ariane
Linien der Rechtsprechung des Bundesverfassungsgerichts, Erörtert von den wissenschaftlichen Mitarbeitern, Band 2, Der ungeschriebene Verfassungsgrundsatz der Europarechtsfreundlichkeit: Trick or Treat?, Berlin 2011, S. 547ff.

Epping, Volker/Hillgruber, Christian
Grundgesetz Kommentar, München, 2. Auflage 2013

Ferreres Comella, Victor
Souveraineté nationale et intégration européenne dans le droit constitutionnel espagnol, Cahiers du Conseil constitutionnel n° 9, février 2001

Finck, Christopher/Wagner, Eva Ellen
Eine schrittweise Annäherung des BVerfG an den unionsrechtlichen Maßstab der Vorlagepflicht nach Art. 267 Abs. 3 AEUV beim gesetzlichen Richter? Zur Bereinigung „vermeintlicher" Divergenzen zwischen der Rechtsprechung des Ersten und Zweiten Senats zu Art. GG Artikel 101 GG Artikel 101 Absatz I 2 GG, NVwZ 2014, 1286

Friauf, Karl Heinrich/Scholz Rupert
Europarecht und Grundgesetz, Berlin, 1990

Frowein, Jochen
Anmerkung zur Pakelli-Entscheidung des Bundesverfassungsgerichts, ZaöRV 46 (1986), 286

Germelmann, Claas Friedrich
Die Rechtskraft zwischen europäischer Mindesteffektivität und italienischem Verfassungsrecht, EuR 2010, 538

Giegerich, Thomas
Der „offene Verfassungsstaat" des Grundgesetzes nach 60 Jahren, Berlin, 2010

Europarechtskonträre Staatshaftung? – Widerspruchsfreiheit der Rechtsordnung und Pflichtenstellung Privater nach dem Karlsruher Honeywell-Dictum, EuR 2012, 373

Gött, Henner
Die ultra vires-Rüge nach dem OMT-Vorlagebeschluss des Bundesverfassungsgerichts, EuR 2014, 514

Grabenwarter, Christoph/Holoubek, Michael
Verfassungsrecht. Allgemeines Verwaltungsrecht, Wien, 2009

Grabitz, Eberhart/Hilf, Meinhart/Nettesheim, Martin
Das Recht der Europäischen Union, München, 58. Ergänzungslieferung 2016

Groß, Gerhard
Der verfassungsrechtliche Gehalt des Grundsatzes der Bundestreue – Ein Beitrag zur Frage der Haftung im Verhältnis Bund-Länder, DÖV 1961, 404

Hahn, Daniel
Staatszielbestimmungen im integrierten Bundesstaat, Berlin, 2010

Häberle, Peter
Europäische Verfassungslehre, Baden-Baden, 7. Auflage 2011

Hain, Karl-E.
Zur Frage der Europäisierung des Grundgesetzes, DVBl 2002, 148

Hanf, Dominik
Research Paper in Law, Cahier juridiques No 3/2010, Vers une précision de la Europarechtsfreundlichkeit de la Loi fondamentale – L'apport de l'arrêt „rétention des données" et de la décision „Honeywell" du BverfG

Härtl, Ines
Handbuch des Föderalismus – Föderalismus als demokratische Rechtsordnung und Rechtskultur in Deutschland, Europa und der Welt, Bd. I, Grundlagen des Föderalismus und der deutsche Bundesstaat, Heidelberg, 2012

Handbuch des Föderalismus – Föderalismus als demokratische Rechtsordnung und Rechtskultur in Deutschland, Europa und der Welt, Bd. IV, Föderalismus in Europa und der Welt, Heidelberg, 2012

Hatje, Armin
Loyalität als Rechtsprinzip in der Europäischen Union, Baden-Baden, 2001

Hermann, Christoph
Luxemburg, wir haben ein Problem!, EuZW 2014, 161

Hesse, Konrad
Der unitarische Bundesstaat, Karlsruhe, 1962

Hillgruber, Christian
Verfassungsprozessuale Besonderheiten bei der Entscheidung über die Anträge auf Erlass einer einstweiligen Anordnung zur Verhinderung der Ratifikation des ESM-Vertrags, JA 2013, 76.

Hobe, Stephan
Der offene Verfassungsstaat zwischen Souveränität und Interdependenz: Eine Studie zur Wandelung des Staatsbegriffs der deutschsprachigen Staatslehre im Kontext internationaler institutionalisierter Kooperation, Berlin, 1998

Hölscheidt, Sven/Rohleder, Kristin
Vom Anfang und Ende des Fiskalvertrags, DVBl. 2012, 806

Hoffmann-Riem, Wolfgang
Kohärenz der Anwendung europäischer und nationaler Grundrechte, EuGRZ 2002, 473

Huber, Peter M.
Bundesverfassungsgericht und Europäischer Gerichtshof als Hüter der Gemeinschaftsrechtlichen Kompetenzordnung, AöR 1991, Bd. 116, 210

Europäisches und nationales Verfassungsrecht, VVDStRL 2001 Bd. 60, 194

Recht der Europäischen Integration, München, 2. Auflage 2002

Zum Gestaltungsspielraum des Landesgesetzgebers im Kreislaufwirtschaftsrecht ThürVBl 1999, 97

Klare Verantwortungsteilung von Bund, Ländern und Kommunen?, Gutachten D zum 65. Deutschen Juristentag, München, 2004

Hummer, Waldemar
Die Europäische Union und Österreich – Europarechtliche, völkerrechtliche und verfassungsrechtliche Perspektiven, Wien, 1994

Isensee, Josef/Kirchhof, Paul
Handbuch des Staatsrechts für die Bundesrepublik Deutschland. Bd. I Historische Grundlagen, Heidelberg, 3. Auflage 2003

Handbuch des Staatsrechts für die Bundesrepublik Deutschland. Bd. II Verfassungsstaat, Heidelberg, 3. Auflage 2004

Handbuch des Staatsrechts für die Bundesrepublik Deutschland. Bd. III Demokratie – Bundesorgane, Heidelberg, 3. Auflage 2005

Handbuch des Staatsrechts für die Bundesrepublik Deutschland. Bd VI Bundesstaat, Heidelberg, 3. Auflage 2008

Handbuch des Staatsrechts für die Bundesrepublik Deutschland Bd. X Deutschland in der Staatengemeinschaft, Heidelberg 3. Auflage 2012

Handbuch des Staatsrechts für die Bundesrepublik Deutschland. Bd. XI, Internationale Bezüge, Heidelberg, 3. Auflage 2013

Handbuch des Staatsrechts für die Bundesrepublik Deutschland. Bd. XII, Normativität und Schutz der Verfassung, Heidelberg, 3. Auflage 2014

Jarass, Hans/Pieroth, Bodo
Grundgesetz für die Bundesrepublik Deutschland, Kommentar, München, 14. Auflage 2016

Kahl, Wolfgang
Bewältigung der Staatsschuldenkrise unter Kontrolle des Bundesverfassungsgerichts – ein Lehrstück zur horizontalen und vertikalen Gewaltenteilung, DVBl. 2013, 197

Kaiser, Gerhard
Zur Ableitung des Verfassungsprinzips des „bundesfreundlichen Verhaltens" aus dem Begriff des Bundesstaates, DÖV 1961, 653

Kisker, Gunter
Kooperation im Bundesstaat, Tübingen, 1971

Klamert, Marcus
The Principle of Loyalty in EU Law, Oxford, 2014

Knop, Daniel
Völker-und Europarechtsfreundlichkeit als Verfassungsgrundsätze, Tübingen, 2013

Knopp, Lothar
Griechenland-Nothilfe auf dem verfassungsrechtlichen Prüfstand, NJW 2010, 1777

Korioth, Stefan
Integration und Bundesstaat – ein Beitrag zur Staats- und Verfassungslehre Rudolf Smends, Berlin, 1990

Kowalsky, Bernd
Die Rechtsgrundlagen der Bundestreue, München, 1970

Kube, Hanno/Reimer, Ekkehart
Grenzen des Europäischen Stabilisierungsmechanismus, NJW 2010, 1911

Lehner,
Die „Integrationsverfassungsbeschwerde" nach Art. 38 Abs. 1 S. 1 GG: Prozessuale und materiell-rechtliche Folgefragen zu einer objektiven Verfassungsbeschwerde, Der Staat Vol. 53 (2013), 535

Lepsius, Oliver
ESM-Vertrag, Fiskalpakt und das BVerfG, EuZW 2012, 761

Lerche, Peter
Föderalismus als nationales und internationales Ordnungsprinzip, VVDStRL 1964, Bd. 21

Lerche, Peter/Zacher, Hans/Badura, Peter
Festschrift für Theodor Maunz zum 80. Geburtstag am 1. September 1981, München, 1981

Limbach, Jutta
Die Kooperation der Gerichte in der zukünftigen europäischen Grundrechtearchitektur, EuGRZ 2000, 417

López Castillo, Antonio/Polakiewizc, Jörg
Verfassung und Gemeinschaftsrecht in Spanien – Zur Maastricht-Erklärung des Spanischen Verfassungsgerichts, EuGRZ 1993, 277

Lorz, Ralph, Alexander
Interorganrespekt im Verfassungsrecht – Funktionenzuordnung, Rücksichtnahmegebote und Kooperationsverpflichtungen. Eine rechtsvergleichende Analyse anhand der Verfassungssysteme der Bundesrepublik Deutschland, der Europäischen Union und der Vereinigten Staaten, Tübingen, 2001.

Lück, Michael
Die Gemeinschaftstreue als allgemeines Rechtsprinzip im Recht der Europäischen Gemeinschaft – ein Vergleich zur Bundestreue im Verfassungsrecht der Europäischen Gemeinschaft, Baden-Baden, 1992

Marsch, Nikolaus/Vilain, Yoan/Wendel, Mattias
Französisches und Deutsches Verfassungsrecht: ein Rechtsvergleich, Berlin, 2015

Maunz, Theodor/Dürig, Günter
GG Kommentar, München, 77. Ergänzungslieferung 2016

Maunz, Theodor/Schmidt-Bleibtreu, Bruno/Klein, Franz/Bethge, Herbert
BVerfGG, München, 48. Ergänzungslieferung 2016

Mayer, Franz C.
Rebels without a cause? A critical Analysis of der German Constitutional Court's OMT-Reference, GLJ (15) 2014, 111

Die drei Dimensionen der Europäischen Kompetenzdebatte, ZaöRV 2001, 577

Das Bundesverfassungsgericht und die Verpflichtung zur Vorlage an den Europäischen Gerichtshof – zugleich Anmerkung zum Beschluss vom 22. November 2001 - 2 BvB 1-3/01 (NPD-Verbot) -, EuR 2002, 239

Europarecht als französisches Verfassungsrecht – zugl. Anmerkung zu den Entscheidungen des Verfassungsrates vom 10. Juni und 19. November 2004, EuR 2004, 925

Mayer, Franz C./Walter, Maja
Die Europarechtsfreundlichkeit des BVerfG nach dem Honeywellbeschluss, JURA 2011, 532

Meessen, Karl M.
Maastricht nach Karlsruhe, NJW 1994, 549

Michels, Tobias
Die dreidimensionale Reservekompetenz des Bundesverfassungsgerichts im Europarecht – Von der Solange-Rechtsprechung zum Honeywellbeschluss, JA 2012, 515

Millet, François-Xavier
L'Union Européenne et l'identité constitutionnelle des états membres, Paris, 2013

Murswiek, Dietrich
Schutz der Verfassung als Bürgerrecht, JZ 2010, 1164

Nettesheim, Martin
Die Integrationsverantwortung – Vorgaben des BVerfG und gesetzgeberische Umsetzung, NJW 2010, 177

Öhlinger, Theo
Verfassungsrecht, Wien, 8. Auflage 2009

Pache, Eckhard
Das Ende der europäischen Integration? EuGRZ 2009, 285
Verantwortung und Effizienz in der Mehrebenenverwaltung, VVDStRL 2006, Bd. 66, 107

Papadimitriou, Theodora
Constitution européenne et constitutions nationales: l'habile convergence des juges constitutionnels français et espagnol – À propos des décisions n° 2004-505 DC du Conseil Constitutionnel français, Cahiers du Conseil constitutionnel n° 18, juillet 2005

Payandeh, Mehrdad
Völkerrechtsfreundlichkeit als Verfassungsprinzip, JöR 57 (2009), 465

Pernice, Ingolf
WHI-Paper 04/2013, Die Finanzkrise als Folge – oder Gegenstand- eines kollektiven Rechtsbruchs
Europäisches und nationales Verfassungsrecht, VVDStRL Bd. 60, 149

Pötters, Stephan/Traut, Johannes
Die ultra-vires-Kontrolle des BVerfG nach „Honeywell" – Neues zum Kooperationsverhältnis von BVerfG und EuGH?, EuR 2011, 580

Proelß, Alexander
Zur verfassungsgerichtlichen Kontrolle der Kompetenzmäßigkeit von Maßnahmen der Europäischen Union: der „ausbrechende Rechtsakt" in der Praxis des BVerfG – Anmerkungen zum Honeywell-Beschluss des BVerfG vom 6. Juli 2010-, EuR 2011, 241

Randelzhofer, Albrecht/Scholz, Rupert/Wilke, Dieter
Gedächtnisschrift für Eberhard Grabitz, München, 1995

Rengeling, Hans-Werner/Middeke, Andreas/Gellermann, Martin
Handbuch des Rechtschutzes in der Europäischen Union, München, 3. Auflage 2014

Rousseau, Jean-Jaques
Du contrat social, Paris 2001

Ruffert, Matthias
Die europäische Schuldenkrise vor dem Bundesverfassungsgericht – Anmerkung zum Urteil vom 7. September 2011 –, EuR 2011, 842

Aufgaben europarechtlicher Theorienbildung nach Lissabon, EuR-Bei 2010, 83 (86ff.).

Sachs, Michael
Grundgesetz Kommentar, München, 7. Auflage 2014

Sachs, Michael/Siekmann, Helmut

Der grundrechtsgeprägte Verfassungsstaat, Festschrift für Klaus Stern zum 80. Geburtstag, Berlin, 2012

Sauer, Heiko

Europas Richter Hand in Hand?- Das Kooperationsverhältnis zwischen BVerfG und EuGH nach Honeywell-, EuZW 2011, 94.

Die neue Schlagkraft der gemeineuropäischen Grundrechtsjudikatur – Zur Bindung deutscher Gerichte an die Entscheidungen des Europäischen Gerichtshofs für Menschenrechte, ZaöRV 2005, 35

„Solange" geht in Altersteilzeit – Der unbedingte Vorrang der Menschenwürde vor dem Unionsrecht, NJW 2016, 1134

Schenke, Wolf-Rüdiger

Die Verfassungsorgantreue, Berlin, 1977

Scheffler, Jan

Das französische Verfassungsverständnis angesichts der Anforderungen des EG/EU-Rechts, ZaöRV 2007, 43

Scheuner, Ulrich

Festschrift für Ernst Forsthoff, Staatszielbestimmungen, München, 1972

Schlaich Klaus/Korioth, Stefan

Das Bundesverfassungsgericht, München, 10. Auflage 2015

Schneider, Hans-Peter

Gesetzgebung und Einzelfallgerechtigkeit. Zum Verhältnis von Legislative und Judikative im sozialen Rechtsstaat, ZRP 1998, 323

Schmidt, Joachim

Der Bundesstaat und das Verfassungsprinzip der Bundestreue, Würzburg, 1966

Scholz, Rupert

Europäische Union und Verfassungsreform, NJW 1993, 1690

Schorkopf, Frank
Grundgesetz und Überstaatlichkeit – Konflikt und Harmonie in den auswärtigen Beziehungen Deutschlands, Tübingen, 2007

Schöneberger, Christoph
Die Europäische Union zwischen „Demokratiedefizit" und Bundesstaatsverbot, Der Staat Vol. 48 (2009), 535

Schröder, Meinhard
Die Vorlagepflicht zum EuGH aus europarechtlicher und nationaler Perspektive, EuR 2011, 808

Schröder, Ulrich Jan
Die Griechenlandhilfen im Falle ihrer Unionsrechtswidrigkeit – Ein Beitrag zur Kollision von Unions- und Völkerrecht-, DÖV 2011, 61

Schulze, Rainer/Zuleeg, Manfred/Kadelbach, Stefan
Europarecht, Handbuch für die deutsche Rechtspraxis, Baden-Baden, 3. Auflage 2015

Schweisfurth, Theodor
Die verfassungsgerichtlich eingetrübte Völkerrechtsfreundlichkeit des Grundgesetzes, NVwZ 2005, 1261

Schwerdtfeger, Angela
Europäisches Unionsrecht in der Rechtsprechung des Bundesverfassungsgerichts – Grundrechts-, ultra-vires, und Identitätskontrolle im gewaltenteiligen Mehrebenensystem, EuR 2015, 290

Seidel, Lore
„Fernsehen ohne Grenzen" – Zum Erlass der EG-Rundfunkrichtlinie, NVwZ 1991, 120

Sendler, Horst
Grundrecht auf Widerspruchsfreiheit der Rechtsordnung? – Eine Reise nach Absurdistan?, NJW 1998, 2875

Serini, Katharina
Sanktionen der Europäischen Union bei Verstoß eines Mitgliedstaates gegen das Demokratie- oder Rechtsstaatsprinzip, Berlin, 2008

Smend ,Rudolf
Staatsrechtliche Abhandlungen und andere Aufsätze, Berlin, 3. Auflage 1994

Sommermann, Karl-Peter
Staatsziele und Staatszielbestimmungen, Tübingen, 1997

Staatsziel „Europäische Union" – Zur normativen Reichweite des Art. 23 Abs. 1 S. 1 GG n.F.-, DÖV 1994, 596

Völkerrechtliche garantierte Menschenrechte als Maßstab der Verfassungskonkretisierung – Die Menschenrechtsfreundlichkeit des Grundgesetzes, AöR 114 (1989), 391

Stein, Torsten
Zwischenruf – Arrivederci Karlsruhe..., ZRP 2010, 265

Stenmans, Jens
Die Unanwendbarkeit nationaler Rechtsvorschriften wegen Unionsrechtswidrigkeit, Frankfurt, 2015

Streinz, Rudolf
EUV/AEUV, Vertrag über die Europäische Union und Vertrag über die Arbeitsweise der Europäischen Union, München, 2. Auflage 2012
Europarecht, Heidelberg, 10. Auflage 2016,

Streinz, Rudolf/Ohler Christoph/Hermann, Christoph
Der Vertrag von Lissabon zur Reform der EU, München, 3. Auflage 2010

Terhechte, Jörg Philipp
Temporäre Durchbrechung des Vorrangs des europäischen Gemeinschaftsrechts beim Vorliegen „inakzeptabler Regelungslücken"?, EuR 2006, 828

Europäischer Bundesstaat, supranationale Gemeinschaft oder Vertragsunion souveräner Staaten? – Zum Verhältnis von Staat und Union nach dem Lissabon-Urteil des BVerfG, EuR-Bei 2010, 135

Thiele, Alexander
Friendly or unfriendly act? The „historic" referral of the Constitutional Court to the ECJ regarding the ECB's OMT Program, GLR 15 (2014), 241

Thym, Daniel
Europäische Integration im Schatten souveräner Staatlichkeit, Anmerkungen zum Lissabon-Urteil des Bundesverfassungsgerichts, Der Staat Vol. 48 (2009), 559

Unruh, Peter
Die Unionstreue – Anmerkungen zu einem Rechtsgrundsatz der Europäischen Union, EuR 2002, 41

Uerpmann-Wittzack, Robert
Völkerrecht als Ausweichordnung – Am Beispiel der Euro-Rettung, EuR-Bei 2013, 49

v. Bogdandy, Armin/Cruz Villalón, Pedro/Huber, Peter M.
Handbuch Ius Publicum Europaeum, Bd. II, Offene Staatlichkeit – Wissenschaft vom Verfassungsrecht, Heidelberg, 2008

v. Bogdandy, Armin/Bast, Jürgen
Europäisches Verfassungsrecht, Theoretische und dogmatische Grundzüge, Heidelberg, 2. Auflage 2009

v. der Groeben, Hans/Schwarze, Jürgen/Hatje, Armin
Europäisches Unionsrecht, Baden-Baden, 7. Auflage 2015

Venice Commission
The Status of international Treaties of Human Rights, Collection Science and technique of democracy, No. 42, 2006

Verfassungsgerichtshof der Republik Österreich
Die Kooperation der Verfassungsgerichte in Europa, Aktuelle Rahmendbedingungen und Perspektiven, Vol. I, Wien, 2014

Die Kooperation der Verfassungsgerichte in Europa, Aktuelle Rahmendbedingungen und Perspektiven, Vol. II, Wien, 2014

Vitzthum, Wolfgang/Proelß, Alexander
Völkerrecht, Berlin, 7. Auflage 2016

v. Mangoldt, Hermann/Klein, Friedrich/Starck, Christian
Kommentar zum Grundgesetz, Bd. 1, München 5. Auflage 2005

Kommentar zum Grundgesetz, Bd. 2, München, 6. Auflage 2010

Kommentar zum Grundgesetz, Bd. 3, München, 6. Auflage 2010

v. Münch, Ingo/Kunig, Philipp
Grundgesetz, Kommentar, Bd. 1, München, 6. Auflage 2012

Voßkuhle, Andreas
Rechtschutz gegen den Richter. Zur Integration der Dritten Gewalt in das verfassungsrechtliche Kontrollsystem vor dem Hintergrund des Art. 19 Abs. 4 GG, München, 1993

Der europäische Verfassungsgerichtsverbund, NVwZ 2010, 1

Der Grundsatz der Verfassungsorgantreue und die Kritik am BVerfG, NJW 1997, 2216

Verfassungsgerichtsbarkeit und europäische Integration, NVwZ- Beilage 2013, 27

Menschenrechtsschutz durch die Europäischen Verfassungsgerichte, RdA 2015, 336

Walter, Maja
Integrationsgrenze Verfassungsidentität – Konzept und Kontrolle aus europäischer, deutscher und französischer Perspektive, ZaöRV 2012, 177

Weber, Albrecht
Europäische Verfassungsvergleichung, München, 1. Auflage 2009

Wendel, Mattias
Kompetenzrechtliche Grenzgänge: Karlsruhes Ultra-vires-Vorlage an den EuGH, ZaöRV 2014, 615

Permeabilität im europäischen Verfassungsrecht, Tübingen, 2011

Neue Akzente im europäischen Grundrechtsverbund, EuZW 2012, 213

Exceeding judicial competence in the name of democracy: the German Federal Constitutional Court's OMT Reference, European Constituional Law Review 2014, 263

Wermeckes, Bernd
Landesgrundrechte – Bestandssicherung durch Kollisionsvermeidung, DÖV 2002, 110

Westphal, Dietrich
Leitplanken für die Vorratsdatenspeicherung – Abrücken von „Solange" - Das Urteil des BVerfG vom 2. 3. 2010, EuZW 2010, 494

Wilke,
Landesverfassungsgerichtsbarkeit und Einheit des Bundesrechts – Bemerkungen aus Anlass des Honecker-Beschlusses des Berliner Verfassungsgerichtshofs, NJW 1993, 887

Willers, Christian
Verfassungsgerichtliche Übergangsfristen im Mehrebenensystem, Am Beispiel der Sportwetten, Berlin, 2011

Wittreck, Fabian
Das Bundesverfassungsgericht und die Kassationsbefugnis der Landesverfassungsgerichte, DÖV 1999, 634

Woelk, Jens
Konfliktregelung und Kooperation im italienischen und deutschen Verfassungsrecht – „Leale collaborazione" und Bundestreue im Vergleich, Baden-Baden, 1999

Wolff, Heinrich, Amadeus
Ungeschriebenes Verfassungsrecht unter dem Grundgesetz, Tübingen, 2000

Ziller, Jaques
Zur Europarechtsfreundlichkeit des deutschen Bundesverfassungsgerichtes. Eine ausländische Bewertung des Urteils des Bundesverfassungsgerichtes zur Ratifikation des Vertrages von Lissabon, ZöR 2010 Nr. 65, S. 173

Zuck, Rüdiger
Das Recht der Verfassungsbeschwerde, München, 4. Auflage 2013

Zuleeg, Manfred
Die Europäische Union als Rechtsgemeinschaft, NJW 1994, 545
Die föderativen Grundsätze der Europäischen Union, NJW 2000, 2846

Rechtswissenschaftliche Forschung und Entwicklung

Herausgegeben von

Prof. Dr. jur. Michael Lehmann, Dipl.-Kfm.
Universität München

Band 830: Charlotte Lauser: **Die Bindung der Verfassungsorgane an den Grundsatz der Europarechtsfreundlichkeit**
2018 · 284 Seiten · ISBN 978-3-8316-4739-2

Band 829: Fabian Patrick Philipp Roth: **Die Haftung der Vorstände der Krankenkassen, der Krankenkassenverbände und der Kassenärztlichen Vereinigungen**
2018 · 270 Seiten · ISBN 978-3-8316-4712-5

Band 828: Vincent Burgert: **Die genetische Beratung im Spannungsfeld zwischen Selbstbestimmung und Drittinteressen** · Zugleich eine aktuelle Untersuchung zur ärztlichen Schweigepflicht im Bereich der Humangenetik
2018 · 262 Seiten · ISBN 978-3-8316-4693-7

Band 827: Zhuomin Wu: **Der Schutz biotechnologischer Erfindungen in der V. R. China unter Berücksichtigung internationaler Entwicklungen**
2018 · 200 Seiten · ISBN 978-3-8316-4710-1

Band 826: Alexander Hödemaker: **Marktzugang und Staatszugehörigkeit im internationalen und europäischen Investitionsrecht**
2018 · 250 Seiten · ISBN 978-3-8316-4687-6

Band 825: Sebastian Eberz: **Konkurrenz direktionsrechtlicher Normen und ihre Systemfolge für die Weisungserteilung Dritter**
2018 · 194 Seiten · ISBN 978-3-8316-4707-1

Band 824: Anna Pötzl: **Demografischer Wandel und Verwaltungsorganisation**
2018 · 408 Seiten · ISBN 978-3-8316-4711-8

Band 823: Luping Duan: **Gleichnamigkeit im Kennzeichenrecht** · Eine vergleichende Untersuchung zwischen Deutschland und China
2017 · 282 Seiten · ISBN 978-3-8316-4665-4

Band 822: Maximilian Reinartz: **Öffentlichkeitsarbeit seitens des Verletzten einer Straftat** · Belastung der Verfahrensstruktur oder legitime Verwirklichung von Opferinteressen?
2017 · 200 Seiten · ISBN 978-3-8316-4659-3

Band 821: Christina Lang: **Die Einstellung nach § 154 StPO in der Revisionsinstanz** · Eine kritische Analyse der Rechtsprechung des Bundesgerichtshofs
2018 · 250 Seiten · ISBN 978-3-8316-4651-7

Band 820: Nazanin Sporer: **Die Auswirkungen der Täuschung im Rahmen der §§ 331, 332 StGB**
2017 · 222 Seiten · ISBN 978-3-8316-4644-9

Band 819: Bertram Kloss: **The Exercise of Prosecutorial Discretion at the International Criminal Court** · Towards a more Principled Approach
2017 · 270 Seiten · ISBN 978-3-8316-4633-3

Band 818: Stephan Hillenbrand: **Der Begriff des Betriebs- und Geschäftsgeheimnisses** · Eine vergleichende Untersuchung mit dem Begriff des trade secret in den USA und dem englischen common law
2017 · 292 Seiten · ISBN 978-3-8316-4607-4

Band 816: Martin Pusch: **Der automatisierte Abruf von Kontoinformationen durch Finanz- und Sozialbehörden** · Ein Instrument heimlicher Ermittlungstätigkeit im Spannungsfeld zwischen Steuergerechtigkeit, Leistungsmissbrauch, effektiver Strafverfolgung und dem rechtsstaatlich gebotenen Schutz des Steuerpflichtigen/Leistungsempfängers
2016 · 346 Seiten · ISBN 978-3-8316-4591-6

Band 815: Christian Szczesny: **Die Abtreibung als Pflichtteilsentziehungsgrund** · Ein Beitrag zur Strukturierung und Auslegung des §2333 Abs. 1 BGB
2017 · 208 Seiten · ISBN 978-3-8316-4590-9

Band 814: Jan-Philipp Günther: **Roboter und rechtliche Verantwortung** · Eine Untersuchung der Benutzer- und Herstellerhaftung
2016 · 280 Seiten · ISBN 978-3-8316-4553-4

Band 813: Chih-Wei Chang: **Migration und Integration** · Der Integrationsprozess der Migranten unter dem Blickwinkel des Grundgesetzes für die Bundesrepublik Deutschland und der Verfassung der Republik China auf Taiwan
2016 · 350 Seiten · ISBN 978-3-8316-4543-5

Band 812: Radadiana Alexandra Taric-Koch: **Genetische Ressourcen und die Angabe ihrer Herkunft als Problem des modernen Patentrechts**
2016 · 410 Seiten · ISBN 978-3-8316-4539-8

Band 811: Robin Haas: **Multiple Damages – Mehrfacher Schadensersatz**
2015 · 232 Seiten · ISBN 978-3-8316-4518-3

Band 810: Alban Barrón: **Der Europäische Verwaltungsverbund und die Außenbeziehungen der Europäischen Union** · Verwaltungskooperation mit auswärtigen Partnern
2015 · 386 Seiten · ISBN 978-3-8316-4515-2

Band 809: Varadanu Vigaranan: **Die Genehmigungsfiktion im Allgemeinen Verwaltungsrecht** · Fortbestehender Umsetzungsbedarf im Hinblick auf die Europäische Dienstleistungsrichtlinie
2015 · 218 Seiten · ISBN 978-3-8316-4512-1

Band 808: Markus Kaulartz: **Cloud Computing und Vertragsrecht: Eine rechtliche Untersuchung unter besonderer Berücksichtigung von PaaS-Clouds**
2015 · 334 Seiten · ISBN 978-3-8316-4508-4

Band 807: Wenzel Richter: **Rechtsbehelfe Privater gegenüber der Hoheitsgewalt in der Russischen Föderation** · Eingaben im Versicherungsaufsichtsrecht
2017 · 232 Seiten · ISBN 978-3-8316-4473-5

Band 806: Claus Färber: **Patentfähigkeit angewandter Algorithmen**
2015 · 230 Seiten · ISBN 978-3-8316-4454-4